문학을
생각하다

정명환 비평집
문학을 생각하다

펴낸날/ 2003년 8월 22일

지은이/ 정명환
펴낸이/ 채호기
펴낸곳/ **문학과지성사**
등록번호/ 제10-918호(1993. 12. 16)

서울 마포구 서교동 363-12호 무원빌딩(121-838)
편집/ 338)7224~5   FAX 323)4180
영업/ 338)7222~3   FAX 338)7221
홈페이지/ www. moonji. com

ⓒ 정명환, 2003. Printed in Seoul, Korea

ISBN 89-320-1445-0

정명환 비평집

문학을
생각하다

문학과지성사
2003

책머리에

여기에 실린 글들은 지난 40년 동안 내가 발표해온 것들 중에서 고른 것이다. 다시 읽어보니 서투르고 심지어 비문법적인 표현이 많이 눈에 띄어 본래의 취지를 어기지 않는 범위 안에서 수정을 가했다.

이 책은 네 부분으로 구성되어 있다. 주축을 이루는 제1부와 제2부는 문학에 관한 나의 생각을 담고 있다. 제1부에는 엄격한 의미는 아니지만 일반론에 가깝다고 여겨지는 글들을 모았고, 제2부에는 개별적인 작품이나 주제에 관한 구체적인 견해들을 포함시켰다. 제3부는 내가 두고두고 살펴온 사르트르에 관한 세 편의 글로 이루어져 있다. 그것들은 모두 그의 전체상을 파악하기에는 미흡한 것이며, 독자 여러분이 그에 관한 나의 다른 논문이나 해설을 함께 읽어주기를 바란다. 마지막으로 '보유'의 형식으로 실은 두 편의 글은 일본에 관하여 깊이 알고 싶어 하는 젊은 사람들에게 다소나마 도움이 되리라는 생각에서 감히 첨가한 것이다.

이 책을 엮으면서 나는 근 반세기에 걸친 나의 문학적 궤적을 스스로 돌아보지 않을 수 없었다. 한국 문학과 외국 문학 사이를 오락가락하면서, 또 때로는 인접 분야를 기웃거리면서 걸어온 길이 겉으로는 여러 갈래로 보이지만, 기본적인 관심은 한 가지였고 그것은 변하지 않았다는 느낌이 든다. 구체적인 성찰의 대상이 무엇이었든 간에 나는 문학의 어떤 특정 분야가 아니라, 문학 그 자체를 관심의 초점으로 삼아왔다. 그리고 학문적 연구의 대상으로서의 문학이 아니라, 그것이 나 자신의 삶과 맺을 수 있는 실존적 관계를 한결같이 염두에 두었다. 프루스트를 본떠서 말하자면 문학은 내 속에서 그리고 내 주위에서 두껍게 쌓여가는 관습적인 것의 껍질을 뚫고 벗기려는 고투이며, 문학 비평이란 다름 아니라 작가와 함께 이 고투를 나누는 작업이라는 신념이 오늘날까지 나를 지탱해주었다. 그리고 이 고투의 과정에서, 다시 말해서 가상(假象)과 통념에 대한 이의 제기의 과정에서 얻게 된 새로운 인식과 괴로움과 놀람과 기쁨에 나는 큰 가치를 부여해왔다. 문학은 가장 깊은 의미의 '수신(修身)'의 길이었으며, 내가 어떤 작품이나 견해나 이론에 대해서 호불호(好不好)를 보였다면 그 기준은 바로 이 '실존적 수신'을 위한 공헌 여하에 있었다고 말할 수 있다. 하기야 이런 태도는 지난날의 편견이며 현대 사회에서는 이미 시효를 상실했다고 주장할 사람들이 있을지도 모른다. 만일 그렇다 해도 내 글들에는 적어도 얼마만큼의 역사적 의미는 있을 것이다. 그러나 나 자신은 나의 태도가 문학의 존재 이유를 밝히는 데 있어서, 따라서 그 이해와 가치 판단과 교육에 있어서 여전히 마땅하고 유효한 것이며, 근본적으로 잘못된 것은 도리어 문학과 실존의 관계를 단절시키려는 오늘날의 이른바 포스트모더니즘의 경향들이라고 믿고 있다.

나는 그런 믿음을 반영할 수 있는 책의 제목을 생각하려고 다소 고심했다. 깊은 뜻을 지닌 것 같은 철학적 어휘나 시적 이미지로 분식된 제목은 나의 성미에 맞지 않았다. 그렇다고 '문학과 삶' '문학과 실존' 따위의 제목은 너무 흔해서 다른 사람들의 책과 혼동하기 쉽다는 생각이 들었다. 그래서 나는 가장 평범하면서도 남들이 사용한 일이 없어 보이는 '문학을 생각한다'라는 제목을 달아, 이 책이

내 나름대로 문학의 본질에 접근하려는 시도라는 것을 암시해보고
자 했다. 그러나 그 제목은 너무나 매력이 없을 뿐 아니라 건방지게
들릴 것이라고 걱정하는 사람들이 있었다. 마치 '문학이란 전체를
파악한 이 사람을 보라'고 말하려는 듯한 오만이 느껴질지도 모른다
는 것이었다. 나는 그 견해에 일리가 있다고 여겨 달리 궁리하다가
결국 '문학을 생각하다'를 제목으로 삼기로 결정했다. '생각한다'라
는 현재형을 쓰면 비록 주어가 생략되어 있을망정 생각하는 주체로
서의 나 자신의 존재를 은연중에 부각하는 반면에, '생각하다'라는
동사 기본형의 사용은 생각의 주체가 아니라 그 대상인 문학 자체를
강조하는 효과를 낼 수 있다는 느낌이 들었기 때문이다. 나는 이 묵
은 글들을 엮으면서 다만 나 자신의 과거를 한 덩어리로 돌아보고
반성하고 싶었던 것만이 아니다. 만일 그것만이 목적이었다면 구태
여 책을 낼 필요가 없었을 것이다. 내가 이 작업에서 겨냥한 것은 문
학에 대한 나 개인의 입장의 천명이라기보다도, 그런 입장이 나타낼
문학 이해의 한 진정한 방향의 구체적 제시였다. 달리 말해서 내 읽
기의 방법과 결과를 한 패러다임으로 객관화해서 독자에게 호소하
고 그 동의와 동참을 구하고 싶었던 것이다. 나는 주어가 한정되어
있지 않은 『문학을 생각하다』라는 제목이 그런 소원을 보다 적절히
담을 수 있으리라고 생각했다.

　출간을 선뜻 맡아주신 문학과지성사의 채호기 사장에게, 그리고
책을 엮고 글을 다듬는 데 도움을 준 편집부의 여러분에게 감사의
말씀을 드린다.

2003년 7월

정명환

문학을
생각하다

차례

제 1 부

평론가는 이방인인가
—우리나라 문예 비평의 입장에 관하여

1

"작가가 비평에 대하는 태도를 세 가지로 나누어본다. 첫째는 무관심이다. 다음은 묵살이고 그 중 하책(下策)이 어떤 반응을 표시하는 것이라 하겠다."

이것은 「한국 평단에 한마디」라는 제목으로 작년도 『사상계』 문예 특집호에 서기원(徐基源)씨가 쓴 글의 첫 줄입니다. 내 귀에는 이 한 구절이 놀랍다기보다도 몹시 충격적으로 들렸습니다. 소위 문단이라는 한 특수 사회의 구성 내용과 생리를 모르는 나로서는 이런 말이 우리나라의 작가가 비평가를 대하는 일반적인 태도를 냉정한 입장에서 요약한 것인지, 혹은 서기원씨 자신과 어떤 평론가 사이에서 생긴 개인적 오해나 사감을 일반화한 것인지 짐작하기가 어렵습니다. 또한 작품을 쓰는 사람과 작품을 다루는 사람 사이의 이런 한탄스러운 관계가 비단 우리나라만이 아니라 전 세계적인 현상인지에 대해서도 별로 살펴본 일이 없습니다. 내게는 다만 이럴 수가 있을까, 평론가란 작가에 대해서 과연 말꼬리에 붙은 파리에 지나지 않을까, 그렇다면 평론가는 무엇 때문에 남의 작품을 운위(云謂)하는 것일까 하는 의문이 심한 불쾌감과 더불어 싹트는 것이었습니다.

　이런 의문이 더욱 짙어진 것은 몇 달 전 모 일간 신문이 「문단과 평단」이라는 제목으로 제시한 앙케트에 대해서 거기에 응답한 분들의 글을 읽었을 때입니다. 앙케트를 받은 거의 모든 작가나 시인이 우리나라의 비평이 정실적(情實的)이고 운동 심판적이고 심지어는 테러리스트적이라고 지적함으로써 평론가들에 대하여 극단의 불신을 표명하고 있는 것을 보았을 때 나는 새삼스럽게 놀랐으며, 방금 인용한 서기원씨의 거만스러운 한 구절이 다만 사감에서 나온 분풀이만은 아닐지도 모른다는 생각이 들었습니다. 비록 최악의 경우를 가정해서 그것이 사감의 소산이고 또 이 앙케트에 응한 분들 역시 모두 사감에서 그런 소리를 했을 따름이라고 일단 생각해보더라도, 경향과 분야를 달리하는 여러 사람이 다 같이 사감을 품게 된다면, 그것은 이미 개인의 문제를 넘어서서 고찰되어야 할 보편적 현상이라고 할 수밖에는 없겠습니다. 하여튼 사감에서 나온 말이건 객관적으로 내린 판단이건 간에, 적대 관계보다도 더 나쁜 이런 무관심과 경멸로서만 작가나 시인이 평론가를 대하고 있다는 사실은 앞날에 어두운 그림자를 던져주는 것입니다. 더구나 문학 활동이 뒤떨어져 있는 나라에서일수록 양자 사이에 고무적인 대화가 이루어져야 할 것이니까 말입니다.

　이와 같이 대화가 단절되는 이유의 하나로서 우선 평론가를 무시하고 공격하는 작가나 시인들 자신의 작품이 훌륭하지 못하다는 사실을 들 수 있을 것 같습니다. 가에탕 피콩Gaëtan Picon이라는 프랑스 비평가는 다음과 같이 자기 반성을 합니다. "우리〔평론가〕가 무슨 말을 해도 그것은 진짜가 아니다. 창작가가 우리의 주석을 읽고 '저 사람이 정말 내 이야기를 하고 있는 것일까?' 하며 놀란 눈으로 물음을 던지는 광경을 우리는 생각해본다. 〔……〕 우리는 우리의 무용성을 의식하고는 쥐구멍이라도 찾고 싶을 때가 있다." 그런데 이 나

라에는 이런 비판을 스스로 던져본 일이 있는 평론가가 과연 몇이나
될까 하는 의심을 품어보는 동시에, 이런 느낌이 평론가를 괴롭히도
록 무언중에 작용하는 걸작이 몇이나 될까 하고 물어볼 수도 있는
일이 아닐까 하는 생각이 들기도 하는 것입니다.

요새 흔히들 우리나라의 소설에는 소재가 빈약하다는 말을 합니
다만, 비평에 있어서도 역시 소재가 빈약하다는 말을 할 수 있겠습
니다. 왜냐하면 비평에 있어서의 소재란 그런 빈약한 소재를 가지고
쓴 빈약한 작품이기 때문입니다. 작품 활동과 비평 활동의 유기적인
연관성을 여기서 다시 강조할 필요는 없을 것입니다. 작품은 훌륭한
데 평론은 도무지 신통치 않다는 현상이 현대 사회에서 생겨날 것
같지는 않습니다. 비평이란 암호를 해독하는 행위입니다. 한 작품이
던지는 수수께끼를 풀어내고 그것이 지닌 비밀을 훔쳐내는 행위입
니다. 그런데 별다른 비밀도 지니지 않고 한 번 훑어보면 금세 싱거
워지는 작품이 남발된다면 비평은 무엇을 하란 말입니까? 비평가는
어디서 암호 해독자와 같은 그런 커다란 보람을 느끼란 말입니까?
이러한 환경 속에서는 비평 활동은 시들고 맙니다. 평론가는 숫제
침묵을 지키거나 경멸 섞인 탄식을 지르거나 기껏해야 수상쩍은 계
몽자가 되기 일쑤입니다. 혹은 외국에서 수입해온 이론을 무기삼아
마구 후려침으로써 비평가로서의 기능을 다한 듯이 생각하는 소위
테러리스트적인 비평이 나타나기도 합니다. 사실 우리나라에서 생
산되는 작품을 대할 때 이런 무차별 포격만큼 쉬운 일이 또 어디 있
겠습니까? 우리는 탄식도 계몽주의도 무차별 포격도 모두 훌륭한 비
평이 아니라는 것을 알고 있습니다. 그러나 이와 같은 사이비 비평
이 세상에 널리 퍼지게 되는 이유의 하나가 '몇몇 인물들을 꾸며내
서 오리떼처럼 몰고 다니면' 소설이 된다고 생각하는 따위의 지각
없는 사람들의 변변치 못한 작품이 범람하기 때문이라는 것도 인정

하지 않을 수 없는 것입니다.

　나는 여기서 여러분의 오해가 없으시기를 바랍니다. 훌륭한 평론이 나올 수 없는 이유의 하나로서 훌륭한 작품이 드물다는 사실을 듦으로써 평론계의 부진 상태를 타당화하려는 생각은 추호도 없기 때문입니다. 다만 작가와 비평가가 서로 비난과 욕설을 퍼붓는 데에 그치지 말고 제각기 자신에 대한 가혹한 성찰을 시도하는 것이 득이 아닐까, 그렇다면 작가도 역시 오늘날의 저급한 비평을 초래한 원인의 일단을 자기 자신 속에서 찾아보려고 애쓰는 것이 좋지 않을까 하는 극히 상식적인 이야기를 하고 싶었을 따름입니다. 자존심이 별로 근거 없는 우등 감정으로 변질되게 내버려두기보다는 연대 책임의 감정을 발전시켜보는 것이 한결 이로울 것이기 때문입니다.

　그러나 이러한 종류의 반성이 더욱 요청되는 것은 비평가 측입니다. 작가는 비평가의 발언을 묵살해버려도 작품을 쓸 수 있습니다만, 비평가는 침묵에 묻히지 않는 한 직업상 작품을 상대로 해야만 하는 처지에 놓여 있으니까 말입니다. 그것은 즉 작가가 거절을 통해서 소극적으로 대화를 단절하는 반면에, 작품에 대해서 자꾸만 무슨 말을 해야 할 운명에 있는 비평가는 자칫하다가는 대화를 끊는 데 적극적인 역할을 하게 될 위험성을 잔뜩 지니고 있다는 뜻이 됩니다. 아무리 비평 대상으로 삼은 작품의 질이 낮다고 해도 그것을 다루는 데 있어서 당치 않은 비유, 부정확한 개념, 정실적인 언사, 선의 없는 독단 등을 남용하게 되면, 작가는 자연히 그런 평론에 대해서 등을 돌리게 될 것입니다. 또한 비평가는 항상 이런 잘못을 저지를 가능성을 제 속에 지니고 있기도 합니다. 외국의 이야기입니다만, '당신이 비평을 하는 데 가장 곤란하다고 느낀 것은 무엇이냐?'는 질문을 받았을 때, 문단에 친구가 많다는 것과 읽어야 할 책이 너무도 많다는 것을 지적한 평론가들이 있습니다. 정실 비평과 무식한 비평은 인간인 이상 누구나 범하기 쉬운 과오일지도 모릅니다. 그러나 문제는, 그런 실수를 언제 저지르게 될지도 모르니 쉴새없이 경계해야겠다는 것을 의식하느냐 못 하느냐는 데 있습니다. 즉 비평가의 제일 요건은 자기 자신에 대하여 지향되는 비평 정신에 있다고 말해도 별로 과장된 표현은 아닐 성싶습니다.

우리나라 평론가의 글을 읽으면 나는 우선 그들의 방대한 학식에 경탄합니다. 세계 각국의 문학 이론은 두말할 것도 없고, 정치학 · 심리학 · 철학 · 언어학, 심지어는 자연과학에 관한 가지가지의 지식이 번거롭게 진열되어 있는 수가 많습니다. 또한 문학에 관한 좌담회가 열리더라도 어떤 공통적인 전제하에서의 구심적인 토론이 전개되지 않고 자기의 지식을 최대한 과시하기 위한 경연 대회를 연상케 하는 일이 한두 번이 아닙니다. 그러나 좀더 면밀히 살펴보면 내가 품었던 선망과 환상은 산산이 부서지기 일쑤입니다. 심오한 듯한 그들의 언어는 극히 유해하고 왜곡된 세컨드 핸드의 지식을 위장하고 있을 뿐이라는 것을 알게 되는 것입니다. 누구보다도 비평적이어야 할 비평가 자신이 자기가 모른다는 것을 모를 뿐 아니라, 모르는 것을 의식적으로 알은체하려 한다는 폐풍(弊風)마저 느끼게 됩니다. 나는 서기원씨와 더불어 '저질의 합성주가 인체에 해독을 끼치고 있다'고까지 극언하지는 못하더라도, 가치를 밝혀내도록 애써야 할 비평가가 가치를 위조하고 있다는 말은 할 수 있을 듯합니다. 그리고 정신의 세계에서 가치를 위조한다는 것은 대화를 단절한다는 것과 똑같은 뜻이 됩니다.

2

나는 한 예로서 우리나라에 있어서 실존주의라는 말이 얼마나 터무니없는 뜻으로 사용되고 있는가를 밝혀두는 것이 전혀 무익하지는 않으리라고 생각합니다. 더구나 그런 개념의 오용이 세상에서 제일급으로 알려져 있는 평론가에 의한 것임을 알 때, 나는 슬프다는 묵어빠진 형용사 이외에 내 감정을 적절히 표현할 길이 없습니다. 그리고 이와 아울러 그 말이 이토록 잘못 쓰이게 내버려둔 책임의 일단이 프랑스 문학을 공부한다는 나와 나의 동료들에게 있다는 것을 통감하기도 합니다.

카뮈를 역사에 대한 방관자라고 맹렬히 공격한 존슨의 비평은 실존주의에 대한 인류의 변치 않는 기본적인 요구의 한 표현이다. 〔……〕 만일 실존주의가 휴머니즘의 최후의 한 결론으로서 절망적이며 비극적인 속성으로만 정지된다면 이것은 휴머니즘의 최후의 오류가 될 것이다.

이 한 구절은 민중서관이 발행한 한국 문학 전집 제36권(평론·수필집)에 수록된 조연현(趙演鉉)씨의 「현대와 실존주의」에 나오는 글입니다. 혹시 나의 오해일지도 모릅니다만 씨가 여기에서 '존슨'이라고 부른 사람은 프랑시스 장송Francis Jeanson을 가리키는 것이 아닐까 싶습니다. 그리고 이 이야기는 카뮈의 『반항적 인간』을 주제로 1952년에 전개된 그 유명한 논쟁에 언급한 것이라고 생각합니다. 분명히 장송은 카뮈를 두고 역사에 대한 방관자라는 뜻의 비난을 퍼붓고 있습니다. 그러나 그것은 마르크스주의와 그 역사관을 불신하는 『반항적 인간』의 '초시대적 철학'이 마르크스와 사르트르를 스승으로 모시는 장송에게는 극히 불만이었기 때문입니다. 이 자리에서 길게 설명할 수는 없습니다만, 요컨대 이 글은 마르크스주의에 물든 사람이 정신주의자에게 가하는 공식적 비평의 재판에 불과합니다. 그러면 이것은 도시 무슨 말이 되겠습니까? 이것은 조연현씨와는 정반대의 글을 써야 옳았다는 이야기가 아니겠습니까? 씨가 지적한 바와 같이 소위 '역사의 방관자' 카뮈에 대한 장송의 비판은 "실존주의에 대한 인류의 변치 않는 기본적인 요구의 한 표현"이기는커녕, 바로 앞뒤를 뒤집어서 '인류의 변치 않는 기본적인 요구의 표현에 대한 마르크스주의적 실존주의자의 비판'이라고 해야 마땅하지 않겠습니까? 씨의 논리를 따르면 흑은 백이며 백은 흑이 되기도 할 것입니다.

또한 "실존주의가 〔……〕 절망적이며 비극적인 속성으로만 정지된다"는 말은 실존주의에 대한 근본적인 몰이해를 폭로하는 것입니다. 도시 이 용어를 아무렇게나 함부로 적용하는 것부터가 위험한 일입니다만, 조연현씨가 이 글에서 논하고 있는 카뮈를 포함해서 1940년대의 프랑스 문학에 '실존적'이라는 간판을 붙여보더라도, 그것은 바로 '절망적이며 비극적인' 여건을 극복하려는 노력이었기 때문입니다. 널리 실존 문학이라고 말할 때 우리가 의미하는 것은 여건과 의욕의 근본적인 모순을 인식하면서도, 아니 차라리 그런 인식의 토대 위에서, 삶의 뜻을 찾아보려는 현대의 극기주의입니다. 절망·비극·부조리·허무감 등은 실존주의를 구성하는 하나의 항일 뿐입니다. 예를 들자면 2+5=7에 있어서 7을 이루는 한 요소인 2를 가리키는 것입니다. 따라서 2=7이 아니듯이 절망적·비극적인 것이 실존주의가 될 수는 없는 것입니다. 만일 그렇게 될 수 있다면 우리는 후기의 모파상을 가장 대표적인 실존주의자로 들어야 할 것입니다.

　오해와 이해 부족은 누구나 드러내기 쉬운 것입니다. 조연현씨가 이 글을 쓴 지가 벌써 몇 년 전이니, 그 당시에는 실존주의의 윤곽조차 잡기 어려워서 이런 잘못된 생각을 품게 된 것이라고 충분히 양해할 수 있습니다. 그러나 바로 재작년에 나온 한국 문학 전집에 이 글을 다시 실었다는 것은 그간에 흐른 3, 4년 동안 씨는 자기의 무식과 오해를 그대로 지녀왔다는 이야기밖에는 안 됩니다. 그간 우리는 프랑스어를 잘 모르는 분을 위해서 『페스트』도 『파리떼』도 또 몇몇 실존 작가에 대한 해설서도 번역해놓았습니다.

　이 한국 문학 전집의 평론 편에는 또한 정태용(鄭泰鎔)씨의 「실존주의론」이 수록되어 있는데, 씨는 그 결론으로서 "우리의 문학과 정신 작업은 이 병든 탕아(실존주의자를 가리키는 말이라고 짐작됩니다)의 독백처럼 부조리를 부조리하는 부조리의 작업이 아니라 우리들의 감정 정신 생활에서 부조리를 적게 하고 조리에 닿는 가치 있는 것을 창조하는 노력이어야 할 것이다"라고 말하고 있습니다. "부조리를 부조리하는 부조리의 작업"이라는 몹시 알쏭달쏭한 구절에 트집을 잡지 않더라도, 씨는 자기의 평론의 취지와는 정반대로 서투르게나마 실존주의를 주장하고 있다는 극히 야릇한 역효과를 빚어내고 있는 것이 눈에 띕니다. 왜냐하면 실존주의란 씨가 말하듯이 부조리를 적게 하지는 못할망정, 가치를 잃은 세계에서 가치 있는 것을 창조하려는 노력에 다름 아니기 때문입니다. 적어도 문학에 있어서 실존 사상을 짙게 반영했다는 사르트르나 카뮈에 대해서 우리가 비판을 할 수 있다면, 그것은 그들이 "부조리를 부조리하는 부조리의 작업"을 했기 때문이 아니라, 도리어 지나치게 윤리적이고 어떤 면에서는 합리주의적인 사고 방식을 적용했기 때문일 것입니다. 그것을 알기 위해서는 앞서 언급한 『반항적 인간』이나 혹은 사르트르의 『실존주의는 휴머니즘이다』를 읽으면 됩니다.

한데 우리나라에서는 이와 같이 오용된 실존주의라는 명칭이 마치 가장 무서운 부정 만능주의의 대명사처럼 응고되어 널리 퍼지고 있습니다. 심지어는 그런 허무맹랑한 개념을 그대로 지닌 채 우리의 현역 작가를 논할 때에도 등장합니다. "어두운 현실, 실의의 인물, 패배감, 무기력, 피로, 실망, 허무 의식, 방향도 의지도 있을 수 없는 순간의 타성적인 생활감, 그래서 이런 식의 부정의 작품에는 역시 예의 시추에이션의 실존적인 의미가 소극적으로 반영된 것을 보게 된다." 이것은 『전후 한국 문제 작품집』의 해설에서 백철씨가 손창섭씨를 위시한 1958년도의 작가의 작품을 상기시키면서 한 말입니다. 나도 손창섭씨의 작품을 몇 편 읽어보았습니다만 소극적으로나마 실존주의의 요소를 찾아낼 수는 없었습니다. 도시 우리나라의 현대 작품 중에서 실존적 소설, 즉 인간의 고정된 존재의 모습만을 그리지 않고 객관적 현실과 주체 사이의 긴장 관계하에서 파악한 생성의 과정을 줄기차게 따라가 보는 소설을 대하기란 매우 어렵습니다. 실존주의적인 사고 방식과 작가들의 수법은 도리어 앞으로 우리나라의 소설이 새로운 영역을 찾는 데 큰 자극이 되리라고 생각합니다. 그렇다면 백철씨가 말하는 '실존적'이란 무슨 뜻을 지닌 말이겠습니까? 씨는 그 말을 이른바 '로스트 제너레이션'의 속성으로 알고, 앞서 언급한 양씨(兩氏)가 피력한 바와 같은 그런 잘못된 개념을 또다시 반복하고 있는 것이 아니겠습니까?

잘못된 용어를 제각기 함부로 쓸 때, 우리는 대화를 위한 기반을 잃을 뿐 아니라 정신의 위폐(僞幣)를 남발한다는 무서운 결과를 초래합니다. 아니 그보다도 더 끔찍한 것은 우리가 물려받은 비논리적이고 부정확하고 모호한 사고 방식을 우리들 자손에게까지 다시 물려주게 된다는 것입니다. 더구나 고명한 분들이 저지르는 오류는 산

불처럼 번져갑니다.

3

　생각건대 이러한 오류가 널리 퍼지고 구체성 없는 개념의 유령만이 출몰하는 우리의 비평계의 현상을 빚어낸 근본적인 이유는 비평가 자신에게 철학이 없다는 데서 찾을 수 있을 것입니다. 철학이라는 말이 귀에 거슬린다면 내적 요구라고 해도 또 탐구의 정신이라고 해도 좋겠습니다. 새로운 개념이 나타나면 그것을 무작정 이용하는 대신에 우선 하나의 도전처럼 느낄 줄 아는 바탕이 있어야 할 줄로 압니다. 어떤 사람들은 비평의 기능이 작품의 비교 분석에 있다고 합니다만 이런 기능을 훌륭히 수행하기 위해서는 먼저 비평가 자신 속에서 발휘되는 비교와 분석이 선행되어야 할 것입니다. 실존주의라는 말이 처음으로 나왔을 때, 만일 비평가들이 자기가 지녀왔던 인생관이나 문학관과 그 말을 대결시키고 이모저모로 분석해보았다면 그런 터무니없는 과오를 저지르지는 않았을 것입니다.

　이러한 비교 분석이 제대로 이루어지지 않을 때, 우리는 개념을 오용하는 데 그치는 것만이 아닙니다. 더욱 큰 문제는 1960년대의 한국인이라는 우리의 특수한 상황을 고려하지 않고 외국의 문학 이론을 기계적으로 도입하는 데에서 야기되는 모순과 혼란에 있습니다. 이런 의미에 있어서 서양 사람들의 이론은 우리에게 어떤 명확한 방법을 제시해주기보다는 우리 자신의 여건으로 말미암은 어떤 괴로운 문제를 불러일으키는 것이 아닐까 우선 의심하고 들어가는 것이 좋을 것 같습니다.

　요새 우리나라에서는 엘리엇T. S. Eliot이 전개한 전통론이 새삼스럽게 매력을 끼치고 있어, 우리도 우리의 전통을 찾자는 말들을 하고 있습니다. 마치 윌슨의 민족 자결주의가 우리의 민족 의식을 자극했듯이 말입니다. 이것은 분명히 일리 있는 이야기입니다. 우리는 우리 속에 개인을 넘어서는 어떤 창조의 원천이 깃들어 있기를 바랍니다. 그러나 남들에게 그들의 전통이 있으니까 우리도 우리의 것을 찾자는 감정적 태도와 더불어 우리의 역사를 하나의 흐름으로서 어떻게 보느냐는 문제에 대한 고찰이 동반되어야 합니다. 어느 민족에게든지 자랑거리는 있습니다. 다만 우리는 기념비와 전통을 혼동해서는 안 됩니다. 고립된 몇몇의 자랑거리는 기념비가 될망정 일관성과 지속성을 지닌 살아 있는 전통을 형성하지는 않습니다. 엘리엇의 말마따나 "과거의 과거성만이 아니라 과거의 현존성"이 있어야 합니다. 엘리엇은 또한 그 유명한 「전통과 개인의 재능」에서 이렇게 말하고 있습니다.

역사적 의식은 우리로 하여금 다만 자기의 세대만을 절실히 느끼고 쓰게 할 뿐 아니라 또한 호메로스 이래의 유럽 문학 전체와 또 그 속에 있어서의 자국의 문학 전체가 동시적 존재성과 동시적 질서를 가지고 있다는 느낌을 지니고 쓰게 하는 것이다.

물론 우리에게도 과거의 동시적 존재성과 동시적 질서가 없는 것은 아닙니다. 우리는 조상으로부터 자연에 대한 외경과 비논리적 사고 방식과 센티멘털리즘과 값싼 권선징악의 정신을 이어받아왔고, 오늘날에도 그러한 유산은 우리들 속에 한결같이 도사리고 앉아 기회만 있으면 고개를 들려고 합니다. 그러나 이것을 엘리엇적인 의미에 있어서의 전통이라고 생각하는 분은 없을 줄 압니다. 우리는 지녀나가야 할 전통보다도 버려야 할 유산을 가지고 있는 것입니다.

우리의 과거를 살펴볼수록 엘리엇의 이론과의 거리를 더욱 뼈저리게 느끼면 느꼈지 그 상당물(相當物)을 찾아보려는 생각은 고민만을 안겨줍니다. 그의 전통론은 마치 영양실조자 앞에 나타난 부호처럼 부럽고 아득하게만 느껴질 따름입니다.

사실 신문학 50년사는 우리의 이러한 유산을 내던져보려는 노력이었습니다. 그러나 그것은 슬프게도 극복해야 할 사상적 타성에 스스로 제 몸을 맡겨버렸습니다. 우리가 리얼리즘이라고 부르는 것은 극히 표면적인 사실의 묘사에 불과했고, 자아 의식은 신변잡기로 전락했으며 낭만주의는 식물적 인간의 감상주의로 변하고 말았습니다. 우리는 이러한 과정을 우리가 겪은 시대적 환경으로 설명할 수도 있습니다. 그러나 강조되어야 할 것은 정황이 아니라 생산된 문학 그 자체입니다. 그리고 그 문학과 우리와의 관계입니다. 그런데 이러한 관계를 살펴볼 때, 실패를 하긴 했지만 근대성을 획득하려던 '가난한 대로의 우리의 유산'이 있었으니까 그나마 오늘날과 같은 작품이 나올 수 있다고 생각하는 것보다는, 그 오죽지 못한 유산 때문에 이런 꼴이 되고 말았다고 분통을 터뜨리는 것이 옳지 않을까 여겨집니다. 옳다 그르다는 말에 어폐가 있다면 적어도 그런 각도에서 보는 것이 이롭지 않을까 생각합니다. '네가 아무리 잘난 체해보아야 너는 너 혼자서 이루어진 것이 아니다'라는 말을 이해 못 해서가 아닙니다. 하지만 그러한 진술에서 '따라서 너는 너의 선배나 조상을 섬길 줄 알아야 한다'는 결론을 무작정 끄집어낼 수는 없습니다. 그것은 엘리엇은 할 수 있는 말입니다만 우리가 그런 말을 입에 올리면 마치 인간은 원숭이에게서 나온 것이니까 원숭이를 섬기라는 것과 대동소이한 난센스를 저지르게 될 것입니다. 신문학사에 등장하는 여러 작가나 시인들의 상대적 공적을 인정한다는 것과, 오늘날의 문학은 그들의 작품을 비교 분석의 기준으로 삼는 것이 아니라 반대로 끊임없는 부정의 대상으로 삼아야 한다는 것은 하등 모순되는 것은 아니라고 생각합니다. 우리가 경계해야 할 것은 도리어 우리의 부정의 작업 속에서도 다시 나타나게 될 그들의 유산입니다.

이런 점에서 "없어지지도 않고 망각되지도 않은 과거, 그러나 현재에 있어서 우리의 길을 잡아주거나 혹은 미래를 예측하는 데 거의 도움이 되지 않는 과거가 있다"는 발레리Paul Valery의 말은 그 자신이 뜻하려는 것과는 전혀 반대의 의미에서 인상이 깊습니다. 왜냐하면 발레리는 정신이 자라날 수 있는 호적(好適)한 환경을 베풀어주었던 과거를 그리워하는 마음에서 이런 말을 했습니다만, 우리는 우리의 '없어지지도 않고 망각되지도 않는' 과거를 아무 그리움 없이 청산하면서 미래를 내다보아야 할 처지에 놓여 있기 때문입니다. 그러고 보면 "어떤 공통적인 행위에 제 몸을 내맡길 줄 모르고 그 모든 사소한 차이점을 자기의 자랑거리라고 자부하는 예술가"는 이 나라에 있어서는 엘리엇의 말처럼 아류가 아니라 도리어 본격적인 예술가일지도 모릅니다.

4

남의 나라의 이론을 채택하기 전에 우리의 여건을 먼저 살펴야 한다는 것은 모든 분야에 있어서의 상식이며 그것이 곧 상황의 의식입니다. 그런데 우리의 상황을 의식하지 못하고 엘리엇의 전통론을 그대로 이식하는 것과 똑같이 무모한 짓의 하나는 역시 그가 주장한 '사상의 정서적 등가물'이나 '문학은 문학이기 때문에 문학'이라는 따위의 개념을 이 땅에 곧이곧대로 옮겨놓는 것입니다. 하기야 어느 면에서 볼 때 이러한 생각은 문학에 대한 우리의 좁은 생각을 교정하는 데 큰 도움이 되었습니다. 그것은 문학을 철학이나 윤리학의 종복으로 삼으려던 경향에 대해서 언어와 기교의 문제를 강조함으로써 문학의 독립성을 밝히는 데 매우 유용한 것이었습니다. 우리는 지난날에 있어서 어떤 작품을 대할 때 빈약한 사상을 밑천삼아서 그 내용에 치중한 나머지 그것이 작품으로서 성공했느냐는 점은 너무도 등한시해왔고, 내용은 좋은데 표현이 서투르다는 따위의 쑥스러운 말을 입에 올려왔습니다.

그러나 지나쳐서는 안 됩니다. 진실로 표현의 문제가 제기되는 것은 어디까지나 내용과의 관련하에서이기 때문입니다. 가령 시에 있어서 적용되는 '사상의 정서적 등가물'이라는 말을 생각해보십시오. 그것은 곧 전제 조건으로서 사상이 있어야 한다는 말이 됩니다. 사상이 있은 다음에야 비로소 그 등가물이 있느냐 없느냐는 문제가 생기지, 그렇지 않으면 마치 원료 없이 제품을 생산하겠다는 것과 같은 이야기가 될 것입니다. 시는 사상이 아니라는 말은 시에 사상은 필요 없는 것이라는 의미가 아닙니다. 엘리엇이 이런 말을 할 수 있는 것은 그에게 깊은 사상이 있기 때문입니다. 도시 정서적 등가물을 만들어놓을 수 있는 것이 사상의 힘입니다. 이에 반하여 우리의 모더니즘 운동이 실패로 돌아갔고 또 대리석과 같은 언어를 결정시켜놓았다는 프랑스 고답파(高踏派)의 시가 우리에게 별로 감동을 주지 않는다는 것은 무엇을 뜻하는 것이겠습니까? 엘리엇 자신의 말마따나 무엇이 문학이냐는 것은 오직 문학적 기준만으로 판단할 수 있지만, 무엇이 위대한 문학이냐는 판단은 다만 문학적 기준만으로 충분한 것은 아닙니다. 사상이 없으면 진실한 정서적 등가물이 생길 수 없고 따라서 위대한 시가 산출되지도 않습니다. 체험이 심화되지 못한 우리나라에서는 '사상의 정서적 등가물'이라는 말을 입에 올릴 때 우선 '사상의'라는 한정어에 중점을 두어야 할 형편이라고 여겨집니다.

또한 '문학은 문학이기 때문에 문학'이라는 엘리엇의 말은 우리나라에서는 완전히 뜻을 잃어버립니다. 왜냐하면 엘리엇의 밑바닥에는, 그리고 엘리엇이 보는 서구인의 생활의 밑바닥에는 기독교라는 불변불멸(不變不滅)의 종교가 있는데 우리는 이에 상당하는 것을 가지고 있지 않기 때문입니다. 좀 동떨어진 이야기 같습니다만 극히 단순한 사실을 말하려는 데에 지나지 않습니다. 문학은 엘리엇에 있어서 기독교라는 기름진 땅 위에 피어난 아름다운 꽃들 중의 하나입니다. 그리고 기름진 땅 위에 피어난 꽃은 그 뿌리를 박고 있는 토양에서 영양을 받으면서도 그것을 의식할 필요 없이 아름다운 모습을 꾸며내면 됩니다. 말을 바꾸면 도덕적 기반이 단단하고 자아가 완전히 정립되어 있으니까 문학은 '높은 교양을 지닌 한가로운 사람'을 위해서 '특수하고 제한된 인생의 장식'을 하고 '세련되고 지적인 쾌락'을 베풀 수 있는 것입니다. 그것은 결코 예술 지상주의도 아니며 또한 인생을 위한 예술도 아닙니다. 지상의 것은 차라리 변치 않는 진리로서 개아(個我)를 통제하는 종교이며, 인생의 문제를 해결해주는 것도 전적으로 종교입니다. 요컨대 문학이란, 종교를 하부 구조로 삼고 있는 상부 구조입니다. 따라서 엘리엇은 이 하부 구조인 종교가 위기에 처해 있다고 생각할 때 문학에 있어서의 종교적 의의를 전면에 내세우기를 서슴지 않습니다. 우리는 「비평의 기능」과 「종교와 문학」에서 강조되고 있는 점이 다르다고 해서 조금도 놀랄 필요가 없습니다.

우리가 놀라고 의심해보아야 할 것은 사상도 종교적 전통도 빈약하고 따라서 외국 사람들의 이론을 그대로 받아들일 수도 없는 우리나라의 문학과 그 문학을 마주 대해야 하는 비평가의 입장입니다. 우리나라 문학에서 그리고 내게 있어서 부족한 것이 무엇일까 하는 줄기찬 반성 없이는 효과 있는 비평을 할 수 없는 처지에 우리는 놓여 있습니다. 사실 이런 반성이 시도되지 않으니까 개중에는 외국의 최신 이론을 소개하기에 바쁘면서도 실지 비평에 있어서는 극히 초라한 인상을 나열한다거나(그것은 인상주의도 아닙니다. 대표적 인상주의 비평가로 알려진 르메트르나 구르몽이 갖춘 교양과 그들의 피 속에 흘렀던 살아 있는 과거를 우리는 구비하고 있지 않습니다), 혹은 교묘한 말재주로 빈 속을 감춘다거나 심지어는 여러 작품을 간단한 형용사 한두 마디로 묶어 그야말로 도매금으로 넘기는 따위의 짓을 하는 평론가가 횡행하는 것입니다.

어떻게 하면 우리의 평론계를 발전시킬 수 있을까 하는 문제에 대해서 그 누구도 유일한 옳은 대답을 할 수는 없습니다. 의지할 곳이 없는 데다가 서양에서 불어오는 세찬 바람에 쓸려내려가기가 쉬운 이 나라의 문학 비평은 다른 모든 분야에 있어서와 마찬가지로 무한한 가능성과 무한한 고민을 동시에 지니고 있습니다. 아니 무한한 가능성이란 곧 무한한 고민을 의미하는 것이라고 말하는 쪽이 더욱 적절할지도 모릅니다. 그러나 깊이 생각할 줄 아는 작품이 나오도록 하는 것이 시급한 과제라면 이와 동시에 깊이 생각할 줄 아는 평론가가 필요하며, 이 깊이를 사상 면에서 찾도록 해보자는 것도 하나의 대답이 될 줄로 믿습니다. 유행가 가수나 상인이나 혹은 검사와 같은 짓을 하지 말고 자기를 줄기차게 시달리게 하는 제한된 문제에 끝끝내 시달려보자는 것입니다. 집념이라는 말이 있습니다만 평론가도 가령 죽음 · 시간 · 부조리 · 절대 등의 문제를 집념처럼 지니고 다닐 줄 알아야 한다고 생각합니다. 그리고 자기의 집념의 조명하에서 작품을 내용 · 수법 · 상징 등 여러 면에 걸쳐 비추어보았으면 합니다. 물론 이러한 비평가는 자기의 견지가 작품을 대하는 여러 가지 견지 중의 하나에 불과하다는 것을 자인합니다. 도시 객관적 인식론에 기초를 두고 정신의 사상(事象)을 대하려는 것이 불가능한 일이라고 믿기 때문입니다. 그러나 바로 자기의 집념과 작품을 비교 분석함으로써 비평가는 작품의 비밀을 훔쳐내고 또 새로운 문제나 새로운 현실을 제시할 수 있는 것입니다. 예컨대 사르트르의 『이방인』 해설이 그 소설을 논한 가장 훌륭한 평론의 하나인 이유는 그가 존재의 부조리를 밝힌다는 입장에 서 있기 때문입니다. 또한 서양에 있어서는 일반적으로 시인이나 소설가로서 훌륭한 비평가를 겸한 예가 많은 것도 이 때문입니다. 이러한 종류의 비평을 두고 철학적 비평이라고 해도 좋고 또 주체적 비평이라고 해도 좋습니다. 또는 오해하기 일쑤입니다만 모럴리즘의 비평이라고 불러도 무방합니다. 명칭이야 어떻든 간에 문학적 전통이 빈약하고 사상성이 빈약한 우리나라에서는 이것이 극히 필요한 한 가지 태도임에도 불구하고 충분히 시도되지 않은 것이 사실입니다.

따라서 이러한 비평가는 시나 소설이나 희곡을 막론하고, 그리고 그 경향 여하를 막론하고 함부로 손을 대어 종횡무진으로 활약하기를 거부할 것입니다. A는 리얼리스트로서 확고한 지반을 가졌으며, B는 상징주의를 소화하는 데 성공했으며, C는 작품의 구성이 신통치 않다는 따위의 말을 함부로 늘어놓지는 않을 것입니다. 그는 전지전능한 신이 아닌 것을 잘 알고 있습니다. 그에게 있어서 비평이란 곧 탐구의 한 형식이며, 비평의 대상이 되는 작품은 이 탐구의 과정에서 만난 벗입니다. 그 벗은 비평가 자신의 변신을 위한 한 중대한 계기를 베풀어줄 수도 있고 또 반대로 비평가가 벗에게 자기의 입장을 이야기함으로써 그를 위한 암시를 던지거나 그의 반성을 촉구하는 수도 있습니다. 그리고 자기의 눈에 비친 이 벗의 모습을 남들에게도 보여주려고 합니다. 또한 비평가는 그렇게 함으로써 고독에서 벗어나 대화의 세계로 들어서고, 핀잔과 경멸만을 받으면서 문학의 주변을 어슬렁거리던 이방인의 신세를 면하려고 애쓰는 것입니다. 끝으로 마니 C. E. Magny라는 비평가가 그녀의 평론집 『엠페도클레스의 짚신』에서 하고 있는 재미있는 이야기 한 토막을 소개해 둡니다.

"옛날에 마르탱이라는 한 불쌍한 사람이 있었습니다. 그는 무엇인가 쓰고 싶었습니다만 새로운 책이 나올 때마다 그 저자가 자기 자신이 하고 싶은 이야기를 훨씬 더 훌륭하게 해버린 듯이 여겨졌습니다. 그래서 그는 빈손으로 슬프게 제 집으로 돌아가는 것이었습니다. 그러자 하루는 흥분해서 자기가 좋아하는 책의 이야기를 친구들에게 했는데 의외로 자기와 같은 것을 발견한 사람은 아무도 없다는 것을 알았습니다. 이윽고 마르탱은 문예 비평가가 되었습니다."

(『사상계』 문예 증간호, 1962년)

작가의 정치 참여

학생 시절에 폴 발레리의 「정신의 자유」라는 글을 읽다가 '정치는 가치의 위조'라는 표현에 마주친 일이 있었던 것을 지금도 생생히 기억한다. 그것은 자유라는 이름 아래서 구속을 가하고, 미래의 행복이라는 부도 수표를 떼면서 영원한 독재를 꿈꾸고, 혹은 대의 제도가 온 국민의 소리를 반영하는 제도라는 따위의 거짓말을 해야 하는 현대 정치의 기만성을 고발하는 가장 날카로운 말임에 틀림없다. 하지만 다른 한편으로 생각하면, 정치에 대해서 이런 대담한 고발을 하면서도 자신은 오직 시작(詩作)에 전념하고, 기껏해야 파멸의 위기에 처한 서구 문명에 걱정스러운 시선을 던지기만 했던 발레리는 요컨대 행복한 삶을 살았던 사람이다.

그러나 오늘날은 사정이 다르다. 상아탑에 들어앉아서 고고한 입장에서 정치를 고발하기만 하면 지성인으로서의 점잖은 역할을 하게 되는 때는 이미 지나갔다. 발레리의 말을 다시 빌리자면 가치를 위조하는 바로 그 정치가 우리의 가슴에 직접 총칼을 갖다 대는 일이 있기 때문이다. 심지어는 상아탑에 들어앉는다는 행위조차 고립성과 순수성을 의미하기에 앞서, 하나의 결단과 용기의 상징으로 보이게 된다. 독재자가 시인에게 군가를 지으라고 강요할 때, '아니, 나는 그런 짓은 못 하겠소. 차라리 죽이시오'라고 말해야 하는 극한 상황하에서의 결단과 용기 말이다. 이제 작가(시인을 포함해서)의 정치 참여의 문제가 클로즈업될 때가 온 것이다.

그러나 한마디로 작가의 정치 참여라고 하지만, 우리는 개념의 혼란을 막기 위해서 세 가지의 다른 유형을 생각해보는 것이 좋을 것이다. 우선 작가가 소위 양심의 소리를 외치는 경우를 들 수 있다. 좀더 정확히 말하자면 자기 자신은 위험 지대에서 벗어나 있는 작가가 외부에서 일어나는 어떤 불의를 알았을 때 휴머니스트로서의 공분(公憤)을 느끼는 경우이다. 그런데 이런 의미에서 참여를 할 때에는 양심의 소리를 외치는 인간과 작품을 쓰는 작가 사이에 엄연한 구별이 생긴다. 즉 작가는 철학자·과학자·종교인 등 다른 직업을 가진 모든 사람들과 마찬가지로 한 시민으로서 인간 옹호에 나서는 데 지나지 않으며, 작가로서 행동하는 것이 아니라는 말이다. 가령 그 유명한 드레퓌스 사건 때에, 에밀 졸라나 아나톨 프랑스가 당시의 국가주의 세력과 마주 싸운 일, 또는 앙드레 지드가 독일의 국회의사당 방화 사건이 일어났을 때 부당하게 범인으로 체포된 드미트로프의 구명을 위하여 나치의 선전상(宣傳相)을 만나러 베를린으로 날아간 일이 그런 것이다. 하기야 이런 경우에도 작가의 사상과 정치적 행동 사이에 관련이 없는 것은 아니다. 허무주의적 색채가 짙은 작가가 정의와 자유를 위한 고함을 지르리라고 기대할 수는 없으니까 말이다. 또한 참여의 체험이 그후에 그의 작품의 소재가 되거나 어떤 사상적 영향을 미치는 수도 없지 않을 것이다. 그러나 이러한 정치적 참여는 당장에 그의 새로운 출발점을 이루거나 그의 작품과 필연적인 관계를 맺는 일은 드물며, 작가의 정치적 발언이나 행동은 말하자면 일종의 과외 활동이라고 할 수 있다. 졸라의 『나는 고발한다』는 작가의 정치 참여의 한 대표적인 기념비가 되어 있지만, 여기에서 들을 수 있는 양심의 소리가 곧 작품이며, 소설가 졸라의 가치를 규정하는 것이라고 생각하는 사람은 별로 없을 것이다. 심지어는 정치적·사회적 현실에 참여하는 자기와 창조자로서의 자기와의 사이에 커다란 분열을 느끼는 일까지도 있다. "나는 사회 문제에 대해서 무관심해야만 글을 쓸 수가 있다. 사회 문제가 내 머리에 가득 차 있던 지난 4년 동안 나는 창작을 내던져왔다. 쓰고 싶지 않았다는 것이 아니라 쓸래야 쓸 수가 없었던 것이다"라는 지드의 1935년의 고백은 작가와 정치 참여자로서의 자아의 이원적 존재, 심지어 그 사이의 이율배반을 단적으로 보여주는 예이다.

작가의 정치 참여의 또 하나의 유형이 생기는 것은, 정의와 자유를 지킨다는 비교적 객관적인 휴머니즘의 입장에서 정치적 불의와 싸우는 것이 아니라, 더욱 직접적으로 '나의' 자유를 빼앗으려는 유형·무형의 폭력에 대해서 자신의 태도를 명백히해야 할 때이다. 첫번째의 참여가 자의적인 데 반하여, 이 경우의 참여는 강제적이다. 참여하지 않을래야 않을 수가 없는 것이다. 앞서 언급한 예를 다시 빌려서 말하자면 독재자가 군가를 짓기를 요구하는 경우가 그렇다. 그 요구를 단호히 거부함으로써 학대와 죽음조차 받아들일 용기를 보이느냐, 그렇지 않으면 그 요구에 순순히 응해서 어용 문인으로서 연명할 것이냐는 괴로운 선택이 강요되는 것이다. 그리고 이런 상황에서는 작가의 작품 활동과 정치적 태도 사이에 첫번째 경우에 비해서 한결 밀접한 관련이 생기기 쉽다. 왜냐하면 참여하는 시민과 글 쓰는 작가라는 이원적 자아의 성립이 이제 어렵게 되고, 어떤 형식이든 간에 독재에 대한 항거와 순종 중의 한 가지가 작품 창조의 밑바탕을 이루게 되기 때문이다. 가령 게오르규의 『25시』나 베르코르의 『바다의 침묵』과 같은 소설을 이해하기 위해서는 그 작가들이 나치즘에 저항했다는 사실을 도외시할 수 없다. 우리나라의 경우만 하더라도 일제 말기에 '내선일체(內鮮一體)'니 '팔굉일우(八紘一宇)'

니 하는 침략자들의 구호를 따라, 심지어 일본말로 작품을 쓴 사람들과 끝끝내 민족 문학을 지킨 사람들의 활동을 정치적 관련에서 생각해보지 않을 수 없는 것이다. 이렇게 정치적 선택을 강요당하는 상황하에서는 이른바 순수 문학을 고집한다는 국외자적인 태도까지도 저항의 한 형식으로 볼 수 있다.

그러나 오늘날 작가의 정치 참여 문제가 특히 논의의 대상으로 떠오른 것은 이러한 두 가지의 경우 때문이 아니다. 지드와 같이 이율배반을 느끼지 않는다면 한 작가가 시민으로서의 의무감 때문에 필요에 따라 정치 문제에 관여하는 것은 환영받을 일이며, 또한 독재 세력에 마주칠 때는 작가가 좌우간 어떤 결단을 내리지 않을 수 없게 되는 것은 딱하기는 하지만 불가피한 노릇이다. 그러나 오늘날의 문제는 다르다. 그것은 일부에서 문학을 정치에 예속시키려는 노골적인 움직임을 보이는 데서 비롯된다. 그런 사람들은 다만 문학과 정치와의 상호 관계를 강조할 뿐 아니라, 어떤 정치적 목적을 위한 봉사에서 문학의 뜻을 구하려는 것이다. 만일 그것이 독재 국가의 문화 정책의 일환으로서 강요된 것이라면 또 이야기가 다르겠지만, 작가나 비평가 자신이 스스로 그런 주장을 내세우고, 정치에 직접적으로 끼어들지 않는 모든 문학적 표현을 기생충적 존재라든가 반민중적 배반이라고 매도하려는 데 문제가 있는 것이다.

도시 현대의 작가들이 정치에 매력을 느끼는 데는 이유가 없지 않다. 우선 기존의 가치 체계가 무너지는 역사적 위기에 있어서 그들은 잃어버린 절대의 대상물을 정치적 유토피아에서 찾으려 한다. 정신의 세계에서 의지할 곳을 찾지 못했으니까, 그들은 믿음직하게 보이는 어떤 정치적 대열에 소박한 희망을 거는 것이다. 엘리엇이『황무지』에서 그린 바와 같이 서구가 어둠에 싸이자, 스펜더와 오든은 공산주의를 새벽처럼 반겼다. "오늘은 오직 필요한 살인죄를 의식적으로 받아들이고"(오든), 내일은 늘비한 시체 저 너머로 자유와 평등의 왕국이 세워지기를 꿈꾸면서, 허덕이는 문학에 생기를 불어넣으려는 것이었다.

그러나 작가가 정치적 문학을 내세울 때는 이러한 낭만성과 아울러 어떤 심리적 계기를 그 밑에 깔고 있는 경우가 많은데, 그것은 다름 아니라 민중에 대한 미안한 감정 내지는 죄책감이다. 그들은 과거에 절박한 사회적 문제와는 동떨어진 특권자로서의 활동을 해왔고, 그럼으로써 생존의 현실과 직접 관련되어야 할 문학을 마치 사치품처럼 생각하고 생산해왔다고 스스로 느낀다. 그들은 이렇게 괴로운 질문을 자신에게 던진다. '내 앞에서 한 인간이, 혹은 한 집단이 압박과 빈곤에 짓눌려 신음하고 있는데, 나는 신비로운 우주와 영원한 사랑을 노래하고 형이상학적 명상에 잠기는 특권을 누려도 좋단 말인가?' 더구나 자신의 초연한 자세가 유지될 수 있는 것은, 압박을 가하는 사람들의 행위를 묵인하고 또 간접적일망정 그들의 후원을 받아서 가능한 것이라고 깨달을 때에는 이러한 질문에 대한 대답은 깊은 죄의식으로까지 발전하게 된다. 그리고 여기에서 작가는 상아탑을 부수고 나와, 그 나름대로 자유와 해방을 위한 현실적 투쟁에 끼어들어야 한다는 주장이 싹튼다. 다시 말하면 작가는 자기가 배반해온 민중에 대한 속죄의 형식으로 작품을 써야 한다는 것이다. 그런데 이 속죄가 구체적이며 효과적인 것이 되기 위해서 작가는 일정한 정치 세력에 적극적으로 동조하게 된다. 그 정도가 아니라, 그런 정치 세력은 마치 작가의 죄를 씻어줄 한 커다란 교회와 같이 신성한 존재가 되어버리기도 한다.

이러한 정치 참여가 다른 어느 직업의 사람보다도 특히 작가에게 중요한 문제로 부각되는 것은, 본래 문학이라는 분야가 무규정적인 것이기 때문이다. 문학은 과학처럼 그 대상과 방법론이 한정되어 있지 않다. 한 과학자가 열렬한 공산주의자가 되어 적극적으로 그 운동에 뛰어든다 하더라도, 그것은 어디까지나 과학자로서의 본분이 아니며, 그런 행동이 과학의 본질과의 관련하에서 논의될 수는 없는 것이다. 우리는 가령 공산주의적 물리학, 민주주의적 화학이라는 따위의 용어를 쓸 수가 없다. 그러나 문학은 그 성격 자체가 무규정적이기 때문에 모든 방향으로 뻗어나가서 모든 내용을 언어로 결정시켜놓을 수가 있다. 문학이란 두 글자 위에 붙을 수 있는 가지가지의 형용사를 생각해보라. 인간적 문학, 비인간적 문학, 장밋빛 문학, 흑색 문학, 심지어는 민주적 문학, 공산주의적 문학 〔……〕 그러니까 한 작가가 적극적인 정치 참여를 위해서 문학을 내바치느냐 아니냐는 태도를 결정하는 것은 무규정적인 문학에 대해서 자기 나름대로 그 본질 내지는 성격을 규정한다는 말이 된다. 그리고 모든 가치와 전통이 의문시되고 작가는 누구를 위해서 무엇을 써야 하느냐는 영원한 문제가 더욱 긴박하게 재연되어 사방에서 이설(異說)이 분분한 오늘날, 우리가 지금 언급하고 있는 셋째 종류의 참여의 문학자들도 여기에 대해서 하나의 대답을 던져주려는 것이다.

요컨대 문학은 인간에 관한 그 어떤 것도 대상으로 삼을 수 있는데, 우리는 기생충적 존재로서의 부끄러움과 불행한 동족에 대한 죄의식을 다소라도 경감할 수 있는 방향으로 문학을 동원할 수 있고 또 그래야 한다는 것이 이러한 정치적 참여를 주장하는 작가들의 심리적·윤리적 명제이다. 그 다음에는 이 명제에 살을 붙이고 논리의 외피를 씌우고 투쟁의 영웅성을 강조하면 된다. 그 전형적인 예로, 사르트르는 "한마디로 말해서 우리는 우리가 쓰는 글을 통해서 인간의 자유와 사회주의 혁명을 위한 투쟁에 나서야 한다"고 외친다. 그리고 그의 『문학이란 무엇인가』의 가장 큰 취지는 자신의 출신 계급인 부르주아지의 문학의 비열성과 안이성을 고발하고 혁명 문학의 정당성을 주장하기 위한 것이었다.

우리는 현대의 작가들이 불행한 대중 앞에서 죄책감을 갖게 되는 것을 부당하다고 말할 수는 없다. 특히 긴박한 역사적 상황과 발달된 매스컴은 세계 도처의 인간들이 겪는 부정과 학대를 극적으로 노출시켜주기 때문에, 인간에 대한 관심이 직업처럼 되어 있는 작가에게는 그런 감정이 더욱 날카롭게 되는 것은 당연한 노릇이다. 분명히 작가는 작가 나름대로 보다 나은 역사를 창조해야 할 책임을 짊어지고 있다. 그러나 우리는 여기에서 한 근본적인 질문을 던져보자. 그 책임을 수행하기 위해서 작가는 반드시 정치적으로 참여해야만 하는 것인가? 문학을 정치적 목적에 예속시키면서 미래의 왕국을 꿈꾼다는 것은 공연한 희생과 자기 분열만을 가져오는 비극적인 환상이 아니겠는가?

한 작가가 현실적 투쟁의 무기로서 작품을 생산하려고 할 때에는, 그 전제로서 일정한 정치적 노선을 선택해야 한다는 것은 앞서 시사한 바와 같다. 즉 딛고 일어설 발판이 먼저 있어야 하는 것이다. 이런 경우에 작가들은 자기가 발판으로 선택한 정당이나 정치 세력이 원리적·원칙적으로 정당한 것이며 진실한 휴머니즘의 상징이라고 믿어야 하는데, 오해는 바로 여기에 있다. 왜냐하면 현실 정치는 상황의 변화에 대해서 민감하게 반응하는 기회주의적인 리얼리즘을 보일 때가 많기 때문이다. 그런 정치적 리얼리즘과 마주치게 될 때 작가의 환상은 산산이 부서지고 만다. 가령 많은 서구 작가들이 마침내 공산주의에서 휴머니즘의 고매한 이념과 단단한 이론과 행복한 복음을 찾았다고 생각했지만, 소련의 예상치 못한 노선의 변경(가령 1939년의 소련과 나치스 독일 사이의 불가침 조약), 재판 없는 처형, 비정한 숙청 따위의 현실은 그들에게 배신감을 안겨주었다. 말하자면 정치의 유동성이 작가의 순진성을 하나의 아름다운 표류

물처럼 휩쓸어가고 말았던 것이다. 앞서 언급한 스펜더와 오든의 변심이나, 1935년경의 일본 프롤레타리아 작가들의 대량적인 전향은 작가의 정치적 참여가 정치 이전의 것이었음을 여실히 보여주는 실례이다.

또한 참여의 발판으로 삼을 만한 마땅한 정치 단체가 없다고 생각될 경우에는, 작가가 스스로 정당이나 사회 단체를 만드는 일조차 있는데, 우리는 그런 예로서 1948년에 사르트르가 조직한 '민주혁명연합'을 들 수 있을 것이다. 그것은 사르트르의 생각으로는 유물변증법이라는 사이비 철학에 의거하지 않으면서도 무산자를 해방시킬 사상적 근거를 마련할 수 있다는 신념의 소산이었다. 그러나 그의 노력은 금세 수포로 돌아갔다. 말만 많고 강제력과 조직력도 없이 공산당과 맞서려던 그 급조된 정당은 대중을 흡수할 수 없었기 때문이다. 이리하여 남은 것은 결국 공산당에 대한 모호한 태도, 좀더 노골적으로 말하자면 갈팡질팡하는 태도였다. 제아무리 사회주의 혁명을 높이 외쳐보아도 이른바 성분과 철학을 달리하는 그를 공산당이 받아들일 이치가 없었다. 다른 한편으로 혁명을 위해서 문학을 바쳐야 한다는 그의 주장은 그가 말하는 소위 부르주아 작가들의 견해와 근본적으로 배치된다. 이 모순 사이에서 그는 괴로워한다. 그리고 이 점에서 그의 소설 『자유의 길』의 제4권이 아직도 나오지 않고 있다는 사실은 매우 상징적이다. 그는 이 제4권에서 공산당원 브뤼네의 행동이 지식인의 진정한 행동이라고 예찬해야 할 단계에 이르렀지만, 그 자신이 공산당과 완전히 손을 잡을 수 없는 이상, 다만 소설상의 논리에만 끌려서 그런 예찬을 할 수는 없는 노릇이기 때문이다. 더구나 헝가리 사건은 그에게 큰 충격을 주었다. 우리는 그 사건을 계기로 사르트르가 공산당과 영영 손을 끊을지도 모른다고 생각했다. 그러나 그는 여전히 국외자로서 공산당에 동조하기를 완전히 멈추지 않았다. 그렇다면 필요와 상황에 따라 때로는 공산당을 비판하기도 하고 또 때로는 그들과 합창하기도 하는 정치 참여란 무엇인가? 사르트르는 부르주아로서의 떳떳치 못한 고독을 넘어서려는 정치 참여의 이론 때문에 도리어 더욱 고독해지고, 제 속에 깃들어 있던 작가로서의 재능을 스스로 죽이고 말았다는 슬픈 결과를 초래한 것이다. 문학적으로 볼 때 사르트르가 우리에게 베풀어준 귀중한 것은, 정치 참여를 본격적으로 내걸기 전에 인간의 존재 양태를 냉철하게 해부하고 삶의 새로운 가능성을 찾아 고민하는 현대인의 모습을 보여준 작품——『구토』, 『벽』, 『자유의 길』 제1부, 『갇힌 방』 등이며, 공산당과의 야합 때문에 터무니없이 왜곡된 『네크라소프』와 같은 타작(駄作)이 아니다.

사르트르에 관한 이러한 고찰은 우리로 하여금 작가의 본령이 어디에 있느냐는 문제를 다시금 생각하게 한다. 오늘날의 작가가 시대의 문제에 대해서 강렬한 역사적 의식을 가져야 한다는 것은 정치의 무대에 직접적으로 뛰어들어야 한다는 의미는 아닐 것이다. 만일 그렇다면, 삶의 현실을 배반하는 선전 문학을 일삼지 않는 한, 결국 문학을 포기하거나 자기 분열을 일으키는 결과를 초래하기 쉽다. 무엇보다도 작가는 자기의 작품이 시대를 움직일 수 있다는 18세기적 환상에서 해방되어야 할 것이다. 문학이 인간과 세계에 대해서 작용하는 것은 직접적이며 구체적인 현실 생활의 영역이 아니라는 것을 똑똑히 아는 것이 진정한 작품 창조를 위한 요건이다. 공산주의자들의 행동 방향을 결정짓는 것은 수천·수만 권에 달하는 프롤레타리아 문학 작품이 아니라 흐루시초프의 한두 마디 말이다. 또한 민주주의 국가에 있어서도 정책이 변경되고 국민의 실질적 생활이 개선되는 것은 문학의 권외에서 전개되는 여론이며, 문학은 극히 간접적인 역할밖에는 하지 못한다.

따라서 굳이 문학의 정치적 효능을 두고 이야기할 때는 이 간접적 역할이라는 견지에서 접근해야 할 것이다. 다시 말해서 문학의 정치적 효능은 차라리 그 비정치적인 차원에서 찾아보아야 한다는 말이다. 민중에게 미안하고 죄스럽다는 감정에 쏠려 정치 만능주의에 휩쓸리지 말고, 상대의 세계를 살피면서도 절대를 갈구하고, 지상의 번잡한 일에 관심을 가지면서도 정신의 북극성을 밝히는 것이야말로 현대 작가의 책임이다. 정치의 시녀가 되는 대신에 정치와 대중을 가치의 세계로 끌어당기기를 시도할 때 문학은 그 본래의 기능을 수행하면서 인류에 봉사할 수 있는 것이다. 알베르 카뮈나 앙드레 말로와 같은 작가는 시대에 대해서 누구보다도 예민한 감각을 가지고 있고 또 역사의 마당에 몸소 뛰어들었지만, 우리가 그들을 감히 참여 작가라고 부를 수 없는 이유도 바로 여기에 있다.

(『현대인 강좌 3: 학문과 예술』, 박우사, 1962년 8월)

현대 문학과 휴머니즘의 위기
—— 20세기 문학의 반인간적 경향에 관하여

신을 섬기기에 생활의 전부를 바치고 그 대가로 신의 은총을 한 몸에 지니다시피 해온 욥이 일조일석에 파멸에 몰리게 된 이야기는 구약 성서 중에서도 가장 인상 깊은 대목의 하나이다. 전지전능한 신이 내리는 시련은 유한자인 인간의 이성적 이해를 넘어서는 것이며, 사랑할수록 더욱 괴로움을 주는 역설적 행위를 신이 좋아한다는 것을 깨닫게 되는 그 순간까지, 욥의 회의와 고민과 반항은 계속된다. 죄가 없을 뿐 아니라, 정의와 자비와 경건의 상징과도 같은 자기가 죄인처럼 괴로움을 당해야 하는 이유를 도무지 납득할 수 없기 때문이다. 그래서 그를 위안하고 설득하려고 찾아온 세 친구에게 욥은 피를 토하듯이 이렇게 외친다. "그대들은 모두가 거짓의 약을 바르는 헛된 의사들이다. 제발 침묵을 지켜다오. 침묵이 그대들의 지혜일 터이니"(제13장).

이 짤막한 한마디 말은 현대의 서구 문학과 깊은 관계가 있는 듯한 느낌이 든다. 도시 「욥기」 중에서 신의 시련의 본뜻을 깨닫게 된 마지막 부분을 없애버리면, 이 기록 자체가 마치 현대 문학의 한 중요한 특징을 예고하고 있는 듯이 여겨지기까지 한다. 아니, 한걸음 더 나가서 「욥기」의 전반과 신은 죽었다는 그 유명한 니체의 외침을 결합시켜서 이야기를 꾸며보면 더욱 적합할 것이다. 왜냐하면 신이 사망했는데도 아직 초인이 탄생하지 않은 현대는 침묵을 지켜야 할 헛된 의사들의 시대이기 때문이다.

그러나 이렇게 한마디로 시대적 특징을 단정한다는 것은 유혹적이기는 하지만 매우 위험한 노릇이기도 하다. 동질적일 수 없는 여러 경향을 억지로 한데 묶어서 그것들이 마치 한가지의 것인 듯이 환원하는 것은 경박한 일이다. 사실, ‘현대 문학과 휴머니즘의 위기’라는 제목도, 부제에 사용된 ‘반인간적 경향’이라는 말도, 또 방금 인용한 헛된 의사의 비유도 현대에 나타난 한 가지 문학적 표현과 관련된 것에 불과하다. 왜냐하면 그런 말들이 적용될 수 없는 다른 문학과 다른 문화권이 있기 때문이다. 가령 아직도 신을 믿는 서양의 작가들과 일찍이 신을 믿어본 일이 없는 우리나라의 문학적 전통이 그렇다. 따라서 이 글에서 사용되는 ‘현대 문학’ 또는 ‘현대 작가’라는 용어는 제한적임을 미리 밝혀두고자 한다.

이야기를 다시 본론으로 옮기자. 이미 신을 믿지 않고 인간에 대한 신뢰를 거두어들인 현대의 서구 문학은 적어도 두 가지 의미에서 ‘헛된 의사’라는 말과 관계가 있을 것 같다. 첫째로 오늘날의 많은 작가들은, 욥이 세 친구를 두고 말했듯이, 과거의 문학적 유산을 헛된 의사의 거짓 처방이라고 생각한다. 하기야 과거를 비판하고 과거의 유산의 시효 상실 내지는 절대적 무효성을 선언하고 나서는 것은 시대 여하를 막론하고 모든 새로운 세대가 자기를 주장하는 공통의 방식이었다. 프랑스의 경우만 보아도 17세기부터 19세기에 걸쳐서 고전주의 · 계몽주의 · 낭만주의 · 자연주의가 출현할 때 그 기수(旗手)들은 하나같이 과거의 문학의 부정을 출발점으로 삼은 것은 우리가 익히 알고 있는 일이다. 그러나 현대 문학에 있어서 새로운 것은 비판과 고발의 대상이 특정된 어떤 주의 주장이 아니라, 줄리앵 그락Julien Gracq의 말을 빌리면 3천 년의 서양의 역사 전체라는 것이다. 그런데 이 3천 년의 역사란 한마디로 휴머니즘의 역사였다. 19세기까지 나타난 주된 사조가 서로 달랐다면, 그것은 인간의 완성 가능성perfectibility을 전망하는 각도가 달랐다는 말이며, 인간의 미래에 대한 신뢰는 한결같았던 것이다. 가령 시인은 이 세상을 비추는 횃불이라고 믿었던 빅토르 위고의 사명감은 정의로운 사회의 실현을 믿고 싸운 에밀 졸라의 정치 참여와 그렇게 먼 거리에 있는 것이 아니다. 무한히 먼 것은 그들 모두를, 즉 과거의 휴머니즘의 사도들을 '헛된 의사'라고 단정하는 현대의 '무서운 아이들'과 그 선배를 갈라놓고 있는 거리이다.

그들은 신의 섭리도 이성도 자아도 근거 없는 것이라고 고발함으로써 휴머니즘을 매우 어려운 처지에 빠뜨리고 말았다. 사실, 휴머니즘이라는 말이 현대에 있어서처럼 자주 그리고 철저하게 논의의 대상에 오른 일은 없으며, 이것은 곧 인간에 대한 믿음이 존망의 위기에 처해 있다는 것을 의미한다. 그렇다면 우리는 여기에서 선대(先代)가 믿어온 인간의 완성 가능성을 한낱 신화로서 부정하게 된 현대 작가들은 과연 인간의 미래를 위해서 어떤 대안을 제시하고 있느냐고 물어보아야 한다. 만일 우상 파괴의 다음에 와야 할 가치의 재건이 이루어지지 않는다면, '헛된 의사'를 규탄한 그들 자신도 역시 헛된 의사가 아니겠느냐는 의심을 품게 될 터이다. 그런데 이 의심은 불행하게도 정당한 것이다. 그리고 여기에 '헛된 의사'라는 말이 현대 문학과 가질 수 있는 또 하나의 한결 깊은 관련이 있다. 지난날의 의사들은 인간의 능력을 지나치게 평가해서 실효 없는 처방을 냈기 때문에 헛된 의사였다. 그러나 오늘날의 의사들은 어떠한 처방도 효력이 없다는 것을 스스로 깨닫고 의사로서의 자격을 자진해서 부정하는 사람들이다. 아니 차라리 인간의 의사는 인간의 검시관(檢屍官)으로 변모한 것이다.

기존의 가치 체계를 전면적으로 파괴하는 이 움직임, 그러나 아무런 적극적 가치도 정립할 수 없는 이 움직임의 단서가 된 것은 20세기 최대의 문학 운동인 초현실주의였다. 그것을 주창한 사람들은 정신적으로 새로운 인식과 비전에 도달하는 동시에 사회를 근본적으로 개혁한다는 두 가지 목표를 세우고 출발했다. 따라서 그들의 최초의 의도는 결코 파괴적인 데에만 국한된 것은 아니었다. 파괴는 오직 새로운 세계의 탄생을 위한 준비 작업이었다. 그러나 그 두 가지 목표를 동시에 수행하겠다던 초현실주의는 출발부터 해소될 수 없는 모순을 그 자체 속에 지니게 되었다. 이성적인 탐구와 언어의 의식적 조작을 거부하고 꿈과 순간과 무의식에서 쏟아지는 말들에 의지함으로써 어떤 절대를 찾으려는 그들의 시적(詩的) 기도는, 일관되고 지속적인 의식과 고도의 조직적 투쟁을 요구하는 사회 혁명의 실천과는 본시부터 일체가 될 수 없었기 때문이다. 그러기에 이 모순되는 두 가지 목표를 처리하기 위해서 다시 한자리에 모인 그들은 아무런 구체적 행동 방침도 세우지 못하고 다만 다음과 같은 성명서를 냈을 따름이다.

초현실주의 혁명 운동에 참여한 아래 사람들은 1925년 4월 2일에 회동하여 초현실주의 원칙과 혁명 원칙 두 가지 중에서 어느 것이 그들의 행동 강령으로 가장 적합한가를 의논했다. 그러나 이 문제에 대해서는 아무런 합의가 이루어지지 못하고 다음 두 가지 점에만 의견을 같이했다.

1) 초현실주의와 혁명에 관한 일체의 관심에 앞서 그들의 정신을 지배하는 것은 일종의 '분노의 상태'이다.

2) 그들이 이른바 초현실주의적 계시(啓示)에 도달하는 최적의 길

은 바로 이 분노의 길이다.

이렇게 자체의 모순을 정리하지 못한 초현실주의가 마침내 시를 고집하는 브르통과 혁명의 길로 나선 아라공의 두 진영으로 갈라지고 말게 된 곡절을 우리는 문학사에서 배운다. 그러나 우리의 보다 큰 관심은 그것보다도 그들이 내세운 '분노의 정신 상태,' 즉 현존하는 모든 것에 대한 부정과 파괴의 정신이 현대 문학의 한 두드러진 전통이 되었다는 사실에 있다. 그리고 파괴되어야 할 기존의 관념이 무엇인지는 알면서도 새로 정립해야 할 가치가 무엇인지는 모르는 답답함이 현대 문학의 특징이 되었다고 말해도 과언은 아니다.

그뿐 아니라 초현실주의자들의 격렬한 분노마저 자취를 감추고, 또한 소위 실존주의 작가들에 의한 최후의 인간 옹호의 노력마저 쇠퇴하면서, 허무감과 절망만이 자리 잡아가고 있다는 것이 최근의 인상이다. 한편으로는 현대 사회의 공포 앞에서 자신의 절망을 확인하는 작가가 있다. "이미 카프카가 보여준 바 있는 악몽과 같고 끔찍하게 현실적인 사회는 우리들의 실사회이다. 그리고 그것은 공포에 의해서, 공포가 탄생시키는 무섭게 완전한 이기주의에 의해서, 또 권력에 대한 허망한 갈망에 의해서 지배되고 있다"(이오네스코). 이와 동시에 또 한편으로는 그 모든 물질적 진보와 정신적 구호에도 불구하고 인간과 사회가 조금도 달라지지 않았다는 느낌에서 오는 갑갑함이 있다. "내가 어렸을 때 부모와 그들의 친구들이 예언했던 그 모든 것들은 어디 있단 말인가? [……] 그때는 딱딱한 관습의 껍질이 모조리 무너져버리는 듯이 생각되었다. 그러나 모든 것이 거꾸로 흘러 옛 틀로 되돌아온 것 같다. 결혼, 사유 재산, 전쟁, 여러 나라들에 의한 세계의 분할, 교회, 중학교——그런 것들이 모두 옛날과 다름없이 남아 있다. 20세기를 길고 비극적인 기만처럼 느끼는 사람들이 있는 것이다"(존 웨인).

여기에 인용한 두 작가의 말은 상반되는 것이리라. 이오네스코의 경우에는 사회가 너무나 달라지고, 웨인이 보기에는 너무나 달라지지 않은 사회가 우리를 가두고 있다. 그러나 외견상의 차이에도 불구하고 그들이 공통적으로 느끼는 것은 작가로서 구원의 사도가 될 수 없는 무력감이다. 공포의 분위기 속에서 미친 듯이 달려가는 세계 앞에서도, 또 시간의 변화를 모르는 구태의연한 세계 앞에서도 작가가 외쳐대는 모든 구호는 아무런 실효 없는 헛소리이기 때문이다. 작가가 이 세상에서 할 수 있는 역할에 대해서 이토록 자신을 잃고 회의와 절망에 쌓인 일은 일찍이 없었다.

그렇다면 도시 처방을 낼 재주가 없는 말똥말똥하면서도 무능한 이 '문학적 의사'들은 문학에서 무엇을 찾는 것일까? 다시 말해서 그들에게 문학의 긍정적 기능이 있다면 그것은 무엇일까?

오늘날 기교에 대한 관심이 큰 것은 휴머니즘으로서의 문학이 궁지에 몰려 있다는 사실을 반증하는 것이라고 나는 생각한다. 지난날에는 문학은 인간의 사상과 활동의 많은 분야를 망라할 수 있었다. 심지어 한 작품이 그런 다원적 기능을 수행하기까지 했다. 가령 19세기 후반기의 독자들은 위고의 『레 미제라블』에서 비단 도덕 문제만이 아니라 정치·사회·철학·종교상의 문제에 대해서 권위 있고 건설적인 비판과 의견을 기대할 수 있었다. 그러나 오늘날 문학에 대한 이런 기대는 사라지고 또 작가 자신이 그런 기대가 소용없는 것임을 잘 알고 있다. 지식과 학문의 다기적(多岐的)인 분화와 아울러, 당위와 구원의 문제를 다루는 데 있어서 문학이 할 수 있는 역할에 대한 회의는 문학의 영역을 크게 축소시켜놓았다. 이런 점에서 소설을 쓸 때 무엇보다도 문체를 중시한 사람이 인간의 원초적인 어리석음에 절망한 플로베르였다는 것은 매우 시사적인 사실이다.

삶의 길을 제시한다는 문학의 전통적인 기능과 인간에 대한 희망을 저버렸을 때 기교에 대한 편애가 탄생하는 것이다. 그 경우 문학에 남은 길은 허무와 절망의 표현 그 자체에 가치를 부여하고 그것이 최대의 효과를 내도록 언어를 사용하는 것이다. 그 작업이 말하자면 부정의 문학의 최후의 거점이다. 우리는 그것을 마조히즘적인 미학이라고 불러도 좋을 것이다.

일례로 이오네스코의 『대머리 여가수』의 한 장면을 보자. 스미스 부부가 보비 워트슨의 집안에 관해서 이야기를 한다. 그런데 그 집안 사람들은 모두 보비 워트슨이라는 이름을 가지고 있다. 대화의 한 토막을 소개하면 이렇다.

스미스 부인: 그러면 누가 어린애들을 돌보죠? 당신도 아시다시피 아들과 딸이 하나씩 있지 않아요? 참, 이름이 뭐랬죠?

스미스 씨: 부모와 마찬가지로 보비와 보비요. 보비 워트슨의 아저씨인 보비 워트슨 영감은 부자이고 사내애를 좋아하지. 그래서 보비의 교육을 맡아줄 수 있을 거요.

스미스 부인: 당연한 이야기죠. 그리고 보비 워트슨의 아주머니인 보비 워트슨 노파는 보비 워트슨의 딸인 보비 워트슨의 교육을 맡을 수 있겠죠. 그러면 보비 워트슨의 어머니인 보비는 재혼할 수 있을 거예요. 누구 물색한 상대가 있나요?

스미스 씨: 그럼. 보비 워트슨의 사촌이야.

스미스 부인: 누구요? 보비 워트슨이라고요?

스미스 씨: 어느 보비 워트슨 말이오?

스미스 부인: 보비 워트슨 말이에요. 죽은 보비 워트슨의 다른 아저씨 보비 워트슨 말이에요.

한 집안과 그 친척의 이름이 모두 보비 워트슨이라는 허구를 설정함으로써 이오네스코가 나타내려고 하는 것은 현대인의 정체성 상실일 것이다. 주체적 자아가 성립할 수 없는 오늘날에는 이름이라는 것이 뜻 없는 관례에 지나지 않는다. 그것은 마치 똑같이 생긴 책상이나 의자에 각각 다른 이름을 붙이는 것처럼 무의미한 짓이다. 이오네스코의 눈에는 본질 없고 획일화된 살덩어리들이 이 세상을 차지하고 있을 뿐이다. 그는 분명히 반휴머니스트이다. 그러나 이 반휴머니스트는 사람을 웃게 할 줄 안다. 이 시답잖은 대화에서 자꾸만 되풀이되는 보비 워트슨이라는 이름이 배우의 입에서 가지각색의 억양으로 발음될 때마다 관객은 웃음을 터뜨릴 것이다. 그러나 그것은 필경 당혹감이 섞인 웃음일 것이다. 이오네스코가 실현하는 것은 바로 이 효과이며 여기에 그의 놀라운 기교가 있다. 그가 관객에게서 자아내는 웃음은 마치 제 상처를 파면서 웃는 정신병자의 웃음이다. 관객은 자기에게도 역시 자아의 정체성이 없을지 모른다는 반성을 할 것이다. 그러니까 그 웃음은 자아가 없는 인간이 자아가 없는 인간을 보고 터뜨리는 웃음이다. 이것이 이 장면에서의 말장난의 쓰디쓴 효과이다.

인간과 세계의 더 좋은 미래를 생각할 수 없기 때문에 가능해진 이 언어의 유희, 우리로 하여금 허무와 절망을 더 절실하게 느끼게 하는 이런 종류의 기교는 아마도 날이 갈수록 더욱 다양해지고 정교해질 것이다. 현대 기술 문명의 현기증 나는 발달은 더욱더 주체로서의 인간의 존립을 위협하고 있기 때문이다. 그러다가 마침내는 모래를 씹는 듯한, 이를 가는 듯한 최악의 비관적 언어가 세계 문학의 주류가 되어 그나마 남은 휴머니즘의 소리를 뭉개버릴지도 모른다. 그때가 되면 '무엇을 위한 문학인가?' 하는 근본적인 회의가 대중들 사이에서뿐만 아니라, 문학을 하는 사람들 자신의 입에서 터져나올 것이다. 그리고 그 중에는 '휴머니즘의 문학으로 되돌아가자'고 외치는 사람들도 있겠지만, 그것은 지금보다도 더 '헛된 의사'의 소리처럼 들릴 것이다.

나는 나의 이러한 어두운 전망이 서구 문학의 현상만을 생각하고 멋대로 그려본 것임을 알고 있다. 세계에는 내가 잘 모르는 다른 지역의 문학이 있고, 그것이 새로운 휴머니즘의 동력으로서 서구 문학과 자리를 바꾸어나갈 가능성이 있을지도 모른다. 또한 다행히 우리나라는 아직도 허무와 절망이 문학의 큰 문제로 부각되어 있지는 않다. 그렇다면 여기에 세계 문학의 바람 직한 재생의 희망을 걸어볼 만하다고 생각하는 것은 당연한 이야기이다. 그러나 소용돌이치는 세계 속에서, 기술 문명이 나날이 더욱 인간을 소외시키는 환경 속에서 이 희망이 살아남을 수 있을지는 역시 의심스러운 일이다.

(『세대』, 1964년 3월호)

서구 작가와 사회 의식
―정치적 태도를 중심으로

　우리가 살고 있는 20세기는 여러 가지의 현상이 서로 얽히고 간섭하고 영향을 끼치는 세기이다. 각자가 자신의 고유한 분야만을 개척하고 지켜나가면 문명은 그 합력의 덕분으로 끊임없는 발전을 이루리라는 말을 이미 되풀이할 수는 없다.

　서양의 경우에, 대체적으로 19세기까지만 해도 지적 활동에 종사하는 사람들은 여러 문화 현상 상호간의 침투 작용이나 침식 작용에 대해서는 과히 관심을 기울일 필요 없이, 자기가 맡은 분야에 있어서 고독하고 또 고고한 처지를 지킬 수 있었다. 문학의 경우에도 예외는 아니었다. 몽테뉴는 오직 자기 자신을 알기 위해서 에세이를 쓴다고 공언했고 플로베르 역시 인간의 어리석음을 소재로 삼으면서도 "다만 쓴다는 기쁨을 위해서, 나 자신만을 위해서" 썼다. 문학이란 자율적이며 그것 자체로서 정당하고 절대적인 활동이었다. 그러나 오늘날에는 문학의 자율성과 자족성이 매우 의심스럽게 되었다. 작가는 특히 정치적 현실과 무관할 수 없다. 케스틀러Koestler나 사르트르와 같이 초미의 정치적 문제를 소설의 주제로 삼는 작가의 경우는 물론이지만, 심지어 정치의 피안에서 창작 활동을 이어나가는 작가에 대해서도 우리는 오늘날 정치적 해석을 가하고 정치적 의미를 찾아보려고 한다. 가령 이른바 반소설의 작가는 정의와 자유를 위한 전 인류의 투쟁과 어떤 관계가 있느냐는 식으로 문제를 제시할 수도 있는 것이다.

서양이 오랫동안 유지해온 정신 활동의 자율성, 그리고 그 일단으로서의 문학의 자율성이 의문시되기 시작한 이유를 우리는 세 가지 면에서 살필 수 있을 것이다. 첫째로, 정신과 영혼의 문제를 전담해온 지식인과 육체적이며 세속적인 활동에 종사해온 서민 사이의 계층적 구별이 파괴되었다. 민주주의의 발달은 지식인의 특권 의식 내지는 엘리트 의식을 잠식하고, 지난날의 정신적 귀족들로 하여금 동일한 자격의 시민으로서 자신과 타인을 재발견하도록 만들었다. 이 것은 이미 대중이 문학의 대상으로 등장하고 문학이 피안의 순수성을 지킬 수 없게 된 것을 의미한다. 문학은 좋건 싫건 간에 세속적인 것을 다루지 않을 수 없게 되었다. 이런 점에서 19세기의 프랑스 문학사는 매우 재미있는 양면성을 보여준다. 왜냐하면 비니 Alfred de Vigny, 보들레르, 플로베르는 대중과 세속적 인간사를 이야기하면서도 문학의 자율성과 정신적 귀족성을 주장한 마지막 사람들이기 때문이다. 그들이 과연 그런 것을 지킬 수 있었느냐, 또 19세기 사회에 있어서의 그 주장은 객관적으로 무엇을 의미하느냐는 것은 이 글의 범위를 벗어나는 문제이지만, 적어도 그들 이후로 문학이 결정적으로 속세로 끌려내려오게 되고, 비록 부정적 견지에서일망정 대중의 존재가 문학적 관심의 대상으로 떠오르게 되었다는 것만큼은 틀림없는 일이다.

문학의 자율성의 존속을 위태롭게 만든 또 하나의 이유는 앞서 언급한 바와 같이 인간 활동의 여러 분야가 서로 관련되어 있다는 것이 강하게 의식화된 점에 있다. "학문의 목적은 인간이 어떻게 손을 쓰느냐는 데 있는 것이 아니라, 어떻게 영혼을 기르는 데 있느냐를 가르치는 데 있다"(세네카)는 옛부터의 주장은 정신과 육체의 관계가 근본적으로 재검토되고(가령 프로이트의 경우), 또 정신 생활과 물질 생활의 긴밀한 관계가 밝혀짐에 따라 수정이 불가피하게 되었다. 특히 이 후자의 관계에 대한 주목이 극단화되면, 문학을 포함한 일체의 정신적 활동이 경제적 여건에 전적으로 의존한다는 마르크스주의자들의 주장, 즉 문학의 절대적 자율성이라는 전통적 생각 대신에 문학의 절대적 의존성이라는 주장이 들어앉게 된다. 오늘날의 문학자들이 모두들 그런 주장을 따르는 것은 아니지만, 적어도 문학이 초사회적인 활동은 아니라는 의식은 이제 보편적인 것이 되었다.

셋째로, 정치적 상황의 절박성이 문학의 자율성의 유지를 어렵게 한다는 점을 지적할 수 있다. 권력의 횡포, 전쟁의 위험과 참상, 혁명의 소용돌이, 대중과 지배 계층의 분열 등을 목격할 때, 작가는 초연한 입장에 안주할 권리가 과연 있는지, 문학의 마땅한 기능은 무엇인지 스스로 어렵고 괴로운 질문을 던지게 되는 것이다. 현대에 있어서 작가의 입장과 역할에 대한 이러한 새로운 반성의 신호탄을 올린 것은 1894년 프랑스에서 일어난 드레퓌스 사건이었다. 그해 군사 기밀을 독일에 팔았다는 혐의로 체포되고 유형을 당한 유태인 장교 드레퓌스를 에워싸고 벌어진 논란은 그후 5년 간에 걸쳐서 프랑스의 국론을 양분하고 지식인들을 대립시켰다. 그것은 정치적인 의미에서 제3공화국의 최대 위기였을 뿐만 아니라, 사상적으로도 프랑스 분열을 초래하고, 오늘날까지도 끊임없이 논의되는 작가의 정치 참여의 문제를 빚어냈다. 문학적 논쟁은 주제나 수법에 관한 문학 내적인 문제를 넘어서서 정치적 · 사회적 현실을 대하는 태도에 관한 문제로 번져나갔다. 1952년에 사르트르와 카뮈 사이에 벌어졌던 논쟁은 그때 에밀 졸라와 모리스 바레스로 대표되던 대립의 변주라고 말해도 좋을 것이다.

그러나 문학이 정신 교육자로서의 초월적 기능을 잃고 역사적 상황 속으로 끌려들어가게 되었다는 인식은, 작가나 비평가로 하여금 문학적 활동이 반드시 사회적 현실과의 긴밀한 관련을 통해서만 이루어져야 한다는 주장을 내세우게 한 것은 아니다. 현대가 정신이 지배하는 세기가 아니라 과학 기술과 정치에 의해서 좌우되는 세기임을 인식할 때, 문학은 '의연한 패배주의'의 입장에 설 수도 있는 것이다. 그 점에서 『예술과 난세 *Art and Anarchy*』의 저자 윈드 Edgar Wind가 하는 말은 참고가 된다. 그는 예술의 효용성에 대한 절망 자체를 그의 예술론의 근거로 삼는다. 예술이 일종의 '난외(欄外)의 활동'임을 지적하고 바로 그 인식에서 현대 예술의 가능성을 찾으려는 것이다.

예술이 과거에 있어서처럼 인간의 중심적 에너지와 관련되는 것을 이미 멈춘 시대가 세계사에 닥쳐왔다. 예술은 난외로 움직여나가고 거기에서 넓고도 화사하고 다양한 지평선을 이룰 수 있을 것이다. 중심을 차지하는 것, 그것은 과학이다. 즉 이성적 탐구의 끊임없는 정신이다. 〔……〕 그러나 예술은 난외로 몰려났다고 해서 결코 예술로서의 특질을 상실하는 것은 아니다. 그것이 상실하는 것은 우리의 존재와의 직접적 관련이며, 예술은 찬란한 잉여물이 되는 것이다.

우리는 이 견해에 대해서 전폭적으로 찬성할 수는 없을지 모른다. 현대의 문제는 과학이 대표하는 이성적 탐구의 정신이라기보다도 그 결과로서의 기술적 산물의 지배이며, 이에 못지않게 구석구석까지 스며드는 정치적 소용돌이이기 때문이다. 또한 난외에서 찬란한 잉여물로 남는 데에 현대 예술의 특질이 있다는 말에 대해서도 의문을 제기할 수 있을 것이다. 그런 찬란한 잉여물의 창조와 향유는 무상(無償)의 행위가 아니라, 어떠한 사회적 현실보다도 더 중요한 인간적 의미—가령 그 무엇과도 바꿀 수 없는 위안이나 기쁨, 미지의 현실과의 만남, 궁극적 진리의 인식 따위—를 베풀어줄 수도 있기 때문이다. 문학 작품의 경우에는, 사르트르의 『구토』가 보여주는 예술 창조를 통한 부조리한 현실로부터의 구원의 가능성이나 카뮈의 『이방인』에 나타나는 반항적 헤도니즘이 현대 사회에서 '난외의 잉여물'이 갖는 의의를 밝히는 데 도움이 될 것이다. 그러나 윈드 교수가 말하는 잉여물로서의 예술에 어떤 뜻을 부여하건 간에, 그런 초탈적 태도가 이미 현대의 사회적 압력에 대한 하나의 반응임에는 틀림없다. 그것은 예술, 특히 문학은 현실을 오직 사회적 의미하에서만 이해해야 하고 나아가서는 사회 혁명의 실현에 공헌해야 한다는 프롤레타리아 문학의 주장과는 정확히 정반대의 입장에 서 있는 것이다.

그러나 사회적 압력이 무겁게 가해지는 현대에 사는 서구의 작가 중에는 이 양극의 반응의 어느 쪽에도 속하지 않는 사람들이 있다. 이른바 순수 문학에서 멀리 떨어진 곳에 있으면서도 일정한 정당이나 이데올로기의 대변자가 아닌 작가들이 있는 것이다. 그들 역시 문학은 사회적 부정을 고발하는 길이 되어야 한다는 것을 알고, 또 필요하다면 직접적인 항의와 반항으로까지 나설 수 있을 정도로 사회 개조의 일익을 담당하고자 한다. 그러나 이런 적극적 참여에 있어서조차 그들을 인도하는 불변의 객관적 원칙이나 행동 지침은 존재하지 않는다. 비록 한때 그런 것이 있었다손 치더라도 그것은 무너져버린다. 그들의 경우에는 도리어 전통과 개혁, 목적과 수단, 정치와 도덕, 개인과 집단, 문학의 예술성과 효용성 사이에 괴롭고 어려운 문제들이 끼어들고, 이런 문제들에 대한 강렬한 의식이 작품 창조의 원동력을 이룬다.

앞서 말한 예술 지상주의나 프롤레타리아 문학의 주장은 양자가 다 같이 분명한 결론을 보여준 것이다. 그리고 이런 분명한 결론에 대해서는 우리 역시 분명하게 찬성하거나 반대하는 두 가지 태도 중의 하나를 취할 수 있다. 그러나 그 중간 지대에 있는 작가들에 대해서는 우리는 우리의 찬부(贊否)를 결정하기 전에 그들의 고민을 이해하고 또 가능하다면 그 고민을 나누어 가지는 과정을 겪어야 한다. 그렇다면 문학의 절대적 자율성과 초시대적 정신성을 유지하기 어렵다는 것을 의식하고 불가분 사회적 현실 속으로 끼어들어야 한다는 것을 알면서도, 확고한 신념에 이르지 못한 이런 부류의 작가들은 어떤 궤적을 밟아나왔던 것일까?

20세기의 가장 중요한 문제가 무엇이냐는 물음에 대해서 카뮈는 공산주의라고 대답했지만, 그런 대답을 할 수 있는 사람은 비록 카뮈만이 아닐 것이다. 사실 어떤 계기에서든 간에 문학의 전통적 존재 양식를 의심하고 대중을 발견하고 서구의 위기를 의식한 작가들의 대부분은 다소간에 공산주의와 어떤 관계를 맺은 경험을 공유하고 있다. 제1차 대전 이후의 서구 문학은 공산주의라는 존재를 빼놓고는 전혀 논할 수가 없다고 해도 과언이 아닐 것이다. 그것은 어찌 된 일이었던가?

서구의 작가들이 공산주의에 대한 관심을 표명하게 된 것은 결코 그 철학에 대한 냉철한 성찰의 결과는 아니었다. 그들의 눈에는 공산주의가 유물변증법이라는 철학적 체계 위에 선 건물이라기보다도, 서구와 서구의 일원인 자기 자신이 가지고 있지 못한 것, 그러나 갖고 싶고 가져야 할 것의 상징이었다. 또한 그것은 그들에게 있어서 이성의 대상이라기보다도 정념의 대상이었으며, 그러기에 미구에 환멸을 초래할 요인을 미리부터 지니고 있었다. 어빙 하우 Irving

Howe는 그의 『정치와 소설』에서 이런 말을 하고 있다. "초기의 정치적 희망과 후기의 환멸은 20세기 정치 소설의 주요 테마를 형성한다. 말로, 실로네, 케스틀러—그들은 모두 혁명의 실패와 배반에 시달렸다." 이 말은 비단 그 세 작가뿐만 아니라 초현실주의자들을 포함해서, 20세기의 많은 작가와 시인에게도 해당되는 말이다. 그러나 우리는 환멸에 앞서 희망과 환상이 태어난 곡절을 먼저 살펴보아야 한다.

현대의 문인들이 공산주의에 접근하기 시작한 데는 그들에게 특유한 개인적 동기가 있으니, 그것은 곧 대중 앞에서의 죄책감이다. 19세기의 알프레드 드 비니는 시인의 사명과 특권을 인정할 줄 모르는 속악한 대중을 원망했지만, 오늘날의 작가들은 대중의 존재를 인정하지 않는 정신적 귀족이 도리어 죄악을 범하고 있다고 생각하게 되었다. 그리고 그들의 괴로움은 바로 이러한 귀족의 한 사람이, 안정되고 유복한 처지에서 작가로서의 생활을 이어나갈 수 있는 자기 자신이라고 느끼는 데서 비롯된다. 착취와 압박에 신음하는 대중에게 둘러싸여 있고 그들의 존재를 매우 가까이 느끼게 되는 사회에서 나는 무슨 자격으로 자연을 노래하고 절대를 탐구할 수 있느냐고 그들은 자문하기 시작한다. 식민지 콩고를 보고 돌아온 앙드레 지드의 자책과 흥분은 이미 고전적인 실례가 되어 있지만, 가령 스티븐 스펜더를 잠시 동안 공산당으로 유인한 것도 바로 이러한 동기였다. "나는 사회적·개인적 죄악감에 시달렸다. 그 때문에 우선 노동자 운동의 편을 들어야 한다고 느끼고 그 다음에는 그 운동에 협력함으로써 변태적인 개인성에서 벗어날 수 있으리라고 생각했다."

따라서 노동자 운동, 즉 공산주의 운동에 협력한다는 것은 대중에 대해서 특권 계급이 저지른 유형무형의 죄악의 때를 씻어주는 목욕탕에 들어가는 것과도 같은 것이었다. 그러나 공산주의 혁명에 참여한다는 것은 비단 개인적 정화라는 한계에만 머무르지 않고, 한걸음 더 나아가 사명 내지는 순교처럼 여겨지기조차 한다. 가령 실로네의 경우가 그렇다. 사회주의적 정의를 위해서 싸우는 것은 개인의 구제뿐만 아니라 전 인류의 구원을 의미하는 것이며, 공산당이 지도하는 노동자 운동은 심지어 기독교 정신을 현대의 사회적 상황에서 구현한 것으로까지 생각된 것이다. "회의주의의 재는, 가장 괴로워하는 사람들의 마음속에서 지상의 신국(神國)이 이루어지리라는 고래의 희망을, 법 대신에 자비가 들어서리라는 고래의 기대를 꺼지게 하지는 못하였다. 〔……〕 그런데 우리에게 불가능하지는 않을망정 한결 어려웠던 것은, 자유롭고 질서 있는 사회를 창조하기 위한 정치적 혁명의 수단과 방법을 '지금 여기에서' 발견하는 것이었다. 나는 도시로 가서 노동자 운동과 처음으로 접촉하게 되자 이것을 발견했다고 생각했다. 〔……〕 프롤레타리아 혁명의 당에 합류한다는 것은 내게는 단순히 한 정치적 조직과 한 패가 된다는 것만이 아니었다. 그것은 개종이며 완전한 헌신이었다."

대중과의 접촉, 이 접촉이 가져온 특권자의 죄의식, 이 죄의식의 처리를 위한 공산주의 운동에 대한 동조, 그리고 이런 움직임 속에서의 문학의 존재 이유의 재발견은 오늘날의 사르트르를 포함해서 서구 작가들의 사회 참여 내지는 정치 참여의 길을 열었던 것이다. 그러나 현대의 작가들로 하여금 공산주의에 대한 기대로 쏠리게 한 또 하나의 이유를, 우리는 1920∼30년대의 정치적 상황에서 찾아볼 수 있다. 무엇보다도, 그 무렵의 상황이 많은 작가들로 하여금 사회적 존재로서의 자아를 발견케 했던 것이다. "책은 우발적인 이 세상에 필연을 갖다 주고, 그 필연은 작가에게로 파급된다. 〔……〕 중요한 것은 그의 사상이 승리를 얻는 것이며 자신의 성공이 아니었다. 그는 중요한 진실이 자기의 손으로 밝혀지고, 또 자기에게는 이 진실을 세계에 강요하는 사명이 있다고 생각했다." 이것은 청년기의 사르트르의 당돌한 지향에 관해서 보부아르가 하고 있는 말인데, 작가나 시인은 진리의 사도라는 빅토르 위고의 생각과 멀지 않은 이런 자신(自信)을, 양 세계 대전간의 위기는 여지없이 짓밟고 말았다. 특히 1929년의 경제 공황, 1933년의 히틀러의 정권 장악, 1936년의 스페인 전쟁은 서구의 민주주의와 자본주의에 대한 반성을 촉구하고 심지어 서구의 종말을 예상케 했다. 더구나 이런 위기에 처해 있으면서도 서구가 국내적·국제적으로 과단성 있고 효과적인 대책을 못 세웠다는 약점에 더하여, 소련이 사상적 선전과 실제 행동에 있어서 끼친 매력은 지식인으로 하여금 서구를 살릴 수 있는 유일한 길은 공산주의에 가담하는 것이라고 믿게 하기에 충분한 것이었다.

일례로 우리는 스페인 전쟁에 얽힌 상황을 들 수 있다. 공화파의 승리로 끝난 선거에 뒤이어 프랑코가 군사 혁명을 일으켰을 때 서구와 소련이 취한 상반된 행동은 지식인으로 하여금 파시즘을 막을 수 있는 것은 오직 소련뿐이라는 결론에 이르게 했다. 히틀러, 무솔리니와 아울러 프랑코가 민주주의를 유린하여 서구의 전통을 뒤엎으려고 했는데도 불구하고, 프랑스나 영국은 이 독재 세력의 저지를 위하여 아무런 공식적 역할을 하지 않은 반면에 소련은 공화파를 적극적으로 지원했기 때문이었다. 따라서 소련은 공산주의의 나라라는 범주를 넘어서서 민주주의의 옹호자로 떠받들어졌으며, 민주주의를 지키려는 다수의 서구 지식인은 소련과 협력할 길밖에는 없다는 결론에 이른 것이다. 이렇듯 공산주의가 비단 사회 정의를 위한 주의일 뿐 아니라 자유를 위한 주의라고 생각되었던 것은 차라리 당연한 일이었다. 그것이 서구가 지닌 일체의 악과 모순을 제거해주며, 대중과 작가의 거리를 좁히고 미래의 왕국을 기약하리라는 희망이 어느 때보다도 절실하게 서구의 작가들 속에 깃들었던 것이다.

1930년대, 그것은 개종의 시기였다. 오든, 스펜더, 폴 나장, 케스틀러, 그리고 심지어는 장 콕토까지.

　　그러나 1930년대는 개종의 시기인 동시에 또한 조속한 이탈의 시기이기도 했다. 공산당에 가입하든가 또는 동조한 작가가 전향을 하는 이유에 대해서 여기에 길게 늘어놓을 필요는 없을 것이다. 그것은 요컨대 서구가 지녀온 전통적 가치와 공산주의 이데올로기의 충돌을 새삼스럽게 깨닫기 시작한 데에 있다. 가령 자유와 사회 정의의 문제가 그렇다. 자본주의 사회에 있어서의 자유가 결국은 대중을 착취하는 자유라고 단정한 그들은 착취 없는 사회에서의 정의를 표방하는 공산당에 동조했다. 그러나 공산당은 개인의 주체적 판단과 행위를 배제하는 당명에 따라서만 이 정의가 실현될 수 있다고 주장한다. 그렇다면 어떤 개인이 당명의 불합리성과 모순을 발견했을 때, 토론과 비판은 불가능한 것인가? 당이 내세우는 지상 명령이나 절대적 견해가 나의 이성적 판단과 어긋날 때는 그 변경을 호소할 수 없는 것일까? 이런 물음을 스스로 제기할 때, 서구의 지식인은 그가 앞서 배격한 자유를 다시 그리워하게 된다. 그 자유는 이제 지양해야 할 착취의 자유가 아니라, 지켜야 할 비판의 자유로서 나타난다. 따라서 착취의 자유를 물리치는 한편 비판의 자유를 지키면서 사회적 정의를 실현시키는 것이 그들의 이상인데, 공산당은 지식인의 이런 사고 방식을 허용하지 않는다. 그래서 작가는 현행의 자본주의를 부정하면서도 공산당과 결별한다는 딜레마에 빠지게 된다. 그러나 이 딜레마야말로 양심 있는 지식인의 유일한 선택임을 그들은 자각한다. 가령 공산주의에서 전향한 작가들의 기록을 모은 『실추한 신』을 읽으면 스티븐 스펜더의 다음과 같은 말이 있다. "이 글을 쓰면서 내가 줄곧 의식해온 것이 있다. 그것은 공산주의를 비판

한다는 것은 결코 자본주의에 대한 시비를 없애는 것이 아니라는 점
이다. 이 수년 간의 괴로운 경험의 결과로서, 나는 다만 쌍방이 모두
압박과 부정과 자유의 파괴와 커다란 악을 저지르는 세력이라는 것
을 알았다."

사실, 이러한 모순은——우리는 그와 비슷한 모순을 개인과 집단,
수단과 목적, 이념과 행동의 상호 관계에서도 관찰할 수 있다——비
단 작가들뿐 아니라, 강렬한 사회 의식이 공산주의를 통한 사회 개
조의 정열로 발전할 때에 서구의 지식인이 공통적으로 느끼는 것이
다. 다만 작가로서 참여한 사람에게는 정치적 정열과 작품 창조의
관계가 독특한 문제로 남는다. 왜냐하면 정치적 정열은, 문학을 정
치의 시녀로 만듦으로써 인간의 현실을 왜곡하고, 생성의 괴로운 궤
적을 줄기차게 따라가 볼 수 있는 정신적 여유를 주기 어렵기 때문
이다. 아닌게아니라 자기가 신봉하는 공산주의를 소설을 통해서 훌
륭하게 구현한 일은 현대 문학사에서 찾아보기 힘들다. "나는 사회
적 문제에 대해서 무관심해야만 글을 쓸 수가 있다. 사회 문제가 내
머리에 가득 차 있던 지난 4년 동안 나는 창작을 내던져왔다. 쓰고
싶지 않았다는 것이 아니라 쓸래야 쓸 수가 없었던 것이다." 이러한
앙드레 지드의 고백은 한 작가에게 있어서 문학적 자아가 사회적 자
아에 의해서 배제될 때의 괴로움을 나타낸 것인데, 이 괴로움은 비
단 지드의 것만은 아니다.

서구 작가로서는 프롤레타리아의 승리를 갈망한다 하더라도, 이
갈망은 그의 개인적 체험의 밖에 있다. 그 자신은 절대로 프롤레타
리아가 될 수 없고 따라서 그들과 자신을 동일시할 수 없는 것이다.
사르트르조차도 프롤레타리아의 승리는 고사하고 그 정신 상태나
문제를 프롤레타리아 자신의 입장에서 소설의 주제로 삼은 일은 없
다. 그것은 도시 불가능한 일이다. 여담이지만 우리나라에서 1930년

내외에 프로 문학을 지향한 부르주아 출신의 작가들이 농민과 노동자의 세계를 다루다가 대부분의 경우 인간적 현실에 어긋나는 빈약하고 관념적인 작품밖에는 남겨놓지 못한 일을 상기해보아도 좋을 것이다.

강렬한 사회 의식이 작품 창조와 잘 들어맞지 않는 이유를 우리는 이렇듯 작가의 개인적 체험의 제한성에서 찾아볼 수 있는 동시에 또한 작품의 가치라는 측면에서 생각해볼 수도 있다. 역사적·사회적 현실과 그 개조를 위한 노력을 작품의 주제로 삼을 때 그런 작품은 오랜 생명을 누릴 수 있는 것일까? 현실에 대한 직접적 규탄 내지는 비판은 도리어 작품의 생명을 한정시키는 것이 아닐까? 사회 의식의 작가는 항상 이런 문제와 맞서야 한다. 컨텍스트가 다소 다르기는 하지만 가령 베르코르의 경우를 보자. 제2차 대전 중 프랑스가 독일에 점령되었을 당시에 무언의 저항을 하는 한 노인을 그린 『바다의 침묵』이 선풍적 인기를 차지한 것은 그 작품이 1941년의 프랑스라는 역사적 현실과 직접적으로 연관되어 있었기 때문이지만, 오늘날 그것이 가질 수 있는 의미가 매우 제한되어 이제는 읽는 사람이 거의 없게 된 것도 또한 같은 이유 때문이다. 이와 마찬가지의 이야기는 정도의 차이는 있어도 사회 참여의 문학 전체에 대해서 할 수 있는 것이며, 소련의 사회주의 리얼리즘의 문학 중에서 오늘날까지 살아남은 것이 매우 적다는 것도 이런 점에서 이해할 수 있을 것이다. 그러니까 사회적 현실에서 유리된 문학을 거부하는 작가라도 작품의 상징성이라는 것을 생각하게 되고, 그 좋은 예가 제2차 대전의 상황을 페스트로 상징하고 이야기를 꾸민 카뮈의 경우이다.

그러나 이렇게 상징성을 통해서 오랜 생명을 유지해보려는 작품은 지금 이 자리에서는 강렬하게 작용하는 힘을 발휘하기 어렵다는 한계에 마주친다. 그 상징성 속에 사실은 매우 절실하고 직접적인 현실 인식이 겹쳐 있다는 것을 이해하기 위해서는 고차원적인 안목이 필요한데, 그것은 일반 독자의 능력에서 벗어나는 일이기 때문이다. 이렇게 보면 한 작품이 사회 개조를 위하여 발휘할 수 있는 힘과 작품으로서의 가치는 반비례한다고까지 말할 수 있을지도 모른다. '비록 내일에 가서는 휴지가 될망정 오늘 읽히고 영향을 주는 작품을 쓰고 싶다'는 말에 전적으로 찬성할 수도 없고, 반대로 '시대를 초월한 영구불명의 진리가 나의 문학의 대상이다'라고 떳떳하게 외쳐댈 수도 없는 것이 현대 작가의 고민이다. 더구나 작품의 영향이란 객관적으로 측정할 수 없는 것이며, 또한 작품에 대한 후대의 평가를 가늠하기란 아예 불가능하다는 점을 생각하면 문제는 더욱 복잡해진다.

따라서 우리는 현대 작가가 지니게 된 강렬한 사회 의식은 그들을 궁지로 몰아넣었다고 말할 수 있다. 버릴 수도 없고 버려서도 안 될 이 의식과, 이 의식에서 비롯되는 사회 개조의 의욕이, 현실적으로 마땅하게 작용할 수 있는 어떠한 터전도 미리 마련되어 있지 않다. 그들의 대부분은 이 정치의 시대에 있어서 어떤 일정한 정치 조직과 합체하기를 거부한다. 동시에 그들은 작품 창조에 있어서도 불편을 느낀다.

그렇다면 그들의 괴로움과 노력은 전혀 헛된 것인가? 예술은 윈드 교수의 말대로 화사한 잉여물이 되는 것에 스스로 만족해야 할 것인가? 나는 그렇게 생각하지는 않는다. 물론 작가들의 사회 의식에 대해서 지나친 기대를 갖자는 것은 아니다. 윈드 교수의 말대로 무엇보다도 과학이 지배하고 또 정치가 지배하는 이 세기에서는 세계를 놀라게 하고 역사의 과정을 바꿀 수 있을 만한 어떠한 작품도 나타나지 않는다. 도시 문학 작품에 그럴 만한 혁명적인 힘이 있는 것도 아니다. 그러나 사회의 부정과 자신의 현존을 고발하는 작품은, 서

서히 그러나 착실하게 독자인 우리들의 의식을 개조해나가는 잠재
력을 갖는다. 그런 작품은 우리에게 호소함으로써 엉뚱한 길로 달려
가는 역사를 바로잡는 데 도움을 줄 수 있다. 뜻있는 작품을 통해서
정의와 자유가 무엇인지 생각하는 사람이 한 사람이라도 늘어난다
면, 인류는 그만큼 득을 보는 것이다. 이와 아울러 사회적 문제에 대
한 관심과 작품의 가치가 잘 들어맞지 않는다는 문학적 현실은 작품
창조의 새로운 방법이나 영역의 가능성을 말해주는 것이라고 뒤집
어 생각해볼 수도 있다. 시대에 적극적으로 참여하고 작용하려는 의
욕과 보편적 진실의 인식을 향한 관심이 요행히 합치하는 '골든 아
트'를 모색하는 몇몇 작가들의 기도가 실패로 돌아가기를 바라는 사
람은 아무도 없다.   (『사상계』, 1965년 8월호)

비평의 저변

　　과거의 유산을 살핀다는 행위는 우선 그것 자체로서 재미있기도 하지만, 또 한편으로는 현재 우리가 하고 있는 일에 대해서 스스로 반성할 기회를 베풀어준다는 점에서도 유익하다. 그것은 너무나도 당연한 이야기이다. 역사를 읽는 사람들은 저마다 정도와 각도의 차이는 있을망정 누구나 이 두 가지 정신적 작업을 동시에 또는 단계적으로 이어나간다. 가령 충무공이 거북선을 만들었다는 사실을 교사에게서 처음으로 들은 초등학교 아동의 머릿속에도 과거와 현재가 한꺼번에 들어앉을 수 있을 것이다. 그는 왜적들의 침공을 물리치기 위해서 만들어진 이 희한한 무기에 홀딱 반하고, 그 활약상을 머릿속에 생생히 그려볼 것이다. 그때 그의 어린 몸과 마음은 400년 전으로 거슬러 올라간다. 그러나 현재의 시간은 그가 과거의 세계에만 오랫동안 머무르는 것을 허용하지 않는다. '우리의 조상은 참으로 위대했다'는 만족감에 어느 틈에 금이 간다. 그러자 그는 선생에게 달려가서 묻는다. '선생님, 그렇게도 위대한 일을 했던 우리 겨레가 지금은 왜 총알 하나 제대로 만들지 못하는 거예요?' 마침내 역사는 현재의 자기를 의식하게 하고, 있었던 것과 있는 것 사이의 고민 어린 대결이 어린 마음 속에서도 시작되는 것이다.

　　나 역시 그런 초등학교 아동과 다름이 없다. 무슨 옛날이야기를 읽을 때마다 나는 그 시대를 객관적으로 살펴보려고 하는 동시에, 현재의 나와 내가 처해 있는 상황을 생각해보려는 충동을 느낀다. 도리어 후자에 더 강하게 쏠린다. 나의 경우에는, 역사는 현재를 측정하고 현재를 두고 괴로워하기 위한 일종의 출발점 내지는 표점(標點)이 되는 일이 많다. 남들도 아마 그럴 것이다. 다만 문제는 역사의 조명하에서 현재를 생각하면서 얻는 것이 구체적으로 무엇이냐는 데 있다. 어느 기막힌 위인의 행적을 알고 나서는 자기의 초라한 인생을 한탄할 수도 있다. 혹은 고대의 정치 제도를 연구함으로써 오늘날의 민주주의를 위한 값진 교훈을 길어올릴 수도 있을 것이다. 전자의 경우에는 과거에 대한 관심이 감상(感傷)으로 귀착되고, 후자에 있어서는 과거에 대한 연구가 새로운 현재의 창조를 위한 길을 터준다. 바람 직한 것이 후자의 경우라는 것은 두말할 나위도 없다. 한데 내가 지금 이야기하려는 것은 아마도 간접적이긴 하지만 전자의 경우와 같은 감상의 표현일지도 모른다. 그러나 그것은 적어도 내게는 절실하다. 그리고 그것을 나와 마찬가지로 절실하게 느끼는 몇몇 사람이 있을 것이다.

18세기의 프랑스는 다른 세기에 비해서 큰 문학적 유산을 남겨놓지 못했다는 말을 흔히 듣는다. 사실 그럴지도 모른다. 18세기는 16세기의 몽테뉴나 17세기의 라신이나 또는 19세기의 보들레르에 필적할 만한 대작가나 대시인을 가지고 있지 않다.

그 대신 18세기의 지성계는 다른 세기가 지니지 못한 독특한 활력에 차 있었다. 그것은 사회와의 매우 밀접한 관계하에서 정신의 작업을 수행해나간 시대였기 때문이다. 그때의 지성인들의 대부분은 당시의 상황의 개변(改變)을 위해서 붓을 들었다. 누구보다도 대표적인 사람이 볼테르라는 것은 널리 알려진 사실이다. 그는 종래의 형이상학적 논의에 종지부를 찍으면서 이렇게 말하였다. '신이 있느냐, 있다면 어떤 신이 진정한 신이냐, 그것은 지금도 우리에게 작용을 하느냐, 혹은 창조를 하고 나서는 물러갔느냐는 따위의 문제를 가지고 왈가왈부하는 것은 쓸데없고 해로운 일이다. 그런 논의는 서로 적대하는 광신주의자들만 만들어내고 피비린내 나는 싸움으로까지 번진다. 그 아까운 시간과 정열을 정치적·사회적 정의의 실현을 위해, 이 지상에서의 문명의 진보를 위해 바쳐야 한다.' 이런 식으로 요약할 수 있는 그의 근본 사상은 동시에 몽테스키외, 디드로, 또 심지어 볼테르의 원수였던 루소의 그것이기도 했다. 그 당시에는 철학자라는 말 자체가 '이성에 의거해서 사회의 사상을 비판하는 사람'이라는 뜻으로 씌어졌던 것이다.

이와 같이 문명의 진보를 위하여, 그것을 가로막는 절대 군주 제도와 종교적 편견과 투쟁하기에 바빴던 18세기의 많은 문필가가 새로운 문학적 이상을 찾거나 영원한 인간상을 아로새기거나 인간 조건 그 자체에 대한 깊은 성찰을 시도할 수 없었던 것은 넉넉히 이해될 수 있는 일이다. 그들은 19세기 프랑스의 여러 문인들과 같이 사회에서의 자의적 고립을 통해서 예술적 완성을 시도한 것이 아니라 '사회 내 개인'으로서의 자아를 의식하고 사회라는 연맥(聯脈) 속에서 작품을 쓰고 사회의 변혁을 위해서 작품을 이용했다. 요새 흔히 말하는 '참여 문학'의 두드러진 한 표현을 우리는 여기에서 발견할 수 있고 사르트르가 특히 18세기에 대해서 호의적인 것도 납득할 만하다. 문학은 그들에게는 기존 사회의 신화를 파괴하고 새로운 사회를 만들어내기 위한 수단이었다. 작품의 형식이나 언어의 문제도 이 수단으로서의 효과를 어떻게 하면 높일 수 있느냐는 각도에서 고찰되었다. 만일 그들이 문학 작품은 그것 자체로서만이 가치 있는 것이라는 말을 들었다면 깜짝 놀라고 그 다음에는 화를 냈을 것이다.

벌써 이런 사실 자체가 문학을 하는 사람에게 중요한 반성의 계기가 된다. 문학의 기능은 과연 어떤 것인가? 거기에는 초시간적인 유효성을 지니는 어떤 가치라는 것이 존재하는가? 혹은 반대로 한 사회는 저마다 그것에 어울리는 기능을 문학에 요구하고 문인은 그 요구에 따르는 것을 제 사명으로 생각해야 하는 것인가? 더 구체적으로 말해서, 이미 19세기라는 시대를 겪고 그 자체의 독특한 문제를 지닌 현대에 있어서, 18세기의 볼테르처럼 될 가능성이 있는 것인가? 더 절실한 문제로, 한국인인 우리는 그런 질문들에 어떻게 반응해야 하는 것인가? 〔……〕 좁게는 한국 문학의 존재 양식과 관련되고 넓게는 문학의 근본과 관련되는 이런 질문에 대해서, 나 자신은 당장 무슨 뜻 깊은 대답을 할 수가 없다. 왜 못 하는가? 그 이유를 댄다는 구차스런 변명을 위해서라도 나는 18세기 프랑스의 이야기를 좀더 계속해야 할 것 같다.

앞서 말한 것처럼 18세기의 문필가, 특히 볼테르나 디드로와 같은 사람들은 문학을 사회 개조를 위한 수단의 하나로 생각했다. 수단의 하나로 생각했다는 말은 문학 이외의 다른 수단도 사용했다는 것을 의미한다. 그들은 문학자인 동시에 철학자·정치학자·사회학자·역사가·예술 평론가를 두루 겸하였다. 이 방면에 있어서의 그들의 저서는 소설이나 희곡이나 시나 문학 평론에 못지않게 중요한 것은 주지의 사실이다. 그리고 그 모든 것이 일체가 되어 구질서의 파괴를 위한 유효한 폭탄의 역할을 한 것이다.

오늘날 우리를 놀라게 하는 것은 바로 그들의 이와 같은 종횡무진한 지적 활동이다. 한 사람이 지닐 수 있는 이런 가지가지의 지식, 더구나 그 상호간의 유기적 관련은 매우 부러운 일이다. 오늘날에 있어서는 '그 사람은 두드러진 정치학자이며 철학자이며 작가이다'

라는 따위의 말이 적용될 수 있는 경우는 거의 전무하다고 해도 과언이 아니리라.

그러나 우리의 놀라움과 부러움은 그간 200년 동안의 지식과 사회의 발전을 고려할 때 다소나마 가라앉는다. 근대적인 학문이 겨우 싹트기 시작했고 지식인의 수효가 제한되었던 당시의 사회에 있어서는 정신 활동의 분화 현상이 크게 나타나지 않을 수 있었다. 그렇다고 해서 볼테르나 디드로가 비상한 재능의 소유자가 아니었다는 말은 물론 아니다. 그러나 비상한 재주만으로 그들의 광범하고 또 오늘날 보기에는 초인간적인 다양한 업적을 설명한다는 것은 반역사적인 과오를 범하는 일이 될 것이다.

오늘날에는 아무리 그들과 같은 천재가 나타난다고 해도 그러한 전능적인 인간이 형성될 가능성은 매우 희박하다(사르트르가 매우 예외적인 지식인으로 보이지만, 그의 지식은 유럽 문화권 이외로 미치지 못했으며 또한 20세기의 가장 중요한 지적 분야의 하나인 과학과는 동떨어져 있다). 습득해야 할 지식의 양이 방대하고 또 지식인의 수효가 엄청나게 늘어난 사회에 있어서는 분화된 터전에 집착하는 것이 거의 필연적인 활동 형식이 되었다. 더구나 이 분화의 현상은 날이 갈수록 심해진다. 문학 연구에서 아직까지는 선진적이라고 할 수 없는 우리나라의 경우조차도 예외는 아니다. 그 분야가 벌써 오래 전부터 국문학과 외국 문학으로 분화되어 있고, 더 나아가 이 이분화만으로도 족하지 않아 가령 영문학 · 독일 문학 · 프랑스 문학 · 러시아 문학 등의 더욱 세분화된 전공 분야가 생기고, 그것이 또 각각 실오라기처럼 가늘게 쪼개진다. 이 사람은 19세기 영국 낭만주의 시를 전공하고 저 사람은 스탕달의 전문가라는 식으로 말이다.

이 점에서 나는 웃지 못할 한 토막의 소극(笑劇)에 끼어든 일이 생각난다. 어느 회식에서 처음으로 소개받은 현대시 전공이라는 한 영문학자가 다짜고짜 내게 물었다. "선생은 불문학을 공부하신다는데 어느 분야가 전공입니까?" 나는 그 사람이 좀 주책없다고 느꼈다. 술이나 한두 잔 먹고 잡담이나 할 것이지 남의 전공은 알아서 무엇하느냐는 생각이 들어서 "그저 이것 저것 손대고 있지요" 하고 대답해버렸다. 그랬더니 그 영문학자는 의심쩍어하고 경멸조차 하는 듯한 눈초리를 던지는 것이었다. 그러자 나를 그에게 소개해준 분이 "우리 영문학계식으로 말하자면 현대 소설이 전공이시죠" 하고 말하면서 어색한 분위기를 누그러뜨렸다.

이런 이야기는 우리나라에 있어서조차 20세기의 지적 풍토가 18세기 프랑스의 그것과는 얼마나 먼 거리에 있는지를 단적으로 말해주는 것이다. 그렇다면 극단적으로 세분화된 각 분야에 걸친 여러 활동의 총화가 과연 꿀벌들의 집처럼 질서 있고 유기적인 하나의 전체를 형성하여 문화 발전의 교향악을 이룰 수 있을지, 또는 그 사이에 충돌과 분열과 불균형이 생겨 자칫하다가는 불행이나 비극의 씨가 뿌려질지에 관한 속단은 하지 말자. 그러나 이 분화된 활동이 현대 사회에서는 불가피하지만, 그것 때문에 전인적 인간 내지는 넓은 시야를 가진 인간의 형성이 가로막히고 있다는 것은 분명하다. 이리하여 사회라는 전체 속에서 한 분자가 된 기능적 인간은 결국 르네상스적인 인간을 배반하고, 가령 '통계학에 정통한 바보'나 '삶의 현실에 대한 이해에 있어서는 삼척동자와 다름없는 중세 영어의 권위자'가 나타나게 되는 것이다.

그러나 오늘날 '나는 지식의 총화가 되겠다'고 벼르면서 사르트르의 『구토』에 나오는 독학자처럼 도서관의 모든 책을 A부터 Z까지 순서에 따라 모조리 독파하겠다고 나서는 사람이 있다면 그는 한낱 웃음거리밖에 되지 못할 것이다. 통계학자는 통계학에 관한 철저한 연구를 이어나갈 수밖에 없고, 중세 영어의 연구가는 오늘날의 삶의 현실을 충분히 이해하지 못한다는 한계를 스스로 깨달으면서도 자기에게 주어진 분야에 진력하면서 자신의 삶에 뜻을 주어나가야 한다. 나로서도 오늘날의 가장 중요한 과학적 혁명의 하나가 우주 개발인 것을 알고 있지만 그 비밀을 탐구해볼 생각은 없고, 설사 그러기를 바란다고 해서 될 수 있는 일도 아니다.

그러나 이러한 학문의 분화에 철저하게 순종할 수 없는 분야가 있으니, 그것이 바로 문학이라는 분야이다. '당신들 역시 다른 데 관심을 갖지 말고 오직 한 우물만 파면 될 것 아니오?'라는 권고가 통할 수 없는 분야가 바로 문학이다. 엄격히 말하면 문학이라는 분야는 그것 자체로서 자족적으로는 존재하지 않고, 형식적으로는 언어의 틀에 따라서 내용적으로는 인간의 무릇 생각과 행위의 표상으로 이루어지는 것이기 때문이다. 달리 말하면 문학을 공부하기 위해서는 현대의 학문의 경향과는 정반대로 분화된 여러 갈래의 지식의 축적이 필요하다. 좀더 과장해서 말하면 문학을 보는 안목은 문학 이외의 여러 분야에서 길러진다. 한데 우리나라에서는 이런 안목을 아직도 충분히 기르지 못했다는 점에 가장 큰 문제의 하나가 있는 것이며, 따라서 우리 문학의 미숙성의 한 가지 이유도 이런 각도에서 설명될 수 있을 것이다.

나는 문학의 안목을 길러주는 요소들을 문학의 저변이라고 부르고 싶다. 언어학·사회학·심리학·정치학·철학·종교학 등이 베푸는 지식들이 바로 그런 저변의 내용을 이룬다. 따라서 이 저변의 지식이 얼마나 넓고 깊으냐는 것이 바로 문학적 안목의 넓이와 깊이를 좌우한다고 해도 과언이 아니다. 이런 말은 특히 문학 비평의 실천에 있어서도 해당되는 것이다. 한 작품이 갖는 독특한 의미는 그 작품 안에 순수하고 단일한 상태로 내재해 있고 비평가는 오직 객관적 입장에서 그것을 추출하면 되는 것이 아니다. 그 의미는 비평가가 다른 분야에 대한 관심을 통해서 획득한 독특한 시각의 소산이다. 그 시각이 말하자면 촉매가 되고 심지어 화합 작용을 일으켜서 작품의 의미를 산출하는 것이다. 요새 프랑스에서 크게 논의되고 있는 여러 경향의 신비평은 이 사실을 역력히 증명해준다. 바슐라르가 시의 해석에 있어서 독창적인 조명을 던질 수 있었던 것은 과학철학자로서의 깊은 통찰력을 갖추었기 때문이며, 사르트르의 경우에는 그의 독특한 존재론에서 문학 비평의 방법론이 마련된 것은 너무나 잘 알려진 사실이다. 우리에게 가까운 일본의 예를 보더라도 프롤레타리아 문학에 대한 날카로운 비판을 가한 마루야마 마사오(丸山眞男)는 도쿄 대학의 정치학 교수이다. 20여 년에 걸쳐 서양 정치 사상사를 연구해왔기 때문에 문학적 현실을 남다르게 볼 수 있는 안목이 생긴 것이다. 일일이 매거(枚擧)할 수 없는 수많은 실례의 마지막으로 『예술의 사회사』를 쓴 아놀드 하우저의 학력에 관한 이런 소개의 말을 옮겨두자. "그는 부다페스트, 비엔나, 베를린, 파리의 여러 대학에서 문학과 예술사를 공부했다. 제1차 대전 직후에는 아테네에서 고전 예술과 이탈리아의 예술을 연구하고, 1921년에는 베를린으로 되돌아와서 경제학과 사회학을 공부했다."

인간의 지적 활동이 자꾸만 분화되면서도 한편으로는 깊은 상호 관련을 갖고 있다는 인식을 밑에 깔고서 사회적·정신적 현상을 살피는 것이 매우 바람직하다는 것은 비단 문학 비평의 경우에만 해당되는 것은 아니리라. 그러나 문학 비평에 있어서는 그 대상인 작품이 무한한 다양성을 지니고 있다는 사실로 말미암아, 모든 사상에 대한 깊은 지식이 그 이해와 해석에 긴요할 것이다. 그러나 현실적으로 누구도 지식의 총화가 될 수는 없다. 한 사람의 비평가가 할 수 있는 최대의 일은 저 나름대로 넓고 단단한 저변을 마련하고 그 위에 비평을 쌓아올리는 것이다. 그럼으로써 그는 작품을 독특한 각도에서 파악하고 인간이라는 괴물이 지닌 영원한 수수께끼를 푸는 한 가지의 열쇠를 남길 수 있을 것이다. 그리고 만일 이와 같은 저변의 구축을 소홀히한 글들이 오늘날처럼 비평이라는 명목하에 그대로 이어져나간다면, 그것은 마치 모래 위에 꽂힌 송곳처럼 흔들거리다가는 이윽고 쓰러져서 묻혀버릴 것이다.

바로 여기에 우리나라 평단에서 활동하고 있는 사람들의 근본적 약점이 있다. 외국 사람들이 작품 비평에 있어서 정신분석학적 방법이나 사회학적 방법을 원용했다는 소개의 말을 뻔질나게 하면서도 스스로 그런 저변을 획득하기 위한 노력을 기울이지 않는 이 현실이야말로 문학의 다른 어떤 장르보다도 비평을 더욱 빈약하게 만들어 놓고 있는 것이다. 가령 우리가 지금껏 훌륭하게 서술된 한국 근대 문학사를 갖지 못하고 있는 것도 이 때문이다. 자료의 부족을 슬퍼하지만 그것은 하나의 알리바이에 지나지 않는다. 비교적 자료가 풍부한 어떤 분야에 관해서 씌어진 책을 펼쳐보아도 그것은 한낱 자료집에 불과하다. 그러나 역사를 서술한다는 것이 자료를 풍부하게 엮어놓는다는 것과 동의어가 될 수는 없다. 근대 문학사를 뜻있게 쓰기 위해서는 민족의 전통적인 사상이나 발상법이 일제의 식민지라는 여건하에서 서양 문학과 맺어나간 관계(반발, 모방, 비판적 수용 따위)를 살피는 것이 선요(先要) 조건이리라. 그렇다면 이 선요 조건을 어느 정도나마 만족시키기 위해서는 한국 사상사, 사회사, 일본의 근대화, 서양의 근대 사상 등에 대한 이해가 저변에 깔려 있어야 할 터인데, 문제는 그런 저변이 형성되어 있지 않은 것이다. 따라서 이 분야에 있어서의 세대 교체의 문제도 바로 이런 각도에서 논의되어야 할 것이다.

기발하고 재기환발(才氣煥發)한 비평가가 새로 나온다는 것은 반가운 일이지만 그런 사람들이 큰 공헌을 한다고는 말할 수 없다. 그들은 자칫 몇 편의 재미있는 글을 쓰고는 주저앉기 쉽다. 가령 김문집(金文輯)과 같은 사람이 그 선례를 남기고 있다. 재주 있는 젊은 사람은 넓고 단단한 저변을 마련하도록 선배와 동료의 도움을 받으면서 자신을 형성해나가야 한다. 또 다른 한편으로 문학 이외의 분야에서 세상과 인간을 살펴온 사람이 바로 그런 지식에 힘입어 마루야마 교수처럼 직업적 비평가를 능가하는 형안(炯眼)의 비평가가 되기도 하는 것이다.

18세기 프랑스 문학의 강의를 하다가, 볼테르나 디드로처럼 될 수 없는 오늘날의 지적 환경하에서 문학을 하는 어려움을 되새기면서 이런 생각을 해보았다.　　　　　　　　　　（『동서춘추』, 1967년 7월호）

문체는 인간이다

한 낱말이나 표현이 어떤 뜻으로 사용되었는지를 정확히 알기 위해서는 무엇보다도 문맥을 살펴야 한다는 것은 누구나 다 아는 일이다. 가령 같은 소리를 가지고 있으면서도 뜻을 달리하는 단어가 있다. '배'라는 우리말이 그렇다. 한자로 옮겨놓으면 선(船), 이(梨), 복(腹)과 같이 전혀 다른 의미를 가진 이 말을 단독으로 사용하고 그 뜻을 결정하라고 요구해본들 대답이 나올 수 없다. 아무리 훌륭한 사전일망정 도움이 안 될 것이다. 그러나 '배가 아프다'고 하면, 그때야 비로소 '배'라는 말에 일정한 의미가 생긴다. 따라서 '배=腹'의 의미를 갖추게 하는 것은 '배'라는 낱말 그 자체가 아니라 '아프다'라는 형용사이며, '배가 아프다'는 표현은 단순한 단어의 병렬이 아니라 유기적인 전체를 형성하는 것이다. 더욱이 '배가 아프다'는 말 자체가 또 둔갑을 해서 복통이 아닌 다른 의미를 띨 수도 있다. 가령 '사촌이 논을 사면 배가 아프다'는 속담의 경우가 그렇다. 이 표현에 있어서 '배가 아프다'는 말에 질투의 뜻을 주는 것은 '사촌이 논을 사면'이라는 가정문이다.

이와 같이 한 단어의 뜻은 문장에 의해서 결정되고 한 구절과 다른 구절의 사이에도 유기적 관계가 생긴다. 즉 모든 언어는 전체적 구조와 문맥 속에서만 비로소 그 의미가 분명해진다고 말할 수 있는

데, 문학의 경우 우리는 이 전체를 작품이라고 부른다. 그러니까 가령 앙드레 말로가 죽음이라는 단어로 무슨 말을 하고 싶었는지 알기 위해서는 죽음에 관한 일반론에 앞서 우선 『인간 조건』을 위시한 그의 작품을 읽어야 한다는 것은 당연한 이치이다. 그의 작품 전체가 그가 사용한 죽음이라는 말의 뜻을 결정해주기 때문이다. 만일 그러지 않고 말로의 죽음을 운위하는 것은 주제넘을 뿐더러 터무니없는 짓이다. '사촌이 논을 사면 배가 아프다'는 표현을 해석함에 있어서 '사촌이 논을 사면'이라는 말에 주목하지 않고 '배가 아프다'는 말을 정말 복통의 뜻으로 새기는 것과 같은 어리석음을 면하지 못할 것이다.

이와 비슷한 잘못이 '문체는 인간이다'라는 표현을 두고 흔히 저질러지고 있다. 나는 이 표현을 알고 있기도 하고 또 직접 인용하기도 하는 여러 사람에게 그 뜻을 물어보았다. 거의 똑같은 대답이 나왔다. '문체는 글을 쓰는 사람의 도덕적 인간성을 나타낸다'는 뜻이라는 것이었다. 고귀한 감정의 소유자에게는 고귀한 문체가 나오고, 사악한 사람의 글투는 질이 나쁘다는 주석조차 붙이는 사람도 있었다.

만일 '문체는 인간이다'라는 말이 진정 그런 의미라면, 문학을 하는 사람에게 있어서 그처럼 해로운 말도 없을 것이다. 인격자가 못 되는 사람은 작품을 쓰는 것을 아예 단념해야 할 것이며, 독자는 작품을 다만 작가의 인격을 판단하는 도구로 삼게 될 것이기 때문이다. 그러나 인격과 작품 사이에는 별다른 관계가 없다. 문사(文士)는 고매한 인격을 갖추라고 설교한 이광수의 글은 내가 보기에는 그렇게 고매하지가 않다. 반대로 프랑스 시사(詩史)에서 불후의 명성을 누리고 있는 프랑수아 비용은 사형대에 오르기까지 한 패덕자(悖德者)였다. 도시 고매한 인격을 반영하는 문체라는 것은 존재할 수 없는 것이다. 한 작품의 문체는 적절하거나 적절하지 못할 따름이며, 그것은 인격의 소산이 아니라, 언어와 주제와의 합치 여하에 따라서 결정된다. 구태여 작가의 자아와 관련시켜서 문체를 생각해보자면, 그것은 언어를 의식적으로 통제하려는 극기의 표현이라고 말해두자. 그러기에 어느 비평가는 연전(年前)에 '문체는 인간이 아니다'라고 매우 날카로운 소리로 외쳐댄 일도 있었던 것이다.

그러나 '문체는 인간이다' 라는 말의 본뜻을 알면 그 말을 '문체＝인격'의 뜻으로 받아들이고 그 타당성을 두고 왈가왈부하는 것 자체가 유치한 짓임을 알게 될 것이다. 이 표현에 대한 오해는 한 문장이 문맥에서 고립될 때 터무니없는 뜻을 띠게 된다는 일반적 사실을 확인시켜주는 두드러진 실례가 되는 것이다.

이 유명한 말은 18세기 프랑스의 박물학자(博物學者) 뷔퐁이 1753년 프랑스 학술원 회원으로 지명되었을 때 행한 연설인 「문체론」에서 나온 것이다. 프랑스의 고전적 문체의 본뜻을 밝히고 또 어떤 점에서는 오늘날까지도 시효를 잃지 않고 있는 이 연설에서 뷔퐁이 강조한 것은 '문체는 모든 지적 능력의 결합과 발현을 전제로 한다'는 것이다. 그것은 글을 쓰려는 모든 사람에게 주려는 값진 충고이다. 그 자신의 말을 직접 들어보자.

재주가 있는 사람이라도 당황하고 어떻게 쓰기 시작해야 할지 모르는 경우가 있다. 그것은 플랜을 세우지 않았기 때문이며 자기의 대상에 대해서 충분히 반성하지 않았기 때문이다. 그의 머리에는 한꺼번에 숱한 생각들이 밀어닥친다. 그리고 그 생각들을 서로 비교하지도 못하고 그 사이의 주종 관계를 설정하지도 못했기 때문에 어느 생각을 택해야 할지 통 결정을 내릴 수 없게 된다. 〔……〕 따라서 글을 잘 쓰기 위해서는 자기의 주제를 완전히 파악해야만 한다. 주제에 대해서 깊이 반성하여 여러 생각들의 순서를 분명히 정하고 그것들을 연계시켜 하나의 연속된 사슬을 만들어야 한다.

이와 같이 뷔퐁은 문체의 엄격성을, 주제와 문체 사이의 적합성을 강조한다. 그것은 의도필수(意到筆隨)를 이상으로 삼는 동양적인 글쓰기와는 달리 극히 의식적이며 통제된 제작의 개념을 내포하고 있다. 한데 '문체는 인간이다' 라는 말의 뜻은 도대체 무엇일까? 방금 인용한 구절만으로는 그 뜻을 짐작할 수 없어 보인다. 그렇다면 그 인용문과 그 말의 사이에는 아무런 관련이 없고 뷔퐁은 문체에 대해서 다른 차원에서의 이야기를 겸해서 하고 있는 것일까? 만일 사실이 그렇다면 뷔퐁 자신이야말로 자기의 주제를 분명히 설정하지 못하고 있는 사람이 될 것이다. 하지만 그럴 이치가 없다. 그 점을 알기 위해서 나의 미숙한 설명 대신에 뷔퐁 자신의 말을 다시 한번 직접 듣기로 하자. 그는 충동이나 본능이나 또는 영감에만 의지하지 않는 치밀하고 계산된 문체의 필요성을 역설하고 나서 이렇게 말한다.

오직 잘 씌어진 작품만이 후세에 남게 될 것이다. 지식의 양이나 사실의 독특성이나 또 심지어 발견의 새로움조차도 불후의 명성을 보장해주지는 못할 것이다. 만일 그런 것을 내포하고 있는 작품이 자질구레한 이야기로 시종(始終)하거나, 안목도 품격도 재질도 없는 말투로 씌어진다면, 그것은 소멸되고 말 것이다. 왜냐하면 지식이나 사실이나 발견 같은 것은 쉽사리 지양되고 옮아가고 또 더 능란한 사람들의 손을 거쳐서 더 잘 씌어질 수도 있기 때문이다. 그런 것들은 한 인간의 능력을 넘어서는 것이며, 문체만이 오직 인간 그 자신이다. 그러니 문체는 지양되지도 않고 옮아가지도 않고 달라지지도 않는 것이다. 문체가 훌륭하고 고상하고 숭고하면, 그 저자는 어느 시대에 있어서나 찬양을 받을 것이다.

이 글을 통해서 우리는 '문체는 인간이다'라는 말의 뜻이 무엇인지 분명히 알게 되었다. 그것은 글을 쓰는 사람의 이름이 후세에 길이 살아남는 것은 오직 훌륭한 문체의 덕분이라는 이야기이다. 그러니까 이 말에는 훌륭한 인격이나 감정의 소유자라야 훌륭한 글을 쓸 수 있다든가, 혹은 글을 보면 그의 인품을 짐작할 수 있다는 따위의 도덕적 개념은 일체 포함되어 있지 않은 것이다.

물론 우리는 뷔퐁의 견해에 대해서 많은 비판적 주석을 붙일 수 있을 것이다. 후세의 명성이란 반드시 문체에 의존한다는 증거가 있는 것은 아니고 또 문체에 대한 호불호는 시대에 따라 다를 것이다. 그뿐 아니라 뷔퐁은 내용(지식 · 사실 · 발견 따위)과 문체를 구별하고 있는데, 뷔퐁과 같은 박물학자나 다른 과학자의 글에서는 그런 구별이 가능하겠지만, 적어도 문학 작품의 경우 '내용은 초라하지만 문체가 좋다'는 따위의 말은 하기 어려울 것이다. 문학 작품의 경우에 내용과 문체가 불가분리의 관계에 있다는 것은 두말할 필요조차 없는 일이다. 또한 뷔퐁이 강조하는 조리 있고 숭고한 문체가 무의식의 세계라든가 몽상의 상태를 그리기에 적합할 이치도 없다. 그런 경우에는 문체 자체가 연맥 없고 유동적이 되도록 계산되어야 할 것이다.

그러나 어느 경우이건 간에 주제에 적합한 문체는 작품과 작가의 생명 그 자체이며, 그런 넓은 의미에서 보면 뷔퐁의 그 유명한 말은 시효를 잃지 않고 있다. 가령 카뮈가 『이방인』의 제1부를 논리정연한 긴 문장으로 처리했다면, 그의 이름은 오늘날까지 빛을 내지 못했으리라. 그는 부조리한 인간의 존재를 부조리한 글로밖에는 표현

할 수 없다는 것을 똑똑하게 의식하고 있었기 때문에 문학사에 그의
이름을 크게 남겨놓고 있는 것이다. 따라서 우리는 뷔퐁이 말한 정
당한 의미에서, '카뮈의 문체는 카뮈의 인간이다' 라고 말해도 좋다.
이와 반대로 엿가래처럼 늘어뜨린 문장, 이유 없이 자꾸만 빗나가는
이야기, 흐리터분한 초점, 주제에 합당하지 않는 글투는 작품을 읽
는 선의의 독자의 기대를 배반하고 곧 시간의 풍화 작용을 겪고 만
다. 그리고 '문체는 인간이다' 라는 창작상의 금과옥조를 엉뚱하게
도덕 군자의 입장에서 해석해서 점잖은 글을 쓰라고 권하는 사람들
이 잔존한다면 그는 문학을 후퇴시키는 반역사적인 죄를 저지르는
꼴이 될 것이다.   (『동서춘추』, 1967년 8월호)

구조주의와 문학

1. 주의 아닌 주의

구조주의라는 말이 주로 프랑스를 통해서 우리나라에 알려진 지도 벌써 십여 년이 지났다. 그동안 상당한 수효의 책이 번역되거나 저술되어왔으며, 요새는 그것이 이미 시효를 잃은 해묵은 것이라고 말하는 사람들도 있다. 그러나 구조주의가 과연 무엇이며, 그 특색과 한계는 어디 있는가라는 질문 앞에서 분명하고 일치된 대답이 선뜻 나오지 않고 있는 것이 사실이다. 더구나 그것과 문학과의 관련에 이르러서는, 그 숱한 이론과 견해와 주장들이 우리를 더욱 어리둥절하게 만들어놓고 있다. 그래서 결국 구조주의란 야릇한 것, 어려운 것, 또 심지어는 번거롭기만 한 것이라는 인상이 생기고, 그것이 유럽의 사상계에서 퇴조했다는 소식은 무슨 부질없는 존재가 사라져가는 것을 볼 때와 같은 홀가분한 마음을 우리에게 안겨주기까지 한다.

그렇다면 이러한 인상은 수용자의 인식 부족에서만 유래하는 것일까? 그 이유의 일부는 혹시 구조주의라는 개념이 본래 규정하기 어렵고 그 말의 사용자들에 의해서 부단히 달라지고 그 적용의 범위가 매우 넓게 확대되어나온 데에 있는 것은 아닐까? 이러한 의심은 사실에 있어서 정당화될 수 있는 것이다.

한 가지 예를 들어보자. 1968년에 프랑스의 한 유명한 출판사는 언어학자·인류학자·철학자·문학자의 논문을 모아서 『구조주의란 무엇인가?』라는 책을 내놓았는데, 그 책에 서문을 붙인 사람은, 그 논문들이 구조주의에 대한 공통적인 정의에 입각해서 씌어진 것이 아니라, 도리어 그 정의를 위한 탐구라는 매우 아이러니컬한 말을 하고 있는 것이다.

이러한 점에 비추어 우리가 우선 짐작할 수 있는 것은 구조주의가 여느 주의와 다르다는 것이다. 우리는 역사상에 나타난 철학적·문학적인 그 모든 주의들이 일정한 선택과 가치 판단을 전제로 하고 있다는 것을 알고 있다. 가령 사실주의는 그 표현이 아무리 다양할망정 인간과 사회의 모습을 진실되게 재현하는 데 문학의 본령이 있다고 주장하고, 환상적인 것이나 초월적인 것을 다루는 문학을 헛되고 거짓된 것으로 고발한다. 또 실존주의는 그것이 기독교적이건 무신론적이건 간에 홀로 있는 인간의 존재태와 그 구원을 특히 문제로 삼아 그 문제의 해결이 인생에서 가장 중요한 것이라고 주장한다.

한데 이러한 주의주창의 사상적 내용과 비교해볼 때 구조주의는 그 실체가 텅 비어 있는 듯한 느낌을 준다. 그것은 도시 사상적인 강령을 내세우지 않는다. 그것은 또한 무질서한 세상을 질서 있게 구조화하는 것이 인간의 삶을 위해서 시급한 일이라는 말을 하려는 것도 아니다. 도리어 모든 주의에 내포되는 유형무형의 비전, 구원의 원리, 윤리적 태도는 물론, 심지어는 진리와 같은 개념조차와도 인연이 없다. 그렇다면 구조주의란 도대체 무엇인가?

다시 되풀이되는 이 어려운 질문 앞에서 우리가 내놓을 수 있는 최소한의 유효한 대답은 그것이 '인간이 만들어낸 현상, 즉 문화적 현상을 이해하기 위한 한 가지 방법'이라는 것이다. 우리는 이제 이 막연하고 너무나 포괄적인 대답의 내용을 좀더 구체화함으로써 그 핵심으로 들어가 보자. 그리고 이 목적을 위해서 한 가지 알기 쉬운 비교를 시도해보자.

우리는 매일 수많은 자동차를 본다. 하도 일상적인 것이 되어버려서 우리는 그것을 너무나 당연한 존재로 받아들여 이미 대상화하지조차 않는다. 그러나 일상적인 낯익음에서 일단 물러서서 그것에 관한 질문을 던져보자. 그러면 여러 가지 물음이 쏟아져나올 것이다. 자동차는 누가 만들었는가, 그것은 어떻게 발전해왔는가, 그것에는 어떤 종류들이 있는가, 그것은 무엇 때문에 존재하는가, 그것은 어떻게 달라질 수 있을 것인가, 하는 따위의 물음이 가능할 것이다. 그 질문들은 각각 자동차의 기원·역사·종류·목적·전망에 관한 것이며, 그 모두가 제 나름대로 중요한 고찰의 대상이 될 수 있는 것들이다. 그러나 여기에는 한 가지 기본적인 질문이 빠져 있다. 그것은 자동차라면 공통적으로 가지고 있을 기본적인 구조에 관한 질문이다. 다시 말하면 시간과 장소를 막론하고 자동차는 어떻게 꾸며져 있기에 움직일 수 있으며, 어떤 요소와 작용이 자동차를 자동차로 만들어주느냐는 것이다.

이런 질문을 제기한다는 것은 너무나 당연한 이야기이다. 그러나 사실 구조주의가 문화 현상 전반에 걸쳐서 제기하는 것은 바로 이 마지막 종류의 질문이며, 그것이 목표로 삼는 것은 그런 질문에 대답할 수 있는 객관적인 방법을 마련하는 것이다. 그렇기 때문에 어떤 사람들은 구조주의라는 말 대신에 '구조주의적 사고 방식' 또는 '구조주의적 연구 활동'이라는 말을 사용하는 것이 더 옳으리라는 의견을 내놓는다. 구조주의자들은 각각 제 나름대로 더욱 구체적인 방법에 따라서 언어란 무엇이냐, 신화란 무엇이냐, 문학이란 무엇이냐는 따위의 문제에 접근해나가는데, 그 밑에 공통적으로 깔려 있는 기본적인 전제는 다음과 같이 요약할 수 있다.

그것은 인간이 만든 모든 것은 어떤 조직으로 이루어져 있다는 것이다. 그것은 자동차가 어떤 종류이건 간에 기계들의 일정한 조직으로 이루어져 있는 것과 같다. 가령 모든 언어가 그렇다. 문장은 주어와 동사의 결합으로 이루어지고(그것이 현시[顯示]되건 잠재태로 남아 있건 간에), 단어는 기표와 기의의 결합으로써 의미를 나타내고, 또 기표는 일정한 방식에 따른 음운의 조직으로서 존재한다. 이런 현상은 곧 각각의 차원에서 밝혀지는 기본적 단위가 한 조직체를 구성한다는 것을 의미한다. 언어학에서 음소·형태소·의미소 등을 최소 단위로 설정하고, 그 바탕에서 의미가 형성되는 보다 고차원적인 단위를 낱말로 보는 따위의 분석 작업을 쌓아나가듯이, 문화 현상을 여러 층위의 단위로 구분하는 작업을 모든 구조주의자들은 시도하는 것이다.

그러나 이 분석 작업은 다만 제1차적인 작업이며, 더 중요한 것은 분석되고 추출된 각 단위가 전체 속에서 어떤 기능을 하며 그것들이 어떻게 관계하고 결합하는 것인가를 살피는 데 있다. 다시 한번 자동차와 비교하자면, 그 몸통을 기본적인 부품들로 분해하는 작업 다음에는 그것들의 상호적인 작용을 알기 위한 연구가 뒤따라야 비로소 자동차란 무엇이냐는 것을 알게 되는 것과 같다. 그렇다면 우리는 지금까지 간단히 살펴본 것을 종합하여 구조주의적인 연구 방법의 기본을 다음과 같이 보다 구체적으로 말할 수 있을 것이다. '이른바 구조주의는 각 분야의 문화 현상이 아무리 착잡하고 다양해 보일망정 그것을 설명 가능한 조직체로 간주한다. 그리고 그 조직을 이루는 어떤 기본적인 단위들을 가려내고 그 단위들이 전체 속에서 담당하는 기능과 관계에 의해서 일정한 구조가 생기고 의미가 산출된다고 생각한다. 마치 자동차 부품들의 결합과 상호 작용이 자동차를

만들고 그것을 굴러가게 하는 것처럼.'

2. 문학과의 관련

최근 20년 전부터 문학을 보는 눈이 달라진 것은 바로 위와 같은
사고 방식을 문학 연구에 도입했기 때문이다. 냉정히 생각해보면 매
우 타당성 있게 보이는 이러한 문학 연구의 방법은 그러나 의외로
큰 반발을 일으켰다. 그렇다면 그 이유는 무엇인가? 여러 가지로 생
각해볼 수 있겠지만 그 중에서 가장 중요한 것은 물론 전통적인 문
학 이해의 방법과의 충돌이다. 대개의 경우 우리는 하나의 작품을,
혹은 한 시대의 문학적 표현을 문학 외적인 관련 속에서 설명하고
그런 설명 방법을 통해서 문학을 이해할 수 있는 것으로 여겨왔다.
가령 작가의 전기적 사실에 의거해서 작품의 의미를 찾는다거나, 사
회적·철학적 또는 심리학적 견지에서 문학의 현상을 설명하는 따
위의 작업에 우리는 익숙해왔다. 그러나 이러한 설명 방법은 문학적
표현이 가지고 있는 특성이 무엇인지, 다시 말하면 문학을 문학으로
서 존립시키는 언어적 특질이 무엇인지를 밝힐 수 없다. 만일 작가
의 전기적 사실에 비추어서 작품을 읽으면 결국 작품을 통해서 작가
의 전기를 재구성하는 것밖에는 되지 않는다. 예컨대 이 작품에 나
타나는 X라는 여성은 작가가 실지로 사랑한 Y를 미화한 것이라는
따위이다. 한편 사회학적 견지에서 문학을 다룬다는 것은 많은 경우
에 문학을 사회학적 연구라는 큰 테두리 속에 편입시켜, 시대적 풍
속이나 상품 광고문과 마찬가지로 그 연구의 자료로서만 사용하는
것이며, 문학의 본질을 밝히는 작업과는 거리가 먼 것이 된다.
　하기야 문학에 대한 이러한 접근 방법은 그 나름대로 뜻이 있는

것이며 또 재미있는 것이기도 하다. 그러나 문학의 문학성에 대한 의문이 그런 방법으로서는 밝혀질 수 없는 이상, 이번에는 그것을 텍스트의 내부에서, 즉 그 언어의 조직 자체에서 찾아보려고 할 때, 이른바 구조주의적인 문학 연구가 성립하는 것이다. 인문과학, 특히 언어학의 방법론을 적용해서, 기본적인 단위들이 텍스트 내부에서 담당하는 기능의 그물로서 문학을 보려는 이러한 움직임은 그 고찰 대상에 따라 크게 두 분야로 갈라진다.

첫째로는 비평의 분야에서 구조주의적 방법을 적용하는 것이다. 여기에서는 개개의 작품을 해석하는 것이 문제가 된다. 이 구조주의적 비평에서 비평가가 우선 할 일은 작품을 작가·시대·환경에서 완전히 격리시키는 것, 즉 텐Taine과는 정반대의 입장에 서는 것이다.

이렇듯 작품을 작품 외적인 것과의 인과 관계에서 해방시킨 다음, 비평가는 작품의 진실한 의미가 얼른 눈에 띄는 이야기 줄거리나 사상이나 주인공의 행위에서가 아니라, 그 밑에 깔려 있는 몇몇 기본적 단위들의 상호 관련에서 산출되는 것임을 밝혀나가려고 한다. 이리하여 바로 앞서 살펴본 분석과 통합의 작업이 문학 작품의 의미 탐구에 적용되는 것이다. 가령 롤랑 바르트에 따르면 라신의 대표작 『페드르 Phèdre』는 종래의 정설처럼 단순한 '정념의 비극'이 아니다. 그것은 '폭력의 비극'이며 '권위의 관계'의 표현이다. 다시 말하면 『페드르』의 세계는 강자와 약자라는 두 기본 단위가 여러 가지로 상징화되고 변형되면서 폭력의 구도를 이루어나가는 세계이다. 그렇다고 이 희곡에서 강자는 반드시 남자이며 약자는 여자로 정석화되어 있는 것은 아니다. 한 인물은 그가 남자이건 여자이건 간에 어떤 상황에 위치하느냐에 따라서 강자가 되기도 하고 약자가 되기도 한다. 더욱 구체적으로 강자는 신·아버지·과거·어둠으로 나타나고, 약자는 인간·아들·현재·빛으로 나타난다. 그리고 이 투쟁의 궤적과 복합적 관계가『페드르』라는 작품의 천을 짜나가고 여기에서 드라마가 산출되는 것이다.

이와 같이 한 작품이라는 언어의 조직체를 구체적으로 살피고 그 숨은 의미를 드러내는 비평의 작업과 아울러, 또 하나의 작업이 구조주의적인 입장에서 가능해진다. 그것은 문학 현상 전체를 다루는 연구이다. 흔히 '시학'이라고도 또 '문학의 과학'이라고도 불리는 이 연구는 개개의 작품을 넘어선 문학의 공통성을 살피고, 종국적으로는 '문학이란 무엇인가?'라는 질문에 대해서 가장 객관적이며 합당한 대답을 제시하려는 것을 목적으로 삼는다. 언어학적 개념을 빌려 말하자면 비평 작업이 문학의 파롤parole을 대상으로 삼는 것이라면 이것은 문학의 랑그langue를 다루는 것이라고 말할 수 있을 것이다. 그렇기 때문에 이 분야에서는 개개의 작품은 다만 일반적이며 일정한 법칙을 추출하기 위한 자료가 될 따름이며, 수집된 풍부한 자료를 처리해서 문학 이론의 모델이 형성되는 것이다. 이런 연구에 깊은 관심을 기울이고 있는 토도로프의 말을 빌리자면 "시학은 문학 그 자체의 내부에 존재하는 법칙을 찾는다. 따라서 그것은 추상적인 동시에 내재적인 것이다."

물론 이 목표가 오늘날 완전히 실현되어 있는 것은 아니다. '문학의 과학자'들이 오늘날 성취해놓은 업적은 가령 신화는 어떤 구조를 가지고 있는가, 소설에 있어서 이야기는 어떻게 구성되어나가는가 하는 따위의 부분적인 주제를 다루는 단계에 머물러 있다. 그러나 이러한 기초 작업에서 그들이 적용하는 방법은 개별 작품을 다루는 비평과 마찬가지로 문학을 언어의 조직체로 보고, 핵이 되는 단위들의 일정하고도 복잡한 연관으로 그 구조를 설명하려는 데는 다름이 없다. 가령 그 선구자의 한 사람인 프로프는 그가 수집한 민화들을 분석하고는, 그 표현이 겉보기에는 천차만별이지만 31개의 기능 단위로 환원될 수 있으며, 개개의 민화는 그 중 몇 기능이 선택적으로 결합됨으로써 이루어진다고 말한다.

3. 전망과 한계

그렇다면 구조주의적인 문학 이해의 방법이 우리에게 베풀어줄 수 있는 것은 무엇인가? 여러 가지 측면에서 전개될 수 있는 이런 반성 중에서 세 가지만을 지적해두자.

1) 개개의 작품에 대한 구체적인 비평과 추상적이며 일반적인 모델을 추출하려는 시학은 대립되는 것이 아니라 상호 보완의 관계에 있다. 비평은 시학이 세워놓은 법칙(그것이 비록 가설적인 성격을 띨 경우라도)에서 이론적 근거와 아울러 새로운 비전을 얻을 수 있으며, 다른 한편으로 시학은 비평의 성과를 참고로 하여 그 이론을 보강하거나 재조정할 수 있을 것이다. 그것은 모든 학문에 있어서 볼 수 있는 이론과 경험의 관계와 같다.

2) 비평이건 시학이건 그것들이 기술하는 내용은 절대적인 성격을 띠는 것이 아니다. 가령 라신의 『페드르』의 해석에 있어서는 오직 바르트의 것만 옳고 다른 해석은 거짓이라는 말을 할 수는 없다. 또한 시학에 있어서도 가령 소설을 정의하는 어떤 유일한 각도만이 있는 것은 아니다. 우리는 그것을 인물 구조, 시점, 이야기의 전개 등 여러 갈래의 견지에서 논할 수 있다. 따라서 문제가 되는 것은 각각의 담론을 통해서 드러날 수 있는 유일무이한 진리truth가 아니라, 그 담론의 유효성validity 여부이다. 다시 말하면 구조주의적 문

학 연구 방법이 겨냥하는 것은 문학의 본질이나 형이상학의 규명이 아니라, 그 존재의 실상을 더 적절하게 설명하려는 시도이다. 그리고 방금 말했듯이 이 시도는 한 생체에 대해서 생물학·화학·물리학과 같은 여러 입장에서의 설명이 가능하듯이 얼마든지 다르게 시도될 수 있다. 이런 복수적 설명이 가능하다는 것은 인문과학만이 아니라 모든 학문의 필연적 속성이기도 하다.

3) 그러나 문학에 대한 구조주의적 접근 방법은 많은 숙제를 남기고 있다. 앞서 말한 것처럼 시학은 문학의 법칙을 총체적으로 추출하기에는 아직도 머나먼 초보 단계에 있다. 또한 구조주의적인 비평과 시학은 공시적 입장에서의 고찰을 하는 것이며, 문학적 표현들이 어떻게 달라져왔느냐는 통시적인 입장에서의 연구에서는 물러서 있다. 그러나 후자의 연구는 문학의 이해에 있어서 여전히 중요한 것이다. 그뿐 아니라 구조주의적 문학 연구만으로는 어떤 문학적 표현이 가치 있는 것이냐는 판단을 내릴 수 없다. 그것이 오늘날 퇴조하는 징후를 보이는 것은 문학 연구가 아무래도 그런 역사적 견지와 가치 판단의 요청을 저버릴 수 없기 때문일 것이다. 다만 문학이 무엇을 위해서 있어왔으며 또 있어야 하느냐는 당위적 문제를 성찰함에 있어서, 구조주의의 공헌을 무시할 수는 없을 것이다. 그것을 배제함으로써가 아니라 더 큰 틀 속으로 통합함으로써 문학의 의의를 밝혀나가는 것이 앞으로의 과제라고 여겨진다.

(『성심여대 학보』, 1981년 6월 20일)

문학과 사회
―루카치와 사회적 의미체로서의 문학

1

문학을 사회와의 관련에서 논의한다는 것은 다른 어떤 각도에서의 논의보다도 당연하고 진부한 것이 되었다. 비록 얄팍한 문학 개론에서도 그 관계는 직접적으로 또는 간접적으로 다루어져 있을 뿐만 아니라, 그 문제를 문학에 관한 중심적인 테마로 삼고 있는 책들도 무수히 산재해 있다. 그래서 독자들은 이 글의 제목만을 보고도 '또 그런 이야기냐!'고 생각할지 모른다. 사실 필자가 앞으로 전개해나가려는 내용도 독자들이 이미 어디선가 보고 들은 이야기에 불과할 것이다.

그럼에도 불구하고 이 자리에서 새삼 사회적 측면에서 문학을 논하려는 이유가 있다면 그것은 두 가지로 요약될 수 있을 것이다. 첫째로는 국내외에 걸쳐서 전개되어온 너무나 많은 사회적 관련에서의 논의가 우리에게 카테고리의 혼란을 가져올 만큼 무성해서 그 논의들을 일단 정리해볼 필요가 있기 때문이다. 가령 문학을 사회적 산물로 본다는 것과 그것을 사회적 의미체로 본다는 것은 같은 이야기가 아닐 것이다. 둘째로는 좀더 현실적인 문제를 생각해보고 싶었기 때문이다. 말을 바꾸면 문학을 사회적 각도에서 살피려는 매우 정당한 지향은 우리나라의 현실에 비추어볼 때, 자칫하면 문학의 목적과 기능에 관해서 어떤 사회적 환원주의를 유발하기 쉽고, 또 이 환원주의는 그 반대극인 어떤 배타적 태도를 초래한다는 현상에 주목한 것이다. 그러나 필자는 이 짤막한 성찰이 누구나 동의할 만한 무슨 결론을 가져오리라고는 기대하지 않는다. 문학이란 무엇이며 무엇을 할 수 있느냐는 문제, 영원한 상처처럼 열려 있는 그 본질적인 문제에 대한 또 하나의 뜻있는 반성의 계기가 되기만 해도 필자로서는 큰 기쁨일 것이다.

2

문학과 사회의 관련을 생각함에 있어서 우리 모두가 함께 인정할 만한 최소한의 전제적 사실은 문학이 모든 인간 활동과 마찬가지로 사회적 산물이라는 것이다. 남과 나의 관계가 사르트르의 생각처럼 적대적이건, 혹은 가브리엘 마르셀이 생각하듯이 공생적이건 간에, 모든 인간은 타자 속에서 그 삶을 이어나가고 있다는 존재의 필연적 여건을 무시하고는 문학을 생각할 수 없다. 그것은 우리가 타인과의 관계에 의존하고, 또 우리가 태어나기 이전에 타인에 의해서 이미 형성된 그 모든 문화적·정치적·경제적 조건에 의존하고 있기 때문이다. 그러나 문학이 사회적 산물이라는 자명한 사실은 사회적 산물로서의 문학을 살피는 입장이나 각도가 하나밖에 없다든가 혹은 모두 일치한다는 것을 자동적으로 의미하는 것은 아니다.

가령 우리는 넓고 근원적인 입장에 서서 문학의 기원을 따져볼 수 있다. 그것이 공동체의 제사나 의식이나 주술로서 음악이나 무용과 한 덩어리가 되어 있다가 차차 분화된 곡절을 사회학적으로 밝힌다는 것은 재미있는 일일 것이다. 그러나 이러한 총괄적 연구의 반대편에서는, 개별적 작가나 작품의 산출에 작용한 사회적 배경이나 인과 관계를 살피는 일도 널리 퍼져 있다. 한 예로 프랑스의 이폴리트 텐이 종족·환경·시대의 세 요소로써 개개의 작품의 특성과 한 시기의 문학적 표현의 특성을 설명하고, 나아가서는 문학사를 꾸미려 한 것은 너무나 잘 알려진 사실이다. 또한 근자에는 어떤 작품이나 사상의 밑바닥에 그 생산자가 속하는 사회 집단의 세계관이 깔려 있으며, 그것이 그 작품이나 사상에 특이성을 부여하고 있다는 것을 밝히려는 골드만의 업적에 대해서도 우리는 많은 이야기를 하고 있다. 그러나 텐이나 골드만처럼 일정한 방법론에 의거한 발생론적 연구가 아니더라도, 우리는 문학 작품의 생산·유통·영향에 관한 보다 조촐하고 실증적인 고찰을 할 수가 있다. 국가 권력의 개입, 도서관의 수효와 규모, 출판사, 잡지사, 신문, 텔레비전 등 발표 기관의 존재 양식, 그리고 무엇보다도 독자의 종류와 수효 따위의 여러 사회적 요소가 미치는 힘은 결코 과소평가할 수 없는 성질의 것이다. 가장 비근한 예로 어떤 책의 가격이나 장정이나 크기가 그 책의 유통을 결정지을 수 있다. 좀 과장해서 말하면 책의 생명, 따라서 작가의 생명을 좌우하는 것은 그 책의 내용이나 의미라기보다 그것이 상품화될 수 있는 조건일 수도 있다.

이런 점들을 생각하면 문학이 사회적 산물이라는 말에는 적어도 세 가지의 다른 의미가 내포된다. 첫째로는 작품은 독자가 없으면 존재하지 않고 독자를 위해서 지향된 것이라는 사실, 너무나도 당연하기 때문에 구태여 길게 언급할 필요조차 없는 사실이 있다. 둘째로는 모든 문학적 표현이 그 기원에 있어서 자생적이지 않으며, 우리는 그 사회적 발생을 말할 수 있다는 것이다. 그리고 셋째로는 적어도 오늘날 책의 형태를 띤 개개의 작품——그것이 문학의 코르푸스를 이루는 것이지만——은 그 탄생과 삶과 죽음에 있어서 사회적 요인에 의해 좌우된다는 것이다.

사회적 산물로서의 문학의 이러한 세 가지 존재태는 물론 서로 연관되어 있는 것이기는 하겠지만 별개의 분야로서 연구될 수 있다. 가령 어떤 작품이 어떤 독자에게 어떻게 읽히느냐는 고찰은 작품의 발생론적 고찰과 그렇게 긴밀한 관계가 있지는 않을 것이다. 17세기 프랑스의 비극 작가 라신의 희곡이 얀센파의 비극적 세계관에서 유래되었다는 진술은 그 독자나 관객이 반드시 얀센파의 사람들이었다거나, 또는 얀센파가 사라진 후대에는 생명력을 잃었다는 따위의 결론을 가져오는 것은 결코 아니다. 말을 바꾸면 라신의 작품은 독자와의 관계에서, 사회적 발생론의 견지에서, 또 수용의 문화적 조건과의 관련에서 서로 다른 조명을 받을 수 있는 것이다. 그러나 이 세 가지 각도에서의 고찰에는 어떤 공통성이 깔려 있다. 우선 작품 밖에 있는 사회적 구조나 현상에 대한 이해와 지식이 어느 경우에나 선요 조건으로 필요하다는 것은 두말할 나위도 없다. 아울러 이런 연구는 모두가 가치 판단을 배제한 사실 검증적·서술적인 차원에서 이루어질 수 있고 또 그러는 것이 마땅하다고 생각되기도 한다. 왜냐하면 우리가 지금 이 단계에서 언급하고 있는 것은 '한 작가의 작품의 내용이나 의미가 아무리 반사회적·초사회적으로 보일망정 모든 문학은 사회적 산물이다'라는 보편적 사실이며, '문학은 사회적 산물이어야 한다'는 성립될 수 없는 당위론이 아니기 때문이다.

그런 사실적 인식의 일례로서 작품을 존재케 하는 독자와 작품의 내용과의 관련을 잠시 생각해보자. 그것은 사르트르가 그의 『문학이란 무엇인가』의 제3부에서 전개하고 있는 작가와 독자의 관련과는 카테고리가 다른 것이다. 거기에서 사르트르는 어느 시대에 있어서나 글 쓰는 사람과 글 읽는 사람의 떨어질 수 없는 관계로 보아 '문학은 사회적 현상이다' 라는 사실 검증을 하려는 것이 아니다. 그가 시도한 것은 그 자신의 가치관에 의거해서 과거의 작가와 독자의 사회적 태도를 비판하려는 것이다. 이에 반해서 '문학은 사회적 산물이다' 라는 명제를 독자와 작품과의 관련에서 살핀다는 것은 객관적인 작업이다. 서양의 예를 들자면 가령 봉건 영주에 경제적으로 종속되어 있던 중세의 시인들은 영주와 그 주위의 지배 계급을 독자로 삼을 수밖에 없었고, 19세기 전반의 부르주아지의 욕구는 소설을 발전시키게 되었고, 또 오늘날에는 독자가 확산되고 불특정이기 때문에 작가가 한정된 사람들의 이해 관계를 의식적으로 대변하지는 않는다는 따위의 진술을 하고 나서, 어느 경우이건 간에 문학은 독자 없이 존재할 수 없는 사회적 산물이라는 것을 확인하는 데 그치거나, 혹은 그 양자간의 관계의 달라짐에서 문학의 형식과 내용의 달라짐을 증명하려는 것이다.

그러나 발생론적 연구나 작품의 성쇠와 관련된 사회적 조건의 연구에서도 한결같이 가능한 이러한 가치 중립적인 접근 방법이, 즉 좁은 의미에 있어서의 문학사회학적 연구 방법이 문학과 사회의 관계를 다루는 유일한 방법은 아니다. 또한 그것은 문학이란 무엇이며, 무엇을 할 수 있으며, 우리는 문학을 어떻게 대할 것이냐는 문제들에 대해서 직접적인 대답을 주는 것도 아니다. 그렇기 때문에 이런 문제를 안중에 두면서도 문학과 사회의 관계를 다루는 또 하나의 다른 시각을 우리는 생각해보아야 한다. 그 작업은 문학을 사회적 산물로서보다 사회적 의미체로서 보려는 데서부터 시작된다. 그렇다면 사회적 의미체로서 문학을 본다는 것은 어떤 입장인가? 그것은 한 텍스트 특히 산문으로 된 텍스트를 그것이 나타내는 사회관이나 사회적 태도와의 관련에서 분석하고 그 의미를 밝히고 나아가서는 평가하려는 입장이다. 따라서 여기에서는 작품의 사회적 기원이나 창작 동기가 별로 문제되지 않는다. 또한 사회적인 내용이 짙게 담겨 있는 작품만이 그 분석의 대상이 되는 것도 아니다. 얼른 한번 읽어보기만 해도 사회적 내용이 두드러지게 눈에 띄는 텍스트에 대해서는 그 의미를 당연히 탐구하게 될 것이고 그것은 비교적 쉬운 작업이 될 것이다. 그러나 사회적 내용이 거의 없어 보이는 작품에 대해서도 역시 잠재적인 사회적 의미를 캐내거나 혹은 그런 내용의 결핍을 사회적 각도에서 논의할 수 있는 것이다. 더 간단히 말하자면 인간의 모든 행위에 대해서 사회적 해석을 가할 수 있으니만큼, 문학 작품에 대해서도 그런 해석을 시도하고 그 결과에 따라서 각 작품의 예술적 가치조차 평가하려는 접근 방법이 있는 것이다.

3

독자들도 짐작하리라고 믿지만, 이런 접근 방법을 가장 철저하게 적용하고 있는 대표적 문학 연구자가 바로 게오르그 루카치이다. 그의 모든 글을 샅샅이 읽지 못한 필자로서 할 수 있는 최소한의 발언은 그가 19세기 프랑스 문학에 대해서 깊은 이해와 독특한 해석을 보여주고 있다는 것이다. 그 분야에 관한 한 루카치의 견해는 『문학이란 무엇인가』에서 사르트르가 보여준 견해에 비해서 한결 서술적·분석적이며 또한 정당하다고까지 말할 수 있다. 19세기 프랑스 문학을 1848년의 2월 혁명을 분수령으로 삼아 두 시기로 나누어, 그 이전을 부르주아지의 상승기로 보고 그 이후를 부르주아지의 존재가 정체하거나 혹은 문제시된 시기로 보는 점에서 두 사람은 대충 의견이 같다. 그러나 사르트르는 그 두 시기에 활동한 거의 모든 작가의 사회적 태도에 대해서 한결같은 비난과 공격을 퍼붓고 있다.

서민의 존재에 주목한 빅토르 위고에 관한 매우 짤막한 긍정적 평가를 제외하고는, 그는 2월 혁명 이전의 작가들이 부르주아지의 이데올로기—특히 계급의 존재를 감추려는 보편적 인간성의 신화—를 적극적으로 지지했고 1850년 이후에는 사회와 유리된 문학을 통해서 부르주아지의 횡포를 암암리에 용인하고 있다고 말한다. 더구나 이 고발의 격렬성에 스스로 끌려서 흥분한 탓인지, 프랑스 소설가에서 가장 중요한 19세기 전반기의 두 작가, 즉 발자크와 스탕달에 관해서는 전혀 언급이 없다. 그러니까 루카치가 그의 『발자크와 프랑스의 리얼리즘』에서 이 두 작가를 위대한 존재로 부각시켰다는 것만으로도 벌써 사르트르에 비해서 한결 공정하고 정당한 평가를 한 것으로 생각할 수 있다.

그러나 더욱 중요한 것은 그들을 어떤 각도에서 높이 평가했느냐는 것이다. 이 점에서도 루카치의 견해는 사르트르의 견해보다 공정하고 또 가장 좋은 의미에 있어서 '문학적'이라는 것을 확인할 수 있다. 왜냐하면 사르트르의 평가 기준은 '문학 작품이 피압박 계급의 혁명적 의식을 고양하고 그 해방과 자유를 위해서 공헌했느냐, 못 했느냐?'는 직접적 효용성에 따른 것이고, 이 기준으로 볼 때 19세기 프랑스 문학 전체가 비판의 대상이 되는 것인 데 반하여, 루카치는 마르크스주의자임에도 불구하고 그런 직접적 효용의 논리에 지배되지 않았기 때문이다. 도리어 그는 작가의 사회관이 진보적이냐 아니냐는 문제라든가 혹은 작가가 그의 글을 통해서 사회적·정치적 참여를 했느냐 안 했느냐는 문제를 조급하게 따지려는 태도를 보여주고 있기는커녕 객관시(客觀視)를 위한 거리를 유지하려고 한다. 루카치가 보기에 발자크나 스탕달이 위대한 것은 그들의 소설에 함축되어 있을지도 모르는 행동적 의미 때문이 아니라, 거기에 명백하게 나타나 있는 제시적(提示的) 의미 때문이다. 말을 바꾸면, 그 두 작가의 위대성은 오직 소설이라는 글쓰기를 통해서 그들이 살고 있던 사회의 가장 본질적인 양상과 문제를 형상화시켜놓았기 때문이다. 루카치 자신의 말을 빌리면 "인간적으로 또는 사회적으로 한 역사의 시기를 결정짓는 모든 요소들이 서로 접합하고 만나는" 전형을 개개의 인물을 통해서 창조한 점에, 즉 "개별적인 것에 보편적인 것"이 집약적으로 재현되게 한 점에 그들의 위대성이 존재한다는 것이다.

그 일례로 그가 들고 있는 것이 발자크의 『환멸』(1837~43)이다. 이 소설에서 작가 지망생인 뤼시앵 드 뤼방프레는 시적(詩的) 순수성을 실현하고자 하나 그 야망은 이루어지지 않는다. 그러나 이 좌절은 뤼시앵 개인의 무능 때문이 아니라, 이미 문학의 자본주의화가 이루어진 사회의 필연적 결과라고 루카치는 지적한다. 문학 작품이 상품으로서 금전적인 이익 추구의 방편이 되어버린 시대에 그의 시적인 순수성을 담은 작품을 내줄 만한 출판사는 이미 존재하지 않는 것이다. 따라서 뤼시앵은 문화의 파괴를 가져오는 이 추세의 필연성에 저항할 수 없으며, 호구지책과 명성을 위해서 문학의 매춘부로 변모하지 않을 수 없다. 다시 말해서 뤼시앵의 좌절과 전락은, 부르주아 사회의 성립 과정에서 상정되었던 해방과 자유의 이상과 지적·정신적 가능성이 이미 1815년 이후에는 무너져버리고, 그 대신 벌써 완성된 부르주아 사회의 공리주의가 지배적인 힘을 갖게 되었다는 데서 유래한다. 이렇게 볼 때 그의 비극은 전적으로 사회적인 차원의 것이다. 그의 작품의 출판을 거절하고 그에게 거짓된 글쓰기를 강요하는 출판사와 신문사의 존재, 그로 인한 그의 좌절, 그리고 자신의 성실성을 내던질 수밖에 없게 된 그의 자기 배반——뤼시앵의 안팎에서 전개되는 이러한 개별적인 현상과 행동은 당시의 사회 전체에 의해서 의미가 부여되고 또 그 사회의 본질적인 구조가 그런 개별적인 양상에 반영되어 있다. 바로 이렇게 뤼시앵이라는 한 인물을 조형함으로써 부르주아 사회의 구조적 현실이 집약적으로 드러나도록 한 점에 발자크의 위대성이 있고, 또한 이렇게 '개인적인 것과 사회적인 것의 변증법'을 제시하는 전형의 창조가 리얼리즘의 요체라는 것을 루카치는 강조한다.

4

이상의 극히 조잡한 요약을 통해서 보더라도 루카치의 작품 분석이 예리하고 독특하고 뜻 깊은 것임을 넉넉히 짐작할 수 있을 것이다. 그런데 우리는 여기에서 한 가지 질문을 던져볼 수 있을 것 같다. 루카치에 따르면 『환멸』에서 뤼시앵의 자기 실현을 가로막은 것은 이미 단단한 체제를 갖춘 자본주의 사회의 존재인데, 종류 여하를 불문하고 모든 체제와 조직은 완전한 자아 실현을 가로막을 가능성이 있는 것이 아니겠는가? 뤼시앵을 괴롭힌 초기 자본주의 사회의 억압은 시공을 초월하여 가해질 수 있는 모든 정치적·사회적·경제적 억압의 한 상징이 아니겠는가? 우리는 억압 없는 완전한 자유 속에서 자아 실현이 이루어지는 그런 사회를 가질 수 있는 것인가?

이렇게 자문할 때, 우리의 머리에 우선 떠오르는 것은 오늘날 공산주의 사회에서 지속되고 있는 억압적 체제의 적극적 개입이다. 그런 사회에서는 뤼시앵의 문학적 순수성을 좌절시킨 부르주아 사회 체제보다도 한결 직접적이며 노골적인 간여가 작가에 대해서 행사되어온 것을 우리는 알고 있다. 예컨대 1961년에 "문학 예술 위에 모택동 사상의 깃발을 높이 세우자. [……] 현재의 문제는 작가나 예술가가 동지 모택동에 의해서 주어진 지시에 따라서 어떻게 사회주의 문학과 예술을 구축할 수 있느냐는 것을 아는 데 있다"라고 말한 중공(中共)의 문화 책임자의 보고를 생각해보아도 좋다. 또 1934년 스탈린 치하에서 이른바 사회주의 리얼리즘을 규정하고 이 규정에서 다소라도 벗어나는 모든 표현에 대해서 부르주아적 근성이라는 낙인을 찍은 소련의 경우도 좋은 예가 될 것이다. 그렇다면 이런 경우에 있어서 작가의 자기 실현과 억압적인 권력과의 관계는, 뤼시앵의 개인적 야망과 당시의 사회 체제와의 관계와 전혀 다른 것인가? 공산주의 국가의 조직과 이데올로기의 힘은 더욱 심한 자기 소외를 가져오는 것이 아닐까? 그러나 우리로서는 당연히 제기해볼 수 있는 이런 의심을 루카치는 제기하고 있지 않은 것이다.

그 이유는 필자가 새삼 언급할 필요도 없이 분명한 것이다. 그것은 그가 봉건주의→자본주의→사회주의로의 역사적 진전을 필연적인 것으로 믿고 그런 전망하에서 그의 리얼리즘론을 전개시키고 있기 때문이다. 우리는 그의 이러한 입장을 그의 텍스트를 읽을 때마다 도처에서 발견하게 된다. 가령『발자크와 프랑스의 리얼리즘』에 붙인 1951년의 서문을 보면 이런 구절이 있다. "발자크와 플로베르 중에서 누가 19세기의 전형적인 고전적 작가인가? 이러한 선택은 단순한 취미의 문제가 아니라 소설 미학의 모든 본질적인 문제와 관련되는 것이다." 그는 이렇게 말하고 나서 이 소설 미학의 근거가 낙관적 역사관에 있으며, "문학의 길이 상승적"이라는 비전에 의존한다고 밝힌다. 그런데 이 '상승적'인 비전은 더욱이 마르크스주의적 '결정론'(이 용어를 사용한 것은 필자가 아니라 루카치 자신이다)에, 달리 표현하면 '프롤레타리아적인 휴머니즘'에 의존해 있으며, 이 휴머니즘이 주요 문제를 해결한다는 것이 루카치의 생각이다. 그러니까 리얼리즘은 이 목표에 이르는 각 사회 발전의 단계를 전체적·근본적 양상하에서 보여주는 문학이며, 그가 줄기차게 비난하는 자연주의는 이 사회 발전을 모르거나 무시하기 때문에, 즉 역사적 전망이 없기 때문에 지엽적인 것에 갇히고 현상의 의미를 사회 구조적으로 파악하지 못하는 문학이라는 것이다.

한데 리얼리즘 문학의 대표적 존재가 발자크인 데 반하여, 졸라는 그런 미흡한 자연주의 문학을 대변하는 작가라고 루카치는 평가한다. 19세기 전반에 있어서 발자크는 그의 귀족적·왕당파적·가톨릭적인 자신의 편견에도 불구하고 자본주의 사회의 도래를 필연적인 것으로 보았으며, 또한 프롤레타리아의 출현을 예상하지는 못했을망정 자본주의의 근본적 모순을 드러내보였다. 이에 반해서 19세기 후반기에 글을 쓰고 그 시기를 다룬 졸라는 당시의 특징적인 사회 현상인 프롤레타리아의 의의를 간파할 만큼 역사관이 미래를 향해서 열려 있지 않았기 때문에, 그의 작품들은 현상에 대한 단편적·비구조적인 설명에 그치고, 또 후기의 작품에서는 근거 없는 유토피아주의에 의해서 문제의 소재를 흐려놓았다는 것이다.

졸라에 대한 루카치의 비판에는 분명히 일리가 있다. 발자크의 걸작들과 비교해볼 때, 졸라의 소설에는 역동성이 부족하고 사회 구조적인 고찰이라는 안목이 결핍되어 있다. 그의 『목로주점』(1877)은 도시의 하층민을 집중적으로 다룬 최초의 프랑스 소설임에도 불구하고 이 하층민이 부르주아지에 의해서 산출되고 소외된 사회 계급으로서 강조되고 있지 않으며, 또한 그들의 새로운 욕구와 지배 계급과의 충돌이 사회 변화라는 시각에서 형상화되어 있지도 않다. 그것은 발자크의 『농민』(1845)이 귀족과 금권 지향적인 고리 대금업자와 토지 소유욕에 사로잡힌 농민 사이의 삼파전으로 당시의 사회의 근본 문제를 제시하고 있는 것과는 대조적이다. 그뿐 아니라 노동자의 파업을 소재로 삼은 『제르미날』(1885)에 있어서조차, 졸라는 노사간의 투쟁을 강렬한 필치로 묘사하고 있긴 하지만, 혁명적 행동의 성공 가능성이나 자본주의의 위기를 부각시키고 있지는 못하다. 때로는 노동자들의 집단을 오합지중(烏合之衆)으로서 희화적으로 그리고 있기까지 하다. 더구나 파업의 지도자로 자처하는 랑티에의 행동은 혁명적 신념이 투철한 순교자의 행동이 아니라, 일신상의 영예를 생각하는 이기적 인간, 비전이 뚜렷하지 않은 가짜 지도자의 행동으로 나타나 있다. 그것은 분명히 루카치가 지적하듯 졸라의 사회관이 지양될 수 없는 부르주아적 사회관 속에 갇혀 있었기 때문일지도 모른다.

그러나 졸라에 대한 루카치의 비판은 자명한 것으로 받아들일 만한 것인가? 여기에서 우리가 의심의 대상으로 삼으려는 것은 그의 리얼리즘론 그 자체라기보다 그 밑바닥에 깔려 있으면서 그것을 매우 독특하고도 독단적인 것으로 만들고 있는 역사관이다. 이 의심을 졸라의 소설과 관련시켜서 제기해보자. 그러면 적어도 다음과 같은 두 가지의 다른 견해가 성립될 수 있을 것이다.

첫째로는 역사적 우회라는 개념에서 비롯되는 문제가 있다. 루카치는 『발자크와 프랑스의 리얼리즘』에서 마르크스주의적 결정론이 기본적인 역사관이라고 강조하면서도, 역사의 발전 과정이 직선적이 아니라 우회적일 수 있다는 말을 덧붙이고 있다. 그 텍스트는 다음과 같다. "마르크스주의는 역사 발전의 전체적인 방향과 그 과정의 필연적인 우회에 대한 이론적이며 실제적인 고려를 결부시킨다. 그것은 견고한 지반 위에 성립된 역사 이론인 동시에 유연하게 달라지는 역사에 대한 이해와 분석을 밑에 깔고 있다. 그리고 이 이원성(물론 그것은 표면적인 이원성이지만)이 사실에 있어서 유물론적 철학의 통일성을 이루는데, 그것은 동시에 마르크스주의자의 미학과 문학에 관한 마르크스 이론의 도선(導線)이 되는 것이다."

그렇다면, 만일 우리가 루카치의 역사관을 함께 나누어 가진다고 가정하더라도, 그 역사관에 내포된 '우회'의 의미를 좀더 강조할 수는 없는 것일까? 다시 말해서 졸라의 미흡한 역사 의식과 그것 때문에 제한된 그의 인물 창조는, 이른바 프롤레타리아 휴머니즘으로 가는 과정에 있어서의 하나의 우회 연상이라고 보고, 이에 대해서 긍정적 평가를 내릴 수는 없는 것일까? 그가 살고 있던 시대는 프롤레타리아의 계급 의식이 싹트기 시작하면서도 그 의식을 전투적인 원리로 결정시켜줄 만한 규합된 세력이 없었던 시대이다. 노동자들이 작은 섬들처럼 고립되어 있었고, 1848년의 2월 혁명과 1870년의 파리 코뮌의 실패가 빈민과 노동자들에게 환멸을 안겨주었으며, 한편 부르주아지는 19세기 초엽과 같은 활력을 잃긴 했지만 안정된 보수적 세력을 이루고 있었던 것이 그 시대의 실상이다. 그렇다면 이러한 역사적·사회적 조건을 고려해서 졸라의 소설의 사회적 의미를 평가할 수는 없는 것일까? 만일 그것이 가능하다면 그의 작품에 나타나는 하층민이나 노동자의 존재는 결국 부르주아지의 치부를 폭로한 것이며, 비록 그 폭로가 혁명적 역사관에 의해서 밑받침되어 있지 않다 하더라도 적어도 하나의 우회로서의 평가를 받을 만한 것이 아니겠는가? 이렇게 볼 때 제2제정과 제3공화국(1850~1914)에 걸친 반여(半餘) 세기간의 프랑스 근대 문학사에 있어서 졸라가 차지하는 독특한 지위가 부각될 수 있을 것이며, 또한 이런 너그러운 견해는 루카치 자신의 문학 이론과 결코 모순되는 일이라고 여겨지지는 않는다.

그러나 더욱 큰 문제는 우리가 루카치의 역사관을 일반적 진리로서 수용할 수 있느냐는 데 있다. 우리는 모두 역사가 보다 좋은 미래를 향해서 전진하기를 바라고 있지만, 바람과 현실 사이의 괴리는 항상 존재하는 것이다. 심지어 19세기 후반기뿐만 아니라 20세기의 많은 프랑스 작가나 시인들은 이 괴리조차 자신의 문제로 삼지 않았다. 그만큼 그들은 바람 직한 사회주의의 도래에 관해서 의심하고 절망하고 부정하는 태도를 표시했으며, 부르주아지의 지배를 넘어설 수 없는 우울한 현실을 숙명적 사실로 받아들여왔다. 루카치가 프랑스에 관한 한 발자크와 스탕달을 제외하고는 근대와 현대의 모든 작가들——플로베르, 모파상, 상징파의 시인들, 프루스트, 지드 등——을 자연주의 · 심미주의 · 주지주의 · 모더니즘 등의 이름으로 단죄하는 것은 바로 이렇게 미래로 트이지 않은 역사관의 탓이다. 그러나 오늘날 그들의 '막힌 미래관'은 과연 어떠한 '열린 미래관'에 의해서 대치될 수 있는 것인가? 몇몇 나라의 마르크스주의적 사회 건설의 시도가 인간의 해방과 자유의 점진적 실현과는 거리가 멀다는 것을 생각할 때, 그리고 한걸음 더 나아가 현대의 사회 조직이 전반적으로 인간을 획일적이고 통제되고 기능적인 존재로 만들어나가고 있다는 점을 생각할 때, 서구 작가들이 보여준 그 막힌 역사관은 규탄의 대상으로만 평가될 수 있는 성질의 것이 아니다. 닫히고 막힌 상태를 불가피한 현실로 받아들이면서도 그 안에서의 인간의 행위와 문학의 가능성을 생각해보려 한 그들의 궤적은 도리어 하나의 암시적인 의미를 띠고, 그들이 보여주는 답답함은 비판의 기능을 하는 것이라고 볼 수도 있을 것이다. 가령 플로베르와 같은 이른바 도피 문학조차도 바로 그 예술 세계로의 몰입이라는 행위를 통해서 역설적으로 체제 비판이라는 의미를 띤다는 식으로 말이다. 필자는 사회적 의미체로서 문학을 대할 때에도 역시 이런 상대주의적 해석이 문학을 좀더 넓은 견지에서 받아들이는 것이라고 생각한다.

5

　지금까지 우리는 루카치의 리얼리즘론과 그 근거가 되고 있는 역사관에 관해서 살펴보았다. 그러나 이 글의 목적이 루카치에 대한 이의 제기 그 자체에 있는 것은 아니다. 다만 필자는 그 고찰을 통해서 사회적 의미체로서 작품을 대하는 한 대표적인 입장을 예시하고 논의해보려고 했을 따름이다. 그러나 물론 다른 사회적 접근 방법도 얼마든지 가능하며, 또한 문학 작품이 꼭 사회적 의미체로서 읽혀야 한다는 법도 없다.

　그런 점에서 한두 가지의 다른 각도를 시사하려고 한다. 우선 사회적 의미체로서 작품을 읽는 다른 방법을 한 가지 예시해보자. 그리고 이왕 리얼리즘에 관한 이야기를 해온 이상, 거기에 초점을 맞추어보자. 왜냐하면 리얼리즘으로 알려진 작품이 이데올로기의 차원을 떠나서, 또 동시에 조급한 가치 판단의 차원을 떠나서 보다 객관적·분석적으로 읽힐 수 있는 방법이 있기 때문이다. 그런데 이런 읽기의 방법은 문학 작품이 비록 사회 개조나 사회 의식의 고양이나 또는 정치적 참여를 겨냥할 때라도 논문이나 선전문과는 다른 방식으로 언어를 사용하고 있다는 점에 우선 주목한다. 다시 말해서 이른바 문학의 문학성을 언어의 특별한 사용에서 찾아보고 리얼리즘의 특징도 역시 그런 각도에서 살피려는 것이다. 그렇다고 해서 리얼리즘이 사회적 의미를 드러내려는 문학, 웰렉의 정의를 빌리자면 "당대의 사회적 현실의 객관적 재현"을 겨냥하는 문학이라는 것을 인정하지 않겠다는 것은 물론 아니다. 다만 사회적 현실을 재현하기 위해서, 보다 정확하게 말하면 그런 재현의 '환상'을 주기 위해서, 어떻게 언어가 사용되어 있는가를 살피려는 텍스트 분석이 이 읽기의 방법을 이루는 것이다. 왜냐하면 우리가 어떤 소설이 리얼리즘에 속한다고 인지하게 되는 것은 결국 텍스트의 언어를 통해서이기 때문이다.

이런 리얼리즘의 언어는 무엇보다도 작품 속의 허구적 내용과 작품 밖의 객관적 현실이 독자의 머릿속에서 직접적으로 연관되고 중첩되도록 사용된 점에 그 특징이 있다. 가령 "우리는 자습실에서 공부를 하고 있었다. 그때 교장 선생이 한 신입생을 데리고 들어왔다"는 글로 시작되는 플로베르의 『보바리 부인』의 경우를 생각해보자. 이 첫머리부터 독자는 자기의 주변에서 일상적으로 일어날 수 있는 매우 낯익은 상황 속으로 들어가게 된다. 학생들이 공부하고 있을 때 교장이 새 학생을 데리고 들어온다는 것은 당시의 독자들로서는 자신의 경험으로 보아 익숙한 장면이다. 그래서 텍스트 밖의 현실에서 텍스트 안의 허구로의 매우 자연스러운 도입이 이루어진다. 다시 말하면 마치 사진과 실물의 동일성을 확인할 수 있듯이, 텍스트의 내용은 허구이면서도 일상적인 현실과 동일하다는 착각을 일으키도록 꾸며져 있는 것이다. 더구나 도입부에 의해서 주어진 이 현실의 착각은, 독자들이 독서 행위 이전부터 이미 잘 알고 있는 배경과 환경, 사람들의 모습, 사물과 사건 등을 텍스트가 부단히 상기시킴으로써 더욱 효과적으로 강화된다. 그리고 독자와의 역사적 · 사회적 · 현실적 거리를 처음부터 명시적으로 설정하는 알레고리나 로맨스와는 전혀 다른 이런 언어 사용이 즉각적이며 직접적인 사회적 의미를 산출하는 것이다.

그렇다면 이른바 리얼리즘의 작품은 그것이 상기시키는 텍스트 밖의 객관적 현실과의 관련하에서만 읽혀야 하는 것일까? 한 작품이 가령 18세기 소설이나 낯선 지역의 소설처럼 우리 자신과 시간적 · 공간적으로 멀리 떨어져 있을 경우, 따라서 텍스트의 배경을 이루는 역사적·문화적 사실을 소상히 모를 경우에는 우리의 이해는 불가피하게 저해되는 것일까? 하기야 그런 사실들에 대한 사전 지식은 도움이 되겠고, 문학사나 해설서는 이러한 도움을 주려고 애쓴다. 그러나 이렇게 해서 얻어진 정보는 우리가 우리의 육체로 체험하거나 우리의 눈으로 확인할 수 있는 직접적 사실과는 어디까지나 다르고, 요컨대 추상적이며 유추적인 지식에 지나지 않는다. 멀리 잡을 것도 없이 19세기 유럽의 리얼리즘 소설 전체가 오늘날의 한국인에게 '이것이 내가 매일 보고 느끼는 현실이다'라는 절박감을 가져다주지는 않는다. 그러면서도 우리는 그 작품들을 읽고 거기에서 역사적 사실 이외의 어떤 의미를 찾아보려고 한다. 이것은 리얼리즘의 소설이 '당대의 사회적 현실의 객관적 재현'이라는 개별성을 넘어서서 읽힐 수 있는 또 다른 가능성을 말해주는 것이다.

필자는 그것을 '상징적 차원에서의 독서법'이라고 부르고 싶다. 이 읽기의 방법은 크게 두 가지 영역으로 나눌 수 있다. 첫째로는 작품을 사회적 의미체로 본다는 기본적 입장을 그대로 지키면서도 이루어질 수 있는 상징적 독서법이 있다. 이 경우에는 당대를 객관적·전형적으로 재현하는 것을 직접적 목표로 삼았던 작품에 있어서조차, 그 재현된 시대를 넘어서는 사회적 의미를 찾아보게 될 것이다. 가령 발자크의 소설들에서 오늘날에도 지속되고 또 앞으로도 지속될 개인적 지향과 사회적 억압의 드라마의 한 모델을 발견하는 따위이다. 19세기 전반기를 다룬 역사적 문헌의 지위에서 그의 소설을 해방시켜, 그것을 우리의 동시대적인 관심의 대상으로 삼으려는 이런 독서법은 루카치와는 다른 의미에서 발자크 작품의 전형성과 보편성과 위대성을 확인하는 길이 될 것이다.

상징적인 독서법은 이와 아울러 한 작품을 사회적 의미체 그 자체로부터 해방시켜줄 수도 있다. 그것은 한정된 사회적 현실을 다루고 있는 작품에서 숙명·죽음·고독·욕망과 같은 초시대적인 인간 조건을 감지하고 그 심층적 드라마를 따라가 볼 때이다. 가령 졸라의 『목로주점』이 그렇다. 이 소설은 처음부터 죽음을 상징하는 이미지들로 가득 차 있고, 이런 견지에서 보면 여주인공 제르베즈는 이 죽음의 힘에 사로잡혀 있는 인물로 나타난다. 그렇기 때문에 무엇이 제르베즈의 죽음을 가져왔느냐고 물을 때, 우리는 이중의 대답을 얻을 수 있게 된다. 첫째는 물론 하층민으로서의 그녀의 사회적 조건을 들 수 있다. 이것이 『목로주점』을 사회적 의미체로서 읽을 때에 얻어지는 대답이다. 그러나 자세한 텍스트 분석은 제1장에서 암시된 죽음의 숙명이 그리스 비극에서처럼 필연적으로 이룩된 결과라는 대답을 가능케 해준다.

일반적으로 작품과 독자 사이의 문화적·시간적·공간적 거리가 크면 클수록, 작품은 자꾸만 더 새롭게 해석되고 새로운 의미를 향해서 초월되어나간다고 말할 수 있을 것이다. 그리고 작가에 따라서는 작품의 의미의 이러한 초월적 성격을 미리 계산에 넣고 글을 쓰는 경우도 있다. 그럼으로써 작품의 생명이 영속될 가능성이 커지기를 바라는 것이다. 프랑스 문학에서 예를 들자면, 그 나라가 독일군에 의해서 점령되었던 제2차 대전 당시의 상황과 체험을 페스트가 만연했을 경우로 상징해놓은 알베르 카뮈가 그렇다. "한 종류의 감금 상태를 다른 감금 상태로 재현하는 것은, 현실적으로 존재하는 그 무엇이라도 존재하지 않는 어떤 것으로 재현하는 것과 똑같이 정당한 것이다"라는 다니엘 디포의 말의 인용으로써 이 작품이 시작되는 것은 그 때문이다.

6

이상으로 우리는 사회적 의미체로서의 문학 작품 읽기에 여러 가지 입장이 있다는 것을 예시했다. 마르크스주의에 기반을 둔 루카치의 입장, 루카치가 비난하는 '막힌 사회관'의 작가들을 그와는 다른 견지에서 긍정적으로 읽을 수 있는 길, 사회적 의미를 산출하는 과정을 텍스트에 대한 언어적 분석으로 밝히려는 시도, 그리고 작품의 내용을 상징적 차원에서 파악함으로써 사회적 의미를 확대하거나 혹은 넘어서려는 해석의 가능성 등이 그것이다. 물론 여기에서 극히 조잡하게 언급된 입장들이 작품을 사회적 의미체로 접하는 모든 입장은 아니며, 우리는 다른 여러 가지의 것을 제시할 수 있을 것이다. 그러나 그보다도 더 중요한 것은 어떤 작품들은 애초부터 사회적 의미체라는 각도와는 다른 각도에서 읽혀지는 것이 더욱 마땅하다는 사실이다. 가령 대부분의 시가 그렇고 또 프루스트나 카프카나 조이스의 소설이 그렇다. 어떤 작품은 정신분석학적 입장에서 살펴볼 때, 또 다른 작품은 그 언어에 대한 구조적 분석이 시도될 때 더 풍부하고 깊은 의미가 나타날 것이다. 각 작품은 그것을 가장 잘 그리고 최대한으로 설명하기에 적합한 독서와 비평의 방법을 요구하는 것이며, 사회적 의미체로서의 읽기는 각각 제한된 기능을 가질 수밖에 없는 그런 여러 방법 중의 하나일 따름이다.

이 여러 방법들에 대해서 언급하는 것은 이 글의 범위를 넘어서는 것이다. 다만 필자는 주로 프랑스 문학에서 예를 들어가면서 지금까지 살펴본 사회적 의미체로서의 읽기가 한국 문학과는 어떻게 관련되느냐는 문제에 대해서 한마디 해두고 싶다. 사실, 한국의 현대 문학에서 두드러지게 나타나고 또 많은 평론가나 문학자들에 의해서 강조되는 것도 작품이 갖는 사회적 의미이다. 그것은 아마도 다음의 세 가지 이유 때문일 것이다. 첫째로는 우리의 문학이, 적어도 우리의 소설이, 구한말에서 일제 시대를 거쳐 오늘날에 이르기까지 사회적 문제에 대한 직접적 관심을 다른 모든 관심보다 짙게 보여왔다는 점이다. 둘째로는 그럼에도 불구하고 루카치적인 의미에서의 전형적 상황이나 전형적 인물을 창조하는 데 성공한 작품이 그렇게 많지 않으며 그런 작품의 출현에 대한 기대는 여전히 존속한다는 점을 들수 있다. 마지막으로 1980년의 한국이 사회적으로 매우 큰 문제를 안고 있고, 이 문제를 고찰하고 또 가능하다면 그 해결을 위해서 문학도 제 몫을 해야 한다는 일종의 책무감이 작가와 비평가에게 무겁게 의식되고 있다는 사실이다. 그렇다면 무엇보다도 사회적 의미체로서 문학을 생각하려는 우리나라의 전통과 요청에 의해서 다 같이 정당화될 수 있는 이 일반적 경향과 관련시켜볼 때, 앞서 살펴본 서양의 선례들은 어떤 뜻을 갖는가? 또 오늘날 이 땅에서도 사회적 의미의 산출을 창작의 직접적 동기나 목적으로 삼지 않는 작품이 있다면, 그 존재를 우리는 어떻게 생각해야 하는가? 그런 문제는 가령 서구적인 것과 한국적인 것의 대립, 상황 외의 문학과 상황 내의 문학의 대립과 같은 식으로 이분법적으로 고려되어야 하는가? 혹은 우리나라의 독특한 사회적 의미체로서의 문학을 주장하고 발전시킨다는 견지에서라도, 타자를 변증법적으로 받아들여야 할 필요는 없는 것일까? 다른 인간 활동과 마찬가지로 문학적 표현에 있어서도 모든 획일주의와 환원주의를 경계하려는 필자로서는 우리 모두가 이런 문제를 넓은 시야에서 생각해보기를 바라는 것이다.

(『현대사회』, 1982년 여름호)

외국시 번역의 한계와 요청
—보들레르의 시를 예로 하여

1

상식적인 차원에서 볼 때, 훌륭한 번역이란 원문의 의미와 문체를 충실히 반영하면서도 서투르지 않게 옮겨놓은 글이다. 다시 말하면 시발 언어(원문의 언어)에 대한 충실성과 도달 언어(번역될 언어)의 적절성이 동시에 실현되었을 때 우리는 그것을 훌륭한 번역이라고 부를 수 있을 것이다. 이것은 자명한 이야기이다. 그리고 이런 훌륭한 번역의 실현을 위해서는 번역자가 시발 언어와 도달 언어의 양자에 다 같이 능통해야 한다는 것 또한 당연한 이야기이다.

그러나 자명하고 당연하게 들리는 이런 이야기는 좀더 깊이 생각해보면 사실의 진술이 아니라 이상적인 요청이다. 번역자도 또 번역서의 독자도 모두 완벽한 재현을 바라지만 그 경지에 이를 수 있다는 보장은 없다. 그것은 단순히 번역의 과정에 있어서의 성의의 부족, 기술의 미흡, 또는 뜻하지 않은 오독이 문제가 되기 때문만은 아니다. 만일 그런 것만이 문제라면 동일한 역자나 다른 역자의 거듭된 노력에 의해서 얼마든지 해결될 수 있을 것이다. 보다 심각하고 근본적인 문제는 완벽한 번역이 과연 있을 수 있는가, 또 우리는 어떤 번역이 완벽하다는 것을 어떻게 알 수 있는 것인가 하는 존재론적이며 인식론적인 차원의 의심에서 비롯된다. 텍스트에 대한 충실성, 번역에 사용된 언어의 적절성, 두 언어에 대한 바람 직한 이해와 구사의 능력 따위를 가늠하는 규준(規準)이 객관적으로 설정되기 어려울 뿐만 아니라, 또한 그런 말들이 구체적으로 무엇을 의미하는지조차도 결코 분명한 것은 아니다.

이른바 직역과 의역의 타당성을 둘러싼 논의가 부단히 계속되어 온 사실은 번역에 있어서의 충실성을 일률적으로 결정할 수 없다는 것을 단적으로 말해준다. 도시 원문에 대한 충실성이란 원문의 무엇에 대한 충실성인가? 무릇 번역이 가능한 것은 기본적으로는 모든 언어의 보편 사상universals of language 덕분이지만, 이 가능성은 번역의 충실성과는 별개의 것이다. 번역자는 시발 언어와 도달 언어를 잘 알수록 더욱 충실성의 실현이 어려운 문제를 수반하는 것임을 깨닫고, 그것을 위해서 때로는 독단적이고 자의적이기조차 한 어떤 결정을 내릴 수밖에 없게 된다. 가령 서구어와 한국어를 갈라놓고 있는 어법과 구조의 현격한 차이점을 감안할 때, 원문의 형식이나 문체의 전이(轉移)를 의도적으로 포기하고, 그 의미만을 전달하기로 결심할 수 있을 것이다. 그러나 이런 경우에도 그의 최소한의 희망인 의미의 전달만큼은 '충실하게' 실현되리라는 보장은 없다. 왜냐하면 1) 텍스트의 의미란 과연 무엇인가, 2) 그것은 형식이나 문체를 떠나서 존재하는 것인가, 3) 의미가 분명할 경우라도 그것을 옮길 때에는 굴절이 생기지 않을까 하는 의심이 끝끝내 남기 때문이다.

1)은 특히 고전의 번역에서 흔히 마주치는 문제이다. 이 경우에 번역이란 특히 해석인데, 특정한 번역자가 시도한 한 가지 해석이 유일한 객관적 진정성을 갖는다는 것은 상정하기 어려운 것이다. 따라서 번역은 "언어의 낯섦과 타협하는 얼마간 잠정적인 방법"[1]에 불

과하다. 이 잠정적인 타협의 방법은 원문이 자꾸만 다른 조명을 받게 됨에 따라서, 그리고 도달 언어의 역사적 변화에 따라서 달라져갈 것이다. 그것이 성서를 비롯한 고전의 개역의 역사이다. 다른 한편으로 타협의 방법이 유난히 독특할 때 우리는 그 번역 자체를 기념비적 존재로 대접한다. 의미의 재현을 위한 모든 시도는 언어의 순수성을 파괴한다는 의식하에 직역을 서슴지 않은 횔덜린Hölderlin의 소포클레스 번역과, 오해·오독의 비난을 무릅쓰고 어원적 의미를 대담하게 드러낸 에즈라 파운드Ezra Pound의 중국시 번역은 그 양극단을 나타낸다.

2)에 관한 의심은 형식과 내용의 일체성에 대한 인식이 어느 때보다도 더 확실히 자리 잡게 된 오늘날에 더욱 심각하다. 프루스트 Proust의 말마따나 "작가에게 있어서 문체란 화가에게 있어서의 색채와 마찬가지로 기교의 문제가 아니라 비전의 문제"[2]인 이상, 문체를 도외시한 번역은 작가의 세계관 그 자체를 배반하는 것이 될 것이다. 다름 아닌 프루스트의 경우, 그의 착잡한 문장은 연달아 전개되는 기억의 마술적 고리의 필연적 표현인데, 만일 그 문장을 툭툭 끊어서 옮기려고 하는 한국어 번역자가 있다면 그는 작가의 의식의 흐름을 토막 내는 잘못을 저지르는 것이다. 그러나 반대로 그런 문장을 존중하여 옮기려고 할 때는 아예 번역이 불가능하거나 혹은 일반 독자가 받아들이기 어려운 난삽하고 거의 불가해한 글이 되고 말 것이다. 이리하여 한편으로는 시발 언어에 대한 배반이 있고 다른 한편으로는 도달 언어가 의미의 전달에 실패한다는 아포리아가 생긴다. 이것은 물론 극단적인 경우이겠지만, 문학 작품의 번역에서는 정도의 차이는 있을망정 어느 번역자나 마주치는 문제이다.

---

1) W. Benjamin, *Illuminations*, Schocken Books, 1968, p. 75.

2) M. Proust, *A la recherche du temps perdu*, Pléiade, 제3권, p. 895.

3)은 특히 어법상의 차이 때문에 번역자가 곤혹스런 처지에 빠지는 가장 흔한 경우이다. 가령 'Je me suis fait construire une maison'이라는 간단한 프랑스어 문장을 한국어로 어떻게 번역하면 어색하지 않으면서도 충실한 문장이 될 것인가? '나는 집을 지었다'라고 번역할 때는 그것은 나 스스로 건축을 했다는 뜻이 될 가능성이 있다. 그렇다고 사역적인 동시에 재귀적인 se faire라는 동사의 의미를 충실히 반영하기 위해서 '나는 집을 짓게 해 받았다'라고 옮긴다면 그것은 한국어가 아니라는 비난을 면치 못할 것이다. 따라서 이 경우 번역자는 의미의 혼동을 무릅쓰고, 아울러 문맥에 의한 의미 파악을 독자가 실현하리라는 희망을 품고, '나는 집을 지었다'라고 한국어답게 옮겨놓거나, 혹은 반대로 의미를 명시적으로 밝힌다는 생각으로, 그리고 제 나라의 어법의 한계를 넓힌다는 다소 주제넘은 포부를 안고,[3] 한국어답지 않은 번역문을 만든다는 양자택일의 난처한 처지에 몰리게 된다. 작게는 수(數) 개념의 표시 유무나 친족 관계의 표현의 차이에서, 크게는 관계사절이나 수동태의 사용 범위의 차이에 이르기까지, 이러한 종류의 어려움은 일상어의 번역에 있어서도 얼마든지 일어날 수 있는 일이다.

2

물론 실재적인 번역에 있어서 이런 난점이 한결같은 것은 아니다. 법률 문서, 과학적 설명, 기재의 용법 해설과 같이 지시 대상이 분명

---

3) 사실, 어색한 번역문의 의식적 사용이 모국어의 변모 내지는 해방에 큰 작용을 한다는 것은 널리 검증될 수 있는 일이다. 이런 점에서 벤야민이 직역을 옹호하면서 인용하고 있는 Rudolf Pannwitz의 말은 재미있다(벤야민, 앞의 책, pp. 80~81 참조).

하고 객관적인 정보 전달에 치중한 글을 번역할 경우에는 전문 용어에 대한 이해와 상호 양해가 이루어져 있으면 왜곡·굴절·오역 따위의 가능성은 비교적 크지 않을 것이다. 문체나 형식이 완전히 무시될 수는 없겠지만, 그것에 대한 고려가 원문의 의미를 전하는 데 결정적인 중요성을 띠지는 않을 것이다. 한결 유보적이겠지만, 이런 이야기는 심지어 정치학·심리학 또는 철학과 같은 인문사회과학의 책을 번역할 때에도 어느 정도는 가능한 일이다. "증언하고 설명하고 가르치기 위해서 언어를 수단으로 사용하는 서사(書士) écrivant 의 글,"[4] 다시 말해서 내용에 관한 이성적인 설명과 이해를 전제로 하며, 언어의 창조를 으뜸으로 삼지는 않는 그런 글의 번역에 있어서 문체와 표현 자체가 절대적으로 존중되어야 한다는 것은 지나친 요구이다. 도리어 어떤 고풍의 표현이 있다면 그것을 현대적인 표현으로 바꾸어 번역함으로써 의미 내용을 더 잘 이해하는 데 도움을 줄 수도 있을 것이다. 그런 변경은 배반적인 변질이 아니라 더욱 큰 충실성으로 평가될 수 있다. 가령 스미스Norman Kemp Smith가 영어로 번역한 『실천 이성 비판』은 칸트의 어떤 문체적 특성 때문에 내용의 파악이 어렵다고 느끼는 독일인 학생에게도 도움을 주고 있다는 사실은 그 좋은 예가 될 것이다.[5]

그러나 이러한 번역의 상대적 자유는 언어의 창조 그 자체와 깊이 관련된 문학 텍스트에 있어서는 많이 제한되며, 특히 시의 경우에 그런 자유의 타당성은 극도로 문제시된다.

시의 번역은 불가능한 일이며, 모든 번역의 시도는 배반이라는 견해는 이미 상식화된 진부한 것이라고 해도 과언이 아니다. 이미 사

---

4) R. Barthes, *Essais critiques*, Seuil, 1964, p. 151.
5) R. A. Brower 편, *On Translation*, Oxford University Press, 1966에 실린 John Hollander 의 지적(p. 214).

르트르가 그의 『문학이란 무엇인가』에서 말한 바와 같이 시적 언어
는 산문의 언어와는 달리 수단이 아니라 목적이며, 따라서 어떠한
다른 말로도 바꾸어놓을 수 없는 순수한 결정체이다. 의미·이미
지·소리가 혼연일체가 된 이 언어를 다른 말로 옮길 때 우선 희생
될 수밖에 없는 것은 소리이다. 소리의 반복·대조·교착·고저·
장단이 자아내는 느낌이 다른 말로는 도저히 전달될 수 없는 이상,
시가 가지고 있는 음악적 요소는 번역에 의해서 말살되고 만다. 더
구나 말라르메의 말마따나 시가 "원래 언어가 가지고 있었던 것을
음악에서 되찾아오는 것"이라고 한다면, 소리를 배반하는 것은 시
그 자체를 죽이는 꼴이 될 것이다. 달리 말하면 시의 번역은 언어의
환기적(喚起的) evocative 가치를 인식적(認識的) cognitive 가치로
전환시킬 수밖에 없는데, 이것은 시의 창조의 과정과는 정반대의 것
이 된다. 하기야 성실한 번역자는 원시(原詩)를 인식적인 언어로 바
꾸어놓을 수밖에 없는 괴로운 사정에 마주치면서도, 그런 변질된 언
어일망정 환기적인 마력을 동시에 다소라도 발휘하도록 번역어를
고르는 데 힘쓸 것이다. 그러나 이런 노력이 과연 소기의 목적을 달
성할 수 있을지는 결코 분명하지 않다. 도시 시가 환기하려는 감정
의 실체가 무엇인지 꼭 잡아낼 수 없을 뿐 아니라, 번역자가 환기시
키고자 하는 느낌과 원시의 그것이 일치한다는 보장도 없기 때문이
다. 가장 나쁜 경우에는 오히려 원시에서 느껴지는 깊은 파토스가
번역시로 말미암아 값싼 감상으로 전락하는 일도 넉넉히 상상할 수
있다. 시의 음악적 가치를 누구보다도 강조한 말라르메가 에드가 앨
런 포의 시를 산문으로 번역한 것도 아마 이런 종류의 배반을 의식
했기 때문인지도 모른다.

　소리의 전달 불가능성에 비쳐볼 때 이미지의 역출(譯出)은 그렇게
큰 곤란을 야기할 것 같지는 않다. 시의 이미지가 지닐 수 있는 함축

적·비유적 의미는 동일한 언어권에 속해 있는 독자로서는 외국의 독자보다 파악하기 쉽긴 하겠지만, 그 다의성과 궁극적 의미는 양자에게 있어서 다 같이 미결정 상태로 남을 것이다. 따라서 이미지의 역출은 크게 문제되지 않고, 번역자는 문자 그대로 옮겨놓음으로써 원시를 읽을 때와 마찬가지로 독자의 해석의 자유에 호소할 수밖에 없는 것이다. 그러나 원시에서는 이미지를 확실하게 파악할 수 있는데 다른 언어로는 옮겨놓을 수 없는 경우가 생긴다. 그것은 흔히 두 가지 언어 사이에 존재하는 문법적 규칙과 어법상의 관례의 차이에서 비롯된다. 가령 앞서 언급한 친족 관계나 성과 수의 표현이 달라서 문제가 생긴다. 그러한 차이가 시의 번역에 있어서 얼마나 큰 난점을 초래하고 이미지를 뒤틀리게 하고 결국 원시를 손상시키느냐는 것을 알기 위해서는 야콥손이 명사의 성에 관해서 들고 있는 다음의 예를 보아도 충분할 것이다.

러시아 화가 레핀Repin은 독일의 화가들이 죄의 모습을 여성으로 그리고 있는 것을 보고 어이가 없었다. '죄'라는 명사가 러시아 말로는 남성이지만(grex), 독일어에서는 여성(die Sünde)임을 모르고 있었기 때문이다. 이와 마찬가지로 러시아의 한 어린이는 번역된 독일의 이야기를 읽다가 깜짝 놀란 일이 있었다. '죽음'은 분명히 여성(러시아어 'smert'는 여성)인데도 불구하고 늙은 남자(독일어 'der Tod'는 남성)로 표상되어 있었기 때문이다. 보리스 파스테르나크의 시집 제목 『나의 누이 나의 인생』은 '인생žzizn'이라는 명사가 여성인 러시아어로서는 매우 자연스러운 것이다. 그러나 체코의 시인 호라 Josef Hora는 이 시집을 번역하면서 매우 난감했다. 왜냐하면 체코 말에서 이 명사život는 남성이기 때문이다.[6]

이렇듯 소리의 시적 가치를 재현할 수 없고 또 이미지의 전달도 뜻대로 되기 어려운 이상, 외국시의 번역자는 '번역은 배반' 이라는 피치 못할 조건을 스스로 받아들이면서 작업에 임할 수밖에 없다. 바꾸어 말하자면, 그는 온전한 재현을 배반하면서도 구태여 건져내고 싶은 부분적 요소가 무엇인지, 그리고 무슨 이유에서 그것을 건져내려는 것인지에 대한 주체적 결단을 작업의 시발점으로 삼게 되는 것이다. 번역자는 때로는 시의 진의나 다의성을 되도록 객관적으로 파악하려고 하는 대신에(그것은 누구에게나 어려운 일이다), 자기 자신에게 큰 감동을 주거나 중요하다고 생각된 측면만을 강조한다. 즉 원시는 항상 존재론적 미결정 상태에 놓여 있는데, 번역은 숙명적으로 그것을 보다 결정적인 언어로 옮겨놓음으로써 편파적인 것이 되게 하고 번역자는 그 편파성에 대해서 책임을 지는 것이다. 한국의 경우에도 김억(金億)의 번역 시집, 『오뇌의 무도』(1921)는 이런 점에서 재미있는 고찰의 대상이 될 수 있다.

가령 그는 보들레르의 『가을의 노래 *Chant d'automne*』의 제1절을 전혀 엉뚱하게 번역하고 있는 듯이 보인다. "vive clarté de nos étés trop courts"(너무나 짧았던 우리의 여름날의 찬란한 밝음)라는 시구의 번역에서, 'trop courts' 라는 직설적인 시간의 표현을 '꿈속인 듯하여라' 는 감상적이며 영탄적인 말로 대담하게 옮기고 있다. 그뿐 아니라, "J'entends déjà tomber avec des chocs funèbres / Le bois retentissant sur le pavé des cours"(불길하게 울리면서 안마당의 포석에 탕탕 부려지는 장작의 소리가 벌써 들려온다)라는 셋째 줄과 넷째 줄은 "뜰 안의 敷石 우에 써러지는 나무닙의 애닯은 소리를/나는 발서 듯고 놀내엿노라"로 분명히 잘못 번역되어 있다. 이러한 오역은

---

6) R. Jakobson, "Aspects linguistiques de la traduction," *Essais de linguistique generale*, Seuil, Points, 1963, p. 85.

물론 역자가 파리의 아파트의 'cour'(안마당)에는 나무가 없다는 사실을 알았던들 피할 수 있었으리라. 또한 'bois'가 'arbre'(樹木)가 아니라 장작을 뜻한다는 것을 알았다면, '장작→나무→나뭇잎'으로의 엉뚱한 의미의 일탈도 일어나지 않았으리라. 그러나 우리는 여기에서 김억의 지나치게 감상화되고 틀린 번역을 유발한 것이 무엇인지를, 단순히 프랑스어 지식의 부족이나 파리의 가옥 구조에 대한 지식의 결핍이라는 이유를 넘어서서 생각해볼 필요가 있다. 그것은 한마디로 말해서 삶을 덧없고 권태롭고 우울한 것으로 생각한 그의 근원적 감정의 소산이다. 그는 아마도 보들레르의 우수를 알게 되자 당장에 이 프랑스 시인을 자신의 형제로 인식했을 것이며, 이 동질성의 느낌은 자신과 보들레르를 갈라놓고 있는 문화적 여건이나 세계 인식의 차이에 대한 주목을 가로막았을 것이다. 더욱 구체적으로 말하면, 인생은 나뭇잎과 같은 존재라는 것을 느껴온 김억으로서는 'bois'가 의심할 여지없이 나뭇잎을 의미했을 것이다. 그러기에 또한 다가올 죽음에 의해서 삼켜질 화사한 삶, 죽음 앞에서 그 짧음이 더욱 안타까운 삶에 대한 보들레르의 처절한 파토스는 인생은 일장춘몽이라는 감상으로 대치되었을 것이다.

이렇듯 김억의 경우는 역자의 인생관이나 전이해(前理解)가 번역에 있어서 작용하는 영향과 한계의 한 두드러진 예이다. 더구나 『오뇌의 무도』에 포함된 대부분의 번역시는 그의 센티멘털리즘에 부합하거나 혹은 그런 방향으로 잘못 이해될 만한 것들이다. 보들레르의 경우만 하더라도 김억이 번역한 7편의 시 중에는, 그의 이른바 우수 spleen와 마찬가지로 중요하고 그것과 불가분의 관계를 가지고 있는 또 하나의 극(極)인 이상ideal을 나타내는 시는 한 편도 들어 있지 않다. 따라서 우리가 김억의 번역 시집을 통해서 읽게 되는 것은 보들레르라기보다도 차라리 김억 자신이라고 말할 만하다. 그렇다면 보들레르를 보다 정당하게 이해하기 위해서 새로운 번역이 필요하다는 것은 쉽게 내세울 수 있는 주장이다. 한데 그러기 위해서는 적어도 두 가지 조건이 충족되어야 한다. 첫째로는 두말할 필요 없이 보들레르가 다만 권태와 오뇌의 시인이 아니라 상징적 상상력을 통해서 형이상적 지향을 결정(結晶)시켰다는 것을 보여주는 것이다. 둘째로는 그의 시에 깊은 관심을 가지고 있고 동시에 프랑스의 언어와 문화적 배경을 잘 알고 있는 사람이 되도록 객관적 입장에서 번역을 시도하는 것이다. 과연 1960년대에 들어서서부터는 『악의 꽃』이 이름난 프랑스 문학자들에 의해서 번역되었을 뿐 아니라, 보들레르의 시를 부분적으로 소개할 때에도 그의 두 측면을 어느 정도 고르게 알리도록 배려하고 있는 것은 다행스러운 일이다. 그런 점에서 보들레르의 시에 있어서 김억이 다루지 않은 대극(對極)을 대표하는 "Correspondances"가 어떻게 번역되고 있는지, 그것이 한국의 독자에게 어떻게 수용될 수 있는지를 살펴보고자 한다.

3

이 시는 우선 제목부터가 번역하기 어렵다. 모리에의 『시학 사전』에 따르면, 'correspondances'라는 말은 일반적으로 "물질 세계의 존재들은 지적 세계의 법칙과 관계가 있으며, 또한 지적 세계를 넘어서서 신적(神的) 세계의 본질들과 관계가 있다는 철학적 · 종교적 원리의 표현"이며, 특히 "일상적으로 어떤 한 감각의 범주(가령 시각적인 것)를 가리키는 데 쓰이는 말이, 그 말을 구성하는 소리의 매개를 통해서, 예외적으로 다른 감각의 범주(가령 후각적 · 청각적 또는 촉각적인 것)를 가리킬 경우에" 이 말을 적용할 수 있다.[7] 따라서

corresondances는 공감각synesthésie을 통해서 볼 수 있는 것과 볼 수 없는 것, 물질적인 것과 비물질적인 것, 육체적인 것과 영적인 것 사이의 깊고도 신비로운 상호 관련을 인식하는 것인데, 서양에서 오랜 전통을 가지고 있는 이 개념을 한국어로 옮겨놓기는 결코 쉬운 일이 아니다. 내가 가지고 있는 세 가지 번역서는 그것을 각각 '상응(相應)' '만물 조응(萬物照應)' '교감(交感)'으로 옮겨놓고 있다. 그 번역들은 제 나름대로 방금 언급한 상호 관련을 드러내려고 애쓰고는 있지만, 어느 쪽이 더 적합한 것인가에 대해서는 의견이 일치될 수 없을 것이며, 이런 의견 불일치는 바로 번역의 한계를 말해주는 것이다. 나 개인의 생각으로는 '교감'은 인식되는 대상들의 신비로운 양상보다는 인식하는 주체의 느낌을 지나치게 강조하고 있는 것 같고, '상응'은 단순히 물리적인 뉘앙스를 풍긴다. 굳이 선택한다면, 존재들이 서로 비쳐보이고 밝히고 어울리는 프로세스를 다소라도 드러낼 수 있는 '만물 조응'이라는 번역이 차라리 적합한 듯이 느껴지지만, 그것도 결국 한낱 사견에 불과할 것이다. 요컨대 원어는 말하자면 기표인데 이 기표에 있어서 어떤 기의를 찾아볼 것이냐, 그리고 문화적 전통의 차이 때문에 해당 개념을 옮기기 어려울 때 어떻게 근사치가 높은 말을 창출하느냐는 번역의 일반적 문제가 이 시의 제목의 번역에 있어서 벌써 현저하게 나타나는 것이다. 그러나 제목의 문제는 조만간에 해결될 것이다. 여러 역어가 경합하다가 마침내 한 가지가 정착되고, 그것이 마치 가장 적합한 것처럼 받아들여질 것이다. 참고로 일본에서는 '조응(照應)'이라는 번역이 일반적인데, 우리나라에서도 머지않아 어떤 한 가지 번역으로 통일되리라고 여겨진다.

---

7) H. Morier, *Dictionnaire de poétique et de rhétorique*, PUF, 1981, p. 311.

당연한 이야기지만 더욱 큰 난점은 시 그 자체의 번역에 있다. 앞서 언급한 바와 같이 소리의 가치의 희생이라는 불가피한 측면을 차치하고라도,[8] 우리는 그것을 크게 두 가지 차원에서 살펴볼 수 있다. 첫째로 번역이 어떤 한 가지로 결정적으로 정착한다는 것은, 늘 새롭게 전개될 해석 행위, 번역자 개개인의 언어 감각, 그리고 한국어 자체의 달라짐이라는 3중의 가변성으로 말미암아 생각할 수 없는 일이다. 둘째로는 그대로 번역될 수 있는 듯이 생각되는 단어나 표현이 사실에 있어서는 원시의 그것과는 개념을 달리하기 때문에 생기는 난점이 있다. 그런 사실들에 유념하면서 이 시의 첫째 절에 한정하여 세 가지 번역을 살펴보자.

원시

La Nature est un temple où de vivants piliers

Laissent parfois sortir de confuses paroles ;

L'homme y passe à travers des forêts de symboles

Qui l'observent avec des regards familiers.

번역 1

「자연」은 하나의 신전, 거기에 살아 있는 기둥은

이따금 어렴풋한 말소리 내고,

인간이 거기 상징의 숲 속을 지나면

숲은 정다운 눈으로 그를 지켜본다.

---

8) 이 시에서 소리와 형식과 의미가 깊은 관련을 맺고 있음을 밝힌 논문으로서 국내외적으로 가장 주목할 만한 것의 하나는 이휘영, 「보오들레에르의 '相應'에 있어서의 음악적 암시」이다(『불어불문학연구』 제16집, pp. 241~61).

번역 2

自然은 하나의 神殿, 그 살아 있는 기둥들에서

어렴풋한 말들이 시시로 새어나오고,

사람은 象徵의 숲들을 거쳐 거기를 지나가고

숲들은 다정한 눈으로 사람을 지켜본다.

번역 3

〈自然〉은 하나의 寺院이니 거기서

산 기둥들이 때로 혼돈한 말을 새어 보내니,

사람은 친밀한 눈으로 자기를 지켜보는

상징의 숲을 가로질러 그리로 들어간다.[9]

이 세 가지 번역은 형식과 문자적 의미의 전달에 있어서 큰 차이를 나타내지는 않은 듯이 보인다. 모든 번역이 원시를 따라 4행으로 되어 있고 단어의 사용에 있어서도 대체로 유사하다. 'parfois'를 각각 '이따금' '시시로' '때때로'로 번역하고 'familiers'를 '정다운' '다정한' '친밀한'으로 번역하고 있지만, 어차피 소리의 효과는 무시될 수밖에 없는 이상, 이런 번역어의 차이가 크게 문제되지는 않을 것이다. 하기야 번역 3에서 'confuses'를 '혼돈한'이라고 번역한 것은 말소리의 신비성을 표현하기에는 적합하지 않고 태초의 혼돈을 연상시키는 역효과를 가져온다. 이 번역은 또한 '사원이니' '보내니'라는 문어체와 '그리로'라는 구어의 혼용으로 말미암아 다듬어지지 않은 인상을 주기도 한다. 그러나 이 번역이 보여주는 가장 큰 난점은 제3, 4행에 대한 해석이다. 원시의 이 두 줄은 자연과 인

---

9) 이상의 번역 1, 2, 3은 각각 『보들레르 시선』, 정음사, 1974; 『보들레르 시선』, 삼중 당문고, 1975; 『악의 꽃』, 세계시인선, 민음사 1976에 실려 있다.

간의 신비로운 상통(相通), 다시 말해서 상징을 감지할 줄 아는 시인
에게 자연이 신비로운 신호를 보내고 자신의 비밀을 어렴풋이 드러
내 보여주는 측면을 강조하고 있다. 그럼에도 불구하고 번역은 Qui
이하의 관계사절을, ‘상징의 숲’을 수식하는 제한적 용법으로 풀이
하여, ‘사람이 들어간다’는 행위적 양상을 부각시키는 결과를 가져
오고 있다. 또 한 가지의 문제는 “상징의 숲을 가로질러 그리로 들어
간다”는 번역에서, ‘상징의 숲’은 통과 지점이며 ‘그리로’가 목적지
로 설정되어 있다는 점이다. 그렇다면 ‘그리로’는 어디인가? 그것은
‘사원’일 수밖에 없는데, 그 경우에는 상징의 숲은 사원 밖에 있는
또 다른 존재가 될 것이다. 그러나 이 상정(想定)은 받아들이기 어렵
다. 왜냐하면 원시의 첫머리에서 ‘사원＝자연’으로 동일시되고 사원
을 이루는 ‘산 기둥＝상징의 숲’으로 의미가 부여되어 있는 이상,
우리는 사원과 산 기둥과 상징의 숲의 동일성을 찾아보게 되기 때문
이다. 번역 2 역시 이 점에서는 3과 같이 잘못 판독하고 있고, 다만 1
만이 ‘y’를 ‘à travers des forêts de symboles’와 같다고 보아, “거기
상징의 숲 속을 지나면”이라고 옮겨놓고 있다. 나로서는 한걸음 더
나아가 ‘y’를 아예 허사(虛辭)로 보고 역출하지 않는 것이 더 좋을
듯하다.

　이러한 해석상의 시비 이외에 또 한 가지 지적해야 할 것은 개념
에 관한 문제이다. 첫 줄의 ‘La Nature est un temple’이라는 한 구
절의 번역이 이 문제를 살피기 위한 좋은 예가 될 수 있다.

　보들레르가 ‘Nature’를 대문자로 시작하고 있는 것은 아마도 삼
라만상을 종합하여 절대적·궁극적·총체적인 존재라는 뜻을 부여
하기 위한 것이었으리라. 과연 세 번역은 모두 그 점에 주목하여 ‘자
연’이라는 번역어에 「　」, ‘　’, 〈　〉와 같은 부호를 붙여서 대문자
로 시작된 이 말의 특별한 뜻을 반영하려고 애쓰고 있다. 사실, 그렇

게 할 도리밖에는 없었을 것이다. 그러나 이런 수단을 사용함으로써 원시를 모르는 독자에게 그 의미가 어느 정도나마 전달되리라는 보장은 없다. 자연이라는 개념은 이 시의 제2절 이하의 이미지를 보아도 알 수 있듯이 인공적인 향기, 썩은 냄새, 악기의 음색 등에 이르기까지 일체의 감각적 소여(所與)를 포괄하는 것인데, 이런 개념이 산천초목을 중심으로 삼는 동양적인 자연관에 익숙해온 독자들에게 그대로 받아들여질 수 있는지는 의심스런 일이다. 아마도 이러한 개념의 어긋남은 시의 마땅한 수용을 어렵게 한다는 불가피한 결과를 가져올 것이다.

이와 아울러 세 번역은 모두 'un temple'을 '하나의 신전'(사원)이라고 옮겨놓고 있다. 그렇다면 일반적 번역에서는 명시하지 않는 이 부정관사를 구태여 명시한 이유는 어디 있는 것일까? 그리고 독자는 이 '하나의'라는 역어를 어떻게 해석해야 할 것인가? 그것은 '말하자면 일종의'의 뜻일까, 혹은 다른 많은 신전이 있는데 그 중의 하나라는 뜻일까? 또 어떤 다른 뜻일까? 그 점에 관해서는 원시를 다루는 학자들 사이에서도 의견이 분분한 것 같다. 그러나 아무튼 간에 이 부정관사를 번역에서 명시함으로써 이득은 별로 없는 듯이 느껴진다. 그것이 가지고 있는 애매하고 규정하기 어려운 성격은 한국어로는 도리어 번역을 하지 않음으로써 더 잘 반영되었으리라는 역설적인 생각마저 든다. 시의 번역에 있어서의 충실성이란 앞서 말한 것처럼 원래 큰 문제가 되는 것이지만, 특히 문법 체계가 다른 언어로 옮길 때는 그것은 축어적(逐語的)인 번역을 의미하지는 않을 것이다.

4

이상으로 나는 "Correspondances"의 제목과 그 제1절의 번역에 관해서만 매우 간단히 살펴보았다. 그러나 이 간단한 실례를 통해서 일망정, 시의 번역이 문자적 의미 전달이라는 최소한의 요청조차 충족시키기 어렵다는 것을 짐작할 수 있을 것이다. 그렇다면 우리는 시의 번역을 아예 단념해야 할 것인가? 오역, 독단적 해석, 파격적 의역, 문화적 전통의 차이가 빚어내는 착각과 불상통(不相通), 그리고 무엇보다도 원시 자체의 애매성 등, 가지가지의 부정적 요인에도 불구하고, 외국시의 번역은 적어도 다음과 같은 세 가지 이유로 추진되어야 한다는 것이 나의 생각이다.

1) 아무리 전달 내용이 부분적이며 왜곡된 것일망정, 번역된 시는 원시를 읽을 수 없는 독자에게 그 나름대로 호소력을 지닌다. 비록 시 전체에 대한 이해가 불가능할 경우라도, 단 한두 줄의 구절이 전통적 문화의 테두리를 벗어난 새로운 세계 인식의 길을 열어줄 수 있을 것이다. 이런 체험은 원시의 총체적 의미와 동떨어진 것이라도 역시 귀중한 것이다.

2) 그러나 대부분의 역시는 그 번역이 아무리 서투른 것이라도 대부분의 경우에는 기본적인 시상(詩想)을 전달하거나 적어도 짐작하게 할 수는 있다. 앞서 살핀 보들레르의 "Correspondances"의 번역들이 서로 다르고 또 불만스럽다 해도, 그것들은 모든 시인이 공감각을 통해서 물질적인 것과 형이상적인 것의 중첩된 인식을 지향하고 있다는 것을 독자에게 알리기에 넉넉하다. 그리고 만일 이런 기본적 시상의 파악으로 만족하지 못하는 독자가 있다면, 그는 원시를

접하려고 노력할 것이다. 이 점에서 역시는 원어를 통해서 시인의 세계를 더욱 깊이 이해하려는 사람을 위한 안내자 구실을 할 수 있다. "번역의 목적은 독자로 하여금 원문을 읽는 수고를 덜어주는 데 있다"[10]는 일반적 인식과는 반대로 도리어 원문을 읽도록 자극한다는 점에서 시의 번역의 공헌이 있다는 역설이 성립될 수 있을 것이다.

3) 동일한 시의 번역의 되풀이는 단순한 반복이 아니다. 그것은 또한 오역을 바로잡고 더욱 시적인 표현을 지향하고 한국어의 변화에 발맞추어나간다는 기술적 측면에서만 뜻이 있는 것도 아니다. 보다 근본적인 차원에서 볼때 모든 상이한 번역은 원시에 대한 다른 해석 행위이며 이 해석의 다원성은 시의 의미를 확대하거나 혹은 그 본질에 더 가까이 접근하려는 노력을 나타내는 것이다. 완전하고 결정적인 번역이란 특히 시에서는 있을 수 없는 것이며, 도리어 제 나름대로 독특한 해석을 시도한 번역들의 총체가 바로 그 특정한 시의 풍요로운 존재성을 드러내는 데 이바지할 것이다. 이런 점에서 번역은 문학의 근본 문제인 읽기의 문제와 뜻 깊게 합류하는 것이다.

(학술원에 제출한 글, 1987년 4월)

(후기: 나는 최근에 김용직의 글을 읽으면서 양주동에 의한 보들레르 시의 번역이 주목할 만한 가치가 있다는 것을 알았다. 그는 「가을의 노래」를 김억보다는 한결 원시의 뜻에 가깝게 옮겨놓았으며, 또한 "Correspondances"라는 시 제목을 「萬象의 照應」이라고 매우 적절하게 번역하였다. 참고상 적어둔다. 김용직, 『한국 근대시사』〔상〕, 학연사, 2002, pp. 255, 478~79 참조).

---

10) J.-R. Ladmiral, "Eléments de traduction philosophique," *Langue française*, No. 51, septembre 1981, p. 25.

대학에서의 문학 교육을 위한 기본적 전제

1

"우리의 문화에서 대학은 지식이 그 자체로서 존중되는 하나의 자리, 아니 차라리 그것이 제공하는 더욱 자유롭고 넓은 인생관 때문에 존중되는 자리이다. 만일 대학이 그런 목적 의식을 상실하면, 그것은 한낱 또 하나의 사회 봉사 기관이 되고 말 것이며 대학의 수준이나 드높은 목적에 관한 생각은 다만 허세에 불과할 것이다. 그리고 대학이 살건 죽건 아무도 특별한 관심을 갖지 않을 것이다."

지난 세기나 금세기 초반의 인문 교육 지상론자의 입에서 나왔음직한 이 발언은 사실은 내가 최근의 미국 신문에 게재된 한 서평에서 얻어 읽은 것이다.[1] 오늘날 기능주의와 실용주의의 총본산이 된 미국에도, 실효성을 초월한 차원에서 대학 교육을 생각하는 사람들이 잔존한다는 것은 인문학도로서는 분명히 기쁜 일이다. 아마도 그런 미국이니까 반동적으로 이런 종류의 학문적 지사(志士)들이 더 많을지도 모른다고 생각해볼 수조차 있다. 그러나 이와 같은 말을

---

1) *The New York Times Book Review*, October 2, 1994. 뉴욕 시립 대학의 현황을 중심으로 대학 교육의 문제를 고찰한 James Traub의 *City on a Hill*에 관한 서평에서 인용된 저자 자신의 발언의 한 토막.

들고 그냥 마음 든든해한다는 것은 미망이며 철없는 짓이라고 여겨지기도 한다. 왜냐하면 그 인용문의 뒷부분은 비장한 뉘앙스를 띠고 있으며, 대학 교육의 고매한 이념의 재확인에도 불구하고 오늘날 '일반 교양 교육liberal education'이 처해 있는 심각한 난국을 걱정스럽게 상기시켜주기에 충분한 것이기 때문이다.

그런데 우리의 걱정의 정당성을 반증해주는 듯한 한 기사를 나는 같은 무렵에 나온 또 다른 미국의 간행물에서 보았다. 그것은 뉴욕 주 고등교육자문위원회의 의장직을 맡았던 어느 거물 은행가의 다음과 같은 말이다. "오늘날 많은 대학은 석사 학위를 취득하려는 학생이 적어도 2년 간 실무를 경험하고 다시 대학으로 되돌아가서, 전공할 직업적 주제를 택하기를 요구하고 있다. 직장 경험이 절대로 필요한 것이다. 〔……〕 은행을 포함한 많은 기업체에서의 수련이 매우 중요하게 될 것이다. 대학에서 2년을 보내고 기업체에서 3, 4년 일을 하고 다시 학부를 마치거나 석사 학위를 따면 좋을 것이다."2)

대학은 정보 · 실무 · 능력의 삼위일체의 시대에 맞는 고급 노동자를 양성하는 데 진력해야 한다는 기본적 입장에서 구상된 이러한 대학 개조론은 내가 처음에 인용한 발언과 대립한다. 우리는 그것을 다소 어폐가 있을지 모르지만 허학파와 실학파의 대립이라고 불러두자. 극단적인 허학파가 보기에 실학파는 진리의 탐구라는 대학의 본래의 이념을 등지는 것이고, 반대로 철저한 실학파의 눈에는 허학파의 존재가 무용한 사치로밖에는 보이지 않을 것이다. 다행히 많은 국가나 대학의 경영자는 그 양자 사이에서 일도양단으로 문제를 해결하려고 하지는 않는다. 마치 대학이란 원래가 교육 목표를 달리하는 그런 상이한 집단들로 구성되어 있는 'multiversity'라는 듯이 말

---

2) *Newsweek*, December 5, 1994, p. 52.

이다. 그리고 마치 이른바 교양 과목을 통해서 약간이라도 서로간에 다리를 걸쳐놓을 수 있는 듯이 말이다. 그러나 대세가 나날이 더욱 실학파 쪽으로 기울고, 국가 역시 그 대세를 긍정적으로 받아들이거나 한 걸음 더 나아가서 적극적으로 고무하고 있는 것만은 확실하다. 더 노골적으로 말해서, 인문학은 진정 허학으로 냉대받으면서, 기껏해야 실학을 위한 보조 학문으로 구석 자리로 몰려가고 있는 것이다. 나는 이것이 나 개인의 편견이나 인상이 아니라, 거의 모든 인문학도가 각자의 경험을 통해서 검증할 수 있는 객관적 사실이라고 생각한다. 만일 나의 이런 생각이 거짓된 것이라면, 다시 말해서 인문학이 오늘날 실학과 적어도 동등한 지위와 권위를 누리고 있는 것이 사실이라면, 또 심지어 어떤 미래학자들이 흔히 말하듯 인문학의 장래가 다시 떠오르는 태양처럼 밝은 것이라면, 내가 앞으로 할 이야기는 일고의 가치도 없을 것이며, 또 그것이 어떤 의미에서는 오히려 더 좋은 일이 될 것이다.

2

　일반적으로 어떤 현상을 가져온 원인을 파악하는 것은 그 현상을 이해하고 또 필요하다면 바로잡기 위한 최초의 작업이다. 그렇다면 인문학의 경우에도 그 후퇴의 원인을 살피는 것은 실지 회복에 도움을 줄지도 모른다. 그러나 문화적·역사적 현상의 원인은 결코 객관적으로 분석될 수 없고, 한두 가지 특정된 것으로 환원될 수도 없다. 여러 원인들이 있겠지만 그것들을 샅샅이 열거하기가 어려울 뿐 아니라, 그 원인들이 서로 교섭하고 상충하고 결합하는 양상은 유전자의 상호 작용 이상으로 만족스럽게 해명될 수 없는 것이다. 따라서 인문학의 후퇴의 원인에 관해서도 매우 조잡한 이야기밖에는 할 수 없을 것이며, 그런 조건하에서라면 테크놀로지의 엄청난 발전과 그것이 가져온 사회 변화와 생활의 변모를 중요한 원인으로 들어볼 수 있을 것이다. 그러나 이 글의 주제는 여기에 있지 않고,[3] 또 이런 원인의 제거는 역사에 역행하는 것만큼이나 불가능하며 사회의 토대 자체를 붕괴시킬 만큼 위험한 것이다. 그렇다면 인문학의 일부로서의 문학 교육은 어떻게 제자리를 찾을 수 있을 것인가? 아니, 질문을 다음과 같이 고치는 것이 더 현실적일지도 모른다. 문학을 궁지에 몰아넣은 원인들이 불가항력적일 뿐 아니라 또한 오늘날의 사회의 토대 그 자체라면, 그리고 바로 그 원인들로 말미암아 이미 초중등 교육 과정에서부터 "피교육자의 사회화와 문화적 동화를 담당하는 주역으로서의 학교의 기능과 문학의 전통적 헤게모니가 상실된 것"[4]이 사실이라면, 대학에서의 문학 교육에는 무슨 뜻이 있고 또 어떤 새로운 책무가 부여될 수 있을 것인가? 그러나 이 질문 역시 아직도 추상적이다. 어떤 구체적이며 유효한 논의를 가능케 하기 위해서는 화제의 범위를 더욱 제한시킬 필요가 있을 것이다. 그래서 우리는 방금 언급한 고도의 테크놀로지가 가져온 근본적이며 범세계적인 변화에 더하여, 한국 대학에서의 문학 교육의 여건도 어느 정도 염두에 두면서,[5] 문학 교육의 문제를 비전공의 저학년 학생을 위한 문학 교육으로 축소시켜 고찰해보려고 한다.

　우선 양극단의 경우를 생각해볼 수 있다. 한쪽 끝에는 문학에 직

---

3) 이 점에 관한 고찰의 일단으로서 졸저, 『문학을 찾아서』, pp. 425~46 참조.

4) Halte et al., "Littérature/Théorie/Enseignement," *Poétique*, No. 30, 1977, p. 157.

5) 얼른 생각나는 것으로 현행의 입학 시험 제도, 국문학과와 외국 문학과의 분리, 그 분리가 더욱 고전 문학과 현대 문학으로, 그리고 국가별로 세분화된 현상, 이른바 교양 국어의 교과 내용 등을 들 수 있다. 이런 제도와 관행이 앞으로 말할 바람 직한 문학 교육에 긍정적으로 작용할 것 같지는 않다.

접적인 실용성이 있다는 것을 주장하고 보여줌으로써 그 실지를 회복하려는 입장이 있을 것이다. 상당히 넓은 범위에 걸쳐서 생각될 수 있는 이러한 실재적 적용은 문학이 지니고 있는 어떤 속성이나 내용의 과장되고 일방적인 이용에 따른 것이다. 가령 시문(詩文)은 언어의 놀이와 마음의 안식을 베풀어줄 수 있다는 점에 착안하여, 그것이 레저 산업과 마찬가지의 차원에서 오락과 휴양의 제공자로서 후기 산업 사회에서 조촐한 한 자리를 차지한다고 학생들에게 말해줄 수 있을지 모른다. 또한 문학에 나타난 과학자·법관·여성 등의 모습을 골라내서 '법학도를 위한 문학' 따위의 강좌를 개설할 수도 있을 것이다. 그리고 지독한 경우에는 문학적 언어는 매우 교묘한 수사로 되어 있으니까 그것을 익히는 것이 상담(商談)에 도움이 된다는 구실로 경영 대학생의 문학 수강을 유도할 수도 있을 것이다. 우리가 '응용 문학' 이라고 빈정거릴 수도 있고 혹은 더 혹독하게 '문학의 매춘' 이라고 단죄할 수도 있을 이러한 천덕스러운 타협주의는 그러나 다행히도 대학에서는 아직 시도되고 있는 것 같지는 않다.

그러나 또 하나의 극단, 즉 문학이 세상을 향한 질문과 이의 제기로서 열려 있는 언어라는 전통적이며 정당한 인식과는 대척적으로, 그것을 자율적이며 자폐적인 기호로 봄으로써, 변두리로 내쫓긴 상황을 스스로 받아들이고 거기에서 알량한 독립과 안주를 즐기려는 경향은 가끔 눈에 띈다. 이것이 구조주의의 입장인데, 이 입장에서 제안되거나 시행되는 문학 교육은 문학을 문학으로 존립시키는 언어적 특징에 관한 교육을 주안으로 삼는다. 가령 발화 행위의 과정, 디노테이션과 코노테이션의 관계, 이야기의 구조에 관한 학습 따위가 그것이다. 그리고 이 경우 비록 개별 작품을 다룬다 해도 그것은 이 추상적이며 일반적인 문학적 언어의 특징을 밝히기 위한 자료일 따름이다. 그러나 문학 교육을 자폐적인 이론 교육으로 환원하려는 움직임은 그 동기와 종국적 목표가 어떻든 간에 문학을 세계와 단절시키고 만다. 왜냐하면 문학 연구를 전문적 직업으로 삼으려는 사람을 제외한다면, 대부분의 독자는 문학적 언어가 언어 외적인 대상을 지향함으로써(문학의 드라마는 바로 여기에 있다), 현실과 자아에 대한 더욱 깊은 이해를 가능케 해주리라는 정당한 기대를 여전히 가지고 있고, 문학의 전문가가 그 길로 안내해주기를 기다리고 있는데, 문학성의 이론에 치중한 문학 교육은 그 기대를 충족시켜줄 수 없기 때문이다. 문학의 언어적 구조에 초점을 맞춘 연구가 아무리 중요하다 하더라도 이 연구는 '왜 특히 문학을 하는가?'라는 당위적 질문, 그리고 내 생각으로는 상위적 차원의 질문과 필연적으로 결부되어야 하며, 이 연관성은 특히 대학의 저학년을 위한 교육에서 염두에 두어야 할 일이다. 만일 그렇지 못할 경우에는 문학의 소외는 시세(時勢)의 탓만이 아니라, 문학도 자신에 의해서 자초된 것이라는 지적을 받아 마땅할 것이다.

그렇다면 이 자기 부정적인 양극단을 배격하면서 오늘날의 상황 속에서 우리가 시도해야 할 문학 교육——앞서 말한 바와 같이 세계와 자아를 향한 질문과 이의 제기로서의 문학의 교육은 어느 정도 성공할 수 있는 것인가? 솔직히 말해서 내 생각의 밑바닥에는 어느 정도의 비관주의가, 혹은 더 좋게 말해서 일종의 절충주의가 깔려 있다. 어느 때보다도 더욱 현실의 철저한 인식과 아울러 현실과의 불가피한 타협을 생존의 조건으로 삼을 수밖에 없는 오늘날의 시대, 유토피아의 환상이 무너진 이 시대에 있어서는, 문학의 기능에 관한 대언장어(大言壯語)나 소박한 포부는 지하철 속에서 악을 쓰는 전도사의 목소리만큼이나 공허하고 딱하게 들릴 따름이다.

문학을 하는 사람이 많은 경우에 은폐하고 있지만, 오늘날 그의 사회 생활의 밑바닥을 이루고 그의 생존 자체를 가능케 해주는 것은 대부분의 사람들의 경우와 마찬가지로 테크놀로지에 의해서 소외된 인간들, 더 구체적으로 말해서 극도의 관리 체제에 의해서 지배되고 있는 인간들이다. 그가 이용하는 모든 문명의 이기도, 그가 의존하는 제도의 운영도 또 그의 의식주의 공급조차도 조직 사회 속에서 부품화된 인간들 덕분이며, 또한 바로 그들이 그의 목소리를 들어주는 공중의 한 부분을 형성하고 있기도 하다. 그런데 만일 그 목소리가 어떤 형식이건 간에 소외를 인용하고 찬양하고 촉진하는 것이라면 그의 생존 조건과 그의 행위 사이에는 일관성이 있을 것이다. 그러나 행인지 불행인지 대개의 문학자들은 그런 목소리에 반대하고, 아직까지는 주체로서의, 그리고 정신적 존재로서의 개인을 숭상하는 고전적 인간관을 그대로 품고, 그 인간관의 바탕 위에서 작업을 하고 있다. 오늘날 문학자의 존재의 근본적 모순은 바로 여기에 있다. 이미 자연으로 되돌아갈 수도 없고, 그렇다고 테크놀로지와 고전적 인간상 사이의 조화를 생각할 수도 없는 사회에서, 그는 한편으로는 소외된 인간의 행동에 의지하고 다른 한편으로는 그 소외에 대해서 이의를 제기하는 것이다.

하기야 작가나 시인의 경우에는 이런 난처한 입장을 의식화하고 그것에 대해서 어떤 직접적인 태도 표명을 할 필요는 없을지도 모른다. 그들은 부르주아지의 착취에 의지하고 그 생활을 누리면서도 부르주아를 증오한 플로베르처럼, 자신의 사회 경제적 처지와 역사적 상황을 무시하고 초월하는 특권을 행사하면서 작품 창조에 전념할 수 있을지도 모른다. 그리고 이렇게 상황을 등지고 생산된 작품이 매우 뜻 깊은 정신적 유산이 될 수도 있다는 것을 역사는 아이러니컬하게 보여주기도 한다. 그러나 이러한 면책 특권은 문학 교육자에게는 없는 것이다. 그는 오늘날 소외를 생존의 필수적 조건으로 요청하는 사회에서 소외를 문제삼는 문학이 왜 읽혀야 하는지 스스로 묻고, 직접적이건 간접적이건 간에 그것을 학생에게 밝히지 않고서는 문학 교사로서의 자신의 존재를 정직하게 유지해나갈 수 없는 것이다. 이 점에서 나는 다음과 같은 세 가지의 신념을 문학 교육의 실효성 있는 가설enabling hypothesis로 설정해보려고 한다.

첫째로는 문학 전문가가 아닌 일반 독자common reader는 '고급의' 문학에서 그 무엇을 얻기를 늘 희구하고 있으며, 작품은 누구보다도 이 일반 독자를 위하여 씌어진다는 신념이다. 하기야 그것이 과연 누구인가를 지목하는 것은 마치 이성적 인간의 구체적 소재를 밝히는 것과 마찬가지로 어려운 일이다. 그러나 철학적 담론이 이성적 인간을 독자로 상정하고 이루어지듯, 문학은 되도록 편견을 넘어서서 작품을 맞이하고, 자신의 체험과 상상력을 동원하여 그 의미를 추출하고, 그것을 삶의 현실과 관련시키려는 독자를 바람 직한 독자로 요청한다고 생각해보는 것은 해로운 일이 아니다. 이렇게 볼 때 일반 독자는 가령 나보코프가 독살스럽게 쏘아붙이는 바와 같이[6] 속지(俗智) horse sense를 섬기고 손에 닿는 모든 것을 범용한 것으로 만들어버리는 상시적 다수파와는 다른 것이다. 그들은 도리어 그들을 간단없이 끌어당기는 속지의 인력에서 벗어나기 위해서 문학 작품에 기대는 그런 독자이다. 따라서 대학에서의 문학 교육은 생활을 위한 소외를 숙명처럼 받아들일 수밖에 없으면서도 끝끝내 주체적인 정신적 존재로 남으려는 이 일반 독자의 괴롭고도 보람 있는 지향을 도와주기 위해서 존재해야 한다. 그런 각도에서 보자면 문학 연구는 언어의 감옥에 갇힌 교수들이 그 감옥 안에서 서로 주고받는 전문 용어jargon의 교환으로 시종(始終)해서는 안 된다. 또한 문학

---

6) Nabokov, *Lectures on literature*, Harcourt Brace Jovanovich, 1980, p. 372 참조.

비평은 작품에 묻혀 있는 희한하고 깊은 의미를 일반 독자가 찾아내는 것을 도와주기 위해서 존재한다는 그 본래의 뜻을 재확인하고, 그 실천은 어디보다도 대학 강단에서, 다시 말해서 '특권적인 일반 독자'라고 할 수 있는 대학생을 위한 강의에서 전개되어야 할 성질의 것이다.

우리가 둘째로 설정할 수 있는, 아니 차라리 설정해야 할 가설은 문학의 인식적 기능에 관한 것이다. 주체적이며 정신적인 존재로 남을 수 있게 해주는 것은 비단 문학만이 아닌데, 왜 하필이면 문학 작품을 읽기를, 그리고 가능하다면 스스로 쓰기를 권하느냐는 질문에 대한 최소한의 대답이라도 마련되지 않으면 문학 교육은 시도될 수 없는 것이다. 사실, 문학의 본뜻에 관한 이 질문만큼 어렵고 이설이 분분한 것은 없다. 문학의 역사는 어느 것 하나 정설로서 자리 잡지 못한 그 무수한 대답의 역사였다고 해도 과언이 아니다. 그렇다 해도 문학의 교사는 적어도 저학년을 위한 일반 강의에서는 '문학의 본질을 알기 위해서 문학을 한다'는 따위의 자기 폐쇄적인 언사를 대답으로 삼을 수는 없다. 문학에 실용성이 없다는 것은 그것이 무상(無償)의 행위라는 뜻이 결코 아니며, 문학만의 가치 있고 특권적인 영역이 있다는 것을 어떤 방법으로든지 알려주어야 하는 것이다. 그렇다면 그것은 무엇인가? 내 생각에는 여러 상이한 대답의 밑에 깔린 공통적인 '문학적 본향(本鄕)'이 있을 것 같고, 그 점에서 "예술, 특히 문학은 태양 아래 있는 모든 것이 검토되고 성찰될 수 있는 거대한 반성의 광장"이라는 아이리스 머독Iris Murdoch의 말은 매우 적절하다.[7]

그런데 한없이 다양하고 융통성 있는 언어와 상상력으로 시도되

---

7) James Gribble, *Literary Education*, Cambridge University Press, 1983, p. 15에서 재인용.

는, 존재하는 모든 것에 대한 근본적 반성은 당연히 일상적 인식의 거부를 의미한다. 프루스트의 말을 빌리자면 "인습적인 지식이 두터워져 뚫고 들어갈 수 없는 것이 되면 될수록 우리가 더 멀어지고 모르고 지낼 현실"[8]이 있는데, 문학이란 이 진정한 숨은 현실을 포착하고 밝힐 수 있다는 신념에 의거하는 언어적 활동이다. 그리고 교사는 그런 활동과 관련해서 슈클로프스키가 말하는 낯설게 하기나 브레히트가 말하는 소격(疏隔) 효과를 이야기해줄 수 있을 것이다. 이와 아울러 우리는 또 한 가지 중요한 요청에 응하는 길을 여기에서 찾아볼 수 있다고 생각한다. 그것은 다름 아니라 특히 근자에 서양에서 등한시되어온 가치 평가와 관련된 요청이다. 교사가 이른바 '문학의 문학성'에 관한 이론적 고찰에 주안을 두지 않고, 앞서 언급한 바와 같은 일반 독자의 기대에 부응하려고 할 때는 그는 자기가 교재로 사용하거나 학생들에게 읽히고 싶은 개별적 작품을 골라서 마련해야 할 것이다. 그렇다면 그 규준은 무엇인가? 이때 그는 머독의 말을 부연해서 아마도 이렇게 대답할 수 있을 것이다. "내가 작품 선정에서 A보다 B를 택한 것은 B가 삶과 세계에 관해서 여러분에게 더욱 근본적인 반성을 촉구하고 있다고 생각하기 때문이다." 하기야 이것은 너무나 당연하고 싱겁기까지 한 이야기이다. 그러나 구조주의와 기호학과 해체론 때문에, 제임스 본드와 셰익스피어의 작품이 다 같이 가치 중립적인 연구 대상이 되고, 심지어 가치의 황무지에 내던져져 있다고까지 말할 수 있는 지금의 상황에서는, 이 싱거운 이야기가 새삼스럽게 강조되어야 하는 것이다. 개별 작품에 대한 구체적 평가에 있어서 아무런 콘센서스도 성립될 수 없고 그 객관성도 보장되지 못한다고 해서, 평가의 규준을 아예 내던진다면,

---

8) Marcel Proust, *A la recherche du temps perdu* III, Pléiade, p. 895.

그리고 각자가 설정한 그 규준을 견주고 상대화하면서도 더욱 합당한 규준을 지향하지 않는다면, 우리가 생각하는 바와 같은 문학 교육이 어떻게 성립될 수 있겠는가?

내가 셋째로 내세우고 싶은 가설은, 실인생과 욕망 사이에 괴리가 있다는 것을 불가피한 조건으로 받아들이면서도 그것을 괴로워하는 '소인(小人)'들에게, 즉 우리와 같은 대부분의 사람들에게, 문학은 삶에서 주요한 몫을 할 수 있다는 것이다. 우리는 전지전능한 신이나 일체의 욕망의 피안에 위치하는 도통한 성자(聖者)가 시나 소설을 통해서 인생을 반성하는 장면을 상상할 수 없다. 앙드레 지드가 말했듯이 시의 나라에는 예술이 없는 것이다. 바꾸어 말하면 문학은 완전하지 못한 존재가 완전의 경지를 향하려는 욕망의 소산이다. 그러나 이 욕망만으로 문학의 존재가 설명될 수는 없다. 우리는 비교적(秘敎的) 체험을 비롯한 여러 실천을 통해서 그 욕망의 실현을 꾀할 수도 있기 때문이다. 이에 반해서 문학은 완전성 또는 완결성을 향한 억제할 수 없는 욕망의 지속과, 그 욕망이 현실적으로 성취될 수 없다는 자기 제한적인 인식 사이의 모순에서 태어난다. 그리고 문학적 허구의 생산은 바로 이 모순을 상상적 차원에서 해결하려는 간사하면서도 절실한 기도이다. 우리는 이 기도를 크게 두 가지 각도에서 이야기할 수 있다.

우선 인간 조건에서 유래하는 한계를 넘어서보려는 허구가 있다. 필연적이면서도 우연적인 죽음, 인격적 통일성의 결핍, 과거를 총괄할 수도 또 미래를 분명히 예측할 수도 없는 제한된 지성은, 우리가 우리의 행위를 일관된 것으로 완결시켜나가는 것을 원초적으로 불가능하게 만든다. 그런데 바로 이 인식이 허구화를 재촉한다. 우리는 마치 통일성 있고 명확한 결론이 있는 행위가 가능한 것처럼 '거짓말'을 함으로써, 인간 조건을 상상적으로 초월하려고 한다. 인생의 의미란 이렇듯 자아의 통일성과 일관성을 확보하려는 욕망에 의한 현실의 허구화인데, 허구를 통한 의미 세계의 창조 중에서 가장 애통한 것은 아마도 죽음의 순간에 시간을 역행해서 자신만의 과거를 '정리'하는 경우일 것이며, 또한 가장 아이러니컬한 것은 오직 존재의 부조리만을 일관적으로 조리 있게 드러내기 위해서 글을 쓰는 것으로 되어 있는 사르트르의 『구토』의 주인공일 것이다. 내가 여기에서 이 양극단을 예로 든 것은, 허구화가 어떤 형식이든 또 어떤 방향으로든 간에 소여(所與)를 주체적으로 소화하려는 '호모 시그니피칸스homo significans'의 숙명임을 암시하기 위한 것인데, 이 허구화의 전형이 바로 문학이다.

그러나 지리멸렬한 상황에서 벗어나서 삶에 통일성을 부여하려는 이 욕망과 그 실현으로서의 허구화는 또한 사회적 조건과의 관련에서도 생각해볼 수 있다. 우리는 프로이트가 지적했듯 생존과 문명을 위해서 자아의 본연적인 욕망을 포기하고 이 포기를 불가피한 것으로 받아들인다. 그리고 공동체의 성립과 운영을 위해서 이 자아 포기를 훈련시키고 그것이 자발적으로 이루어지도록 유도하는 것이 사회 교육의 역할이기도 하다. 그러나 비록 획일화와 타협과 비순수를 생존의 필수적 조건으로 받아들인다 해도 "모든 것이 질서와 아름다움, 사치와 고요와 열락"(보들레르)인 다른 곳에 대한 향수는 끝끝내 남아돌고 그것이 부분적으로라도 충족되지 않으면 사회 생활 자체를 견딜 수 없는 것으로 만들어놓을지 모른다. 바로 여기에 문학이 개입할 여지가 생긴다. 그것은 화사한 다른 곳이 허구의 세계에서만 존재한다는 것을 알려준다. 그 세계로의 일시적 참여는 삶의 짐을 견디게 해주는 동시에 실생활에서 찾지 못한 초월적 의미를 베풀어준다. 이리하여 오늘날까지도 잔존해 있는 헛된 구별——예술을 위한 예술과 인생을 위한 예술이라는 구별은 사라진다.

3

　내가 지금까지 한 이야기는 극히 상식적인 것에 지나지 않는다. 그러나 속고 살지 않으려는 일반 독자의 지향을 믿지 않는다면, 그리고 문학이 존재에 대한 근본적 반성과 존재의 초월적 의미를 겨냥하는 정신 활동이라는 또 하나의 믿음에 의지하지 않는다면, 문학 작품이 읽고 쓸 만한 가치가 있고 따라서 그 읽기와 쓰기를 배울 만한 가치가 있다는 명제를 어떻게 설정할 수 있겠는가? 하기야 이것은 모든 문학 교사가 애초부터 양지하고 그의 교육에 있어서 너무나 당연한 전제로 삼아온 것인지도 모른다. 그러나 테크놀로지가 가져오는 인위적 산물과 구조와 프로그램에 맞서서, 너무나 당연한 것이 재확인되고 재강조되지 않으면, 우리가 생각해오고 지켜온 바와 같은 인간의 모습이 위험해지고 무의미해질 수도 있는 시점에 우리는 처해 있다. 문학에 관해서 말하자면 이 위기는 다른 어떤 분야에 닥쳐온 위기보다도 더욱 심각하다. 문학은 인문학 전반에 걸친 평가절하에 더하여, 테크놀로지의 사회가 요청하는 소외를 촉진하고 소외를 거의 본능화시키려는 대중 문화 산업——예술의 탈을 쓴 치부 산업의 직격탄을 맞고 있다. 그것이 한결같이 겨냥하는 것은 광란적인 이미지를 통해서이건 혹은 인습적인 다수당이 섬기는 기성 관념의 각색을 통해서이건 간에, 존재에 관한 괴로운 질문이 들어앉을 내면적 공간을 소거하는 것이다. 그리고 끈질기며 유혹적인 이 술책은 일반 독자에 내재하는 실존적 지향을 마침내 변질시키고 좌절시킬 만큼 강력한 것이다. 이러한 현실은 문학 교사에게, 당연한 전제를 더욱 절실하게 의식화하고 현현(顯現)해야 한다는 책무를 과하는 것이다.

그러나 이 노력은 과연 열매를 맺을 수 있는 것일까? '소외를 요
구하는 사회에 부분품으로 편입되는 것은 생존상 당신의 필연적 운
명이지만, 그래도 당신이 주체적인 인간으로 남기에 이바지하겠다'
는 취지에서 실시되는 문학 교육은 과연 바람 직한 이중 인간을 길
러낼 수 있는 것일까? 나는 능력을 상실한 집오리는 야생의 오리를
보면 저도 날갯짓을 하는 애처로운 제스처를 해보인다는데, 문학 교
육은 이런 제스처라도 불러일으킬 수 있는 것일까? 혹은, 허황한 희
망이겠지만, 테크놀로지가 길러낸 새로운 귀족이나, 반대로 테크놀
로지의 역기능에 마침내 당황한 민중이, 새삼스럽게 내면적인 허기
증을 느끼고 문학적 교양에 의지하려고 할 것인가? 그렇지 않으면
테크놀로지의 발전은 결국 즉각적이며 직접적인 쾌락만을 반기는
새로운 인종의 지배를 가져오고, 우리가 생각하는 바와 같은 문학은
구시대의 유물로서 고문서 창고에 밀려 들어가고 말 것인가? 아무도
미래를 예측할 수는 없다. 그러나 바로 미래를 예측할 수 없기 때문
에, 우리는 문학이 삶에 이바지한다는 신념에서 시작된 우리의 과업
을 그대로 이어나갈 수밖에 없다.

(『현대 비평과 이론』, 1995년 여름호)

한국 문학의 보편화를 위하여
——외국인의 한국 문학 연구와 관련하여

프랑스의 『르 몽드』는 2002년 5월 31일의 문학 특집란에서 한국에 대한 관심은 이미 산발적인 단계를 넘어섰다고 쓰면서 이렇게 말하였다. "한국어를 이해하고 한국의 역사와 사회를 아는 연구자들이 학문적 작업과 가치 있는 일반화 사이의 다리를 놓는 큰일을 하고 있다. 문학에서도 역시 10여 년 전부터 시작된 중요한 번역 작업이 열매를 맺고 있다."

그렇다면 그 열매는 과연 무엇인가? 또 어떤 열매가 맺히는 것이 이상적인가? 이 글의 목적은 비단 프랑스뿐만 아니라 전 세계에 걸친 한국 문학의 보편화의 가능성을 내다보면서 한국 사람으로서의 소망의 일단을 피력해보려는 데 있다.

이런 고찰을 시작하려고 할 때, 우선 내 머리에 떠오르는 것은 오래된 두 가지 번역과 관련된 일이다. 첫째는 로니 Joseph-Henri Rosny의 이름으로 나온 『춘향전』의 프랑스어 번역판(1892)이다. 그 책의 주기(註記)에 시사되어 있듯이, 실제로는 홍종우(洪鍾宇)의 작업에 의존했음에 틀림없는 그 최초의 한국 문학 번역은 번역이라기보다도 차라리 번안이라고 말해야 옳을 것이다. 그것은 『춘향전』에 결정적 판본이 없다는 사정에서 유래하는 것이기도 하려니와, 당시 프랑스 독자의 문학적 취미나 생활상의 풍속을 크게 거스르지 않는 범위 안에서 미지의 나라의 '야릇함'에 대한 호기심을 유발하려는 배려 때문이기도 할 것이다.[1] 그 이외로도 그 문체와 내용에 대해서 여러 가지 각도에서 고찰을 가할 수 있겠지만, 내가 이 자리에서 특히 주목하려는 것은 역자로 되어 있는 로니가 붙인 서문이다. 거기에는, 이도령은 그 후손이 지금도 서울에 살고 있는 실재의 인물이며, 작자가 익명인 것은 정부의 탄압을 모면하기 위한 것이며, 한국인은 매우 순수한 중국인이라는 따위의 기술이 있는데, 나는 그 잘못된 기술을 중시하려는 것이 아니다. 또한 그런 종류의 착오가 적어도 외국에 대한 초기 인식의 일반적 한계라는 것을 변명해주려는 것도 아니다. 그 서문에서 나의 주목을 끈 것은 지금도 씹어볼 만한 그 마지막 구절이다.

　　나는 이 짧은 사랑의 이야기가 한국에 대해서 그리고 몽고족의 정신과 감정에 대해서 긴 이야기들보다 더 잘 가르쳐주리라고 확신한다. 그것은 우리가 항상 배워야 할 것, 즉 이타적(異他的)인 민족의 아름다움과 선량함을 가르쳐줄 것이다. 그것은 구릿빛의 피부를 가진 형제들에 대해서, 지속과 보존의 비밀을 우리에게 가르쳐줄 수 있는 황색의 느린 문명에 대해서, 매우 인간적인 동감을 품게 해줄 것이다. 그리고 그것은 아마도 그들과 우리의 만남이 과거 적색인(赤色人)들과의 만남처럼 파괴적이 되지 않도록 도와줄 것이다. 그것은 아마도 그들의 너무나 신중한 분석을 우리가 풍요롭게 해주고, 우리의 너무나 조급한 종합(綜合)을 그들이 풍요롭게 해주는 그러한 아름답고 평

---

1) 가령 춘향은 약혼 문서에 서명하고 헤어질 때는 손수건을 흔들고 감옥의 창살 사이로 몽룡과 열렬한 키스를 한다는 따위의 다분히 서양화된 여성인 동시에, 유교적 도덕을 철저히 지키면서도 서민을 위한 정의를 강조하는 훌륭한 여성으로 표상되어 있다.

화적인 화합을 도와줄 것이다.

　이모저모로 해석해보아야 할 불분명한 표현들의 존재에도 불구하고,[2] 이 서문은 이질적 문명의 나라의 문학이 수행할 수 있는 바람직한 기능을 종합적으로 제시하고 있다고 생각된다. 제국주의가 극성스러웠고, 사이드Edward Said가 말하는 이른바 오리엔탈리즘의 관점이 지배적이었던 19세기 말이라는 시점을 생각해보면, 로니의 견해는 더욱 뜻이 깊다. 그는 『춘향전』에서 변경의 한 작은 나라에 대한 이국 취미를 강조하려는 것도 또 유럽적인 척도로 그 풍습이나 사상을 평가하려는 것도 아니다. 그는 이질적인 문명 그 자체에 대한 이해를 촉구하는 동시에 그 밑에 깔린 인간상의 보편성을 강조한다. 그리고 장구한 세월에 걸쳐 전통을 보전해온 비밀을 감지하고, 그것이 동서 문명의 융합에 이바지할 수 있는 가능성조차 내다본 것이다.

　한 나라의 문학이 다른 나라에 소개될 때, 이렇듯 그 이질성 자체가 긍정적으로 평가되고, 수용하는 나라의 국민에게 새로운 인식의 계기가 된다면 그것처럼 반가운 일은 없다. 역사적 배경은 다르지만 이런 반가운 현상으로 널리 알려진 또 하나의 한국적 사례로서 나는 1940년 김소운(金素雲)이 『젖빛의 구름(乳色の雲)』이라는 제목으로 한국의 서정 시집을 일본어로 번역해냈을 때의 일을 상기하게 된다. 일본적인 이디엄과 에토스에 대한 지나친 배려 때문에 원문의 의미와 분위기가 훼손되었다는 논란이 있고, 또한 당시의 식민지적 여건

---

2) 적색인이란 아마도 아메리카 인디언을 가리키며, 이 부분은 프랑스가 북미 대륙의 일부를 식민지로 삼았을 때 그들의 문명을 손상했던 과거를 두고 하는 말일 것이다. 또한 마지막 구절은 동양의 미흡한 분석 정신은 서양에 의해서, 그리고 서양의 배타적 합리주의는 동양적 사고 방식에 의해서 서로 보충되어야 한다는 것을 뜻하는 것으로 짐작된다.

하에서 그런 번역을 한 것이 과연 마땅한지를 비판하는 몇몇 사람들이 있지만, 이 번역은 많은 일본의 지식인과 문인들의 눈에 미개의 식민지에 지나지 않았던 '조선 반도'를 일약 최고의 시향(詩鄕)으로 올라서게 하였다. 그 무렵의 대표적 시인 사토 하루오(佐藤春夫)는 이렇게 말한다.

> 아시아의 시심(詩心)은 그 생활과 함께 우선 중앙아시아에서, 그리고 중국 대륙에서, 드디어는 우리의 조국에서 차례로 그 전통의 모습을 잃어가려 하고, 이제 그것을 역사 이외에 어디에서 구해볼지 한심스러웠던 오늘날, 뜻하지 않게 구미 문물의 직접적 침략을 요행히도 모면한 아시아의 일각의 반도에서, 순수한 아시아의 시심이 '젖빛의 구름'으로 떠올라, 폐허처럼 잔존하고 있는 것을 발견한 것은 나로서 근래 거의 없었던 쾌사(快事)였다.[3]

하기야 사토의 이 찬사에 대해서도 우리는 다소의 트집을 잡아볼 수 있을 것이다. 김소운이 소개한 서정시들이 과연 서양의 영향을 전혀 받지 않은 순수한 '아시아의 시심'의 표현인지, 또 더 넓게는 동양의 문학은 '구미 문물의 직접적 침략'에 의해서 그 본질을 상실하고 있었는지, 또 심지어 사토는 당시의 일본 제국주의가 내세운 '대동아 공영권'의 이데올로기에 휘말려 든 것이 아닌지 따져볼 만하다. 그러나 아무튼 간에 사토를 위시한 일본의 식자들이 한국의 뛰어난 서정시의 존재를 알고 일종의 문화적 충격을 받았다는 것만은 확실하며,[4] 한국으로 말하자면 문학의 바람 직한 '해외 진출'을

---

3) 林容澤, 『金素雲 '朝鮮詩集'の世界』, 中公新書, 2000, p. 235에서 재인용.
4) 또 하나의 예로서 다음의 글을 들어두자. 今道友信, 「わが半生の愛讀書: 金素雲氏の譯業に寄せて」, 『空氣への手紙』, 1983, pp. 106~22.

하게 된 것이다.

오늘날 이러한 해외 진출은 국내외의 유능한 인사들에 의한 수많은 번역서를 통해서 매우 활발히 이루어져 있을 뿐 아니라, 많은 외국 학자들의 한국 문학 연구를 촉발하고 있다. 그런 활동의 총화는 한국 문학이 민족 문학임을 멈추지 않으면서도 세계 문학 속으로 녹아드는 것을 가능케 할 것이다. 한국 문학에 대한 국제적 이해가 나날이 더 그 넓이와 깊이를 더해가고, 흔히 말하듯이 그 개별성 속에 깃들어 있는 보편성이 주목의 대상으로 부각되고 있다. 그리고 종래의 유럽 중심적인 문학적 정전(正典)canon의 개념이 의심스럽게 된 오늘날에는 한국 문학 중의 적어도 몇몇 작품은 새로 구성될 정전의 일부로서 고려될 수 있을지도 모른다.

방금 말했듯이 이러한 반가운 현실과 가능성은 활발한 번역 사업에 힘입은 바 크지만, 그에 못지않게 번역된 작품의 존재와 내용과 의의를 밝혀줄 뿐 아니라 한국 문학에 대한 심층적 연구에 종사하는 많은 외국 비평가와 학자들의 활동 덕분이다. 한 나라의 모든 문화적 산물은 국경을 넘어 타자에 의해서 바라보일 수 있고, 또한 그 타자는 자신의 전통과 시각과 요청에 따라서 그 산물을 대하는 것이기 때문에, 그 특질을 보다 독특하게 또 때로는 보다 객관적으로 파악하는 것이 가능하다. 가령 미국에서는 한낱 탐정 소설가로서만 알려져 있던 에드가 앨런 포가 보들레르에 의해서 글쓰기의 논리와 철학을 천명한 최고의 지성으로 떠받들린 것은 널리 알려진 일이다.

그러나 다른 한편으로는 문화권이 상이한 독자가 빠져들기 쉬운 함정이 있는 것을 우리는 또한 인정하지 않을 수 없다. 그것은 환원주의의 함정이다. 그는 자신과 타자를 갈라놓고 있는 어떤 근본적 차이를 찾아보려는 지향에 끌린 나머지(대개의 경우 타자 인식은 이타성에 대한 주목에서 시작되며 동질성의 발견은 체험의 축적을 통해서 차후에야 이루어진다), 충분하지 않은 독서 체험을 통해서 대상이 되는 나라의 문학의 본질이나 특질을 파악했다고 생각하기 쉽다. 프랑스의 문화와 문학에 관한 식견이 자못 높았던 쿠르티우스조차도, 앞서 인용한 로니의 표현을 빌리자면 "너무나 조급한 종합"에서 완전히 자유롭지는 못했다고 여겨진다. 그에 따르면 프랑스 문학의 특질은 17세기 고전 비극과 근대 소설이 보여준 정념(情念)의 분석에 있다.5) 그런 판단에는 분명히 일리가 있으나, 그것은 동시에 형이상학적 · 신비적 전통이 강한 그의 조국 독일 문학과의 대조하에서 프랑스 문학의 이타성을 생각하려는 쿠르티우스 자신의 시각의 소산이기도 하다. 좀더 객관적인 견지에서 보자면, 우리는 쿠르티우스와는 다른 견지에서 프랑스 문학의 전체상을 그려볼 수도 있을 것이다. 고전주의에 의해서 억압되었던 바로크 문학이 오랜 세월 후에 네르발과 랭보에 의해서 재생되고 그것이 초현실주의로의 길을 터서, 그런 반이성주의의 전통이 프랑스 문학의 또 하나의 큰 산맥을 이루어왔기 때문이다.6)

　이러한 한계는 한국 문학을 다루는 외국 학자들의 경우에도 예외가 아니다. 그들 자신의 연구 결과인지 혹은 일부 한국 학자의 견해를 그대로 따른 것인지는 몰라도, 때로는 쿠르티우스의 연찬(研鑽)과는 비교도 할 수 없는 안이한 입장에서 한국 문학의 특징을 한 가

---

5) Ernst-Robert Curtius, *Essai sur la France*, Edition de l'aube, 1990(원판은 1932), p. 195.

6) 하기야 쿠르티우스는 다음과 같이 자신의 일방적인 견해를 완화시키기도 한다. "[보들레르 이후] 프랑스에서는 두 문학이 겹쳐지고 공존하고 있다. 하나는 교양 있는 모든 독자가 쉽사리 접근할 수 있는 전통적 문학과 또 하나는 새로운 의식과 감성을 서서히 형성하고 있는 이른바 '모더니즘'의 문학이다. [······] 아마도 두 문학적 형식은 앞으로도 나란이 존속해나갈 것이다"(같은 책, p. 192). 그러나 쿠르티우스는 어디까지나 그가 말하는 '전통적 문학'에 무게를 두고 있으며, 또한 이른바 '모더니즘'의 연원이 고전주의 이전에 있었다는 점을 간과하고 있는 듯이 보인다.

지로 규정하려고 한다. 어떤 사람이 보기에 한국인의 문학적 개념은 시를 포함해서 도구주의에 갇혀 있는데, 공자의 생각을 답습해서 문학을 도덕적·교육적 체계 속에 위치시키고, 그 언어의 특정성 specificity과 자율성을 무시하는 긴 전통이 오늘날까지도 이어져 내려오고 있다.[7] 나는 이런 견해의 밑에 깔려 있는 대전제도, 또한 그것을 통해서 표명된 한국 문학에 대한 고찰도 의심스러운 환원주의의 소산이라고 생각한다. 우선 문학적 언어의 특정성 및 자율성에 주목한다는 것은 문학의 유용성·도구성·효용성을 전적으로 부정한다는 뜻은 아니다. 다시 말해서 문학의 언어적 특성은 그 사회적 기능과 이율배반적인 것이 아니다. 그 점은 시적 기능을 핵심으로 삼는 문학적 언어가 다른 기능에도 참여한다는 것을 알려주는 야콥손의 그 유명한 글을 다시 읽어보아도 분명할 것이다.[8] 좀 과장되게 말하자면, 카뮈의 『페스트』는 현실적 지시 대상이 없는 자율적 언어라는 특정성을 지니고 있기 때문에 도리어 더욱 절실하게 연대성(連帶性)의 윤리를 가르쳐주는 '도구'가 되고 있는 것이다. 둘째로 모든 한국 문학 작품이 마치 도덕적·정치적 설교나 교훈을 위해서 존재하고, 문학을 대하는 모든 한국 사람은 다만 그런 관점에서만 시나 소설을 읽는 고루한 사람인 것처럼 서술되어 있는 것은 엉뚱하고 또 방자하기까지 한 노릇이다. 성공적이건 미흡하건 간에 이미 조선 후기에 유교의 규범에서 벗어난 '순수시'를 주장한 사람들이 있었고,[9] 1930년대의 한국 문학은 상황 밖으로의 도피라는 비난을 받기까지 하면서 언어의 심미적 실험을 시도했으며, 오늘날의 비평은 언

7) Patrick Maurus, *La Mutation de la poésie coréenne*, L'Harmattan, 1999, pp. 23, 100~10 참조.
8) Jakobson, *Essais de linguistique générale*, Coll. Points, p. 219; 졸저, 『문학을 찾아서』, 민음사, 1994, pp. 306~07 참조.
9) 조동일, 『한국 문학 통사』 III, 지식산업사, 1984, pp. 124~26 참조.

어적 특성의 분석으로부터 작품에 접근하려는 움직임이 주종을 이루고 있다는 점을 다소라도 고려했다면, 그리고 한국 문학사에는 다른 한편으로 그런 교훈 문학으로부터의 해방을 염두에 둔 또 하나의 줄기가 있다는 점을 더 넓게 고려했다면, 그런 거친 환원주의는 모면했을 것이다.

한 나라의 문화나 문학에 어떤 불변의 본질과 전통이 있다는 환원주의적 전제하에서 한국 문학을 보는 또 하나의 예로서, 몇몇 외국인들은 한(恨)이라는 에토스와 개인주의의 결핍을 지적한다. "한은 한국적 정신 상태와 한국 역사의 상징이며 기호이다. 〔……〕〔한국에서는〕 개인주의와 자기 주장이 부정되도록, 미국에서는 집단주의와 소속감이 부정되도록 문화가 꾸며져 있다"[10]는 따위의 말은 이중의 의미에서 우리를 놀라게 한다. 만일 이 필자가 어느 정도라도 시간을 두고 좀더 넓은 범위에서 한국 문학을 살폈다면 이런 말은 하지 못했을 것이다.[11] 한국 고소설의 대표작으로 알려져 있는『홍길동전』이나『구운몽』은 각각 다른 차원에서이지만 다 같이 욕망의 상상적 실현이라는 점에서 한을 넘어서는 것이며,[12] 또한 현대의 한국 문

---

10) C. Fred Alford, *Think No Evil: Korean Values in the Age of Globalization*, Cornell University Press, 1999, pp. 81, 84.

11) 앨포드는 자기 주장의 증거를 대기 위해서 이상의「날개」를 위시한 12편의 단편 소설을 본보기로 들고 있다. 그의 주장에 따르면 한국의 단편 소설은, 이효석의「메밀꽃 필 무렵」과 같은 소수의 예외를 제외하고는, "영어로는 번역하기 매우 어려운 좌절과 분노의 복합체인 한"을 보여주고 있다. 거기에는 서양에서 말하는 소위 '비극적 영웅'이 없고, 그 인물들은 자학과 자멸(自蔑)을 드러낸다(pp. 40~41). 나는 이런 견해가 전적으로 틀렸다고 생각하지는 않는다. 그러나 저자가 단편에서 '비극적 영웅'을 찾아보려고 한 것은 연목구어(緣木求魚)와 같은 짓이다. 단편이 일반적으로 그 형식상 '비극적 영웅'의 궤적을 담기에는 너무나 작은 그릇인 것은 도데나 모파상의 단편들이 여실히 보여주는 것이다. 또한 한이 동서를 막론하고 문학의 한 중요한 테마인 것은 가령 샤토브리앙Chateaubriand의『르네 *René*』나 비니Alfred de Vigny의『스텔라 *Stella*』나 또 베를렌Verlaine을 위시한 이른바 '저주된 시인들'의 작품을 읽어보면 알 수 있을 것이다.

학에서는, 개인주의와 자기 주장이 결코 부정되지 않는다. 오늘날의 작가는 전통적 집단(특히 가족)의 붕괴에서 오는 소외를 한탄하는 일부의 감상주의자나 회고주의자를 제외하고는, 보다 근원적 차원에서, 개인의 욕망과 집단적 금제(禁制)의 충돌, 기술 문명 속에서의 자아의 정체성의 위기, 민족 분단의 현실과의 대결, 가치의 황무지에서의 진정성(眞正性)의 추구(많은 경우에 좌절하지만)와 같은 테마를 실존의 문제로서 다루고 있는 것이다. 내 생각에는 오늘날 한국 문학이 세계 문학 속으로 더 쉽게 그리고 더 바람 직하게 편입될 수 있는 것은 바로 이러한 보편적 테마의 공유를 통해서인데, 한국은 집단주의적이고 미국은 개인주의적이라는 따위의 당치 않은 이분법에 따라서[13] 문화적·문학적 현실을 재단하는 것은 그야말로 서구 중심주의의 잔재이며 그런 글을 읽는 서양 독자들에게 잘못된 현실 인식을 심어주기 십상이다.

이렇듯 한국 문학을 외국 문학으로서 살피는 사람은, 모든 문화권의 외국 문학자와 마찬가지로, 그들 역시 환원주의의 함정에 빠지기 쉬운데, 그 대극에는 열거주의가 있다. 이 범주에 속하는 사람들은

---

12) 만일 이런 작품이 '한풀이' 라는 차원에서 역시 한과 관련되어 있다고 주장한다면, 세계의 중요한 모든 문학적 표현이 한풀이가 될 것이다. 모어 Thomas More의 『유토피아 Utopia』도, 보들레르의 미학도 말라르메가 추구한 절대도 또 말로 André Malraux의 『인간 조건』에 나오는 실존적 인물들의 행위도 모두 제 나름대로 사회에 대한 혹은 삶의 현실에 대한 한풀이가 될 것이다. 이렇게 범위를 극대화시켜서 종합한다는 것은 부질없는 짓이다. 따라서 한이나 한풀이가 한국 문학의 특성이라는 주장은 매우 조심스럽게, 다시 말해서 역사적 문맥을 살피고 다른 지향이나 주제와 관련시키면서, 또 달리 말하면 상대적 차원에서 전개시켜나가야 할 것이다.

13) 나는 여기에서 미국의 개인주의의 밑바닥에는 순응주의가 깔려 있다는 사르트르의 지적을 상기하게 된다("Individualisme et conformisme aux Etats-Unis," *Situations* III, 1949, pp. 75~91 참조). 또한 최근에는 기술 문명과 대중 문화에 의해서 그 나라의 개인주의가 우려할 만한 획일주의를 향해서 급속히 변질되고 있다는 것도 지적해두어야겠다(졸고, 「세계화와 인문학자」, 『문학과사회』, 2002년 가을호 참조).

한국 문학에서 자기가 발견했다고 생각하는 복수의 특징들을 되도록 많이 열거하고 그것으로써 한국 문학을 이해한 것처럼 생각한다. 가령 어떤 사람은 한국 고전 문학의 특징으로서 도피주의, 항거, 초현실, 교훈주의, 여성적 수동성, 음악성, 비관주의, 고뇌, 민족주의의 아홉 가지를 들고 있다.[14] 그러나 비록 그 열거가 완전무결한 것이라고 해도, 열거된 사항들 사이의 상관 관계, 그 역사적 의미와 변천, 그 상대적 중요성 등에 관한 고증과 논의가 없다면 그것은 기껏해야 백과사전적인 지식의 나열에 불과할 것이다. 우리는 어느 나라 어느 시대의 문학에 관해서도 위에 열거된 바와 같은 특질들의 대부분을 단편적으로 찾아볼 수 있을 것이다. 가령 19세기 프랑스 문학에서 플로베르는 도피주의, 뮈세는 비관주의, 네르발은 초현실, 위고는 교훈주의, 베를렌은 음악성을 대표한다는 식으로 말이다. 더구나 그런 열거가 완전할 수도 또 반드시 정당화될 수도 없다. 그 리스트에 예컨대 이기론(理氣論)과 관련된 철학적 경향, 실용주의, 오락으로서의 문학 따위를 포함시키지 않은 이유가 분명치 않을뿐더러, "음악과 노래를 좋아하니까 운문화(韻文化)를 즐기는 경향이 있다"[15]는 것이 그 저자의 말대로 과연 한국인의 독특한 경향인지는 매우 의심스런 일이다.

어떤 지배적으로 보이는 하나의 에센스를 잡아내려는 환원주의이건, 혹은 되도록 공평하고 객관적인 개관을 꾀하려는 열거주의이건 간에, 그런 시도가 한국 문학을 문학이란 인류의 보편적 활동 속에 마땅히 자리 잡게 하는 데 큰 공헌을 할 수 있을 것 같지는 않다. 우리가 외국의 연구자들에게 기대하는 것은 한국 문학의 존재를 널리

---

14) James Hoyt, *Soaring Phoenixes and Prancing Dragons*, Jimoondang Publishing Company, 2000, pp. 508~25.
15) 같은 책, p. 519.

알려주는 것이기는 하지만, 널리 알린다는 것은 뜻 깊은 것으로서 널리 알린다는 것, 한국인으로서는 얼른 눈에 띄지 않는 어떤 다른 모습을 드러나게 해준다는 것을 의미한다. 그러나 이 작업이 한국 문학 전체를 하나의 통합된 실체로 보면서 이루어지기를 기대할 수는 없다. 해외에서의 한국 문학 연구는 아직도 일천하고 그 층이 엷은 것이 사실이다. 그러나 비록 앞으로 깊고 넓은 연구가 축적되는 날이 온다고 해도 어느 다른 나라의 문학과 마찬가지로 한국 문학의 본질을 결정적으로 규정하는 것이 가능하리라고는 생각하지 않는다. 모든 나라의 문학은 부단하게 생성되는 것이며 우리가 전통이나 본질이라고 생각하는 것은 사실은 그때마다 달리 만들어지는 허구이며 추상화일 따름이다.

그런 점에서 나는 적어도 지금으로서는 구체적이며 개별적인 테마나 작품에 대한 주목을 통해서 그런 구체적 개별성이 세계 문학 속에서 보편성을 띨 수 있다는 것을 밝히는 노력을 함께 해주기를 외국의 연구자에게 기대하는 것이다. 그리고 나는 그런 노력이 실현된 두 가지의 경우를 예시해두고자 한다.

한 예는 문학의 실존적 의미와 관련된 것이다. 내가 들려는 것은 바우라C. M. Bowra가 그의 『시와 정치』에서 심훈의 「그날이 오면」에 관하여 하고 있는 몇 마디 말, 그러나 매우 뜻 깊은 말이다. 한국의 많은 문학자들에게 이미 널리 알려져 있는 이 언급은 내 생각에 저자가 한국인이 아니기 때문에 가능했던 심화된 해석을 보여주며, 그 시를 한국적인 시인 동시에 세계적인 시로 만들어준다.

저자는 전쟁과 박해를 제 나름대로 의식하고 겪은 시인들의 이미지가 개인적 한계를 넘어서서 보편적 의미로 전환된다는 것을 강조하기 위하여, 독일의 시인 슈타이너Hans Baermann Steiner의 「1945년 5월 8일」과 비교하면서 심훈의 시에 대하여 언급했다. 유럽에서의 전쟁이 끝나던 그날, 슈타이너는 히틀러의 패망이 새로운 미래를 열어준다는 들뜬 기분에 휩쓸리기는커녕, "지난날의 야만적인 정신이 아직도 죽지 않았고 요란한 북소리와 함께 들려온다"[16]고 비정하게 읊는다. 이것은 냉철한 현실 인식의 소산이지만, 그 시야가 현실적 상황에 갇혀 있다는 바로 그 점에 이 시의 한계가 있다고 저자는 지적한다. 이에 반하여 심훈의 「그날이 오면」은 민족 박해라는 고난의 한복판에서 강렬한 희망을 외친다. 그것은 모든 한국인이 이해할 수 있고 모든 한국인의 절망을 담은 이미지를 통해서, 그리고 「시편(詩篇)」의 다비드를 연상시키고 또한 이른바 '감정적 오류pathetic fallacy'를 대담하게 활용한 이미지를 통해서, "열정적인 단순함이 얼마나 다른 효과를 낼 수 있는지"[17]를 보여준다. 수난을 날려버리고 육체조차 폭발시키는 사나운 해방의 기쁨을 노래하는 이 시는 "슈타이너와 대조해볼 때 통일적인 발상의 이점(利點)을 예증해준다. 그것은 지각(知覺)들을 한데 모으고 시의 한 형태를 갖추게 한다. 그러나 그 이상의 것을 할 수 있다. 그것은 상황을 넓은 전망 속에 위치시켜, 더 분명하게 보편적인 성격을 갖추고, 현재의 순간보다 한결 더 뜻 깊은 그 무엇과 접하는 것이다."[18] 말하자면 그는 시의 초월적 기능이라고 부를 수 있는 것의 한 두드러진 표현을, 일제하의 고난이라는 개별적 체험에서 우러난 심훈의 시에서 발견한 것이다.

---

16) *Poetry and Politics*, Cambridge University Press, 1966, p. 92.

17) 같은 책, p. 93. 바우라는 심훈의 시를 인용하고 논함에 있어서 이학수Peter H. Lee 편, *Anthology of Korean Poetry* (John Day, 1964)를 참조했다는 것을 밝히고 있다. 이것은 번역이 수행할 수 있는 가장 바람 직한 기능, 즉 외국인으로 하여금 이질적 문화권의 문학에 담긴 세계적 의미를 발견하는 계기를 마련해주는 기능을 보여주는 좋은 예이다.

18) 같은 책, p. 95.

　방금 시사한 것처럼 바우라가 심훈의 시에서 보편적 의미를 찾아내고 그것을 독자에게 납득시킬 수 있었던 것은 다른 시인과의 비교를 통해서였다. 그러나 상이한 텍스트에 대한 주목은 반드시 차이점의 인식만을 가져오는 것은 아니며, 도리어 상동성(相同性)의 발견으로 인도될 수도 있다. 또한 바우라는 시의 실존적 의의에 중점을 둔 해석을 시도했지만, 보다 학문적인 연구의 차원에서 이역(異域)의 문학적 표현의 보편적 성격을 밝힐 수도 있다. 한국 문학에 관해서 시도된 그러한 작업의 한 예로서 내가 이 자리에서 들고 싶은 것은 매캔의 「처용가」에 관한 견해이다.[19]

　우리가 다 알고 있듯이 이 노래는 처용이 아내의 잠자리에서 다리가 넷인 것을 보고는 노래를 부르고 춤을 추며 물러난 것을 어떻게 해석하느냐는 문제를 가져왔다. 그 야릇한 행위를, 남편인 처용의 겸양·비굴·나약함 또는 좌절감 등으로 해석하는 것은 텍스트의 문자를 곧이곧대로 받아들여, 처용을 이야기의 주인공으로 보고 오직 그의 행위에만 초점을 맞추어서 읽는 데서 유래한다. 그런데 매캔은 이 관례적 읽기를 완전히 거부하고 대담한 뒤집기를 시도한다. 그는 이야기의 사실상의 주인공이 아무런 중요한 역할도 하지 않아 보이는 처용의 아내이며, 처용은 도리어 그녀의 보조자에 불과하다고 주장한다. 그가 뒤집어서 고쳐 쓴 '원본'을 따르자면, 무녀인 그녀는 그녀의 아름다움에 홀린 역신(疫神)을 사로잡기 위해 일종의 미인계를 꾸미는데, 처용이 부르는 그 야릇한 노래도 그 미인계의 일부에 지나지 않는다. 그것은 역신이 과연 그녀를 겁탈하려고 할 때, 그가 현행범으로 발각되었다는 것을 알리기 위해서 처용이 아내의 사전 지시에 따라 부르기로 계획되어 있던 것이다. 그리하여 꿈

---

19) David R. McCann, "Choyong and Manghae Temple," *Early Korean Literature*, Columbia University Press, 2000, pp. 101~22.

짝없이 잡힌 역신은 항복할 수밖에 없게 된다.

그렇다면 이 일을 꾸민 장본인인 처용의 아내가 텍스트에서는 어떠한 적극적 역할도 하지 않는 단순한 간부나 희생자처럼 나타나 있고, 도리어 보조자인 처용이 주인공인 것처럼 역할이 전도되어 있는 것은 무슨 이유인가? 매캔은 그런 남성 중심적인 이야기로의 전환이 "그 이야기가 일어난 것으로 되어 있는 신라 후기와 그것이 기록된 고려 후기 사이에 가로놓인 수세기 간에 걸친 불교적·유교적인 관습"[20]의 소치라고 주장한다. 그리고 그는 자기의 주장이 자의적이 아님을 밝히기 위해서 그런 역학적 변화의 상동성을 그리스에서 찾는다. 고대 그리스에서 도시 국가를 중심으로 새로운 정치적 질서가 수립됨에 따라서 여성의 역할은 왜소화의 길로 내몰린다. 여성의 비탄의 노래는 질서를 교란하는 불길한 것으로 여겨져서 문학적 표현으로 승화되고, 복수의 여신 에리뉴에스는 마침내 선량한 에우메니데스로 변신한다. 이런 점으로 보아, 여성의 지위의 격하는 동서양을 막론하고 보편적인 현상이었을 것이며, 처용 이야기에서의 변질은 그 현상을 전형적으로 나타내는 한 경우가 될 것이다.

이러한 매캔의 소설(所說)이 과연 어느 정도의 타당성이 있는지 나로서는 단언할 수 없다. 그것을 더 공고히하기 위해서는 가치와 관습과 의미의 역학 관계(그는 그것을 네고시에이션negotiation이라고 부른다)가 사회 변동에 따라 어떻게 달라지는지 더 많은 고증이 필요할 것이다. 다른 것은 고사하고, 유교와 불교의 이데올로기가 강화되어온 한국에 있어서, 문학적 담론이 「처용가」 이후에도 여성의 역할을 극소화하고 남성 위주로 전환되었는지를 알아보는 것은 그의 주장의 정당성을 입증하는 데 긴요한 작업이 될 것이다. 그러

---

20) 같은 책, p. 111.

나 이 자리에서 내가 하고 싶은 말은 그 정당성의 여부라기보다, 처용 이야기의 새로운 해석을 위해서 그가 밟은 절차의 의의이다. 그는 수수께끼 같은 그 이야기를, 고대 그리스의 경우와의 상동성에 주목하면서 뒤집어 읽고 그럼으로써 그것에 보편적인 의미를 부여하려고 했다. 이렇게 보편적 입장에서 텍스트를 뒤집어 읽고 억압된 기의의 중요성을 드러내는 것은 문학 해석에서 가장 뜻 깊은 과제의 하나이다. 이런 방식으로 텍스트의 이면을 읽는 작업은 프로이트가 호프만의 『모래 사나이』을 읽으면서, 또는 레오나르도 다 빈치의 어린 시절의 추억을 따지면서 예시한 바와 같은 정신분석학적 입장에서뿐만 아니라, 더 일반적으로 사회적·정치적 각도에서도 시도되어 마땅하다는 것을 매캔은 한국 문학의 한 고전적 설화의 분석을 통해서 보여준 것이다.

나는 지금까지 몇몇 예를 들면서 한국 문학의 보편화란 무엇을 의미해야 하는지 생각해보았다. 내가 강조하려는 것은 한국이 이제 경제만이 아니라 문학의 분야에서도 세계적 중요성을 갖추게 되었다든가, 서양 중심주의 때문에 가려져 있던 그 본질적 가치를 알려야 할 때가 왔다든가 하는 따위의 국민적 위신의 선양이 아니다. 하기야 나도 그런 애국적 지향이 전적으로 틀렸다고는 생각하지 않는다. 모든 나라가 각자의 문화의 대외 선전에 힘쓰고 있는 이상, 한국 역시 당당한 문학적 과거와 현재를 가지고 있다는 것을 널리 알리려는 노력을 공공 기관이나 사적인 조직을 통해서 전개해나가는 것은 필요한 일이다. 그러나 이러한 노력은 단순한 선전이 아니라 타자에 대한 호소가 되어야 한다. 인생과 세계에 관하여 무엇이 옳고 바람직한가를 서로 이야기하려는 문학에 있어서는 더욱 그렇다. 되풀이하거니와, 자국의 문학을 타자에게 알린다는 것은 그 문학의 개별성 속에 내재하는 보편성을(또 때로는 보편성에 못 미치는 한계를) 타자가 발견해주고 인식해주기를 바라는 것이며, 나아가서는 그 발견과 인식을 되받아서 새롭고 더 합당한 자기 정립의 계기로 삼기 위한 것이다.

이런 이야기와 관련하여, 나는 오늘날 서양에서 비롯된 기술 문명의 비인간화에 대항하여 자유롭고 주체적인 존재로서의 인간을 회복하는 원리가 오직 동양에서 올 수 있으며, 한국은 그 원리의 중요한 제공자의 일원이라는 생각을 문학과 결부시켜서 강조하는 사람들의 생각에 무조건적으로 동조할 수는 없다. 이성과 직관, 개인과 집단, 분석과 종합, 변화와 안정, 역사와 궁극적 진리 등의 이항 대립을 만들어놓고, 전자를 중시해온 서양이 후자의 담당자인 동양을 지배해온 역사가 이제 막다른 골목에 다다른 오늘날, 해결은 오직 후자에게서 온다고 주장하는 것은 서양이 밟아온 환원주의적 · 이분법적 전철을 반대의 입장에서 밟는 것이다. 그렇기 때문에 최근 동양 사상에 매력을 느끼는 서양 사람들이 부쩍 늘어간다는 반가운 현상을 두고, 빛은 이제 동양에서 오고 한국은 그 빛을 이루는 광속의 하나라고 생각하는 것이, 그리고 한국 문학의 '해외 진출'을 그런 각도에서 생각하는 것이 마땅한 일이라고는 여겨지지 않는다.

하기야 "어떠한 시대에서도 또 어떠한 장소에서도 서양 사람은 비서양 문화에 대한 공정하고 진정한 지식에 이르지 못했다"(에드워드 사이드)는 따위의 말을 강조해야 할 시대는 지나갔을 것이다. 서양 사람들의 동양과 한국에 대한 관심은 그런 유럽 중심주의적 · 제국주의적 시각에서는 이미 상당히 벗어나 있고, 많은 사람들은 개인적 삶과 역사의 흐름을 생각할 때 자신의 전통의 한계를 의식하고 동양 사상에서 빛을 찾기도 할 것이다.[21] 그들의 그런 시도 자체는 중요하고, 또 동양 사상을 연구하는 동양인들 자신이 그것을 도와야 할 것이지만, 다른 한편으로 그런 일이 과연 동양 이외의 사상, 특히 서양 사상의 시효 상실의 증거이며, 이제는 입장이 완전히 뒤집어져서 동양 사상의 결정적 승리를 의미한다고 생각한다면 이것은 제국주의의 슬픈 재판이며 한풀이와 같은 리플렉스에 지나지 않을 것이다. 모두(冒頭)에 인용한 로니의 100년 전의 말이 시사하는 것처럼, 만일 동양이 종합적 사상의 형성에 도움을 준다면, 다른 한편으로 서양이 그 범례를 보여준 분석적 지성은 여전히 세상과 자아를 성찰하는 필수적인 연장인 것이다. 그리고 한 걸음 더 나아가 과연 사고 방식에 있어서 동양은 종합적이며 서양은 분석적이라는 이분법 자체가 정당한지조차도 두고두고 따져보아야 할 대목이다.

그렇기 때문에 한국의 여러 기관과 많은 문인 및 연구자의 적극적 노력의 덕분으로 한국 문학에 대한 해외의 관심이 어느 때보다도 고조되고 있는 오늘날, 우리는 이 노력이 속 좁은 민족주의에 의해서 왜곡되는 것을 경계해야 하는 것이다. 한국 문학을 해외에 소개하는 것은 그 우수성을 세계에 널리 알린다는 일방 통행적 욕구에 의한 것이어서는 안 된다. 그것은 누누이 강조한 것처럼 타자 앞에 자신을 내던지는 것, 타자이기 때문에 가능한 새로운 인식과 비판을 요청한다는 것이다. 때로는 긍정적으로 또 때로는 부정적으로 작용할 수 있는 타자에 의한 이 객체화는, 인간이란 대자적 존재인 동시에 대타적 존재라는 사르트르의 말과 같이 개인적 삶에 있어서와 마찬가지로 제 나라의 문화를 발전시켜나가는 데도 필수적이다. 우리는 외국 학자의 한국 문학 작품에 대한 해석을 통해서 자국 문학의 가치를 더욱 고차원적으로 바라보는 새로운 견지와 방법에 관한 귀중

---

21) 나는 이런 양상의 일단을, 퍼식 Pirsig의 소설 『선(禪)과 오토바이 정비술 *Zen and the Art of Motorcycle Maintenance*』을 분석하면서 살펴본 바 있다(졸고, 「테크놀로지와 질적 가치」, 『현대문학』, 1999년 7월호, pp. 126~61 참조).

한 시사를 얻을 수 있고, 또 반대로 우리 주장의 민족주의적 편향에
대한 정화적 반성을 스스로 시도할 수도 있다.[22] 그러나 이러한 말은
그들의 견해의 전적인 수용을 의미하는 것이 아님은 앞서 언급한 나

22) 문학을 포함해서 한국의 문화에 대한 국내의 해석이 민족주의적으로 편향되고 있
다는 지적은 외국의 연구자들 사이에서 상당히 많은 것 같다. 그들은 주로 한국 문
화의 역사가 민족의 자주적 역량에 힘입어 자생적 · 자발적으로 전개되어나왔다든
가, 혹은 외국의 영향을 받은 문학 활동은 가치 없는 것이며 심지어 민족 반역적이
라는 따위의 민족 순수주의를 의심의 대상으로 삼는다. 나는 그들의 비판을 귀담아
들을 필요가 있다고 생각한다. 적어도 그런 비판은 매우 중요한 논의를 촉발시킬
수 있을 것이며, 그것만 해도 한국 문화 연구에 큰 공헌이 될 것이다. 몇 가지 예를
들어두자. "알타이 민족의 설화들에서 찾아볼 수 있는 다양한 영향에 대한 고찰은
한국의 민간 종교를 연구하는 어떤 학자들에 대한 한 경고가 될지도 모른다. 그들
은 한국적 샤머니즘의 원형을 재구성하려는 기도에 있어서, 한국인과 관련되어 있
는 것으로 상정된 북아시아 및 중앙아시아의 알타이 민족의 종교에 주목한다. 그리
고 그것은 역사의 변화를 덜 겪었으며 그 본래의 순수성을 대부분 간직하고 있다고
주장한다. 그러나 많은 알타이 민족들은 정처 없는 유목민이었으며 아득한 옛날부
터 이란의 종교 · 불교 · 네스토리우스파 · 회교 · 기독교 등으로부터 무수한 영향을
받아왔던 것이다"(B. C. A. Walraven, "The Root of Evil as Explained in Korean
Shaman Songs," *Cahiers d'Etudes coréennes* 5, Collège de France, 1989, p. 365).
"가치 판단의 주된 규준으로서 민족주의를 강조하는 것은 과거의 왕조를 그 자체로
서 이해하는 것을 불가능하게 만든다. [……] 이 자리에서 내가 지적하고 싶은 것
은 정치나 경제와 마찬가지로 예술과 문화 역시 새롭고 창조적인 형태와 형식을 향
해서 개방되면서 성장하도록 허용되어야 한다는 것, 몇몇 대가들이 정통적인 한국
적 모델이라고 규정한 것에 순응하도록 폐쇄되어서는 안 된다는 것이다"(James
Palais, "Nationalism: Good or Bad?" Hyung Il Pai and Timothy R. Tangherlini, ed.,
Nationalism and the Construction of Korean Identity, University of California,
1998, pp. 226, 228). "현대의 민족주의적 비평가들은 앞서 말한 접근 방법(근대 문
학 형성에 있어서 일본 및 서양의 영향을 인정하는 것)을 송두리째 배척한다. 왜냐
하면 그것은 한국 근대시의 탄생을 외국의 기여 및 영향과 관련시키는 것이기 때문
이다. 그런 견지에서 보면 민족의 시의 요람에서 일본의 배내옷이나 서양의 수유기
(授乳器)를 찾아본다는 것은 받아들일 수 없는 일인 것이다. 그렇기 때문에 그들은
모든 수입 현상이 일어난 1884~1910년의 시기 이전에 이미 자생적인 개혁 운동이
전개되었다는 것을 증명할 만한 어떤 사건이나 시대나 장르를 한국 문학에서 찾아
내려고 애쓰는 것이다"(Patrick Maurus, 앞의 책, p. 147). 직접적으로 문학에 관해
서 언급한 모뤼스의 이 비판에는 분명히 일리가 있다. 그러나 나는 이 비판이 포함
되어 있는 그의 「최남선론」의 취지 자체에 전체적으로 찬동하는 것은 아니다. 그
점은 차후에 기회가 있으면 자세히 살펴보고자 한다.

의 간단한 비판을 보아도 알 것이다.

그런 점에서 내가 마지막으로 다시 한번 강조하고 싶은 것은 '보편화의 함정'에 대한 경계이다. 한편으로는 안이한 환원주의에 빠져서 한 나라의 문화의 특징을 경망하게 규정하려는 경향이 있고, 다른 한편으로는 한 개별적인 것을 다른 개별적인 것과 견주면서 깊이 성찰하는 노력을 기울임이 없이 그 자체를 보편적인 것으로 속단하거나 강변하는 경향이 있다. 전자는 흔히 이질적 문화를 대할 때 일어나기 쉬운 함정이며, 과거의 제국주의자들[23]이나 오늘날의 편협한 민족주의자들이 보여주는 바와 같은 후자의 태도는 때로는 오만하고 때로는 궁색한 자기 정당화의 충동에서 비롯되는 것이다. 내가 외국에서의 한국 문학 연구에 바라고 싶은 것은 우리가 보편성을 내세우면서 항상 빠지기 쉬운 이런 환원주의와 자기 정당화를 다 같이 경계하면서, 한국 문학이라는 개별적 문화가 인류의 진실한 보편적 양상과 지향을 밝히는 데 어떠한 공헌을 할 수 있는지를 국내의 연구자들과 함께 규명해나가는 것이다. 그러기 위해서는 양자간의 부단한 대화와 자극이 필요한데, 그 일은 아직도 크게 활성화되어 있지 않고 차라리 이제부터라고 느껴진다.　　　　　　(『현대문학』, 2002년 12월호)

---

23) 제국주의적 담론의 한 전형적인 예는 리바롤Rivarol의 『프랑스어의 보편성에 관한 논고 Discours sur l'universalité de la langue française』(1784)이다. 이 책에서 저자는 프랑스어가 18세기 유럽 전체에 걸쳐서 큰 세력을 발휘하게 된 것은 그 구조와 표현이, 영어나 독일어나 이탈리아어에서는 찾아볼 수 없는 합리적이고 명확하고 세련된 특질을, 만인이 받아들일 수 있는 보편적 언어로서의 특질을 갖추고 있었기 때문이라고 주장한다. '분명하지 않은 것은 프랑스어가 아니다'라는 신화를 만들어낸 이 책은 정치적인 힘과 문화적인 힘의 인과 관계를 뒤집어놓은 위장된 제국주의의 표본과 같은 것이다. 만일 리바롤이 지금도 살아 있다면, 오늘날 영어가 세계를 지배하고 있는 것은 그 말이 언어학적으로 세계에서 가장 우수한 말이기 때문이라고 주장해야 할 판국에 몰렸을 것이다.

제 2 부

예스와 노의 사이

허무와 미의 문학

괴물을 위하여

고독과 자연을 주제로 삼은 두 변주곡

동요 속의 문학

오늘날의 문학적 상황에 관하여

비행기와 문학

두 이방인

예스와 노의 사이
─아누이유의 『안티고네』를 중심으로

1940년대의 전반기라고 하면, 프랑스가 독일 점령군과의 저항 운동을 전개하고 있던 때였으며, 프랑스 국민의 모든 행동은 독일군과의 부역이냐 그렇지 않으면 그들에 대한 저항이냐는 각도에서 고찰되던 때였다. 따라서 이런 정치적 판단이 지배했던 그 무렵에 있어서는 문학 작품 역시 우선 정치적인 견지에서 해석되기 일쑤였다. 작품의 내용이 그 당시의 상황과 직접적인 관련이 없더라도 그 저의가 어떤 것인가를 시대의 편견에 따라 살폈던 것이다.

1942년 아누이유의 『안티고네』가 발표되었을 때도 이런 각도에서 작품에 접근하려는 현상이 나타난 것을 과히 기이하게 생각할 필요는 없다. 국민으로 하여금 국가의 질서를 지키게 하기 위한 일종의 위협적 수단으로서 반항자의 시체를 까마귀밥이 되도록 내버려둔 왕의 처사와, 이 시체를 굳이 매장하겠다고 나서는 안티고네의 행동은 당시의 저항 운동과의 관련 속에서 해석되었다. 독일과 협력하는 프랑스 사람들은 이 희곡이 반항과 교란을 선동하는 것이라고 보고, 이와 반대로 저항 운동자들은 안티고네가 그녀의 오빠의 시체를 묻으려는 것은 그들이 죽인 부역자의 시체를 섬기려는 것과 다름없으며, 따라서 그 희곡은 반(反)저항 운동적이라고 비판하였다. 작가인 아누이유가 자기의 작품에는 어떠한 정치적 의도도 없다고 변명해도 소용없었다. 그 당시로서는 정치적 의도가 없는 작품이란 존재할 수 없다는 것이 일반 독자들의 생각이었기 때문이다.

그러나 오늘날에는 그런 입장에서 아누이유의 『안티고네』를 대하는 사람은 없다. 이 작품을 유명하게 만드는 데 도움이 된 정치적 해석을 넘어서서, 그것은 오늘날 우리에게 하나의 근본적인 질문을 던져준다. 사실 이 희곡은 문제를 해결하기 위해서나 또는 작가의 주장을 알리기 위해서가 아니라, 반대로 작가 자신도 풀 수 없는 문제를 제시하기 위해서 있는 것이다. 전통적인 작품과는 반대로, 이야기가 진전됨에 따라서 의문 부호가 더욱더 커져갈 따름이다.

이 희곡의 줄거리는 우리에게도 낯익은 그리스 신화에서 따온 것이다. 테바이의 왕 오이디푸스가 세상을 떠난 뒤, 그의 두 아들 에테오클레스와 폴리네이케스가 일 년마다 교대로 임금 노릇을 하게 되었다. 그러나 최초의 일 년이 지난 뒤 형인 에테오클레스가 동생에게 왕위를 넘겨주기를 거절하자 동생 폴리네이케스는 이에 불만을 품고 이웃 나라의 도움을 얻어 형과 싸움을 벌였다. 결과는 비극적이었다. 두 형제는 테바이의 성문에서 다 같이 죽고 그의 숙부인 크레온이 등극하였다. 그런데 크레온의 처사는 가혹하고도 정치적이었다. 그는 약속을 어긴 형 에테오클레스는 정중하게 묻어준 반면에, 반란을 일으킨 동생 폴리네이케스의 시체에 대해서는 매장의 예식을 거부하고, 앞서 말한 것처럼 국가의 질서를 지키게 하기 위한 본보기로서 그의 유해를 까마귀밥이 되게 방치했던 것이다. 그리고 이런 처사의 모독성에 격분한 안티고네가 왕명을 어기면서 오빠의 시체를 묻어주려다가 드디어 죽음을 당하고 마는 것이다.

그러나 아누이유는 이 신화의 비극성을 강조하기 위해서 희곡을 쓴 것은 아니다. 그는 그리스 로마 신화를 즐겨 소재로 삼는 현대의 많은 위대한 작가들과 마찬가지로, 자기를 괴롭히거나 자기에게 가장 중요한 문제가 될 수 있는 인생의 어떤 양상을 부각하기 위해서 그것을 이용했을 따름이다.

그 점은 아누이유가 이 희곡에서 코러스와 소개자(프롤로고스)를 등장시키고 있는 점을 보아도 알 수 있다. 왜냐하면 그들의 존재는 다만 옛 그리스의 희곡 형식을 부활시켜보려는 시도가 아니라, 이중의 의미에서 그 자신의 『안티고네』와 중요한 관련을 가지고 있기 때문이다. 첫째로 그들은 관객과 배우 사이에서 비평가 역할을 한다. 그들은 작품의 의의를 관객에게 보다 적실하게 설명해주고 관객으로 하여금 일상 생활의 베일 밑에 가려져 있는 보다 깊고 괴로운 문제 속으로 파고들어가도록 권유한다. 그들의 말은 작품 전체에 흐르는 숙명적 세계의 존재를, 마치 자꾸만 더 짙게 다가오는 어둠처럼 예감케 하고 관객의 반성을 강요한다. 가령 처음에 등장 인물을 소개하는 대사가 그렇다. "이 막이 오르면 안티고네는 젊은 남자와 함께 웃고 지껄이는 그의 언니 이스메네에게서 현기증 나는 속도로 멀어져가는 것을 느낍니다. 그녀는 여기 편안히 앉아서 구경만 하고 있는 우리들, 오늘 밤에 죽을 필요가 없는 우리 모두들에게서 멀어져가고 있다는 것을 느낍니다." 소개자의 이 한마디 말은 관객의 의식을 뒤집어엎는다. 이 말은 그야말로 언중유골이다. '오늘 밤에 죽을 필요가 없는 우리들'에게, 오늘 밤만큼은 일상적 자아에서 벗어나서 안티고네의 죽음을 자신의 죽음처럼 겪고, 그것이 내포하는 본질적 문제와 맞서보기를 권유하기 위한 역설적 언어이다. 모든 훌륭한 예술과 마찬가지로 아누이유의 『안티고네』는 우리를 안심시키기 위해서가 아니라, 우리를 불안에 빠뜨리기 위해서 존재하고 소개자와 코러스는 이 불안의 사도(使徒)이다.

둘째로 그들은 아누이유가 신화의 이야기에 중점을 두고 있지 않다는 것을 보여준다. 전통적인 희곡에서는 이야기를 전개하기 위해서 몇 막이 필요하며, 사건이 클라이맥스에 이르게 하기 위해서는 준비가 필요하다. 그러나 이 희곡의 경우에는 클라이맥스가 희곡의 전부라고 말할 수 있다. 가령 보통의 희곡이 5막으로 구성된다면, 아누이유의 『안티고네』는 제5막밖에는 없는 희곡이며, 나머지 4막의 기능을 하는 것이 소개자와 코러스이다. 사건과 이야기가 중요하지 않으니까, 그것을 전개하기 위해서 몇 막에 걸친 노력을 바칠 필요가 없는 것이다. 소개자와 코러스의 입을 통해서 몇 마디 말로 그것을 요약하고 분위기를 조성하고 나서는 관객이나 독자를 문제의 핵심 속으로 직접 투입하려는 것이다. 앙드레 말로의 『인간 조건』이 극한 상황의 소설인 것과 마찬가지로 아누이유의 『안티고네』는 극한 상황의 희곡이다.

그렇다면 작가는 이 희곡에서 우리들을 어떤 문제와 맞서게 하려는 것인가? 그것은 삶 자체가 제시하는 문제이다. 아누이유에 따르면 산다는 것은 필연적으로 타락한다는 것이다. 그리고 '삶=타락' 앞에서 우리가 취할 수 있는 두 가지 태도의 패러다임이 각각 크레온과 안티고네라는 두 인물에 의해서 제시된다.

우선 크레온에 관해서 살펴보자. 테바이의 왕 크레온은 왕이라는 역할을 해야만 하는 자신의 부조리성을, 그러나 그 필요성을 똑똑히 의식하고 있다. 그는 정치의 세계가 본질적으로 타락한 희극의 세계인 것을 알면서도 이 희극의 연출이 국민의 생활을 좌우한다는 것을 알고 있다. 어른 행세를 한다는 것은 곧 순결을 잃고 진흙탕 속에 빠지는 것, 자신의 진정성(眞正性)을 지킬 수 없는 세계로 별 수 없이 끌려 들어간다는 것임을 알고 있다. 그가 어서 어른이 되고 싶다는 그의 시동(侍童)에게 "너 미쳤구나. 아예 어른이 되지 말아야 할 게다"라고 말하는 이유도 여기에 있다. 그러나 크레온은 감상파가 아니다. 어른이 된 이상 자기의 타락과 오염을 불가피한 조건으로 받아들이고, 하고 싶지는 않지만 해야 할 역할을 떠맡고 나가는 사람이다. 왕 노릇을 한다는 것은 자신을 고독한 희극 배우로 만들고 가치의 논리가 아니라 효과의 논리를 따르는 것이지만, 이 효과의 논리야말로 국가의 안녕을 가져오는 것이므로 그것에 대해서 예스라고 응답하는 것이 그의 책무이다. 이것은 과연 순수성을 지키기 위해서 노를 외치는 것 이상의 용기를 필요로 한다. 가령 그가 안티고네와 주고받은 다음의 말을 들어보라.

크레온: 어느 날 아침 깨어보니까 나는 테바이의 왕이 되었다. 물론 내가 인생에서 원한 것은 정권을 잡는 것은 아니었지만.
안티고네: 그렇다면 노라고 외쳐야 했을 게 아니겠어요?
크레온: 그럴 수도 있었다. 하지만 그렇게 한다면 할 일을 기피하는 일꾼과 같으리라는 생각이 들었다. 그것은 정직한 일이 아닐 것 같아서 예스라고 대답한 것이다.

더럽고 하기 싫은 일이지만 하루의 과업을 앞둔 노동자처럼 비장하게 효과의 논리를 따라가야 하는 크레온은 순결과 정의를 자의적(自意的)으로 등진다. 그가 폴리네이케스의 시체를 묻지 않은 채 내버려두게 한 것은, 에테오클레스가 착한 형이고 폴리네이케스는 나쁜 동생이기 때문이 아니다. 그 목적은 불온한 시민에게 공포심을 일으키는 데에 있는 것이지, 정의로운 응징과는 아무 상관이 없다. 사실은 두 형제가 다 같이 나쁜 놈이다. 그런데 크레온이 에테오클레스의 시체가 아니라 폴리네이케스의 시체를 노출시키기로 한 것은 다만 그쪽이 덜 부패했다는 이유 때문이다. 그러면서도 그 시체의 노출이 마치 정의의 복수인 것처럼 시민에게 선전하려는 것이다. 우리는 여기에서 정치는 가치의 위조라는 폴 발레리의 말을 다시 상기하게 된다. 그러나 이 가치의 위조를 고발하기에 앞서, 그것 없이는 사회 질서가 무너질지 모른다는 끔찍한 인식에 당면하게 되는 것이다. 크레온은 삶이 분비하는 허위와 부조리를 불가피한 악으로 받아들이는 사람을 대표한다.

아누이유의 논리를 따르면, 만일 우리가 크레온과 반대로 '생=타락'의 등식을 거부할 때 우리는 죽음을 택할 수밖에 없다. '생=가치의 실현'이라는 등식은 성립할 수 없는 것이기 때문이다. 그런데 이 반(反)크레온적인 입장에 서 있는 것이 안티고네이다.

어떠한 타협도 없는 순수한 행복을 그리는 안티고네를 두고 우리는 철없는 어린애 같다고 생각할 수도 있다. 매장되지 않은 채 영원히 방황할 오빠의 영혼에 안식을 주기 위해서 흙을 뿌려준다는 항명을 저지름으로써 자신을 죽음의 길로 몰아넣은 그녀의 순수주의가 비현실적이라고 생각할 수도 있다. 그러나 이 희곡은 도시 리얼리즘을 겨냥한 것이 아니다. 그것은 우리에게 고귀성과 진정성을 포기하기를 강요하는 사회에 대한 강렬한 항의의 상징이다. 좀더 비근하게는 19세기 이래로 사회와 자아의 대립 속에서 생존의 괴로움을 겪어오던 어떤 지식 계급의 상징이기도 하다. 그러나 19세기만 하더라도 출구가 있었다. 희극과 타협과 어리석음을 강요하는 사회와 발맞추기를 거부하던 비니나 플로베르는 사회의 손이 미치지 않는 곳에서, 예술의 상아탑 속에서 자신의 진정성을 유지할 수 있었다. 그러나 20세기 중엽에 태어난 아누이유의 안티고네에게는 이것이 불가능하다. 고도로 조직화된 사회는 개인이 그 권외에서 자립하도록 내버려두지 않는다. 개인은 생존을 유지하기 위해서 위조된 가치 체계에 부득이 끌려 들어가거나, 혹은 그것을 거부함으로써 자신을 소외·고독·광증 또는 죽음의 길로 몰아넣게 된다. 아누이유는 가냘프면서도 당돌한 한 여성을 통해서 현대 사회의 이 모순을 극대화시켜보려는 것이다.

이렇게 보면 그의 안티고네가 소포클레스의 안티고네가 아닌 것은 너무나 뻔한 이야기이다. 그의 크레온이 그 그리스 작가의 크레온이 아니듯이 말이다. 소포클레스의 희곡에서는 인물들의 행위가 확고한 원칙에 의해서 보장되고 합목적성을 지니고 있다. 소포클레스의 크레온은 통치자로서의 굳은 신념을 가지고 인민의 행복을 기하려는 진정한 군주이다. 그의 행위와 그의 자아 의식 사이에는 아무런 모순이 없다. 이와 반대로 아누이유의 크레온은 하기 싫은 역할을 억지로 해나가는, 그럼으로써 자신의 진정성을 배반하는 직업의 노예이다. 그에게 어떤 위대성이 있다면 그것은 자신을 배반하면서 역할을 수행한다는 아이러니컬한 용기에 있다. 한편 안티고네로 말하자면 옛 그리스의 안티고네는 사자(死者)를 섬기라는 신의 영원한 율법을 따르는 사람, 말하자면 신을 어김없는 후원자로 가지면서 합목적적인 행동을 하는 사람이다. 그 반면에 현대의 안티고네에게는 신이 없다. 그녀는 아무런 구원에 대한 희망도 없이 순결성을 지키려는 것이며 오빠의 매장을 고집하는 것은 그 순결성에서 우러나오는 항의의 한 표현이다. 그것이 결국 죽음이라는 형벌을 가져오지만 이러한 생의 포기에는 어떠한 보상도 없다. 그녀는 사형의 순간이 오자 도리어 공포에 휩싸이는 것이다.

문학은 대답이 없는 영원한 질문과 같다. 아누이유는 이 두 인물을 우리 앞에 내보임으로써 우리의 선택을 강요한다기보다 우리에게 삶의 현실을 두고 근원적으로 고민하기를 종용한다. 본질적 질문과의 대면을 회피하면서 일상 생활을 영위하는 우리들에게(왕의 명령에 따라 안티고네를 체포하고 감시하고, 그 공으로 승급을 기대하는 병졸이나, 삶의 쾌락만을 추구하려는 안티고네의 언니는 바로 그런 우리들의 상징이다), 이 작품은 크레온처럼 오염과 전락을 필연적인 대가로 받아들이면서 삶을 긍정할 것인가, 혹은 안티고네처럼 순수성을 지키기 위해서 삶을 거부할 것인가라는 어려운 문제를 다 같이 생각해보자고 호소하는 것이다. 그러나 아무도 이 예스와 노 사이에서 문제를 명쾌하게 해결할 수는 없다. 산다는 것은 아마도 그 사이의 긴장 관계를 유지해나가는 것인지도 모른다. 어떻게 보면 예스를 택하는 것은 타협적이며, 노를 택하는 것이 의연한 일인지도 모른다. 그러나 또 달리 생각하면 전자가 도리어 의연한 태도이며 후자가 안이한 태도일지도 모른다. 아누이유의 『안티고네』는 바로 이러한 양의적(兩義的)인 반성을 우리들에게 촉구하는 아이러니컬한 작품, 흔히 말하는 '열린' 작품의 한 대표적인 경우이다.

(『신세계』, 1963년 12월호)

허무와 미의 문학
──가와바타 야스나리의 『유키구니(雪國)』를 중심으로

가와바타 야스나리가 노벨 문학상을 받았다는 소식을 듣고, 나는 서재 한 모퉁이에 쌓여 있던 그의 오래된 선집(1937년 간행) 9권을 새삼스럽게 들추어보기 시작했다. 화제에 오르고 있는 『유키구니』는 젊은 시절에 한 번 읽은 일이 있었는데, 첫머리의 기차 속의 장면을 제외하고는 별로 깊은 인상을 받지 못했던 일이 생각나서, 이번에도 우선 다른 작품을 읽어보려고 했다. 그러는 중에 나의 눈에 띈 것은 제1권에 수록된 「조선인」이라는 아주 짧은 소품이었다. 가와바타가 일제 시대의 한국 사람에 관해서 무엇을 쓰고 있는 것일까 하는 조급한 궁금증이 그의 문학적 전체상을 알아보려는 호기심에 앞섰다. 200자 원고지로 불과 15매도 안 될 이 작품에는 이야기라기보다도 한 폭의 수채화라고 부르는 편이 마땅할 장면이 그려져 있었다.

"7월의 하얀 산길"을 따라 이주하는 한 무리의 재일 조선인에 섞여 16, 7세 가량 되는 소녀가 있다. 산마을을 떠나 바다가 보이는 지점에 이르자, 그녀는 피로에 지쳐 풀밭에 주저앉는다. 다른 사람들은 그녀를 그대로 스쳐 지나갔고, "여름의 바다를 바라보니 소녀는 머리가 어찔어찔했다." 드디어 마지막으로 젊은 노동자 한 사람이 나타난다. 그가 최후의 후조(候鳥)이다. 그는 소녀에게 말한다. 이 뒤로는 아무도 오지 않는다, 내 아내가 되기를 승낙한다면 내가 안아서 같이 가주겠다고. 그러나 소녀는 대답한다. "싫어요. 아버지가 이렇게 말씀하셨어요. 내가 죽음을 당한 땅 위에서 결혼하지 말아라. 내지(內地)에 와 있는 놈의 아내가 되지 말아라. 조선에 가서 시집을 가라." 하지만 조선으로 돌아가는 기차 삯과 조선 옷을 마련하고 싶다는 이 소녀에게, 청년은 자기가 이곳을 지나는 마지막 조선인이며 3년을 더 기다려봐야 조선인은 오지 않는다는 점을 강조하면서 제 말을 들으라고 재촉한다. "아아" 하는 한숨 소리와 함께 소녀는 드디어 꺾이고 만다. 마지막 장면은 이렇다.

노동자는 소녀의 어깨를 안고 일어섰다. 두 사람은 큰 짐 보따리를 짊어졌다.
"정말 아무도 안 와요?"
"성가시게도 묻는군."
"내게 바다가 보이지 않게 데려가주세요."

이 소품은 몇 가지 점에서 내게 감명을 주었다. 첫째로는 물론 한국인으로서 받은 감명이었다. 노예화된 민족에 대한 그의 동정심과 아울러 그 무렵에 우리 모두가 느꼈을 무력감을, 가와바타는 감상화되지 않은 서정적 언어로서 몇 장의 원고지에 응결시켜놓았다. 그 다음으로 이 작품은 앞서 말한 바와 같이 소설이라기보다도 차라리 수채화처럼 담백하게 슬픈 아름다움을 그려놓고 있다. 저 멀리 트여 있는 바다, 못 건너갈 그 바다를 바라보지 않으려는 유랑의 소녀, 그녀의 초라한 의복과 짐짝, 그리고 그 앞에 서 있는 음흉한 청년……바다와 청년 사이에 끼어 있는 소녀의 모습은, 화사하지만 헛된 환상밖에 약속해주지 않는 미래의 시간과 추잡한 현실의 압력 사이에 끼어 길을 잃고 있는 인간의 모습을 부각시켜놓은 것 같다. 셋째로 이 작품에서는 내면적 세계가 직접적으로 그려져 있지 않다는 점을 들 수 있다. 소녀의 과거의 체험에 관해서도 또 그녀의 심리적 움직임에 관해서도 언급이 없고, 다만 객관적인 동작의 묘사와 소박한 짧은 대화가 있을 뿐이다. 그러나 이 묘사와 대화는 진정 객관적이고 소박한 것일까? 나로서는 그렇게 생각되지 않았다. 단순하리만큼 담백한 그 언어를 통해서 독자는 소녀의 내면적 세계를 추측하고 거기에 의미를 붙여나갈 수 있는 것이다. 그것은 "내게 바다가 보이지 않게 데려가주세요"라는 최후의 한마디로 응집된다. 이 한 구절이 소녀의 의식의 드라마——바다처럼 잔잔하면서도 깊은 체념을 담고 있는 드라마를 요약하고 있고, 독자에게 쉽게 사라지지 않는 여운을 남겨준다. 마지막으로 나는 이 말이 비록 소녀의 심정의 간접적 표현일 뿐만 아니라, 가와바타 자신의 가장 중요한 인생관의 일면이 아닐까 하는 가정을 해보았다. 이 말 속에 내포되어 있는 가라앉은 체념이야말로 그를 예술가로 만들어주지 않았을까 하는 생각이 든 것이다. '희망이 없다는 것은 절망을 뜻하지는 않는다'는 알베르 카뮈류의 적극적 인생관과는 달리 희망의 유혹에서 벗어나니까 그만큼 더 잘 생을 관조할 수 있다는 입장이 바로 가와바타의 입장이 아닐까? 그는 이른바 실존적 고뇌에서 해탈된 곳에 몸을 두고서 중생의 모습을 바라보며, 될 수 있으면 거기에서 독특한 아름다움을 찾고 싶은 것이 아닐까?

「조선인」을 읽고 가지게 된 이 몇 가지 인상은 나로 하여금 『유키구니』를 다시 읽게 했다. 그 장편(掌篇) 소설에 나타난 수채화적 효과, 외면적 묘사의 숨은 의미, 깊이 들어앉은 체념과 같은 것이 『유키구니』에도 역시 있으리라고 고쳐 생각했기 때문이다. 다시 말해서 처음으로 그 소설을 읽었을 때의 희미하고 엷은 인상은 바로 가와바타 문학의 특색에 대한 나의 무감각——다분히 서구의 실존주의적 작품의 편독 때문에 생긴 무감각에 기인하는 것이라고 생각하면서 다시 읽어본 것이다.

이 소설에서 우선 눈에 띄는 것은 매우 섬세하고 예민한 감각적 언어이다. 유리창에 비치는 여성(요코)의 모습을 그린 그 유명한 야간 열차 속의 장면을 제외하고라도, 우리는 처음부터 끝까지 도처에서 가와바타 특유의 여운 있는 묘사에 마주친다. 그 묘사는 결코 응결되지 않으면서, 무한히 퍼져나가는 소리와 같은, 무한히 번져나가는 색깔과 같은 넓이를 가지고 있다. 말하자면 소리의 정령이 있고 색깔의 정령이 있는 것이다. 한두 가지의 예를 들어보자(이하 인용에서는 대체로 『신동아』, 1968년 12월호에 『설향〔雪鄕〕』이라는 제목으로 실린 이종구씨의 번역을 따랐다).

나비는 서로 어울렸다 헤어졌다 하며, 마침내 접경의 산보다 더 높이 노란빛이 하얗게 되어가는 데 따라 아득하게 멀리 보였다.

온 누리를 뒤덮은 눈의 얼어 조이는 소리가, 땅속 깊이 울리고 있는 듯한 거센 서슬의 밤경치였다. 달은 없었다. 거짓말같이 숱한 별들은 쳐다보고 있자면, 공연히 빠른 속도로 떨어지고 있다 싶을 만큼, 또렷하게 돋아나 있었다. 별들의 떼가 눈에 가까워짐에 따라 하늘은 시시각각으로 멀어만 가서 야밤의 색깔을 진하게 만들었다. 산들은 이젠 겹쳐진 봉우리와 분간이 안 가고 그 대신 그만큼의 두께가 있을 것만 같은 숯검정색으로 별 밝은 하늘 자락에 무거운 짐인 양 매달려 있었다.

첫째 인용문에서 우리는 나비가 사라져가는 고도와 거리가 색깔의 변화를 통해서 표현되어 있는 것을 알 수 있다. 설산(雪山) 위로 나는 한 쌍의 나비는 나비라기보다 서로 얽히고 갈라지곤 하는 색깔 그 자체이며 그것이 희어짐에 따라 가는 곳이 어딘지 아무도 모른다. 그것은 다만 눈과 같이, 허무와 같이 흰빛이 되어 어디론가 녹아서 사라져버린다. 둘째 인용문에 대해서는 설명조차 필요 없으리라. 눈이 얼어붙는 추위의 촉감을 땅의 밑바닥까지 울리는 소리로서 나타내보인 공감각의 효과는 차치하고라도, 성군(星群)의 선명한 빛과 멀고 깊이 흐르는 어둠의 대조적 묘사는 빛에도 어둠에도 그 자체의 생명이 깃들어 있는 듯한 느낌을 주기에 충분하다. 이와 아울러 이 두 인용문에서, 멀리 펼쳐나가는 두 가지 색깔, 즉 흰색과 검은색의 저 너머로, 모든 것이 사라져버릴 수도 있는 하나의 허(虛)의 지대가 무한히 깔려 있다는 것을 상상하기는 어렵지 않다. 그렇다면 멀어질수록 흰빛으로 용해되거나 검은빛으로 농축되는 이런 원경(遠景)은 이 소설에 있어서 심오한 아름다움으로서의 의미만을 지니는 것일까? 이런 질문을 그대로 간직한 채, 우리는 먼저 가와바타의 섬세한 감각적 표현이 가지고 있는 또 하나의 특징을 살펴보자.

그것은 그의 묘사가 결코 객관적이 아니라는 사실이다. 그렇게도 자주 나오는 자연 묘사에 있어서 우리가 느끼는 것은 눈나라 그 자체의 차디차고도 깊은 아름다움이 아니라, 작중인물 시마무라와 여인의 존재이다. 시마무라의 눈을 통해서 인간과 자연은 서로 물을 들인다. 말하자면 시마무라, 여인(고마코 또는 요코), 자연 사이의 삼각 관계가 성립하는 것이다. 앞서 인용한 나비의 묘사만 해도 그렇다. 한 쌍의 나비가 함께 희롱하면서 희게 사라져간다는 이 묘사, 저 멀리 영겁의 시간 속으로 사라져가는 아름답고도 슬픈 한 쌍의 나비의 묘사는, 시마무라와 고마코의 사랑을, 그리고 그들의 미래에 대한 체념의 예감을 떠나서는 깊은 의미를 지닐 수 없다. 시마무라의 눈을 통한 자연과 인간의 상호 채색의 예가 더욱 필요하다면 다음과 같은 구절을 읽어보아도 좋다. 그것은 기차 속에서 차창 밖으로 내다보이는 밤경치와, 그 유리창에 거울인 양 비치는 요코의 모습이 "영화의 이중 촬영처럼" 움직일 때의 묘사이다.

아득하니 먼 산 위의 하늘은 아직 저녁놀의 흔적이 엷게 남아 있어서, 유리창 저쪽으로 보이는 풍경은 멀리 그 생긴 모습이 지워지지 않고 있었다. 그러나 색깔은 이미 자취를 감춘 다음이라, 어디까지 가도 평범한 산과 들의 모습이 더욱이나 평범하게 보이며, 무엇인들 도드라지게 이목을 끌 만한 꼬투리가 없기 때문에, 오히려 어떤 아련하게 크나큰 감정의 흐름이었다. 물론 그것은 이 여자의 얼굴을 그 속에 떠올리고 있었기 때문이다.

이리하여 자연은 인물의 존재에 의하여 의미가 부여되고 이 의미화된 자연이 관찰자(이 경우에는 시마무라)의 감정 상태를 반영한다. 이렇듯 대상은 대상으로서의 견고성을 지니지 못하고 언제나 감정의 침투를 겪고 감정에 의해서 그 모습이 형성된다. 특히 그 무슨 알지 못할 고마코의 매력에 끌려서 이 눈나라를 찾아오곤 하는 시마무라에게는 모든 것이 비현실적으로 느껴진다. 사실 '비현실적'이라는 약간 추상적이며 막연한 단어는 '슬프도록 아름다운 목소리'라는 표현과 아울러 이 소설에서 가장 빈도가 잦은 말이며, 상투화되어 있다고조차 할 수 있다. 아무튼 그것은 일체의 윤리적·사회적 의미를 떠난 것 같은 일종의 몽환의 세계의 비현실성이며, 시마무라는 꿈꾸듯 이 세상을 건너간다. 그러기에 고마코와 헤어져 기차를 탔을 때 느끼는 비현실성이 존재하는 것이다. "시마무라는 뭣인가 비현실적인 물건을 타고 앉아서, 시간이나 거리의 의식도 자취를 감추고 덧없이 몸이 운반되어가는 사람과도 같은 방심 상태에 빠지자, 단조로운 기차 바퀴의 울림 소리가 그 여자의 말마디처럼 들려오기 시작"한다. 또 앞에 언급한 장면에서도 비현실적인 세계의 환영을 보는 듯이 느끼는 것이다.

이렇게 볼 때 외부의 대상은 그것 자체로서 존재하지 않고 시마무라의 정신 상태나 감정의 투영으로서 내적 의미를 지니는 것이 명백하며, 이 점에 이 소설의 매력의 하나가 있으리라. 시마무라의 눈을 통한 그 자신과 여인상과 외적 대상의 부단한 왕래와 상호적 의미 부여와 융합은, 다만 고마코를 부각시키기 위한 수법이 아니라 소설의 본질을 형성하고 있으며, 어떤 의미에서는 고마코와 요코의 존재는 이 전체적 이미지를 이루는 한 요소라고까지 말할 수 있다. 작가 자신은 문예 작품 중의 묘사를 대별하여 자연 묘사와 인물 묘사의 두 가지를 따로 들고 있지만(구판 선집, 제7권, p. 137), 『유키구니』에서는 도리어 그 두 가지를 융합시켜 불가분의 전체상을 이루도록 만들어놓았다는 행복한 모순을 저지르고 있는 것이다.

그러나 이 소설은 앞서 시사한 바와 같이 진실로 일체의 윤리적·사회적 의미를 떠나 순수한 몽환의 세계를 이루고 있는 것일까? 이렇게 물어볼 때, 우리는 이 소설이 어떠한 사회적 배경하에서도 일어날 수 있는 이야기가 아니라, 일정한 사회에서만 가능한, 다시 말해서 폐쇄된 전근대적 사회에서만 가능한 것임을 알 수 있다. 우리는 그것을 적어도 두 가지 면에서 확인할 수 있는데, 이 전근대적 사회의 폐쇄성을 최대한으로 이용한 점에 가와바타의 재능이 있는 것이다.

첫째로 이야기가 전개되는 이 눈나라는 외부와의 어떠한 교섭도 없는 자족적인 성격을 가지고 있다. 다만 기차가 바깥 세상과의 접촉을 마련해주고 있지만, 문물이 교류하는 듯한 어떠한 암시도 없고, 도리어 "접경의 긴 굴을 빠져나가니 눈고장이었다"는 최초의 구절이 풍토권의 갑작스런 단절을 제시해놓고 있다. 소설은 엄격히 한정된 이 장소만을 무대로 삼고, 일체의 이질적 요소를 배격하고 있다. 그러기에 시마무라가 도쿄로 돌아갔을 때는 무엇을 생각했는지 또 그의 아내와의 관계는 어떠했는지에 대해서는 통 언급이 없고, 그가 눈나라를 세번째로 다시 찾아왔다는 말을 하기 위해서 "나방이 알을 깔길 계절이니까 양복을 옷걸이나 벽에다 건 채 그대로 밖에 놔두지 말도록, 도쿄의 집을 나설 때 아내가 당부한 바 있었다"는 최소한의 표현을 사용했을 따름이다. 시마무라가 '비현실적인' 몽환의 세계에 잠시나마 머물 수 있었던 것은, 고마코나 독특한 자연의 덕분일 뿐 아니라, 이와 같이 폐쇄되고 단절된 사회가 가지고 있는 동질성이 있었기 때문이다. 어떠한 새로운 사상도 기계도 제도도 뚫고 들어오기 어려운 이 눈나라, 말하자면 근대 문명의 피안에서 그 자체의 생리를 지키고 있는 이 고장의 폐쇄된 성격이 일종의 선경(仙境)의 성립을 가능케 해주는 것이다. 그러나 고마코의 눈은 시마무라의 눈과는 다르다. 그녀가 보기에는 연줄과 인정과 의리가 중시되던 이 눈나라도 차차 근대화되어가는 징조를 보이고 전통 사회에서와 같은 인간 관계는 엷어져간다. 그녀는 이 현상에 저항을 느끼면서 이렇게 말한다. "시시해요. 전엔 무슨 일에든지 이내 맘들이 맞아서 잘 돼나갔는데, 점점 개인주의로 돼서 저마다 제 가락예요. 여기도 퍽 달라졌어요. 성질이 안 맞는 사람이 늘어만 가요." 그러니까 고마코는 시마무라를 도쿄에서 온 사람으로 대하여 엷고 애교 있는 경계심을 보이면서도, "공상이 뛰노는 환영"을 따라 이 눈나라를 찾아와서 "별빛이 도쿄와는 아주 다른데. 꼭 세상이 공중에 떠 있는 것 같아" 하고 비현실적인 꿈을 개화시키는 시마무라에게 끌리는 것이

176

리라. 그러나 비현실적인 요정이 노닐 수 있었던 이런 눈나라는 오늘날에는 이미 트랙터와 텔레비전의 침략을 받아 시커먼 기름으로 더럽혀져 있는 것을 생각할 때, 『유키구니』는 전통 사회의 토양에서 피어난 마지막 서정시라고 해도 좋을 것이다.

다음으로, 이 작품의 전제가 되고 있는 것은 전통 사회 특유의 신분적 배경이다. 미시마 유키오(三島由紀夫)는 『유키구니』에 대해 "여자의 내적 생명의 변형의 미묘한 기록"이라고 말하고 있지만, 고마코의 사랑은 시마무라와의 어떤 제한된 인간적 관계하에서만 성립하는 것이며, 이 관계에서 벗어난 사랑 그 자체의 논리나 생리를 가지고 있는 것은 결코 아니다. 그것은 요컨대 한 부유한 도시의 양가(良家)의 기혼 남자와 지방에 묻혀 있는 기생과의 사랑 이야기이다. 그들의 사랑은, 저마다 상대방과의 신분적 차이를 미리 알고 있고 그것을 어떻게 할 수도 없는 절대적 여건으로 받아들이면서 이어나가는 사랑이다. 『유키구니』의 향취는 공간적 제한성과 아울러 바로 이러한 신분적 제한성에서 생긴다. 따라서 근대적 자아의 각성이니, 전근대와 근대의 충돌과 같은 것을 이 소설에서 찾아보려는 것은 당치 않은 일이다. 시마무라는 그에게 가까이 다가오려는 고마코에 대해서 거리를 유지하려고 애쓰며, 이 거리가 유지되기 때문에 고마코의 사랑을 하나의 꿈의 경치처럼 바라보고 그것에 끌린다는 역설적 매혹을 겪는 것이다. 고마코 역시 격렬한 사랑의 고민을 느끼면서도 그것이 제한된 사랑이라는 기본적 인식에 의거해서 행동한다. 다음에 인용하는 시마무라와 고마코의 대화는 시마무라의 입장과 아울러, 그의 입장 앞에서 몸부림치다가 마침내 체념의 잔잔한 경지를 수용하는 고마코의 정열과 이성의 투쟁 과정을 보여준다.

"이젠 그만 가시라고요."

"실은 내일 떠날까 하고 있어."

"어머, 왜 가세요?" 하고, 고마코는 잠에서 깬 사람처럼 얼굴을 쳐들었다.

"언제까지 들러붙어 있어봤자 고마코를 어떻게 해줄 수도 없지 않아?"

화끈 빨개진 얼굴로 시마무라를 바라보고 있던 고마코는 갑자기 거센 어조로 "그걸 말이라고 하셔요? 당신 그게 나빠요" 하고 답답해 못 견디겠다는 듯이 벌떡 일어나서 별안간 시마무라의 목을 부둥켜안고 몸부림치며 "당신, 어떻게 그런 말을 하세요. 일어나세요, 어서 빨리" 하고 중얼거리면서 오히려 자신이 쓰러져버리고는 안타까움에 몸을 가눌 생각도 하지 못했다.

이윽고 홍건하게 젖은 눈을 뜨더니 "정말 내일 떠나도록 하세요" 하고 조용히 말하고는 떨어진 머리카락을 주워올렸다.

따라서 신분적 제한의 상호 수용에 의해서 규정된 이 사랑은 타자 소유의 적극성이 결여된 허사에 지나지 않지만, 허사에 지나지 않으니까 도리어 적극적 사랑에 수반되기 쉬운 추와 악에서 보호되어서 그 자체의 아름다움을 지니고 있는 것인지도 모른다. 적어도 이것이 시마무라의 느낌이며, 이 느낌 속에서 그는 슬프고도 달콤한 자위를 하는 것이다. "고마코의 애정은 자기에게로 향해지고 있건만, 그것을 아름다운 헛수고로 생각하는 자기 자신의 허무감이 있어서, 도리어 그 때문에 고마코가 살고 싶어 하는 생명이 발가벗은 살결처럼 닿아오기도 하는 것이었다. 그는 고마코를 가엾어하면서 스스로를 또한 가엾어했다."

봉건적 신분 윤리에서 유래하는 허무감과 미의식과 엷은 죄악감의 복합체라고 할 수 있는 시마무라는 "고마코가 헛된 벽에 부딪히는 메아리와도 같은 소리를" 들으면서 그녀의 곁을 떠날 결심을 하지만, 고마코는 그에게 이미 일종의 집념이 되어버리고, 은하수가 흐르는 하늘로 타오르는 화재(火災)의 장면으로 이야기는 밑도끝도 없이 사라져버린다.

자연과 인간이 함께 어울려서 서로를 비쳐주는 눈나라를 무대로 하고, 전근대적 사회와 신분적 윤리를 기초로 삼아 꾸민 이 소설은 한 이야기로 요약될 수 없는 아름다움을 지니고 있다. 그것은 문자로 씌어진 그림이며 음악이다. 그리고 그림이나 음악처럼 그것은 현실적인 의미를 떠나서 우리를 그 어떤 피안으로 이끌어가는 듯이 보인다. 하지만 이 소설의 소재가 된 것은 결코 꿈도 환상도 아니며, 현실의 인간의 움직임을 담은 이야기, 어떻게 보면 매우 싱거운 이야기이다. 그렇다면 무엇이 이 싱거운 이야기를 가지고 꿈과 같은 아름다움을 꾸며내게 한 것일까? 거기에는 인생과 사상(事象)을 보는 가와바타의 독특한 안목이 있는 것이 아닐까? 이러한 물음에 대한 하나의 대답으로서 우리는 그의 문학적 수필 「말기(末期)의 눈」을 들 수가 있다. 그는 이 글에서 아쿠타가와 류노스케(芥川龍之介)의 「어떤 구우(舊友)에게 보내는 편지」의 일절을 인용하고 있는데, 그 중에 이런 말이 나온다.

그러나 내가 언제 감연(敢然)히 자살할 수 있는지는 의문이네. 다만 이러한 나에게는 자연이 그 언제보다도 아름답네. 자네는 자연의 아름다움을 사랑하면서도 자살하려는 나의 모순을 비웃을지도 모르지. 그러나 자연이 아름다운 것은 나의 말기의 눈에 비치기 때문일세.

이윽고 가와바타는 이렇게 자신의 말을 덧붙여놓고 있다.

수도승의 얼음과 같이 맑디맑은 세계에서는 향이 타는 소리가 집이 불타듯 들리고, 그 재가 떨어지는 소리가 낙뢰(落雷)와 같이 들린다는데, 그것은 진실이리라. 모든 예술의 궁극은 이 말기의 눈이리라.

이렇게 볼 때 가와바타는 살면서도 죽음과 상통한 지점에서 사상(事象)을 관조하고 그 의미를 전혀 새롭게 부여하려고 애쓴 작가임을 알 수가 있다. 적어도 이것이 그의 실험이며, 『유키구니』는 이 실험의 소산일 것이다. 한데 필자가 모두에 인용한 「조선인」의 마지막 구절, "내게 바다가 보이지 않게 데려가주세요"라는 그 구절은 고국으로의 귀환을 단념하려는 소녀의 핏덩이 같은 고통의 소리인 동시에, 결국은 무위와 도로(徒勞)에 그치고 말 인간사에 대한 철없고 헛된 희망과 기대를 아예 도려내버리려는 가와바타 자신의 극기의 노력을 상징하는 것이 아니었을까? 이리하여 푸른 바다의 속임수에서 해방되어 '말기의 눈'을 갖추게 될 때, 모든 욕망과 생성의 괴로움에서 벗어날 때, 허무가 태어나고 '허무 속에서의 긍정'이 자리 잡는 것이리라. 그리고 이 허무야말로 속계의 것으로 하여금 속계를 떠나게 하고 현실적인 것을 비현실적인 환상으로 만들어놓는 마술적 작용을 하는 것이리라. 그것은 세상의 색깔을 전혀 다르게 비춰주는 거울이며, 세상의 소리를 전혀 다르게 울리게 하는 공명판과 같은 것이다.

『유키구니』의 시마무라는 바로 이 '말기의 눈'을 갖추게 된 사람이다. '인간적인, 너무나 인간적인' 시점에서 떠나서 삼라만상을 보려는 '말기의 눈'에는, 은하수가 흐르는 하늘과 시뻘건 화마가 마냥 어울려서 이 세상의 것이 아닌 듯한 환상적 그림이 그려지는 것이다. "그 불똥은 은하수 속으로 흩어져 사라지고 시마무라는 다시 은

하수에서 건져 올라가는 것 같았다. 연기가 은하수로 흘러가는 것과
는 거꾸로 은하수가 쏴아 하고 흘러내렸다. 지붕을 빗나간 펌프의
물줄기가 흔들려서 물안개로 되어 뿌연 것도, 은하수의 광채가 비쳐
어리기 때문이리라 싶었다." 그뿐 아니다. 그 자신과 고마코 사이에
끼어 불편하고도 매력적인 존재로 나타나던 요코의 시체조차도, 허
무에 의해서 모두 건져져 올라가는 마지막 장면에서는 신비로운 물
체와 같이, 환영과 같이 떠오른다. "이미 타버린 등걸의 불길을 향해
펌프가 한 대 비스듬히 활대 모양의 물줄기를 뻗치고 있었으나, 그
앞에 불쑥 여자의 몸이 공중에 떴다. 〔……〕 여자의 몸은 공중에서
수평이 되었다. 〔……〕 비현실적인 세계의 헛그림자 같았다. 빳빳하
게 굳어버린 몸이 공중에 내던져지자 부드러워졌으나, 그러면서도
인형이나 다름없는 무저항성과 생명이 통해 있지 않은 자유로움으
로 해서 삶도 죽음도 고스란히 멈춰버린 듯한 자태였다."

  그러나 '말기의 눈'에 비치는 세계는 "향이 타는 소리가 집이 불
타듯 들리"는 비범한 감각의 세계인 동시에 흘러서 사라지는 세계이
기도 하다. 시간은 무에서 무로 이르는 궤적이며, 만사는 변경의 산
을 넘는 노란 나비처럼 희어지면서 어느 틈에 저 멀리 사라져버린
다. 그후는 어떻게 되었는지 하는 질문은 이 경우 쓸데없다. 『유키구
니』에서 고마코와 시마무라의 관계가 화재의 장면을 끝으로 툭 끊기
는 것도 결국은 시간을 생성이나 변증법적 발전의 계기로 보지 않
고, 모든 것을 무로 향하게 하는 숙명적인 흐름으로 보기 때문이리
라. 따라서 가와바타가 할 수 있는 최대의 일은 혹은 망각으로 혹은
소멸로 귀착하고야 말 덧없는 사상(事象)을 그것이 나타나는 순간순
간 포착하는 것이며, 이것이 『유키구니』에서 보는 바와 같은 희한한
그림의 연속체를 이루는 것이다. 이런 점에서 이 소설을 두고 "시간
의 연쇄 속에서 마음대로 끊어낸 몇 개의 사슬 같은 것"이라고 말한

사이덴스테커의 평은 탁견이 아닐 수 없다.

프루스트가 기억의 재생에 의해서, 흘러가는 시간 위로 솟아나는 자아의 절대를 찾으려는 반면에, 가와바타는 도리어 흘러가는 시간에 몸을 맡김으로써 자아로부터의 자유를 찾고 연맥 없는 순간의 영상에서 순수를 찾으려고 한다. 또 죽음은 앙드레 말로와 가와바타의 공통의 관심사이지만, 가와바타의 경우에는 죽음이 있으니까 생을 더욱 강렬하게 포옹한다는 말로의 즉극성 대신에, 생을 죽음의 허무라는 입장에서 관조하는 '극기적인 소극성'을 보여주고 있다. 아마도 인간의 궁극적인 희망인 구원은 자아를 주장하는 프루스트나 말로의 길을 통해서도, 또 반대로 멸아(滅我)의 경지에 서려는 가와바타의 길을 통해서도 가능하리라. 다만 가와바타의 길을 따를 때, 근대 사회 속에서 살아가야 하는 인간의 존재와 그 존재에서 태어나는 고민을 밝힐 수는 없다. 허무의 시점에서의 그 희한한 관조보다도, 허무를 넘어서는 행동의 문제가 전통 사회의 붕괴와 아울러——그것이 한국이나 일본의 경우와 같이 아무리 부분적일망정——드러나고 있는 오늘날, 그의 입장은 부럽기는 하지만 절실한 것으로 느껴지지는 않는다. 『유키구니』는 해묵은 자기(磁器)처럼, 신비한 빛을 띤 구슬처럼, 그가 즐기는 말을 다시 빌리면 '비현실'처럼 우리를 매혹한다. 그러나 일단 그 비현실의 미술관에서 나오자, 우리는 필연적으로 속진(俗塵)으로 덮인 현실 세계의 소용돌이 속으로 다시 휘말려 들어가고 그러는 중에도 정신을 차리지 않으면 안 되는 것이다. 『유키구니』의 한계는 바로 여기에 있다. 우리는 이미 "구가(舊家)의 대대의 예술적 교양이 전해져서 작가가 태어나는"(「말기의 눈」) 시대에 살고 있지 않다. 더럽혀지지 않은 눈나라도 또 그 안에 묻혀 사는 기생도 이제는 없다. 우리는 가와바타가 이 소설의 대부분을 썼던 1937년과는 비할 수도 없을 만큼 현실의 압력을 겪고 이에 대답해야

할 입장에 놓여 있다. 『유키구니』는 다시 울릴 수 없는 어느 옛 명장
의 피리 소리처럼 아득히 고운 작품이다. (『아세아』, 1969년 2월호)

괴물을 위하여

뒤지고도 괘념하지 않는다는 것은 노년의 특권의 하나라서 그런지, 나는 요새 와서야 묵은 영화들을 비디오로 보면서 좋아도 하고 실망도 한다. 물론 그 중에는 예술적 가치와는 별 상관 없이 옛 생각을 되씹게 해주거나 새로운 생각의 실마리를 베푸는 것들도 있다.

일전에는 「프랑켄슈타인」을 보았다. 감독과 주연 배우가 누구이며 언제 어디에서 만들어졌는지 그런 것은 벌써 다 잊었지만, 한 장면이 지금도 머리에 박혀 있다. 그것은 프랑켄슈타인이 만든 괴물이 그를 찾아와서 "당신이 내게 생명을 주었지. 그리고는 나를 죽게 내버려두었지. 나는 누구야?" 하고 묻는 장면이다. 하기야 이 장면만을 건져낸다는 것은 영화의 메시지를 올바로 수신하는 것은 아닐 것이다. 영화 역시 매리 셸리의 원작과 마찬가지로, 프랑켄슈타인의 주제넘은 기도와 파멸을 통해서, 과학적 지식으로 조물주와 경쟁하겠다는 인간의 오만에 대한 경고라는 테마를 잘 드러내고 있으니까, 그 점에 초점을 맞추어서 감상하고 나아가서는 근 200년이나 되는 옛날의 그 작품이 갖는 예언자적인 의미를 오늘날의 현실에 비추어서 아프게 되새기는 것이 온당할 것이다. 그러나 짓궂은 사람들은 이런 명백한 메시지의 밑에서, 속에서 혹은 배후에서 어떤 암묵적인 메시지를, 아니 차라리 제딴은 그렇게 생각되는 것을 캐보려 하고 그것에 더 큰 의미와 가치를 부여한다. 나 역시 그런 부류의 사람인지라, 「프랑켄슈타인」의 중요성은 세상에 나올 때부터 상처투성이였던 추한 괴물이 그의 창조자에게 내던지는 그 원망의 질문에 있다고 생각하는 것이다. 이런 내 멋대로의 해석이 허용된다면, 신의 창조에 도전하는 자에게는 파멸밖에 없다는 명시적인 메시지는, '나'의 존재 이유와 정체성에 대한 영원한 질문——그 괴물과 함께 인간이란 이름의 괴물이 줄기차게 이어나왔고 또 앞으로도 이어나갈 그런 끈질긴 질문의 독신적(瀆神的)인 반체제성을 위장하기 위한 술책에 불과하다.

이 질문은 가지가지의 양식으로 또 가지가지의 측면에서 제기되어왔다. 그리고 무수한 대답이 인류 전체의 역사 속에서, 한 인간의 마음속에서 주어져왔다. 문학과 철학 역시 그 물음을 제기하고 대답을 시도하려는 방식이다. 그러나 문학은 그 이웃 사촌 같은 철학보다는 겸손하다. 철학이 보편타당하다는 개념을 빌려 그러한 작업을 해온 반면에, 문학은 비근한 일상 생활에서 자극을 받고 더구나 그런 것들을 허구화하면서 '나'는 왜 살며 누구인지를 묻고 여기에 대답하고자 한다. 그러니까 독자 역시 그런 허구적이면서도 구상적인 글들을 읽음으로써 자신의 일상 생활을 되돌아보고 근원적인 반성의 길로 접어들게 된다. 좋은 글이란 다름 아니라 그 가능성을 크게 열어주는 글이다.

그런데 이 '좋은 글'은 흔히 도전을 받고 학대를 겪는다. 정치적 이념이나 신념, 사회 도덕, 또 심지어는 휴머니즘의 이름으로 문학적 글쓰기가 단죄되는 일은 비일비재하다. 그러나 1990년대의 한국은 이 점에서는 비교적 행복한 나라이다. 이제 와서는 예술을 위한 예술과 인생을 위한 예술이라는 허황된 구별도, 순수 예술과 참여 예술이라는 낡은 이분법적 대립도 웬만큼 지양되고, 또한 사회적 현실의 '재현'을 배타적으로 내세우는 속 좁은 리얼리즘도 입지를 상실해가고 있는 듯이 보인다. 게다가 최근에 누리게 된 경제적 부까지 곁들여 생각해볼 때 '좋은 글'이 다른 어느 때보다도 다양하고 풍요롭게 전개될 수 있는 여건이 조성되었다고 말할 만하다.

그러나 존재에 관한 끈질긴 질의 응답이란 참으로 고단한 일이다. 작가도 독자도, 부릅떴던 두 눈이 저절로 감기는 것을 느끼고, 그러면 포근한 이불 속에 의식을 묻고 싶어진다. 더구나 독재 권력의 앞잡이와 추종자들이 금단과 단죄로써 그 고단한 작업에 역설적인 영감과 신바람을 불어넣어주지 않는 무풍 지대에서는 도리어 맥이 빠지고 말 수도 있다. 그뿐 아니다. 기술적 편익과 경제적 능력의 증진에 힘입어 난립한 출판 기관은 글을 팔 수 있는 기회를 엄청나게 늘려주고 이에 대중 문화가 가세한다.

사실, 정치적·사회적 억압에 대신하여 들어선 대중 문화의 유혹적 압력('풀리지도 않는 문제를 가지고 뭘 그렇게 머리를 쥐어뜯으세요? 어서 베스트 셀러나 쓰고 읽으시죠')에 견뎌나가기란 그렇게 쉬운 일이 아니다. 그 요지부동한 정착과 무서운 전파력을 예술의 이름으로 옹호하는 세력이 있기에 더욱 그러하다. 예술은 원래가 열광이라는 근원주의적이기도 하고 낭만주의적이기도 한 생각을, 어떤 종류의 대중 문화와 결부시키는 철없는 식자들은, 그것이 사실은 후기 자본주의와 기술 사회의 지배자들이 겨냥하는 탈혼(奪魂 또는 脫魂) 작업이라는 것——어떤 절대와의 만남을 위한 엑스터시ecstasy가 아니라 지성을 말살하기 위한 '넋 빼앗기'라는 것을 등한시한다. 이런 상황 의식의 결핍은 또한 대중 문화에서 반항을 찾아보려는 사람들의 경우에도 나타난다. 가령, 남녀 관계가 성적 유희에서 시작하는 양 드러내보이는 것은, 여자의 맨다리조차 망측하다고 생각했던 몇십 년 전에는(그래서 그 무렵에는 역설적으로 마를레네 디트리히의 다리에 그토록 큰 가치가 부여되었던 것이다), 분명코 기존 체제에 대한 반항이었을 것이다. 그것을 예증하는 것이 헨리 밀러의 『북회기선』(1934)과 같은 작품이다. 그러나 오늘날 숱한 영화와 소설에서 나오는 경련적인 성행위는 그 대부분이 반항이기는커녕 대중 예술임을 알리는 기호이며 그 자체가 기존 체제이다. 그러니까 세상은 거꾸로 돌아가는 셈이다. 지금의 시점에 있어서는, 성은 감추어져야 하고 금욕을 위한 극기가 가치 있는 것이라고 말하는 사람이야말로 결코 보수주의자가 아니라 도리어 새로운 반항아일지도 모른다. 적어도 나는 최근에 김원우의 중편 소설 「산비탈에서 다시」(『동서문학』, 1996년 봄호)를 읽으면서 그런 괴물을 발견했다.

나는 여기에서 그 소설에 대한 이야기를 길게 늘어놓으려고 하는 것은 아니다. 또한 그것이 걸작이라는 빈말을 할 생각도 없다. 그러나 소설의 정점이라고 할 수 있는 마지막 장면은 매우 인상적이다. 모든 상황이 성행위로, 더구나 결코 속되지 않은 성행위로 귀결해도 좋도록 마련되어 있는데도 불구하고, 화자인 주인공은 오직 "너의 몸을 거의 들어올리다시피 끌어안고 네 목과 머릿속에다 얼굴을 오래도록 묻었을" 따름이다. 매우 자연스러운 섹스의 기회를 애써 거부하고 그 대신 산을 '타는' 이 괴물의 금욕적인 에로티시즘의 표현은 자신에 대한 반항의 상징이다. 그것은 이렇게 말하려는 듯하다. 유혹과의 아슬아슬한 싸움을 벌여, 스스로 설정하고 선택한 어떤 한계를 지키려는 고행은, 자유가 방종으로 전락하는 시대에서는 도리어 삶의 맛의 근원이며 인간이란 존재의 자랑이 될 수도 있다고. 하기야 이런 말을 들으면 케케묵은 도학자의 상투어라고 생각하는 사람들도 있을 것이다. 그러나 그런 사람들은 우리의 야릇한 포스트모더니즘——계몽 시대 이전의 의식과 접속되고 접목된 이 한국적 초근대의 철없는 옹호자에 불과하다.

그러나 고생을 사서 하는 괴물들은 어떻게 살 것이냐는 윤리적 문제만이 아니라, 산다는 것이 도대체 무엇이냐는 더 근본적인 문제를 새삼스럽게 제기하면서 순응주의에 맞선다. 근자에 나온 소설의 예를 들자면 이인성의 『미쳐버리고 싶은, 미쳐지지 않는』의 경우가 그렇다. 인간은 혹은 미래에 있어서 환골탈태하기를 바라고, 혹은 과거에서 시간을 넘어선 광원(光源)을 찾기를 바라고, 또 혹은 이것도 저것도 안 되면 현재의 결핍을 "문득문득 피어나는 잠깐의 충족"으로 벌충하려고 한다. 첫째의 것이 한때 사르트르가 가능하다고 생각한 것이었고, 둘째의 가능성은 물론 프루스트가 실현한 것으로 되어 있다. 그리고 랭보는 불꽃처럼 현란하고 순간적인 충족을 보여준 시인이다. 그러나 이인성의 소설은 그 어느 것도 아니다. 왜냐하면 과거도 미래도 현재에 지겹게 매달려 있기 때문이다. 떨치고 싶지만 자꾸만 따라붙는 과거를 지니면서도(아니 차라리 그런 과거를 지녔으니까), 절실하지만 허황된 미래의 풍경을 그려나가는 '나,' 그리고 그런 의식의 짐과 움직임을 의식하는 '나'가 나의 현재이다. 여기에는 잠시의 휴식도 구원도 없다. 그런 것을 얻으려면 의식과의 숨바꼭질을 해야 할 텐데, 이번에는 숨바꼭질을 한다는 의식이 숨바꼭질의 성립을 가로막는다.

내 펜이 탈선한 것 같다. 나는 이 자리에서 이인성의 소설을 논하려던 것이 아니다. 다만 이 '태평 시대'를 즐길 줄 모르는 몇몇 괴물들 중의 또 하나의 예를 들고 싶었을 따름이다. 김원우는 윤리의 이름으로, 이인성은 진실의 이름으로 반성과 이의 제기를 하는 괴물을 만들어낸 것이다.

퇴치했으면 좋을지 모른다. 그러나 그런 괴물들은 우리 모두의 내부에 살고 있다. 단지 간신히 덮어놓은 그물에 갇혀 있을 뿐이며, 언젠가는 불쑥 뚫고 나와 우리를 당황하게 할 것이다. 아플 때, 실의에 빠질 때, 그리고 쾌락에 지칠 때 말이다. 그럴 바에야 미리 그 괴물들의 존재를 의식의 대상으로 떠올리고, 산다는 것이 무엇인지 그들에게 물어보고 대화를 시도하는 것이 전술상으로도 나을 것이다.

그러나 괴물들의 언어는 낯설고 알아듣기 어려울 때가 많다. 더구나 사이비 문화의 원흉들은 민중을 대중으로 전락시키면서 언어적 간격을 더 넓혀놓고 말았다. 다른 한편으로는 진실한 문학이 대중에 의해서 오염되지 않도록 우정 격리시켜놓아야 한다고 주장하는 하이브라우들도 있다. 이 양극단은 결코 바람 직하지 않다. 게다가 누구나 무슨 책에라도 접근할 수 있는 세상에서는, 엘리트만의 출입을 허용하는 고급 문학이란 아예 존재할 수도 없는 것이다. 문제는 괴물들이 쓰는 까다로운 언어에 가까이 가는 데 자신을 잃었거나 아예 그것이 무의미하다고 생각할 만큼 관습의 굴레와 광란의 유혹에 빠져드는 사람들이 너무나 많다는 데 있다. 그렇다면 이 반성을 등진 사람들에게, 인간이란 본래 겉보기에 말끔한 패션 모델과 같은 존재가 아니라 프랑켄슈타인이 만든 것 같은 상처투성이의 괴물이라는 것을 알려줄 책임은 없는 것인가? 책임이 있다면 그것은 누가 어떻게 수행해야 할 것인가?

나는 그것이 오늘날의 비평가의 직무라고 생각한다. 창작계가 양적 팽창만이 아니라 엄청난 질적 향상을 보이고 있는 오늘날에는 비평가의 몫은 옛날처럼 작가나 시인에게 무슨 주문을 하는 데 있는 것이 아니다. 그것은 뜻있는 작품을 골라내고 그 작품이 최대 다수에 의해서 향수되도록, 최대 다수의 의식의 심화를 가져오도록 매개의 역할을 하는 데 있다. 이 작업의 과정에서 어려운 언어를 만나게 된다면, 그는 그 언어가 어려운 이유를 쉬운 언어로써 밝혀주고(사

실은 이것이 어려운 일이다), 심지어 만화와 같은 대중 매체조차 역방
향으로(즉 독자를 어려운 원문으로 끌어올리기 위해서) 이용 못 할 이
유가 없는 것이다. 존재를 반성하는 괴물들의 텍스트가 한줌의 '고
급' 독자의 울타리를 넘어 확산하도록 돕는 것, 이것이 오늘날의 새
로운 계몽 운동이며 문학적 참여의 한 형식이다.

(『동서문학』, 1996년 여름호)

고독과 자연을 주제로 삼은 두 변주곡

노년의 장기의 하나는 망각이다. 친구와 통화하려고 수화기의 단추를 누르는 동안에 누구에게 전화를 걸었는지를 벌써 잊어버려서, 상대방이 나오자 '거기가 어디요?' 하고 물은 늙은이가 있었다고 한다. 다행히도 나는 아직 그 지경까지는 되지 않았다. 지금으로서는 이삼 일 전에 읽은 소설의 주인공 이름이 머리에 떠오르지 않을 정도의 증상을 보이고 있을 따름이다. 어쩌면 그런 것이 벌써 중증일지도 모른다. 그래도 젊은 시절의 일들은 간혹 기억에 남아돌기도 하고 불쑥 튀어나오기도 한다. 물론 온전한 상태로는 아니다. 그것은 마치 망각의 귀신이 빗질을 하다가 미처 다 쓸어가지 못해서 여기저기 남은 부서진 조각들이라고나 할까. 도시 사건과 사건 사이의 연맥이 닿지 않는다. 심지어 최근까지 곧잘 불렀던 노래의 가사도, 즐겨 암송했던 시구도 군데군데 이가 빠져서 의미를 이루지 않는다.

며칠 전에는 한시 한 토막이 불현듯 머리에 떠올랐다. '산청화욕연(山靑花欲然).' 아마도 아파트의 을씨년스런 시멘트 덩어리에 항거하려고나 하듯, 탐스럽게 피어오른 진달래꽃을 새삼 놀란 눈으로 바라보았기 때문인지도 모른다. 두보(杜甫)의 것이라고 어렴풋이 짐작되었지만, 그 다섯 글자가 과연 어느 시의 어떤 문맥에서 나온 것인지 알 수가 없다. 하기야 이 글자들과 함께 한두 글자가 더 생각나기는 했다. 그러나 그것들이 제자리를 잡고 이웃하는 글자들을 불러와서 구슬처럼 엮여야 할 텐데, 전혀 그렇지가 못하다. 답답하다. 결국 어쩔 수 없어, 수십 년 동안 버려두었던 얇은 당시선(唐詩選) 한 권을 찾아내서 혹시나 하고 펼쳐보았다. 아니나다르랴, 맨 처음에 두보의 이름이 나오고 그 이름 바로 다음에 이런 오언절구가 실려 있다. 두보를 처음으로 대하는 사람이라면 누구나 우선 음미해야 할 시라는 편자의 주석과 함께, 그리고 언제인지 모르지만 내가 여백에 적은 오죽잖은 한두 마디의 감상과 함께.

江碧鳥逾白
山靑花欲然
今春看又過
何日是歸年

별로 어려운 곡절을 겪지는 않았지만 뜻하지 않게 다시 건져낸 이 한 수의 시. 그것은 지금 내게 어떤 울림을 새삼스레 가져다 주는 것일까? 그 대의만을 보자면 이렇게 될 것이다. "강물이 짙푸르니 새는 더욱더 희고, 산이 푸르니 꽃은 타오르듯 붉네. 이 봄도 목전에서 또 사라지려니, 언제나 돌아갈 날이 찾아오리오." 이렇게 옮겨놓으면 덧없음이라는 그 흔한 테마가 되풀이되고 있다는 것을 누구라도 알 수 있을 것이다. 또한 두보의 생애를 다소라도 아는 사람이라면, 유랑하는 시인이 장안(長安)에서 벼슬길에 오르는 꿈을 아직도 간직하고 있기에 그 시가 더욱 애통하다고 말하기도 할 것이다. 그러나 그뿐이겠는가? "남을 놀라게 하는 말을 못 하면 죽어도 편하지 않겠다"고 했다는 이 시성(詩聖)의 언어가 어찌 그런 센티멘털리즘으로 요약될 수 있겠는가?

　그러나 간신히 한자를 몇 자 읽을 줄 알 뿐, 그 깊은 뜻도 또 더구나 중국어의 음성적 가치도 아예 모르는 사람이 무슨 뜻 깊은 말을 할 수 있으랴. 그것은 마치 악전(樂典)에 관한 지식이 전혀 없는 사람이 음악을 설명하는 것과 같은 철없는 짓이리라. 그래서 나는 용케 재발견한 이 유명한 시가 왜 유명한지를 이번만큼은 똑똑히 터득하기 위해서, 그 시선집을 엮은 일본의 석학 요시카와 고지로(吉川幸次郎)의 해설 몇 장을 다시 읽었다. 그의 말을 참고로 하면, 여기에는 일종의 색채의 드라마가 전개되어 있다. 강벽(江碧)은 거대한 강의 암청색(暗靑色)을 나타내며, 그 위에 떠 있는 물새의 흰빛은 눈이 아프도록 짙다. 아니다. 짙은 상태로 머물러 있는 것이 아니라 시시각각으로 짙어간다. 이 역동성은 둘째 구절에서도 재현된다. 암청색과 백색의 대조가 이번에는 연초록(靑은 자라나는 초목의 색깔이다)과 눈부신 붉은색의 대조로 바뀌는데, 한없이 펼쳐진 신록을 배경으로 꽃들이 불길처럼 피어오른다. 욕(欲)이라는 글자가 세찬 정력을 발산하지 않고는 못 견디는 꽃들의 충동을 가리킨다. 이 꽃은 아마도 복사꽃이겠지만, 내 눈 앞에는 중국 화가의 솜씨에서만 발견할 수 있는 생생한 모란의 진홍색이 중첩되어 나타난다. 요시카와의 해설에 따르자면, 이 두 구절의 색채는 또 다른 대조를 이룬다. "청(靑)은 초록색이다. 앞의 벽(碧)이 응집적이며 따라서 침정(沈靜)한 청색인 데 반해서, 이것은 발산적이며 생동하는 청색이다. 음성적으로도 벽(碧)의 bik이 짧고 긴장된 소리인 반면에 청(靑)의 ching은 튀어오른다." 그러니까 이것은 단순히 한 폭의 풍경화가 아니라 농축과 확산, 집중과 팽창이라는 우주의 두 원리가 색깔로서 표상되어 있는 것인지도 모른다는 생각마저 든다.

　그러나 그의 해설 중에서 내게 가장 인상 깊은 것은 간(看)이라는 글자에 관한 설명이다. 이 글자는 지긋이 본다는 뜻이며, 해설자 자신의 용어를 빌리자면 '숙시(熟視)'를 의미한다. 시인은 사라져가는 이 봄의 깊고도 화사한 정경을 눈여겨 자세히 봄으로써 시간을 응결시키고 그것을 붙잡아두려고 한다. 한참 뚫어지게 바라보면 대상이 동공이라는 인화지에 영원히 박히기라도 하듯이 말이다. "오오, 시간이여, 그대의 날개를 멈추어라!"고 한 어느 프랑스 시인의 외침은 이 간절한 소원을 담은 숙시에 비할 때 얼마나 공소하게 들리는가! 그러나 이 역시 헛된 희망이다. 말하자면 내 속에 깃들고 나와 영원히 함께 있자는 호소와도 같은 바로 그 시선 앞에서 봄은 또 사라져가고 시인의 의식은 다시 정처 없이 떠돌아야 하는 자신에게로 슬프게 되돌아온다. 이것이 더 절실한 대조이며 드라마이다.

나는 지금까지 요시카와의 훌륭한 해설에 나의 연상을 곁들이면서 이런 이야기를 늘어놓았다. 그러나 이 자리에서 두 가지의 사족을 덧붙이고 싶다. 첫째로, 내 느낌으로는 '이 봄도 또 사라져간다'는 시인의 인식에는 '명년에도 또 봄은 온다'는 필연적인 예측이 내포되어 있다. 따라서 그 사라짐은 잠시간의 것이며 재현을 위한 사라짐이다. 아예 사라져버렸으면 시인의 마음은 더 편안할지도 모른다. 그러나 봄은 이듬해에도 영락없이 다시 와서, 그 응집적이면서도 팽창적인 아름다움으로 시인을 더욱더 못 견디게 만들 것이다. 따라서 여기에는 잔인한 아이러니가 있고, 이 시가 주는 인상은 이 아이러니 때문에 더욱 깊을 뿐 아니라 통렬하기까지 하다. 또 하나 말해두고 싶은 것이 있다. 그것은 방금 말한 것과는 잘 들어맞지 않는 이야기일지도 모르지만(시란 서로 들어맞지 않는 이야기들의 구실을 주는 것이 아니고 무엇이겠는가!), 시인의 고독과 비애는, 자칫 사라질 것을 백지장 위에 영원히 그리고 두텁게 새겨놓게 했다는 것이다. 만일 포착할 수 없는 시간을 괴로워하지 않았다면, 헛된 희망을 안고 유랑하는 몸을 못내 아파하지 않았다면, 장엄한 자연과의 뛰어

넘을 수 없는 거리를 뼈저리게 느끼지 않았다면, 벽백청연(碧白靑然)의 기막힌 대조와 긴장은 태어나지 않았으리라. 그것이 이 오언절구의 궁극적인 아이러니이다. 그것은 패자가 곧 승자라는 역설의 실현이며, 시적인 살신성인이다. 언어로서 사람을 놀라게 한 두보는 편안히 잠들 권리를 획득한 것이다.

이런 이야기를 하자니 이 중국의 시인보다 꼭 천년 뒤에 지구의 반대편에서 태어나서 고독을 되씹었던 또 한 사람의 모습이 떠오른다. 그것은 장 자크 루소이다. 그 역시 세상을 잘못 만났다. 그의 마지막 글인 『고독한 산책자의 몽상』은 이런 말로 시작된다. "내게는 이미 형제도 친구도 사회도 없고, 오직 나 자신만이 있을 뿐이다. 나는 이 땅에 홀로 서 있다." 그는 세상에서 누구보다도 붙임성 있는 자신이 고약한 인간들의 공모에 의해서 줄곧 혹독한 박해를 받아왔다고 생각한다. 실효 없는 호소와 항변과 저항에 지쳐서, 이제는 그것을 어쩔 수 없는 운명인 줄 알고 체념할 수밖에 없다. 체념 속에서, 철저한 고독 속에서 살아나갈 수밖에 없다. 그러나 루소는 이러한 소외 상태에 그냥 굴복하는 것이 아니라, 그것을 기회로 삼으려한다. 그에게도 역시 패자가 곧 승자라는 요행스런 역전이 이루어진다.

그리고 이 역전 역시 두보의 경우와 마찬가지로 자연과의 만남에서 이루어진다. 그러나 그 길은 전혀 다르다. 차라리 정반대이다. 사회적 성취의 전망이 먹구름처럼 어두워서 끝끝내 좌절감에 시달리고, 그 좌절감이 화려하고도 잔인한 자연의 색깔을 영원히 부각시켜 놓은 두보의 쓰디쓴 아이러니와는 반대로, 루소의 경우에는 이야기가 한결 간단하다. 차라리 밝다고까지 말할 수 있다. 세상의 박해가 가져온 고독은 자연과의 만남을 통해서 행복의 계기로 전환된다. 두

보의 시가 고독을 소화하지 못한 자아와 비정하게 군림하는 자연과
의 본질적인 괴리에 대한 비탄이라면, 루소는 고독한 자신을 반기고
달래주고, 또한 인간과 삼라만상 사이의 합일을 확인시켜주는 자연
의 품에 안겼을 때의 행복의 노래이다. 고독으로 내몰린 '요행' 때
문에 "나의 불멸의 본질과 이 세계의 질서의 조화"를 감지하게 된
루소에게는, '자연의 품에 안긴다'는 말은 상투적 은유의 껍질을 깨
고 나와 그 본래의 뜻을 회복한다는 말이다. 그는 비엔 호수 한복판
에 있는 생피에르 섬에서 보낸 두 달 간의 시간이 평생에서 가장 행
복했다고 하는데, 그 체험을 묘사한 유명한 구절을 읽은 독자라면
누구나 그 표현이 어머니의 품에, 아니 차라리 그 자궁에 다시 안겼
을 때의 지복(至福)과 상통한다는 것을 쉽게 느낄 수 있을 것이다.
고요하게 미소짓는 윤곽이 선명한 이 둥근 안식처에서는 정념의 소
용돌이도 무한을 향한 불안한 유혹도 없다. 호수가 잔잔할 때는 배
를 타고 나가서 바닥에 눕고, 물결 따라 떠다니며 새파란 하늘을 바
라본다. 저녁이 되면 호반에 앉아, 물결의 리듬에 심신을 맡길 따름
이다. 그렇다면 그것은 자신의 존재를 잊게 하는 짜릿한 황홀경일
까? 천만의 말이다. 루소의 의식은 그지없는 행복을 누리는 자기 자
신에게로 지향할 따름이다. 그는 부드러운 움직임이 가져오는 몽상
속에서, "애써 생각하지 않고도 나의 존재를 기쁘게 느낀다." 그러
니까 박해도 고독도 또 자연조차도 그것 자체로서 있는 것이 아니
라, 자아라는 존재의 충족감을 가져오는 조건으로서 기능하는 것이
다. 이런 계제에서 향유하는 것은 "자기 자신과 자기의 존재 밖에 있
는 그 어떤 것도 아니며, 이 상태가 지속되는 한, 우리는 신처럼 자
족적(自足的)이다."

곡절이야 어떻든 간에 이런 나르시시즘처럼 부러운 것이 또 어디

있으랴! 더구나 사회에서 내몰려 자연의 품에 안긴 한 고독한 인간
이 이른바 유유자적의 경지조차 넘어서서 마침내 신과 같은 자족성
을 체험하게 되었다면 그 행복을 무엇에 견줄 수 있으랴! 자연의 엄
청난 에너지와 응집력에 압도되어서 쫓기듯이 유랑의 길을 가는 두
보의 뒷모습을 묵화로 그리고(묵화야말로 색깔들의 넋을 내장하고 있
기 때문이다), 어머니의 품과 같은 아담한 저녁나절의 호수에 둘러싸
여서 가볍게 물결치는 수면을 꿈속에서처럼 바라보고 앉아 있는 루
소의 평화로운 앞모습을 수채화로 그려보라. 그러면 고독과 자연이
만나서 만들어낸 양극단의 이미지를 가질 수 있을 것이다.

　그렇다면 외경스럽고 위압적인 대자연 앞에서의 인간의 무력감은
동양적이고, 인간을 미소로 반기는 풍경 속에서 느끼는 자아의 충족
감은 서양적인가? 나는 동서간의 대비라는 유행적인 발상에 편승해
서 그런 어설픈 추상화를 시도할 생각은 추호도 없다. 건방진 말이
겠지만, 나는 사물과 문화와 사상을 그런 식으로 일도양단(一刀兩
斷)하는 사람들의 만용에는 감탄하지 않을 만큼의 사리는 알고 있
다. 고독과 자연을 주제로 삼은 이 두 가지 변주곡의 이야기를 하면
서 내 머리에 떠오르는 것은 결코 그런 것이 아니라, 이제는 그 양자
가 모두 사라져가는 귀중한 체험일지 모른다는 안타까움이다.

　비탄으로의 길이건 행복으로의 길이건 간에, 고독이 인간을 자연
과 대면하게 하는 일은, 그리하여 자연 앞에서 인간이란 무엇인지
반성하게 되는 일은 나날이 줄어든다. 극도로 조직화되고 인공화된
오늘날의 세상에서 고독은 역설적으로도 어느 때보다 더 독기를 뿜
으면서 번식하긴 하지만, 내심에서 '무르익지'는 못한다. 그것은 경
련적인 외침과 몸짓으로, 멍청하게 바라보는 텔레비전으로, 혹은 부
질없이 오가는 컴퓨터 통신으로 얼른얼른 쫓아내야 할 마귀처럼 되
어버렸다. 따라서 이런 판국에 두보나 루소의 이야기를 한다는 것은

고고학적인 한담에 지나지 않을지도 모른다. 다만 이 한담은 적어도 내게는 이중의 의미가 있다. 우선, 까맣게 잊고 있다가 되찾은 그 한시 한 수를 두고, 그리고 그것이 상기시킨 루소의 산문 한두 구절을 두고 수다를 늘어놓았으니, 앞으로는 그것을 그렇게 쉽게 잊지는 않을 것이다. 아울러, 시세에 어긋난 이런 이야기를 읽고, 어떤 뜻에서 이건 고개를 끄덕끄덕하거나 적어도 갸우뚱하는 사람들이 몇은 있겠다고 상상해보는 것은 즐거운 일이다. 그러나 이렇듯 조촐하면서도 기약 없는 교감의 희망에 매달리는 것은, 누구보다도 나 자신이 자연과 진지하게 대면한 일도 없고 또 고독을 무르익혀보지도 못한 위인이기 때문일 것이다.　　　　　　　　　(『현대문학』, 1998년 6월호)

동요 속의 문학

"엄마 엄마 이리 와 요것 보셔요/병아리떼 뿅뿅뿅 놀고 간 뒤에/미나리 파란 싹이 돋아났어요."

이것은 내가 젊어서부터 좋아하는 동요이다. 아마도 이미 상실한 순진무구한 동심이 못내 그립기 때문일지도 모른다. 그러나 그것은 극히 일반적인 설명이며, 하필 이 동요에 특별히 끌리는 이유로서는 불충분하다. 그렇다면 무슨 특별한 이유가 있는가? 나로서는 이 짧고 귀여운 노래에 문학 정신의 에센스가 모두 담겨 있다고 여겨지는 것이다. 나는 그것을 네 가지 각도에서 이야기해보고자 한다.

첫째로 여기에는 '엄마'가 있다. 어머니는 아이에게 전지전능한 존재이며 아이를 두려움에서 지켜주고 그에게 삶을 보장해주는 존재이다. 이와 아울러 또한 자연이 있다. 병아리와 미나리 싹으로 상징된 자라나는 생명의 세계가 그 역시 자라나는 아이를 기쁨 속에서 맞는다. 문학은 다름 아니라 이 동요에서의 어머니와 자연에 해당하는 구원과 행복의 원리를 찾으려는 노력이다. 어른이 됨에 따라, 주객을 갈라놓는 의식과 일상 생활에 별 수 없이 사로잡혀서 자꾸만 상실하게 되는 영혼의 안식처를 되찾으려는 노력이다. 그것은 때로는 성공한다. 가령 폴 클로델의 경우를 보면, 시는 처절한 드라마를 겪으면서 드디어 신의 말씀을 새겨듣게 되었을 때의 기쁨의 외침이며 찬미의 노래이다. 그러나 그 노력은 비통한 시도로 끝나고 말 때가 더 많다. 예컨대 카프카나 베케트의 경우가 그렇다. 그리고 후대의 작가와 시인은 그들의 좌절을 넘어서서 어머니와 자연의 섭리에 해당하는 것을 되찾으려는 새로운 시도에 나선다.

둘째로 이 동요는 지식을 베풀려고 한다. 텍스트를 곧이곧대로 읽자면, 아이가 어머니의 손을 끌고 들로 나가서, "엄마, 저것은 병아리고 이것은 미나리야"라고 스스로 말하는 것으로 되어 있지만, 사실은 아마도 그 반대일 것이다. 어머니가 병아리, 미나리, 파란 싹과 같은 사물들을 드러내고 명명함으로써 그것을 아이 앞에 태어나게 하는 것이다. 어른의 문학 역시 이 드러냄과 명명의 행위의 계속이다. 문학은 우리가 모르는 것, 아니 차라리 우리의 편견과 무관심과 이기심이 은폐하고 왜곡해놓은 것을 밝히려는 것이다. 바쁘고 인습적인 생활에 쫓겨 미처 못 보거나 또 심지어 무심결에 밟고 지나갔을지도 모를 그 예쁜 병아리와 미나리 파란 싹과 같은 존재들을 마치 기적처럼 우리 앞에 출현시키려는 것이다. 하기야 문학이 드러내려는 진실은 반갑고 예쁜 것만은 아니리라. 그러나 그것이 가상과 환영을 넘어서서 제시하려는 진상이 아무리 괴롭고 부정적인 것일망정 그것과의 대면을 기피한다면 인생을 속아 사는 꼴이 될 것이다.

지금까지 내가 말한 문학의 두 가지 기능은 문학만의 것은 아니다. 구원을 찾는다는 점에서는 종교와 겹치고 세계와 인생에 관한 앎을 추구한다는 점에서는 철학과 겹친다. 그런데 내가 셋째 특징으로 지적하고 싶은 것은 주술과 상통한다. 문학은 여느 때에는 맛보기 어려운 야릇한 느낌을 자아낸다. 그것은 희한한 기쁨일 수도 있고, 또 경우에 따라서는 예기치 못한 불안이나 두려움일 수도 있다. 한데 문학에서 그런 일이 가능한 것은 작가나 시인이 언어를 단순히 의사 전달의 수단으로만 사용하는 것이 아니라, 말하자면 언어 그 자체의 매력에 끌리기 때문이다. 우리가 지금 다루고 있는 동요를 살펴보자면, 우리는 우선 그 칠오조의 리듬에 몸과 마음을 맡기고 잠시일망정 번잡한 세상을 벗어난다. 그리고 이 평화는 시의 언어에 'ㅋ·ㅌ·ㅍ'의 격음이 없기 때문에 더 부드럽다. 아니다, 내가 잘못 생각했다. 격음이 꼭 하나 있다. '파란 싹'의 '파'가 그것인데, 그 격음을 내포하는 '파란'이라는 형용사는 평화 속에서 솟아나는 생명의 힘이며 색깔이며 소리이다. 그것은 다른 어떤 말로도 바꾸어놓을 수 없다. 의미가 같거나 비슷하다고 해서 그것을 '푸른' 싹이나 또 심지어 '녹색' 싹으로 대치하여 읊거나 노래해보아라. 당장에 시의 매력이 사라져버릴 것이다. 여기에서 '파란'은 반드시 '파아란'이라고 입을 크게 벌리면서 길게, 그러나 너무 세차지 않게 발음해야 되는 말이다. 그래야만 그 소리와 더불어 미나리가 싱그럽게 반갑게 돋아난다. 마치 훌륭한 곡에서 음표 하나라도 바꾸어놓으면 그 음악성이 무너지듯이, 문학에서도 의미와 이미지와 소리의 결합체로서의 낱말이나 문장은 필연적인 성격을 띤다. 이것은 비단 시의 경우만이 아니다. 정도의 차이는 있겠지만 산문의 경우에도 마찬가지이며, 문체란 다름 아니라 그런 언어의 연금술이다. 플로베르는 제 글을 한없이 고쳐 썼을 뿐만 아니라 반드시 소리 내어 읽으면서 그것을 '목구멍의 시험'이라고 불렀다고 한다.

마지막으로 한 가지만 더 이야기해두자. 우리 모두는 이 동요가 거짓말이라는 것을 알면서 즐긴다. 가사를 보자면 마치 병아리들이 놀고 가자 마치 무슨 마술에 걸린 양 미나리 싹이 쑤욱 돋아난다. 현실적으로 있을 수 없는 일이다. 도시 병아리떼가 놀고 간 다음에 미나리 싹이 돋아나는 것을 본 사람이 과연 있겠는가? 그렇다면 이 거짓말은 무엇 때문에 있는 것인가? 달리 말하면 문학만이 아니라 모든 예술은 제 나름대로의 소재(언어 · 색체 · 사물 · 소리)로 허구를 만드는데 그것은 단순한 호기심이나 심심풀이의 소산인가? 아니다. 허구의 창조는 우리의 존재도 밖의 세상도 결코 완벽하지 않다는 의식에서, 그리고 완벽한 경지에 이르지는 못할망정 적어도 그것을 엿보기라도 하고 싶다는 간절한 소원에서 비롯된다. 보들레르의 유명한 시구를 빌리자면 "모든 것이 질서와 아름다움이며, 사치와 고요와 열락인 곳"을 지향하려는 불완전한 인간의 상상적 시도, 그것이 바로 허구의 창조이다. 새파란 하늘 아래서 노란 병아리가 뛰어 놀더니 이윽고 미나리 싹이 소리 없이 돋아나는 장면을, 그리고 그 현장을 홀린 듯이 바라보고 있는 어머니와 아이의 모습을 함께 그려보아라. 가끔은, 아니 되도록 자주, 이런 있을 수 없는 조화와 평화의 그림을 그려보아야만, 우리는 고단한 삶을 견뎌나갈 수 있을지 모른다. 또한 그래야만 비로소 불완전한 현실이 더 완전한 현실로, 추해보이던 것이 아름다운 것으로, 덧없는 것이 영원한 것으로 변용하는 기적이 태어날 수 있을지도 모른다.

(『들숨날숨』, 1999년 5월 창간호)

오늘날의 문학적 상황에 관하여

　황순원 선생의 빈소에 다녀와서 「소나기」를 다시 읽었다. 선생의 문명(文名)을 기리려는 뜻이기도 하지만, 그보다도 반세기 전에 나온 이 아름다운 단편이 오늘날의 나에게는 어떻게 비칠지 알아보고 싶어서였다. 단숨에 읽고 나자 내 입에서는 이런 말이 저절로 새어 나왔다. '세상은 참으로 달라졌구나!'

　무엇이 어떻게 달라졌는가? 한마디로 금제(禁制)의 유무가 「소나기」의 세계와 오늘날의 세계를 본질적으로 갈라놓고 있는 것이다. 무슨 말이라도 다 할 수 있고 무슨 짓을 해도 용납이 되어가는 이 세상에서 「소나기」의 절제된 언어와 행동은 생겨날 수 없다. 남녀칠세 부동석의 전통이 아직도 존속하던 시절에 성을 알기 시작한 아이들의 안타까움이 그 문화적 배경으로서 인식되지 않는다면 이 단편은 의미를 상실한다. 두 아이들의 성적 충동은 그들이 보고 만지고 간직하는 사물들을 통해서 은유적으로, 간접적 언어로 나타날 따름이다. 소녀와 소년의 육체적 접촉도 소나기와 불어난 물과 수숫단이라는 자연의 보조자가 그것을 필연화시켜주지 않았다면 이루어지지 않았을 것이다. 그러나 그 단 한 번의 간접적 접촉은 어떤 직접적 접촉보다도 짙은 의미를 지닌다. 소년의 등에서 옮은 물을 간직하고 있는 분홍 스웨터를 수의로 삼아달라고 청하면서 죽어가는 소녀의 행위는 어떤 성적 표현보다도 더욱 에로틱하다.

이제 우리는 그렇게밖에는 성이 표출될 수 없었던 세상, 그러나 그렇기 때문에 더욱더 짜릿한 체험을 할 수 있었던 세상에 살고 있지 않다. 성이 지겨울 정도로 넘쳐 흐르는 환경 속에서 자라는 아이들에게 「소나기」의 서정은 다시는 없을 것이다. 그것은 지금도 고등학교 교과서에 자주 실리지만, 만일 교사들이 사춘기의 학생들에게 그 짜릿한 느낌을 추체험하기를 요구한다면 마치 동화를 추체험하기를 요구하는 것과 같은 우스운 꼴이 될 것이다. 아마도 프로이트를 서투르게 원용하면서 리비도에 관해서 이야기하거나, 혹은 문체의 분석을 초보적으로나마 시도하면 학생들은 그런 설명을 더 재미있게 생각할지도 모른다.

한 시대가 지나간 것이다. 그렇다면 금제가 풀려가는 세상에서는 무엇이 삶의 맛을 주는가? 요새 화제에 오르고 있는 프랑스의 소설가 윌벡은 다음과 같이 말하고 있는데, 이 말이 우리와 전혀 무관한 것이라고는 여겨지지 않는다. "이제 당신은 무엇이든 당신이 하고 싶은 짓을 할 수 있다. 문제는 사람들이 성에 대해서 더 이상 기쁨을 느끼지 않는다는 데 있다. 가령, 백인 여자는 백인 남자와 데이트하지 않으려는 경향이 자꾸만 늘어간다. 남성적이지 않기 때문이다. 그리고 백인 남자는 흑인 여자나 아랍 여자와 데이트하려고 한다. 그것은 인종 문제가 아니라, 그런 여성들에게는 성이 아직도 금제로 남아 있기 때문이다." 이 말은 사드나 바타유를 상기시킨다. 사드의 파격적인 성이 의미를 지녔던 것은 그것이 금제였기 때문이다. 마찬가지로 바타유의 경우에도 에로티시즘이 가져오는 희열은 바로 금제를 침범하는 데서 비롯된다. 이것은 침범되어야 할 금기가 선요 조건으로서 존재해야 한다는 뜻이 된다. 사실 서양에서도 부르주아의 윤리가 명맥을 유지했던 1950년대까지는 그런 금기가 존속했다.

문학과 금제의 관계는 비단 성적인 영역에서만 말할 수 있는 것은 물론 아니다. 그것은 정치의 차원에서 더욱 일반적이다. 문학의 뜻이 가장 높게 발휘되는 것은 정치적 억압이 있는 곳이라고도 말할 수 있다. 1970년대에 소련에서 미국으로 망명한 한 작가가(솔제니친과는 다른 사람이다) 제 나라에서의 탄압을 다룬 소설을 내주기를 어느 출판사에 요청했다. 그러나 그런 소설은 미국에서는 안 팔리니 포르노를 쓰라는 것이 출판사의 권유였다. 이 대답을 들은 작가는, "나는 모스크바의 밤거리에서 비밀 경찰의 감시망을 살피며 등사판으로 마분지에 복사한 글을 한두 부씩 몰래 나누어주었을 때가 도리어 진실한 작가였다"고 술회했다. 이런 반체제 문학의 의미를 반증하는 것으로서, 1990년대 초반에 동구권이 무너지고 문민 정부가 들어서자 한국에서 노동 문학 내지는 민중 문학이 퇴조하기 시작한 현상을 들 수 있을 것이다.

그러나 금제의 해소가 오늘날 문학의 위기의 유일한 이유도 아니며, 또 가장 중요한 이유도 아닐 것이다. 그 이외에 우리는 기술 사회의 특질과 대중 문화의 지배적 세력에 대해서 얼마든지 이야기할 수 있다. 오늘날의 기술 사회는 그 성원으로 하여금 가속적으로 변하는 여건에 신속히 적응하기를 강요한다. 그것은 기술적 진보가 삶에 있어서 무엇을 의미하는지 따지는 여유를 주지 않는다. 비유적으로 말하면, 뭇 사람이 쉴새없이 걸어나가고 있는데, 도중에 멈추어서서 '나는 어디로 또 무슨 이유로 이렇게 가고 있는 것일까' 하고 반성하는 사람이 있다면 그는 밀어닥치는 군중에게 치여 죽을 것이다. 궁극적 목적이 상정되지 않은 그 '진보'의 길을 걸어나가야만 그는 적자생존의 요행을 누릴 수 있는 것이다. 이와 동시에 한가한 시간이 자아로의 회기로, 실존적 질문의 제기로 뻗어가지 않도록 사용되어야 한다. 바로 여기에 대중 문화의 기능이 있다. 그것은 우리

의 몸에 고인 생의 에너지가 여과나 승화의 과정을 겪지 않고 당장
에 소비되도록, 그 순간적인 흥분이 영혼을 앗아가도록 만들어준다.
아찔한 놀이 기구, 폭력과 섹스로 충만한 영화, 광란적인 리듬의 음
악 따위가 그 대표적인 예이다. 이런 조건하에서 어떻게 자아와의
괴로운 대면을 요구하는 문학이 들어앉기를 기대할 수 있겠는가?
　그러나 내가 여기에서 강조하고 싶은 것은 이런 외부적인 조건 때
문에 야기된 문학의 위기가 아니라(그것은 너무나 널리 알려져 있다),
문학 자체의 내부적 위기이다. 다시 말해서 1960년대 이후에 서양에
서 부각되고 우리의 식자들 사이에서도 제법 널리 퍼지게 된 문학관
들이 문학의 바람 직한 수용에 부정적인 작용을 했다는 점이다. 그
때부터 문학 작품은 가지가지의 연구의 대상으로서 강조되고 그 실
존적 의미에 대해서 이야기하는 것은 시대에 뒤떨어진 것으로 치부
되었다. 이른바 인문과학의 대두에 힘입어 문학은 정신분석학·인
류학·언어학·사회학·기호학 등이 제공하는 방법론에 따라서 연
구되거나 이론화되어야 할 대상으로 생각되었다. 이런 경향은 문학
을 학문의 영역에 가두고 그 본래의 기능, 즉 인생을 바꾸어줄 수 있
는 이의 제기로서의 기능, 김수영의 표현을 빌리자면 불온성의 기능
을 자칫 경시하는 결과를 가져왔다. 그 대표적 경우가 구조주의에
쏠려 있었을 때의 롤랑 바르트이다. 그에 따르면 문학이란 어떤 외
부적 지시 대상도 갖추지 않은, 즉 삶의 현장과는 관련 없는 자동사
적 언술이다. 그 기호들은 외부의 것으로 뻗어나가지 않고 그 자체
로 되돌아온다. 가령 『보바리 부인』은 종잇장 위에서만 존재하는 실
체 없는 기호의 복합체이며, 우리가 할 일은 그 얽히고설킨 기호들
을 언어적 구조물로서 다루는 것이다.
　이렇게 되면 문학을 공부한다는 것은 시체를 해부하거나 물질의
구조를 탐색하는 과학자들과 마찬가지로 그것을 객관적 대상으로서

만 다루는 것이 된다. 하기야 그것은 그 나름대로 재미있는 일이 될 수 있다. 그러나 이 재미있는 일은 문학의 운명과 직결된 가장 중요한 질문, 다시 말해서 '문학은 무엇을 위해서 존재하는가?'라는 질문에 대답하기를 단념함으로써, 문학을 소외시킨다. 만일 그런 질문에 대한 대답에는 보편적 동의가 있을 수 없고, 천차만별의 대답들이 도리어 문학의 본질을 흐려놓는다는 핑계로, 바르트처럼 '무엇을 위하여'라는 질문을 '어떻게'라는 질문으로 대치하여 '어떻게 기호를 조립하면 문학이 되는 것인가?'라고만 물어야 한다는 겸손을 가장한다 해도 목적에 관한 질문은 끝끝내 살아남는다. 그리고 소설이나 시를 쓰는 목적이, 또 그것을 읽는 목적이 기호들의 자동사적 놀이의 구조를 만들고 즐기기 위해서라고 누가 말한다면, 우리는 과연 그런 일이 인생을 바칠 만한 것인지 되물어야 한다. 또한 지난 2천여 년 간의 문학 활동이 그것으로 환원될 수 있는지도 되물어야 한다.

문학에 대한 재검토의 일환으로서 그 구조를 논하거나 그 이론을 꾸미는 작업이 만일 그 실존적 의의와 결부되지 않을 때는 그것은 극소수의 전문가의 수중에 갇혀 활력을 잃고 말 것이다. 이런 사람들이 대학에서 문학을 강의할 때, 또는 비평가로서 행세할 때, 문학에서 최고의 '교양'을 획득하기를 바라는 사람들은 문학을 떠나고 말 것이다. 문학이 다른 문화의 산물과 마찬가지로 기호의 조직체라는 점을 강조하고, 모든 소설이 구조적으로 동일하다는 것을 부각시키고, 문학 역시 다른 모든 언술과 마찬가지로 인종·성별·계급간의 갈등의 표현으로 이해되어야 한다고 주장하고, 또 문학적 표현을 사상사의 테두리에서 논의하는 따위의 연구 자체가 틀렸다는 것이 아니다. 내가 말하고자 하는 것은 그런 문학 연구는, 관습적으로 받아들여온 관념에 대한 근본적 반성과 자신 및 세계에 대한 새로운 인식이라는 문학 고유의 기능에 대해서 종속적이라는 것이다. 문학의 존재 이유가 문학에 대한 학문적 연구를 위해서 있는 듯이 이야기하는 것은 마치 의복이 복식사의 서술이나 패션쇼를 위해서 존재한다고 주장하는 것과 마찬가지로 본말이 전도된 것이다.

다행히 우리나라에서는, 이런 아카데미즘에 의한 문학의 보편적 의미의 망각 내지는 손상이 아직은 미국의 대학에서처럼 심하지는 않은 것 같다. 그러나 흡사 닭이 알을 낳듯이 번번이 새로운 논문을 발표하지 않으면 쫓겨난다는 매정한 시장 논리에서 비롯된 강박관념 때문에 궤변적이며 지엽적이며 곧 쓰레기통에 들어갈 담론들이 양산되고, 그럼으로써 문학 교육이 학생들의 실존적 욕구와 결부되기 어려운 그 나라의 대학의 현상이(Andrew Delbanco, "The Decline and Fall of Literature," *New York Review of Books*, November 4, 1999 참조) 반드시 남의 일로만 여겨지지는 않는다.

우리가 실천해온 바와 같은 문학이 신화나 설화처럼 소멸하여 오로지 역사적·인류학적 연구의 대상으로만 남게 될 날이 올지도 모른다. 그러나 그 시기를 앞당겨야 할 당위성이 있는 것은 결코 아니다. 그러기는커녕 문학은 아직도 인생의 총체적 의미의 담당자이며, 프루스트의 유명한 표현을 빌리자면 "마침내 드러나고 밝혀진 진실한 인생, 따라서 진실로 체험된 유일한 인생"이다. 다만 오늘날 이 문학 전통의 수호에는 미증유의 어려운 요청이 따른다. 그것은 민족의 특수한 정치적·지적 상황만이 아니라, 앞서 언급한 금기의 해소, 기술 사회의 요청, 대중 문화의 지배와 아울러 이런 문학 연구의 문제에 직면해서 문학의 진정한 맛(그것은 달다기보다도 쓴맛이며, 비록 달다고 해도 고진감래이지만)을 복원시켜나가는 것이다. 이 반시류적 과업의 수행이야말로 오늘날의 문학적 참여이다.

(『동서문학』, 2001년 봄호)

비행기와 문학

　20세기의 가장 유명한 배우의 한 사람이었던 오손 웰스는 "비행기를 타면 다만 두 가지 느낌밖에는 없다. 그것은 지루함과 두려움이다"라고 말한 일이 있습니다. 이런 느낌은 아마도 많은 사람들이 공유하고 있을 것이며, 따라서 비행기를 만드는 사람들은 더욱더 빠르고도 안전한 비행기를 만드는 데 전력을 기울여왔습니다. 1927년에 린드버그가 생명을 무릅쓰고 대서양을 건너 뉴욕에서 파리까지 날았을 때에 걸린 시간은 33시간 반이었는데, 1976년부터 취항한 콩코드는 같은 거리를 불과 3시간에 납니다. 그래도 사람들은 여전히 지루하다고 느낄지 모릅니다.

　그러나 나의 은사이신 손우성 선생은 1960년 서울에서 파리로 날았을 때, 기착지가 많고 또 항공사 직원들이 파업을 해서 무려 나흘이나 걸렸지만, 그 여정을 다만 지루하고 두렵다고만 느끼지는 않으셨습니다. 생전 처음 타보는 비행기는 그분에게 세계와 남들과 조국과 자신에 대한 부단한 관찰과 반성의 계기를 제공했기 때문입니다. 에어 포켓에 걸려 덜컥 떨어지기도 하고 이상 기류에 휘말려 심하게 흔들리기도 하는 프로펠러식 비행기 속에서 불안이 어찌 없었겠습니까? 또한 "바다와 구름, 그 밖에 아무 것도 없는 이런 싱거운 풍경이 며칠이고 몇 달이고 계속된다면 신경쇠약에 걸릴 것 같다"는 권태감이 어찌 없었겠습니까? 그러나 그분의 눈은 낮에는 물론 한밤중에도 어둠을 뚫고 창밖의 풍경을 겨누었습니다. 그러자 암흑 속에서 "비행기 좌우로 표지등이 번쩍거리는 정말 아름다운 등불의 시가지가 전개되고," 그것이 "마치 다색채의 진주 장식을 예술가의 손으로 교묘하게 미술적으로 배열해놓은 것같이" 느껴졌습니다. 그러다가 광막한 사막 지대 위를 날 때는 선생은 "싸움도 있고 사랑도 있고 〔……〕 번민도 대오(大悟)도 있을 이 아래 인생들"에 대한 명상에 젖어듭니다. 이와 동시에 선생은 기내 사람들과의 접촉을 통해서 내면적으로 새로운 것을 발견하고 옛것을 되돌아보는 기회를 놓치지 않습니다. 동양학을 전공한 어느 프랑스 교수와의 대화는 선생으로 하여금, 서양 문명의 주도권의 연원이 결국 기독교 신앙에 있다는 것을, 그리고 "중국 등의 동양 문화는 축적성과 발전성이 빈약하고 걸핏하면 문화가 응고하여 화석이 되고 말았다"는 것을 새삼 깨닫게 합니다. 테헤란에서 판아메리칸의 제트기로 바꾸어 타고 나서는, 프랑스 승무원의 상냥함과 미국 승무원의 무표정한 임무 수행의 장단점을 견주어보기도 합니다.

나는 손선생의 다양하고 재미있고 때로는 지금도 현실감 있는 경험담을 이 이상 예시하지 않고, 여러분이 선생의 『유럽 여행기』를 직접 읽어보기를 권하고 싶습니다. 그것은 요컨대 수직적인 동시에 수평적인 거리가 가져온 이른바 '낯설게 하기'의 효과라고 말할 수 있습니다. 그분에게는 비행기 여행이 가장 좋은 의미에 있어서의 소격의 혜택을 베풀고, 일상 생활의 관례가 뭉게버렸거나 덮어버린 귀중한 현실과 사고를 출현시킨 것입니다. 그러나 그 체험이 가능했던 것은 선생이 비행기를 처음으로 타보았다는 조건과 밀접히 관련되어 있다는 점에 주목할 필요가 있을 것 같습니다. 아무리 생각이 깊은 사람의 경우라도 자주 비행기를 타면, 더구나 오늘날처럼 안전한 대형 비행기를 타면, 그 여행의 과정이 가져올 효험은 여행이 거듭될수록 줄어들고, 마침내는 오손 웰스가 말하는 것처럼 권태와 불안만이 남을 것입니다. 일반적으로 말해서 반복의 마비 작용에서 우리를 깨어나게 하고 세상과 자아를 신바람나게, 뜻 깊게 재인식시키는 것이 시인의 기능입니다만, 그렇다면 우리는 비행기에 관해서도 다른 눈으로, 즉 최초의 사람들의 눈으로 다시 바라봄으로써, 권태와 불안이 아니라 그 경이로움을 되새긴다는 시적 태도를 스스로 가져볼 수는 없겠습니까?

비행기의 전사(前史)에는 아득한 옛날부터의 인간의 욕망이 깔려 있습니다. 인간은 육체의 무게에 얽매어 있고 인식의 한계에 묶여 있고 죽음과 마주쳐야 한다는 슬픈 조건들에 동의하지 않았습니다. 하늘을 날고 싶다는 욕망이 다른 어떤 욕망보다도 줄기차게 인간을 지배해온 것은, 그리고 새들을 부러워하며 그 존재를 물리적으로 살필 뿐 아니라 그것에 상징적 의미를 부여하고 날개 달린 숱한 인간과 생물을 상상해온 것은 그 때문입니다. 그리스 신화에 나오는 이카로스와 페가소스, 플라톤의 『파이드로스』에서 비행하는 수레로 표상된 영혼, 『장자』의 첫머리에 군림하는 대붕, 그리고 그 무수한 천사와 봉황과 비마(飛馬)와 비룡(飛龍) 등 그것은 모두 시간·공간·육체·이성·사회의 굴레에서의 해방을 겨냥한 인간의 변함없는 환상의 소산입니다. 비근하게는 연을 날리고 종이 비행기를 접으면서, 또는 이역만리로 향하는 철새를 바라보면서 꾸민 소박한 소원으로부터, "안개 낀 삶을 무겁게 짓누르는/권태와 한없는 시름에 등을 돌리고/밝디밝고 잔잔한 고장 향해 힘찬 날개로/솟아오를 사람은 행복하도다"고 읊은 보들레르의 절실한 시정(詩情)에 이르기까지, 비상의 욕망은 동서고금을 막론하고 인간에게 뿌리 깊게 내재해온 것입니다. 그리고 바슐라르의 『공기와 꿈』은 그 욕망의 이미지와 의미를 현상학적으로 분석한 명저입니다.

그러나 인간은 상상을 통해서 자신의 한계를 초월하려고 할 뿐 아니라, 또한 그것을 현실화하려는 동물이기도 합니다. 시인이 꿈을 꾸면 발명가가 나와서 그 꿈을 실현시켜온 것이 인류의 역사입니다. 비상에 관해서 말하자면 우리는 그 최초의 시도로서 레오나르도 다 빈치의 구상을 익히 알고 있습니다. 새가 인간보다 훌륭한 것은 날개를 가지고 있기 때문인데, 인간에게 날개를 달지 못할 이유가 어디 있겠느냐는 것이 그의 발상이었습니다. 더욱 구체적으로 말해서, '제법 큰 날개를 마땅하게 부착하면 인간은 공기의 저항을 극복하는 것을 배우고, 그것을 극복함으로써 그 위로 날아오르는 데 성공할 수 있을 것이라'고 그는 생각했습니다. 그리고 이런 '날틀'에 관해서 깊이 연구하고 실험까지 했지만 결국 성공하지는 못했습니다. 그러나 이 경우에도 실패는 성공의 어머니였습니다. 인간의 몸에 날개를 달고 날아보려는 다빈치의 구상은 4세기 후인 1895년에 릴리엔탈에 의해서 실현되어, 그는 350미터를 활공하는 기록을 세웠습니다. 그리고 그 자신은, 마치 태양에 너무 가까이 가서 날개가 녹아버려 추락하고만 이카로스처럼, 인간 조건을 넘어서려는 그 실험을 이어나가다가 추락하고 말았습니다.

한편 인간의 꾀는 이렇게 제 힘으로 난다는 우직하고 위험한 방법을 넘어서서 연료를 이용하여 간접적으로 나는 기술을 익혀갔습니다. 그리고 그 노력은 이미 18세기 말에 몽골피에 형제의 기구로 결실을 맺었습니다. 그런데 상상과 실현 사이에는 다만 일방적 관계만이 성립하는 것은 아닙니다. 상상적 사물은 그 현실화를 자극하는 한편, 현실화된 사물은 다시 상상을 자극하고 그것이 또 더 고차원적인 사물의 현실화를 촉구합니다. 상상과 발명 사이의 이 상향적 연쇄 작용이 과학적 공상 소설로 전형적으로 나타나는데, 기구의 발달은 줄 베른의 『5주 간의 기구 여행』(1863)을 탄생시켰고, 2년 후에는 그로 하여금 달까지 가는 로켓의 발사를 꿈꾸게 합니다. 그리고 그보다 한 세기 후인 1969년 인간은 드디어 작으면서도 거대한 발자국을 달에 새기게 됩니다.

이러한 비상을 향한 인간의 한없는 욕망이 획기적으로 실현된 것이 비행기라는 것을 우리는 누구나 알고 있습니다. 항속 거리에 있어서 그리고 고도와 속도에 있어서, 이전의 기구나 글라이더나 비행선과는 비교할 수 없는 기적의 산물이 탄생한 것입니다. 그렇다면 이 새로운 비행체가 문학적 창조에 어떠한 영감이나 의미를 부여했을까요? 이런 질문을 받으면 누구보다도 생텍쥐페리의 이름이 떠오를 것입니다. 사실 비행기를 빼놓고 그의 문학을 생각할 수 없고, 그 사람 이상으로 비행기와 문학을 결부시킨 작가도 없습니다. 그러나 우리는 생텍쥐페리에 비하면 한결 삽화적이긴 하겠지만, 전혀 다른 각도에서 비행기라는 새로운 산물에 주목한 또 한 사람에 대해서 잠시 언급하지 않을 수 없습니다.

내가 이야기하려는 것은 아폴리네르라는 20세기 초엽의 귀재에 관해서입니다. 그러나 나는 한국에서도 많이 알려진 이 희한한 시인에 대한 전반적인 해설을 할 생각은 없습니다. 나는 그의 시를 읽을 때마다 서로 어울리기 어려워 보이는 가지각색의 이미지와 정서들이 엮어내는 야릇하고도 참신한 그림에 놀랍니다만, 그의 중요한 소재가 된 것은 인간의 새로운 창조성과 가능성을 열어보인 기계 문명이었습니다. 영화, 전화, 무선 통신, 자동차, 산뜻한 시어 같은 광고, 머릿속을 환히 들여다보게 하는 방사선, 이 모든 것들이 새로운 정신의 소산이라고 믿은 아폴리네르에게 어찌 비행기가 주목의 대상이 안 되었겠습니까? 그것이 시간과 공간을 자유로이 넘나드는 기발한 이미지들을 환기시키고 그 이미지들과 결합하는 것을 볼 때, 우리는 "놀라운 것, 엉뚱한 것이 오늘날의 시의 주된 원동력의 하나"라는 그의 말을 되새기게 됩니다. 『알코올』의 첫머리에 실린 「지대」(1912)에 나오는 다음의 시구를 읽어보십시오.

천사들이 어여쁜 공중 곡예사의 둘레로 날아다니고
이카로스 에녹 엘리아 티아나의 아폴로니오스가
최초의 비행기를 에워싸고 떠도네
그들은 때로는 길을 비켜서 성체(聖體)가 나르는 이들과
면병을 받들고 영원히 오르는 사제들이 지나가게 하네
마침내 비행기가 날개도 접지 않고 내려앉자
무수한 제비들이 하늘을 가득 채우네
까마귀 올빼미 매의 무리가 날개 치며 오고
아프리카에서 따오기들 홍학들 황새들이 찾아드네
이야기꾼과 시인들이 찬양한 록 새가
최초의 머리 아담의 두개골을 발톱으로 움켜잡고 감도네〔……〕
날개가 하나뿐이라 쌍으로 다니는
길고도 날쌘 비익조(比翼鳥)가 중국에서 날아왔지〔……〕
그리고 독수리 불사조 중국의 비익조가 모두들
날틀과 형제처럼 우애를 나누네

아폴리네르는 이 시를 쓰기 2년 전에 「비행기」라는 제목의 시를 쓴 일이 있습니다. 그는 거기에서 라이트 형제의 비행보다 한결 앞선 1890년에 증기 기관을 단 날틀로 50미터의 비행에 성공하고 그것에 아비옹avion(프랑스 말로 비행기의 뜻)이라는 이름을 붙인 글레

망 아데르를 기리고 있습니다. 시인은 그 다섯 글자가 마술처럼 하늘을 열고 산과 바다 위를 날아 이카로스처럼 태양을 바라보러 가기를 축원합니다. 그러나 그 시는 우리가 방금 읽은 시구에 비하면 습작에 지나지 않습니다. 왜냐하면 그 다채롭고 찬란하고 거창한 이미지들의 결합은 가히 총체적 교향곡이라고도 부를 만한 것이기 때문입니다. 비행기가 불러일으키는 상승의 테마는 고대의 전설과 종교적 설화를 불러오고 그것이 현재화하는 희한한 그림을 만들어냅니다. 성체를 배수하고 하늘로 오르는 사람들을 위해서 길을 비켜주는 비행기와 천사와 혼령들의 이미지를 그리면서 독자가 입가에 떠올리게 되는 미소는 다만 유머나 기상(奇想)이 자아내는 미소가 아니라, 땅에 묶인 육신을 시인과 함께 벗어던지는 우리 자신의 가벼움을 느낄 때의 행복의 미소일 것입니다. 더구나 이 가벼운 상승이 구원의 욕망과 결부되어 있다는 것을 더 잘 알리는 구절이 있습니다. 원죄 때문에 승천하지 못한 아담의 두개골을, 『천일야화』에 나오는 록 새가 하늘로 끌어올린다는 기발한 시구가 그것입니다. 이와 같이 인류가 아득한 옛날부터 지녀온 상승의 욕망이 실현시킨 비행기, 그리고 그 욕망을 더욱 절실하게 느끼게 만드는 비행기가 어찌 축복의 대상이 아니겠습니까? 마치 큰 나라의 임금이 등극할 때 수많은 다른 나라들의 축하 사절들이 형형색색의 옷차림으로 찾아들 듯이, 이 기적의 날틀과의 우애를 다짐하기 위해서 환상의 새들이 실재하는 새들과 섞여서 시간과 공간의 경계를 넘고 날아드는 것입니다. 이 이미지는 동시에 아폴리네르의 밝은 미래관의 상징으로도 여겨집니다. 그는 비행기로 대표되는 기계 문명이 인류의 행복만이 아니라 자연과의 대화를, 그리고 우주의 비밀과의 합일을 기약해준다고 생각했던 20세기 초엽의 모더니스트의 대표자였습니다.

　그러나 1920년대에 들어서면 사정은 달라집니다. 제1차 세계 대전을 계기로 엄청나게 발달한 비행기는 이미 시적 상상력의 대상이라기보다 실용적 기계로서 자리를 잡아갑니다. 달리 말하면 비행기는 이제 희한한 날틀이 아니라 배나 수레와 같은 운송 수단, 다만 공중으로 갈 수 있기 때문에 더 빠른 운송 수단으로서의 의미를 띱니다. 또 달리 말하면 그것은 밖에서 바라보면서 꿈꾸는 시인의 몫이 아니라, 안에 들어앉아서 운전하는 조종사의 몫으로 변합니다. 그리고 시인의 비행기에서 조종사의 비행기로의 이 전환을 통해서 아폴리네르와는 판이하지만 역시 그 나름대로의 시를 쓰고 그것을 값진 메시지로 전한 사람이 다름 아닌 생텍쥐페리입니다.

　한국에 알려진 프랑스 작가 중에서 누구보다도 인구에 회자한 이 작가에 대해서 긴 이야기를 할 필요는 없을 것입니다. 나는 다만 그의 사상의 정수라 할 수 있는 『인간의 대지』에서 두 구절을 인용하고 다소의 사족을 붙여볼까 합니다.

　첫째로 언급하고 싶은 구절은 다음과 같습니다. "기계는 목적이 아니다. 비행기는 목적이 아니다. 그것은 연장이다. 쟁기와 마찬가지로 연장이다." 이 말은 매우 상식적인 것으로 들립니다. 아무도 비행기가 자족적인 목적이라고 생각할 사람은 없을 것입니다. 즉 그것이 하늘을 날기 위한 기계이며 수단인 것은 자명합니다. 그런데 생텍쥐페리는 여기에서 왜 수단이라는 말 대신에 연장이라는 말을 사용하고, 더구나 최고의 기계인 비행기를, 기계와는 거리가 멀고 가장 초보적인 농구인 쟁기와 같다고 한 것일까요? 나는 바로 이 점에 생텍쥐페리의 철학이 담겨 있다고 생각합니다. 우선 쟁기는 오락의 도구가 아닙니다. 그것은 농부라는 직업에 필수불가결하고 그의 생계를 유지해주는 연장입니다. 그뿐 아니라 쟁기와 한 몸이 되어 밭을 갈면서, 농부는 고생을 알고 땀의 가치를 알고 자연의 저항을 알고 자연의 선물을 알게 됩니다. 그는 쟁기라는 연장 덕분에 인간의 능력과 한계를 자각하고 인간이 대지와 맺을 수 있는 애증의 연줄을 터득하고 대지의 비밀에 참여합니다. 한마디로 쟁기는 연장인 동시에, 아니 연장이기 때문에 교육자입니다. 쟁기만이 아니라 목수의 대패도 석공의 정도 화가의 붓도 단순한 수단이 아니라 모두 그 나름대로 세계를 밝혀주는 연장입니다.

생텍쥐페리와 비행기의 관계는 농부와 쟁기의 관계와 똑같다고 할 수 있습니다. 지상에 머무른 아폴리네르가 그의 상상의 날개를 비행기와 함께 하늘로 펼치고 인간 조건으로부터의 해탈에서 희열을 느끼려 했던 것과는 정반대로, 하늘을 난 생텍쥐페리는 그의 실존의 의미를 항상 대지와의 관련에서 찾으려 했던 것입니다. 농부가 쟁기로 밭을 가는 직접적 목적이 땅 위에서 더 많은 곡식을 얻는 데 있는 것처럼, 그는 비행기로 하늘을 '가는' 직업을 통해서 지상의 사람들에게 더 빠르게 우편물을 전하려 했습니다. 그리고 그 의무를 수행하는 과정에서 이 하늘의 농부는 자연의 시련을 알았습니다. 그것을 극복하는 인간의 힘에 대한 자부심과 동시에 그 앞에서 부서지는 인간의 슬픈 한계를 알았습니다. 추락한 조종사가 사막에서 천신만고 끝에 얻어먹은 한 모금의 물, 암흑의 기나긴 항로의 끝에 드디어 내려다보이는 불빛, 하늘을 나는 자에게만 제 모습을 보이는 대지의 비밀―세계가 주는 이 희한한 맛은 고난이 베푼 값진 선물이었습니다. 그러나 고난은 영영 돌아오지 않는 친구들을, 한 가정을 파괴하는 죽음을 만들기도 했습니다. 그것은 폭발하는 화산이, 갑자기 열리는 바다가, 온 세계를 뒤덮는 모래 바람이 쓸어 없앨 문명의 덧없음을 깨닫게도 했습니다.

그 모든 체험은 생텍쥐페리로 하여금 고난의 의미가 결국 "어떠한 동물도 못 해냈을 일"을 해내는 것, 다시 말해서 우리들 각 개인 속에 깃들어 있는 참된 인간을 현현하는 것임을 나날이 더 깊이 자각하게 합니다. 죽음을 무릅쓴 가능성의 극한까지의 시도를 통해서 그가 찾아낸 것은 대지에 뿌리박은 인간의 공동체에 대한 책임과 그 공동체를 지키고 자라나게 하기 위한 희생의 거룩함이었습니다. 그러나 이런 영웅적 자각과 행동이 가능했던 것은 두말할 필요도 없이 당시의 비행기가 극히 취약했다는 조건과 결부되어 있습니다. "폭풍우가 있는 날에는, 올가미와 함정이 가득하고, 절벽이 느닷없이 내닫고, 삼나무를 뿌리째 뽑아버릴 만한 소용돌이가 가득 찬 그런 엄청난 세계, 〔……〕 검은 용이 계곡의 어귀를 가로막고 번개가 무더기로 산봉우리를 에워싼 세계"의 사이를 아슬아슬 헤쳐가는 나뭇잎 같은 비행기의 기적 없이는, 그리고 그 기적을 만들어내는 조종사의 생사를 내건 사명감 없이는 생텍쥐페리는 존재하지 않았을 것입니다.

이런 이야기를 하자니 윤동주가 1936년에 쓴 짧은 시 한 편이 생각납니다. 그는 당시의 조국의 형편을 비유하고 싶었는지, 혹은 아폴리네르와는 달리 즉물적 인상을 적고 싶었는지, 또 혹은 기계 문명에 대한 아이러니를 나타내고 싶었는지는 몰라도, 연자방앗간 풍체보다 더 빠르게 프로펠러를 돌리는 비행기가 "새처럼 나래를/펄럭거리지 못한다/그리고 늘——/소리를 지른다./숨이 찬가 봐"라고 적고 있습니다. 한데 우리가 생텍쥐페리의 값진 유산을 향유할 수 있게 된 것은 그의 비행기가 바로 이러한 숨차고 소리 지르고 새만큼도 못한 비행기였기 때문입니다.

그러나 1930년대 후반이 되면 벌써 그런 취약한 비행기는 자취를 감추게 됩니다. 그리고 내가 『인간의 대지』에서 여러분의 주목을 끌고 싶은 또 하나의 구절은 생텍쥐페리 자신이 바로 그 점을 지적하고 있는 구절입니다. 그는 이렇게 말합니다. "우리의 영역은 오늘날

속속들이 탐사되어 있다. 조종사와 기관사와 무전사는 이제는 모험을 하는 것이 아니라, 실험실 안에 틀어박히는 것이다. 그들은 벌써 외부의 상황의 전개에 복종하는 것이 아니라 바늘들의 움직임에 복종하는 것이다. 밤에는 산들이 어둠 속에 잠겨 있다. 그러나 그것들은 이미 산이 아니다. 그것들은 다만 보이지 않는 강군(强軍)들이며 그 접근을 계산하기만 하면 되는 것이다. 무전사는 얌전하게 전등불 밑에서 숫자를 기입하고 기관사는 지도에 점을 찍고 조종사는 산들의 방향이 어긋나면 비행기의 항로를 수정하기만 하면 된다.”

말하자면 쟁기라는 연장 대신에 트랙터라는 기계가 농사의 수단이 된 것과 마찬가지의 일이 비행기에도 일어난 것입니다. 과학 기술의 발전은 연장을 갈고 닦고 사랑하면서 삶의 현실과 가치를 익혀 나가던 시대를 밀치고 기계를 조작하는 요령을 터득하기만 하면 되는 시대를 도래케 한 것입니다. 또 달리 말하면 그 무렵부터 오늘날까지 에듀케이션의 시대가 인스트럭션의 시대에 의해서 계속 밀려 나고 있는 것입니다. 어둠과 구름에 휘말려 한치라도 더 멀리 보려고 창밖으로 고개를 내밀고 몰았던 비행기, 구멍이 나면 소포지로 때우던 비행기를 대치하여, 계기에 힘입어 또 오늘날에는 관성 유도 장치에 힘입어 날게 된 비행기──그것이 어찌 생텍쥐페리가 체험한 바와 같은 긴장과 고난과 철학을 가져올 수 있겠습니까?『인간의 대지』는 어떤 의미에서는 이미 사라진 영웅을 위한 만가(輓歌)이며, 생텍쥐페리가『전투 조종사』(1942)를 쓰고 스스로 정찰 비행 중에 사라진 것은 영웅의 재생을 못내 희구했기 때문인지도 모릅니다.

하기야 오늘날에도 기구로, 글라이더로, 경비행기로 모험을 감행할 수는 있습니다. 무엇이든 어려운 일을 해내려는 내적 충동은 고귀한 것이며, 위험을 무릅쓴 비상의 시도는 그런 충동을 최고도로 충족시켜줄 만한 것입니다. 그러나 그 모험은 생텍쥐페리의 모험과는 본질적으로 다릅니다. 거기에는 공동체를 위해서 심신을 내바친다는 직업 의식과 책임감이 결여되어 있습니다. 그렇다고 우리는 본말을 전도하여 그런 영웅들의 재현을 위해서 전쟁이 터지기를 바랄 수는 없습니다.

하기야 오늘날 역시 아무리 좋은 비행기일망정 위험에서 완전히 벗어나 있지는 않습니다. 자주 추락의 참상이 전해지고 우리 자신이나 가족이 거기에 연루되기도 합니다. 그러나 객관적으로 볼 때 비행기의 사고율은 자동차의 경우에 비해서 10분의 1이며 그 위험은 생텍쥐페리의 시대처럼 비행기의 구조에 불가피하게 내재해 있다고는 말할 수 없습니다. 비행기는 이제 가장 안전하고 일상적이며 진부하기까지 한 교통 수단이 되었습니다. 대부분의 사람들에게 있어서, 그것은 이미 나의 은사의 경우처럼 특별한 사색의 공간을 제공하지도 않고 아폴리네르가 보여준 바와 같은 희한한 상상을 자극하지도 않으며 또한 생텍쥐페리가 사랑한 실존의 연장도 아닙니다. 승객은 그것을 시내버스처럼 별다른 감흥 없이 타고 다니고, 밖에서 바라보는 이들은 그것을 새만큼도 신기해하지 않으며, 조종사는 그 운전을 위해서 다른 전문 직종의 사람들과 다름없이 일상적으로 출근하는 생활을 반복합니다.

따라서 공상 과학 소설에 등장하는 전혀 다른 종류의 비행체를 제외한다면, 문학적으로 볼 때 비행기의 시대는 지나갔다고 말할 수 있을지 모릅니다. 우리는 옛 설화의 세계를 기리듯이 비행기의 문학을 회고적으로 기려야 할지 모릅니다. 그러나 다른 한편으로 생각해 보면 비행기가 단순한 교통 수단이 되고만 지금이야말로 그 덕분에 더 알찬 문학의 가능성이 열렸다고 말할 수 있을 것도 같습니다. 왜냐하면 항상 낯선 땅 위로, 낯선 사람들 틈으로, 낯선 문명 속으로 우리를 데려가 줄 수 있는 것이 비행기이기 때문입니다. 문학이 새

로운 인식과 존재에 대한 반성과 초월적인 희열을 추구하는 활동인
이상, 낯선 것과의 만남처럼 필요하고 반가운 일은 없을 터입니다.
그리고 오늘날의 비행기는 그 만남의 특권을 대지의 구석구석에 이
르기까지 누리게 해준다는 것을 누가 부정하겠습니까? 그 자체로서
는 이미 문학의 대상이 아니게 되었을지도 모를 비행기를 우리 문학
도들이 여전히 찬양해야 할 이유의 하나가 바로 여기에 있다고 생각
합니다.   (인천 공항 개항을 기념하기 위한
'민족문학작가회의 인천 지부' 주최의 모임에서의 강연,
2001년 6월 23일)

두 이방인
──다시 읽어본 『구토』와 『이방인』

소설을 읽는 이유는 사람에 따라 또 나이나 상황에 따라 다를 것이며, 오직 이러이러한 입장에서 읽어야 한다고 말하는 것은 주제넘은 짓이다. 견딜 수 없는 시름을 아름다운 환상 소설로 달래볼 수도 있고, 실생활이 충족시키지 못하는 욕망을 가공의 이야기를 통해서 풀어볼 수도 있고, 또 흔히들 말하듯이 인생의 실상이나 교훈에 접하기 위해서 소설을 읽을 수도 있다. 그러나 대체적으로 말해서 어느 한 사람이나 한 시기의 지향은 일정한 것 같다.

나로 말하자면 나와 다르고 나의 생각을 근본적으로 깨뜨린다고 느껴지는 작품들을 주로 읽어온 것으로 여겨진다. 그래서 나는 이런 나 자신의 성향을 일반화시켜서 '문학 작품을 읽는 목적은 존재에 대한 이의 제기에 있다'는 그야말로 주제넘은 발언을 스스로 하는 일이 흔히 있었다. 그러나 굳이 변명하자면 이런 발언이 전혀 엉뚱한 헛소리일 따름이라고는 생각하지 않는다. 그것이 문학 작품, 특히 소설을 읽는 하나의 목적임에는 틀림없고, 다른 사람들도 자신의 여러 독서 체험 중의 한 가지로 그것을 첨가해서 해로울 것이 없으리라는 생각에는 지금도 변함이 없다. 그런 의미에서 몇 마디 해볼까 한다.

나의 연배의 많은 사람이 그렇겠지만, 나 역시 청춘기에 불어 닥친 이른바 실존주의에 휘말려 들었다. 그 말을 두고 왈가왈부가 많았으나, 대체적으로 그것은 삶의 현실을 근본적으로 다시 생각하고 그 바탕에서 새로운 삶을 꾸며나가자는 주장으로 받아들여졌다. 한데 그 주장은 두 편의 충격적인 소설에 의해서 대표되었다. 1950년대의 문학도 중에서 사르트르의 『구토』와 카뮈의 『이방인』을 어떤 형식이든 간에 입에 올리지 않은 사람은 없다고 해도 과언이 아니다. 문학사가(文學史家)는 그것이 한때의 유행이었다고 적을지도 모르지만, 유행이라도 나쁘지 않은 유행이었다는 것이 나의 생각이며, 나 자신에게는 그 두 작품이 지울 수 없는 흔적을 남겨놓았다. 『구토』의 로캉탱과 『이방인』의 뫼르소는 나와는 아득히 멀면서도 여러 가지 의미에서 나를 부단히 유혹하는 인물, 어떤 실재 인물보다도 실재감(實在感)을 주는 인물이었다. 나는 그들이 끼친 매혹의 이유를 객관화시켜보고, 또 때로는 그 매혹에서 풀려나기 위해서, 그 소설들을 교재로 사용하기도 하고 여러 글에서 다루어보기도 했다. 그러나 노년이 된 지금까지도 그 두 주인공은 지울 수 없는 자국처럼 뇌리에 새겨져 있다. 소설의 인물에 대한 글을 써달라는 청탁을 받고 당장에 그들의 모습이 떠오른 것도 그 때문이다. 그뿐 아니라 그들은 지금껏 나의 사색의 실마리가 되고 길잡이가 되고 또 때로는 도달점이 되기도 하는 것이다.

그렇다면 나는 왜 그들에게서 헤어나지 못하는가? 그들이 제기한 존재에 대한 이의(異議)가 어떠한 것이기에 그들에 대하여 자꾸만 이야기하는가? 이것은 어려운 질문이지만, 다만 한 가지 분명한 것이 있다. 그것은 흔히들 말하듯이 『구토』의 의미는 『존재와 무』에 의해서 완전히 해명되고, 『이방인』의 뜻을 알기 위해서는 『시시포스의 신화』를 읽기만 하면 되는 것은 아니라는 것이다. 어떤 점에서는

『구토』와 『이방인』은 각각 그 두 철학서(『시시포스의 신화』의 경우에는 철학적 에세이라고 부르는 것이 더 합당하겠지만)의 존재 때문에 도리어 손해를 보고 있다고조차 말할 수 있다. 아무리 철학적 주제를 밑에 깔고 그 주제를 구체적으로 예시하기 위해서 소설을 쓴다고 해도, 소설의 언어는 작가의 의도야 어떻든 간에 걷잡을 수 없이 확산되기 때문에 철학적 논의로 요약될 수 없는 것이다. 『구토』가 『존재와 무』의 핵심적 테마인 존재의 무근거성에 대한 이야기라는 것은 틀림없지만, 그 주인공이 어떠한 과정에서 그것을 깨달아나가느냐는 체험의 과정도, 또 그가 왜 존재를 근거 없는 것으로 생각하느냐는 근본 동기도, 그리고 그가 마침내 예술 창조에서 구원을 찾는 것이 옳은 것이냐는 가치 판단도 『존재와 무』에서 연역하기 어려운 일이다. 『이방인』과 『시시포스의 신화』의 관계도 마찬가지다. 이 소설이 처음 나왔을 때 많은 사람들이 그것을 『시시포스의 신화』의 취지에 따라서 읽었다. 사람은 무반성적으로 일상 생활을 영위하다가 어느 날 갑자기 자신의 삶의 실상과 그 뜻에 관한 근본적 반성을 하게 되는데, 그때부터 자아는 존재의 부조리를 깨달으면서도, 그리고 죽음에 의한 최종적 패배를 인정하면서도 어떤 절대적 권위에 헛되게 매달리지 않고 하루하루를 살아나갈 수 있다는 새로운 삶의 윤리를 가르쳐주려는 것이 『시시포스의 신화』의 요지였다. 『이방인』은 바로 그 윤리의 소설적 구현이라고 여겨졌다. 별다른 지적 성찰 없이 거의 본능적 생활을 이어오던 뫼르소는 태양의 강렬한 빛을 견딜 수 없어 살인을 한 까닭에 구속되고 재판을 받는데, 그것을 계기로 결정적 각성을 하고 곧 닥쳐올 죽음 앞에서 종교적 구원이라는 허구에 반항하고 환상 없는 자유인으로서 떳떳이 처신하는 지적 인간으로 변모했다는 것이다.

하기야 나는 이런 해석만으로도 괜찮다고 생각한다. 오늘날 역시

『구토』와 『이방인』을 처음으로 대하는 독자들이 내가 그것을 처음 대했을 때와 마찬가지로 그렇게 읽어서 나쁠 것이 없다. 그 독서를 계기로 모든 존재가 우연적인 것이라면 '나는 어떻게 나 자신의 존재를 정립해나갈 것인가?'라는 질문이 그들의 머리에서 싹트고, 또 '내가 영위해온 일상 생활은, 그리고 내가 당연한 것으로 받아들여온 사회 제도는 과연 진정한 것인가?'라는 물음에 스스로 시달리게 된다면, 로캉탱과 뫼르소는 지금도 살아 있는 것이 된다. 또한 그런 반성이 바로 내가 말하는 존재에 대한 이의 제기이기도 하다.

그러나 나는 여기에서 그 두 인물에 대해서 다른 각도에서 언급해 보려고 한다. 우선 그들에게는 적어도 세 가지 면에서 공통점이 있다는 것을 말해두자. 첫째로 그들은 어떤 비극적 결말이 오더라도 끝까지 진정성을 추구하려고 한다. 애초부터 종교에서 해방된 로캉탱은 조약돌에서 인간에 이르기까지 모든 존재가 존재해야 할 이유를 찾아낼 수 없다는 것을 알고, 따라서 마치 자기의 존재 이유가 있는 듯이 생각하는 인간들의 허위 의식을 통렬하게 고발한다. 다른 한편 뫼르소로 말하자면, 죽은 어머니에 대한 그의 무관심해 보이는 태도는 효자인 척하는 자들의 위선적 제스처에 대한 고발이며, 재판 과정에서 그가 듣고 본 일들은 사회 제도의 허구의 폭로이며, 사형 선고 후에 그가 취한 태도는 죽음이라는 피할 수 없는 현실의 늠름한 수용이다.

둘째로 그들은 자기 중심적이라는 공통점을 지닌다. 로캉탱의 경우에도 뫼르소의 경우에도 타인과의 관계는 최소한으로 축소되어 있다. 로캉탱이 여성과 맺는 성관계는 몸에 고인 성가신 액체를 방출하기 위한 것이며, 오래간만에 재회한 옛 애인과의 관계도, 두 남녀가 합치는 '완벽한 순간'은 지속할 수 없고 또 있을 수조차 없다는 이유로 다시 이어지지 않는다. 뫼르소의 경우에도 역시 그의 대타 관계는 내면적으로 깊은 것이 못 된다. 여자 친구 마리는 오직 그가 잠시간 즐기는 육체로만 존재하고, 레이몽과 맺는 관계 역시 인격적 교류라고는 말할 수 없다. 이것은 분명히 두 인물의 한계이며, 우리가 잘 알고 있듯이 사르트르도 카뮈도 곧 이어 개인의 존재태를 대타 관계에서, 그리고 공동체의 일원이라는 차원에서 파악하게 된다. 그러나 삶의 의의를 만들어나가기 전에 우선 있어야 할 것은 삶의 현실에 대한 반성이며, 이 반성이 이루어지는 것은 주로 고독 속에서라는 점을 생각하면, 로캉탱과 뫼르소의 자기 중심주의를 교만한 자들의 한계라고 비난할 수만은 없을 것이다.

마지막으로 또 하나의 공통점은, 두 소설의 인물이 다 같이 일인칭으로 등장한다는 것이다. 소설의 목적이 사건을 전개시키고 제시하는 데 있는 것이 아니라, 자아의 모습들을 엮어가는 데 있다는 점을 생각하면 그것은 너무나 당연한 이야기이다. 그러나 로캉탱과 뫼르소의 내적 체험은 독자에게 '세상에는 우리와 같은 사람들도 있으니 알아두시오'라고 말하기 위해서 기술되고 있는 것은 아니다. 그들은 도리어 우리에게 다음과 같이 말하려는 것이다. '우리의 몸이 되어서 세상과 자아를 새로 보시오. 그러면 당신들은 불안해질 것이오. 바로 그런 불안을 유발하려는 것이 우리의 뜻이며, 그렇기 때문에 우리는 저마다 우리 자신의 내면을 들추어보이려는 것이오.' 일인칭 소설은 또한 이 호소에 가장 적합한 형식이기도 하다.

그러나 이런 공통점에도 불구하고 두 인물 사이에는 본질적인 차이점이 있다. 그들은 삶과 현실을 대하는 두 가지의 대척적인 태도를 보여주고 있다고조차 여겨진다. 그리고 내가 오늘날까지도 그들에 관해서 이야기하는 것은 그 양자가 동서양의 차이를 넘어서 인생을 사는 두 가지 길을 보여준다고 생각하기 때문이다.

우선 로캉탱에서부터 이야기를 시작하자. 그는 이유 없이 존재하는 사물들 앞에서 구역질을 느낀다. 모든 것이 흔들리고 곤죽처럼 형체를 잃고 지저분하다. 그러나 도대체 왜 그런 생리적 반응을 보이는 것인가?

하기야 기분좋을 이치는 없다. 과거에는 모든 존재가 인간이 쳐놓은 의미의 그물 속에서 단단하게 제자리를 지키고 있었는데, 이제는 그것들이 반란을 일으켰으니 말이다. 비근한 예로 손가락들을 천천히 꿈틀거려보기만 해도 그것은 물건을 집기 위한 인체의 부분이라는 용도에서 벗어난 괴물처럼 느껴질 것이다. 거울에 제 얼굴을 비추어본 로캉탱 자신의 체험을 예로 들자면 이렇다. "나는 근육이 바르르 떨리는 것을 본다. 생기 없는 살이 벌어지고 제멋대로 팔딱거린다. 특히 눈은 이렇게 가까이에서 보면 흉측스럽다. 흐릿하고 물렁물렁하고 소경 같고 테두리가 벌겋다. 꼭 물고기의 비늘 같다. 〔……〕 눈·코·입이 사라진다. 인간적인 것이라곤 이제 아무것도 남아 있지 않다." 이목구비가 모두 제자리를 질서 있게 그리고 조화롭게 지키고 각각의 역할을 충실히 담당하면서 인간으로서의 존엄한 얼굴을 형성해온 줄만 알았는데, 그 신화가 무너진 것이다. 달리 말하면 거울은 자기의 얼굴에 대해서조차 낯설게 하기의 효과를 가져오게 하고, 자기라는 존재 자체를 흐느적거리는 무정형의 곤죽이 되게 한 것이다. 이리하여 존재에서 찾아보았던 질서와 의미는 결국 "추상적인 발명이며, 세척되고 단순화된 관념이며, 인간이 만들어낸 관념"이라는 것이 분명해진다.

우리는 이런 존재의 진상 앞에서 로캉탱이 느끼는 구역질을 스스로 느낄 수 있을 것이다. 이유 없이 널려 있는 존재의 퇴적은 쓰레기 더미처럼 지저분하다는 것이 최초의 느낌일 수 있기 때문이다. 그러나 우리는 또한 그 최초의 느낌에 대해서 근본적인 의문을 던져볼 수도 있다. 우리가 구역질을 느끼는 것은, '질서 있고 의미 있는 것이 반드시 존재의 본래의 모습이어야만 한다'는 선입견에서 떠날 수 없기 때문이 아니겠는가? 정반대로 만일 그런 지저분하고 무의미한 것이 모든 존재의 원래의 모습이라는 것을 터득하게 된다면, 질서와 의미가 있을 수 없는 현실의 세계에서 그것을 찾으려는 합리주의자의 미망에서 풀려나게 된다면, 구역질은 사라지고 평정에 이르지 않겠는가? 그렇게만 될 수 있다면 사물들 앞에서의 당혹과 공포는 가령 노자(老子)의 존재 평등주의나 부처가 보여준 해탈에 의해서 지양될 수도 있지 않겠는가?

그러나 『구토』의 로캉탱에게는 이러한 변신이 일어나지 않는다. 그는 존재의 무근거성과 무의미성을 깨달았지만, 이 각성은 대자적(對自的)인 것이 아니다. 그의 지향은 결코 달라지지 않는다. 그의 새로운 인식으로 말미암아 달라진 것은 자신의 육체적 존재를 포함한 외적 사물과 인간이 만들어놓은 의미의 체계이며, 생각하는 주체로서의 그 자신이 아니다. 그는 끝끝내 합리주의자로 남는다. 그의 절망은 세상만사에 조리가 없고 질서가 없다는 것을 알게 되면서 답답해진 합리주의자의 절망이다. 말하자면 신의 죽음을 해방으로 느끼지 않고 괴로워하는 유신론자의 절망과 같은 것이다. 그러기에 『구토』에서 로캉탱의 구역질은 가시지 않고 나날이 더해가며, 결국 무슨 구원이 있다면 그것은 합리주의자로서의 지향을 만족시켜줄 수 있는 그런 구원이어야 한다. 그리고 이 두 측면, 즉 합리주의자 로캉탱이 겪는 최악의 상태의 구토와 그가 생각하는 구원이 각각 공원에서의 체험과 예술론으로 나타난다.

공원에서 마로니에 나무의 뿌리를 보고 로캉탱이 구역질을 느끼는 장면은 이 작품에서 가장 유명한 장면의 하나이지만, 그런 느낌과는 정반대로 큰 나무의 줄기와 잎과 뿌리의 모습에서 기기묘묘한 자연의 조화를, 넘쳐 흐르는 생명의 신비를 느끼는 것은 불가능한 것인가? 이것은 매우 소박한 질문이지만 긴요한 질문이기도 하다. 당연한 이야기로, 그런 사람이 있다면, 그것은 로캉탱이 내세우는 근본적 체험이 결코 보편적인 것이 아니라는 것을 말해준다. 근원적인 것은 도리어 우주에 팽배하는 생명력이며 공원의 마로니에 나무는 그 최고의 구현이며 상징이라고 주장하는 것이 가능해지기 때문이다. 한데 로캉탱이 견딜 수 없는 것은 바로 사방에 충만한 자연의 생명력이다. "나는 근원이 없는 존재들이 넘쳐나는 것을 보고 기가 꺾여서 벤치에 털썩 주저앉았다. 도처에서 존재들이 싹트고 피어오른다. 내 귀는 존재들로 윙윙거리고, 내 육체까지도 펄떡거리고 벌어져서는 이 우주적인 싹틈에 몸을 내맡겼다. 그것은 역겨웠다." 이렇듯 로캉탱이 두려워하는 것은 자연과의 합치이다. 그에게 그것은 무질서한 존재 속으로 빨려 들고 부조리에 패배하는 것이다. 그는 심지어 도시 전체가 난마(亂麻)와 같은 식물들에 의해서 침공되는 모습을 그리며 공포에 사로잡힌다. 로캉탱의 이 철저하고 원초적인 자연의 증오는 그에게 애초에 구역질을 일으킨 것이 해변의 조약돌의 미끈미끈한 감촉이었다는 것을 되짚어보아도 알 수 있는 일이다.

  그렇다면 구원은? 그것이 가능하다면, 당연히 반자연적인 것, 인공적인 것, 질서 정연한 필연적인 것에서 올 수밖에 없다. 그것은 무엇보다도 예술 작품이다. 「머지않아 어느 날」이라는 미국 유행가를 들을 때면 로캉탱이 잠시나마 구역질에서 해방되는 듯이 느끼는 것은 그 때문이다. 그 소리와 멜로디 하나하나는 이유 없이 아무렇게나 생긴 자연의 사물과는 정반대로 필연적인 질서를 이루면서 이어지고, 그 노래를 지은 사람도 그것을 부르는 가수도 그 질서에 참여한다. 그래서 로캉탱은 기호들이 필연적으로 엮기는 소설을 씀으로써 그 창조자로서의 자신의 존재가 정당화되기를 바란다.

　나는 이런 이야기를 하면서 로캉탱이라는 인물의 모습을 왜소화했는지도 모른다. 존재에 대해서 총체적·근본적 반성을 한 이 지적 이방인이 결국은 반자연의 합리주의자에 지나지 않으며, 그 반성 자체가 그러한 원초적 입장의 산물이라는 것을 강조했으니 말이다. 그러나 이 왜소화는 뒤에서 언급하겠지만 로캉탱으로 대표되는 사상의 의미를 왜소화하려는 것이 아니다. 그것은 인류의 생각의 변함없는 한 갈래를 대표하기 때문이다.

　로캉탱과는 반대로, 『이방인』의 뫼르소는 텍스트를 읽을수록 더욱더 거대화되는 듯한 인상을 준다. 상식에서 벗어난 괴짜인 점에서는 둘 다 마찬가지이다. 그러나 처음에 뫼르소는 로캉탱과는 비교도 할 수 없는 초보적 인간처럼 나타난다. 그에게는 학식도 없고 지성의 연륜도 없는 듯이 보인다. 그는 다만 본능적으로 자연의 유혹에 끌리는 반성 이전의 철부지인 것 같다. 그러나 텍스트를 읽어나가면 이 첫인상이 틀린 것임을 알 수 있다. 그것은 재판의 과정에서 뫼르소가 그의 절제되고 엉뚱한 언어를 통하여 우리가 의지해온 사회적 규칙과 인간관(재판관과 검사의 논리에 의해서 대표된다)이 허구임을 드러내고, 나아가서 교회사(敎誨師)와의 대화에서 한결 도전적이며 분명한 언어를 통하여 죽음의 초월이 거짓된 것임을 밝히기 때문이라고 보통 이해되고 있다. 그렇다면 뫼르소는 살인 사건을 계기로 마치 진리를 깨달은 철학자 못지않게, 지성 이전의 인간에서 최고의 지성인으로 변신한 것이 된다.

　그러나 이러한 인상 역시 틀린 것이다. 뫼르소에게는 변신이 있는 것이 아니라 다만 자기 확인이 있을 뿐이다. 그는 재판을 받으면서부터 달라진 것이 아니라, 자기의 행동이 원래 정당하다는 것을 피력할 기회를 갖게 된 것이다. 그것은 마치 로캉탱이 그의 모든 역리적(逆理的)인 체험에도 불구하고, 변신하지 않은 합리주의자로 시종일관하고 있는 것과 마찬가지이다.

내가 말하고자 하는 것은 뫼르소는 처음부터 인생에 대하여 어떤 근원적 선택을 한 사람이라는 것이다. 그가 감각만 예민하고 지적으로는 멍청한 인간으로 보인다면 그것은 독자가 자기를 감추려는 그의 겸허한 몸짓에 휘말려 들었기 때문이다. 그럼에도 불구하고 텍스트에는 그 겸허함을 뚫고 뫼르소의 철학이 새어나온다. 그는 애초부터 사회의 관례와 위선적 행위를 거부하기로 의식적으로 작정한 사람이다. 그것은 특히 파리 주재원으로 나가서 생활 환경을 바꾸어보면 어떻겠느냐는 사장의 권유에 대한 그의 대답에서 알 수 있는데, 우리는 그것을 가히 달관의 경지라고까지 말할 수 있을지도 모른다. "사람이란 생활을 바꿀 수는 결코 없는 노릇이고 어쨌든 어떤 생활이든지 다 그게 그거고, 또 나는 이곳에서의 생활을 조금도 불만스럽게 생각지 않는다고 대답했다. 〔……〕 곰곰 생각해봐도 나는 불행하진 않았다. 학생 때에는 그런 종류의 야심도 많이 있었지만, 학업을 포기하지 않을 수 없었을 때, 그것이 실제로는 아무런 중요성도 없다는 것을 나는 곧 깨달았던 것이다"(이휘영 옮김).

이 구절은 말하자면 뫼르소의 행동 철학의 표명이라고 말할 수 있다. 그의 대 사회적 태도는 일종의 은자의 태도이다. 사회적 가치 체계의 그물 속에 끼어드는 것이 아무런 의미가 없다는 것을 아는 은자가 그 관례와 위선에 발맞추어나갈 수는 없다. 어머니의 관을 앞에 두고 눈물을 흘리지 않은 것도, 그리고 장례식 다음날 여자 친구와 희롱한 것도, 어머니의 죽음을 슬퍼하지 않았기 때문이 아니라 (뫼르소는 그후에도 여러 번 양로원에서 죽은 어머니에 대한 추억에 젖어든다), 그런 종류의 슬픔의 형식적 표출을 강요하려는 사회적 관례를 인정하지 않았기 때문이다. 따라서 『이방인』의 제1부에서 번번이 나오는 "그건 중요하지 않다, 그런 거에는 아무 뜻도 없다, 그건 내 탓이 아니다, 아무래도 상관없다"는 따위의 말들은 뫼르소의 단순한 무관심의 표현이 아니라, '나는 그런 위선적 관례에는 어떠한 가치도 부여하지 않는다'는 것을 결연히, 그러나 매우 절제 있게 나타낸 것이다.

그렇다면 이 영민한 뫼르소가 결코 불행하지는 않다고 느끼는 이유는 무엇인가? 그것은 존재의 부조리에 구역질을 느끼는 로캉탱과는 정반대로 존재를 있는 그대로 받아들이는 데서 온다. 아니 차라리, 있는 그대로의 존재, 죽음을 필연적으로 앞에 둔 이해할 수 없는 존재에서 최대한의 의미를 감각적으로 추출하는 데서 온다. 그것이 곧 뫼르소가 갖는 자연과의 관계이다.

첫째로 자연은 삶을 짓누르는 부정적인 힘으로 작용한다. 그 상징이 묘지로 가는 길에 내리쬐는 햇빛이다. "주위에는 한결같이 햇빛을 머금어 눈부시게 빛나는 벌판이 깔려 있었다. 하늘에서 쏟아져내리는 광채는 견딜 수 없는 것이었다. 〔……〕 푸르고 흰 하늘과 그 단조로운 빛깔들, 갈라진 아스팔트의 눅진눅진한 검은색, 의복들의 칙칙한 검은색, 라카칠로 번쩍이는 영구차의 검은색들 사이에서 나는 정신이 흐리멍덩했다. 〔……〕 나는 관자놀이에서 핏대가 뛰는 것을 느꼈다." 장례 행렬에 동반하는 이 가열한 햇빛이 죽음의 불이며, 그것이 바로 뫼르소를 살인으로 유도한 '심벌즈처럼 울리는 태양'과 다름없다는 것을 알기는 쉬운 일이다.

그러나 이 태양은 동시에 물과 어울려 그리고 여인의 몸과 어울려 뫼르소에게 삶의 희열의 원천이 된다. 두 번에 걸친 마리와의 해수욕 장면이 그것이다. 가령 다음의 아름다운 구절을 읽어보라. "네시의 태양은 과히 뜨겁지 않았으나 물은 뜨듯했다. 〔……〕 마리가 내게 놀이를 한 가지 가르쳐주었다. 헤엄을 치며 물결 등성이에서 물을 들이마시어, 입 속에 거품을 가득 채운 다음 반듯이 누워서 하늘을 향하여 그것을 내뿜는 것이다. 〔……〕 그러나 잠시 후에는 입 속이 얼얼하였다. 그러자 마리가 다가와 물속에서 나에게 바짝 붙었다. 그녀는 제 입을 내 입에 갖다 댔다. 그 혀끝이 내 입술을 산뜻하게 식혀주었다. 그리고 우리는 잠시 동안 물결 속을 뒹굴었다." 이 장면을 보면 뫼르소의 몸도 마리의 몸도 자연의 일부이며, 그의 행복은 바로 이러한 자연과의, 그리고 자연으로서의 합일에서 비롯된다는 것을 알 수 있다. 그것은 제1부의 마지막에서 살인이 있은 직후의 뫼르소의 심경의 토로를 통해서도 알 수 있다. "나는 한낮의 균형과 내가 행복했던 바닷가의 희한한 침묵을 깨뜨린 것을 깨달았다."

마지막으로 자연은 뫼르소에게 평화를 베푼다는 것을 지적해두자. 그는 사형을 앞두고 종교적 회심을 권유하는 교회사에게 항변하고 나서(이 항변은 뫼르소의 철학의 요약이다), 기진맥진하여 자리에 쓰러지는데, 그 다음의 장면은 이렇게 이어진다. "나는 잠이 들었던 모양이다. 왜냐하면 눈을 뜨자 별들이 보였기 때문이다. 들녘의 소리들이 내게로까지 올라왔다. 밤 냄새, 땅 냄새, 소금 냄새가 관자놀이를 시원하게 해주었다. 잠든 이 여름의 그 희한한 평화가 조수처럼 내게로 흘러들었다." 그는 마침내 죽음이라는 운명을 의연히 수용하고 이 수용을 통하여 또한 그의 거짓 없었던 삶을 수용하는 것이다. 죽음을 가져오는 자연은 마치 그의 죽음을 위로하고 찬양하는 양 여름밤의 별과 향기를 베푼다.

이제 결론삼아 한두 마디 더 해두자. 방금 언급한 뫼르소의 세 가지 자연의 체험은 존재의 세 가지 의미의 은유라고도 말할 수 있다. 존재들은 인간에게 죽음과 희열과 평화를 가져온다. 인간은 존재에 대해서 오직 희열과 평화만을 베풀어주기를 요청할 수도 없고 또한 그렇게 조작할 수도 없다. 도리어, 희열과 평화는 죽음이 있기 때문에 뜻이 있는 것이며, 죽음은 희열을 더 짜릿하게, 평화를 더 깊게 만들어줄 것이다. 이것이 운명애(運命愛) amor fati다.

그러나 이 운명애의 대극(對極)에는 로캉탱이 있다. 그는 부조리한 존재라는 여건에 동의하지 않고, 상상적인 것, 인위적인 것, 합리적인 것으로 그것을 넘어서려고 한다. 그의 경우에 예술은 공작 인간(工作人間) homo faber으로서의 행위이며 문명의 대명사이다. 그는 죽음 앞에서 모든 것이 의미를 상실한다고 생각하지 않는다. 필연적인 질서를 지닌 소설의 작가로서 기억되기를 바라는 그는 도리어 공작 인간으로서 그의 존재가 죽은 후에도 정당화되리라고 믿는다. 그것은 곤죽 같은 삶에 대한 복수인 동시에, 역사를 만들어나가는 반자연적인 인간으로서 정립하기를 지향한다는 뜻이기도 하다.

로캉탱과 뫼르소라는 두 이방인이 대표하는 이 양극의 태도가 그 후 사르트르와 카뮈의 사상의 전개를 어느 정도 앞질러 시사하고 있는지에 대해서는 여기에서 이야기하지 않으려 한다. 다만 한 가지 강조하고 싶은 것은, 그 두 작중 인물이 실존주의라는 시대 사조를 넘어선 의미를 지닌다는 것이다. 그들은 신에 의지하지 않으면서 삶을 사는 두 가지 길을 대표한다. 그들이 존재에 대한 괴로운 성찰 끝에 각각 포지(抱持)하려는 자연적인 것과 인공적인 것, 감각적 희열과 추상적 이성, 우연의 선물과 필연의 창조는 우리 자신과 직접적으로 관련되는 것이다. 그러나 불가피하게 사회 생활에 끼어들고 있는 우리들 일상인은 그 한쪽에 전적으로 쏠리는 일이 없고 양자 사이에서 망설이고 오가고 흔들린다. 이것이 그들과 우리가 다른 점이다. 그들은 그 양극을 순수한 상태로 나타내기 위해서 사회적 인간으로서의 존재태에서 해방되어 있으니 말이다. 그런 점에서 보자면

이 두 이방인은 또한 신화적인 인물이기도 하다. 아마도 그러기에
그들은 지금도 우리의 곁에 머무르면서 우리의 반성을 유도하고 우
리를 자극하는 것인지도 모른다.   (『현대문학』, 2001년 9월호)

제 3 부

초기의 사르트르

사르트르의 사회관

오늘날 사르트르는 누구인가

초기의 사르트르

1. 문학적 자아의 탄생(1905~17)

I. 떨칠 수 없는 어린 시절

"나는 나의 어린 시절을 증오한다. 그리고 그 어린 시절에서 비롯된 모든 것을 증오한다."

이 말은 1964년에 출간된 자서전 『말』에 나오는 한 구절이다.[1] 남들 같으면 맑고 밝고 꿈 많던 어린 시절을 나이와 더불어 더 그리워할 터인데, 사르트르는 그것이 한없이 밉다는 것이다. 그렇다면 어떤 어린 시절이었기에 그토록 미운 것인가? 그 아득한 과거가 어떤 지겨운 흔적을 깊이 새겨놓았기에 나이 예순이 가까워도 그것을 청산하지 못하고 증오의 대상으로 여기고 있었던가? 사르트르는 사람이란 항상 과거를 부정하면서 미래를 향해 자신을 만들어나간다는 것을 누누이 역설해왔다. 그렇다면 그의 고백과 주장은 모순되는 것이 아니겠는가? 적어도 그 자신에 관해서는 그런 멋있는 말은 한낱 희망에 지나지 않았고, 사실은 그는 어쩔 수 없이 과거의 포로로 남아 있었던 것인가? 그리고 그의 모든 표면적인 변신은 마치 끈끈이

---

1) Sartre, *Les Mots*(이하 *Mt*로 약기), Gallimard, 1964, p. 137.

에 붙은 파리의 안타까운 날갯짓처럼 그 가증할 어린 시절에서 벗어나보려는 무익한 몸짓일 따름이었던가?

이런 질문에 대해서 어떤 사람들은 그렇지 않다고 부정적으로 대답하고 싶어 하리라. 『구토』의 작가로서의 사르트르와 드럼통에 올라가서 노동자의 해방을 부르짖던 만년의 사르트르 사이에는 본질적인 변신이 있으며, 이 변신은 '증오할 어린 시절'의 의식적 극복을 의미한다고 말하고 싶어 하리라. 도시 『말』 자체가 "길고 쓰고 또 달콤하기도 했던 한 광증"[2]에서 깨어나고 지난날의 방황을 웃으면서 되돌아보려는 변신한 사르트르의 자서전이 아니겠는가?

그러나 그의 달라짐을 위한 이런 변명은 바로 그 자서전과 그의 다른 많은 글을 살펴볼 때 쉽게 성립될 수 없는 듯이 여겨지기도 한다. 그에 따르면 어린 시절의 체험과 선택이 한 인간의 전 생애에 있어서 결정적인 의미를 지니고, 그후의 모든 사고와 행동의 근원이 된다.[3] 사르트르는 바로 이런 견지에 서서 보들레르를 논하고 장 주네를 분석했다. 그리고 이제 자기 자신에 대해서도 같은 조명을 던져보려는 것이다. "닳아빠지고 희미해지고 쭈그러들고 한구석으로 몰리고 침묵에 가려졌을망정 어린애의 모든 특징이 50대의 인간에게 그대로 남아 있는 것이다"[4]라고 그는 말한다. 이 말을 믿는다면 사르트르의 경우에도 역시 어린이는 어른의 아버지였다. 그렇다면 그의 증오에도 불구하고 끝끝내 남아돈 어린 시절이란 도대체 어떤 것이었던가? 그에게서 떠나지 않은 그 이지러진 모습이란 과연 무엇이었던가?

---

2) *Mt*, p. 211.

3) "심리 분석이 복원하려는 것은 하나의 순수한 정신적 사건이라기보다도, 어린 시절의 결정적인 사건과 그 사건을 둘러싼 정신적 결정(結晶)과의 연계 관계이다"(*L'Etre et le néant*, Gallimard, 1943, p. 657).

4) *Mt*, pp. 211~12.

사르트르는 1905년 파리에서 태어났다. 그가 두 살 때 해군 기술 장교였던 아버지가 베트남에서 얻은 열병으로 세상을 떠났다. 그러자 마음이 여리고 돈도 한 푼 없는 스무 살의 어머니는 어린것을 안고 친정으로 돌아갔다. 그때부터 외가 슈바이처 집안에서의 어린 사르트르의 생활이 시작된다. 그가 『말』에서 그토록 증오하고 있는 것은 바로 열한 살까지 외가에서 보낸 그 생활이 자신의 운명을 결정해놓았다고 생각하기 때문인데, 도대체 무슨 곡절이 있었는지 살펴봄으로써 우리의 이야기를 시작하기로 하자.

우선 우리가 주목해야 할 것은 그가 아버지에 대해서 아무런 애착도 느껴본 일이 없었다는 사실이다. 그야 너무도 당연한 이야기이다. 대체 소녀 티도 면하지 못한 한 여자를 사로잡아 "부랴부랴 아이를 하나 만들어놓기"가 무섭게 죽음을 향해 달아나버린 아버지는 한낱 이방인일 수밖에는 없었다. 하기야 만일 자라나는 과정에서 가난에 시달렸거나 혹은 망부를 못내 그리워하는 어머니의 눈물 어린 이야기라도 들었다면, 부자간을 잇는 애정과 그리움의 연줄이 죽음을 넘어서서 싹텄을지도 모른다. 그러나 외가에서의 생활은 넉넉했고, 미처 철도 들기 전에 한두 해의 형식적인 결혼 생활을 했던 젊은 어머니는 처녀로 되돌아간 것이나 다름없었다. 그러기에 아버지의 죽음은 정신적으로나 정서적으로나 그에게 아무런 자국도 남기지 않았다. 그것은 어린 사르트르에게 도리어 해방이며 자유였다. 아버지의 존재 때문에 생기는 권위나 인습의 억압, 어머니를 둘러싼 애정의 갈등, 세대간의 싸움 〔……〕 아이가 자라가는 과정에서 자신의 주체성을 획득하기 위하여 극복해야 할 그런 무거운 짐들이 사르트르에게는 애초부터 없었던 것이다. 그렇다면 바라지도 않고 얻어진 이 자유로운 처지는 과연 특권이었을까? 어쩌면 그럴지도 모른다. 앙드레 지드가 청교도 집안의 갑갑한 관례에서 벗어나려고 몸부림쳤던 것과 비교해볼 때, 말하자면 사생아와 다름없는 사르트르는 자신의 길을 오직 자신의 책임하에서 거리낌 없이 개척해나갈 수 있는 요행을 타고난 것이다. 참고로 말해두지만 아버지를 모른다는 그 자신의 처지는 후에 그가 조형한 거의 모든 작중 인물에 그대로 투영된다. 그들은 문자 그대로 사생아이거나 버림받은 자식들이다.

Ⅲ. 할아버지와의 연극

그러나 이 '아비 없는 후레자식'의 특권을 어린 사르트르는 결코 충분히 향유할 수 없었다. 왜냐하면 그는 외할아버지 샤를 슈바이처의 결정적인 지배하에 들어가버렸기 때문이다. 넓은 고전적 교양을 갖추고 독일어 학원을 경영하면서 명성을 얻고 흰 수염을 기른 그 위엄 있는 풍모가 '하늘에 계신 아버지' 같은 할아버지에게 어린 사르트르는 당장에 둘도 없는 귀염둥이가 되었다. 그는 "내가 곁에 있는 것만으로도 대만족이었다. 그는 성부(聖父)와 같이 수염을 기르고 성자와 같은 성심을 가진 사랑의 신이었다. 그가 안수하듯 내 머리에 손을 얹으면 그 뜨듯한 손바닥이 느껴졌다. '내 귀염둥이야!' 하고 부르는 그의 목소리는 애정으로 젖어 있었고 그의 차디찬 눈에는 눈물이 서렸다. 모두들 '요 꼬마가 저 노인을 미치게 만들었군' 하고 외치는 것이었다.'4) 하지만 그것은 진실한 사랑이었을까?

사르트르의 드라마는 이런 의심에서, 다시 말해서 그 사랑의 표현이 연극에 지나지 않는다는 느낌에서 시작한다. 이미 죽음이 멀지 않은 노인에게 느닷없이 굴러들어온 신동 같은 손자, 그것은 하늘이

---

4) *Mt*, p. 15.

베풀어준 희한한 장난감이었다. 그는 이 장난감을 마음껏 가지고 놂으로써 흐뭇한 마음으로 죽을 수 있다. 사랑을 베푼다는 할아버지로서의 연극을 함으로써 자신의 너그러움과 운명의 후의(厚意)에 스스로 만족하면서 죽을 수 있다. '나'는 이와 같이 할아버지가 죽음의 고비를 수월하게 넘기고 죽음에 뜻을 주기 위해서 아끼고 가꾸는 귀여운 장난감이다. 그러나 귀여운 장난감으로서의 '나'는 할아버지에게 유일무이한 필수적인 존재일까? '내'가 없으면 할아버지는 허무와 절망에 빠져서 죽을 것인가? 필경 그렇지는 않을 것이다. 비록 '내'가 없다고 하더라도 할아버지는 다른 위안거리를 찾아냈을 것이다. 다른 손자들을, 동네 아이들을, 심지어 강아지를 '나'와 똑같이 귀여워하고 그 거짓된 사랑으로 죽음의 고통을 덜었을 것이다. 그러니까 '나'는 다른 어떤 것과 얼마든지 바꿀 수 있는 대상물에 지나지 않는다. 다시 말하면 '나'는 할아버지나 그의 집안에 필수적·필연적인 존재가 아니다. 이렇듯 어린 사르트르의 최초의 체험은 그가 후일 철학적으로나 문학적으로 가장 중요한 테마의 하나로 삼게 될 '존재의 무근거성'이었다.

그러나 할아버지의 이러한 사랑의 희극에 대한 그의 반응은 거부적 태도나 반항으로 나타난 것은 아니었다. 도리어 할아버지와 어린 손자 사이에는 일종의 공범 관계가 성립된다. 그는 할아버지가 꾸미는 희극에 자신도 적극적으로 끼어듦으로써, 말을 바꾸면 귀여운 손자로서의 주어진 역할을 최대한으로 수행함으로써, 정당화될 수 없는 자기의 존재가 마치 정당화되는 듯한 착각을 스스로 느끼려는 것이다. 그래서 이른바 '태도의 희극'이 가지가지로 연출된다. 귀여운 손자 노릇, 그것은 우선 얌전하게 군다는 것이다. 어머니가 얼굴을 씻기고 머리를 빗기고 옷을 입히고 옷을 벗기고 코를 풀리고 신발을 신기고 할 때라도 그는 몸을 비틀기는커녕 웃지도 울지도 않고 그냥 가만히 있다. 일요일에 미사에 참석해도 자세 하나 무너뜨리지 않고 석상처럼 꼿꼿이 기도대에 무릎을 꿇고 있다. 얌전한 아이로서의 평판이 온 동네에 퍼지고 할아버지의 자랑거리가 되게 하기 위해서이다. 그뿐만이 아니다. 어린 사르트르는 할아버지의 행복을 더욱 증진시키는 시혜자가 되기 위해서 얌전할 뿐 아니라 또한 영악하고 총명한 아이로서의 유희를 스스로 꾸며낸다. 그는 일부러 엉뚱한 말을 한다. 되는 대로 지껄여도 좋고 어른들에게서 들은 몇 마디 낱말을 아무렇게나 결합시켜서 내뱉어도 좋다. 그러면 어린애의 발언은 당장에 신탁(神託)이 되고 시가 된다. 어른들은 그 허튼소리에 마치 깊고 산뜻한 의미가 담겨 있는 듯이 새겨듣고 그런 해석을 통해서 어린 사르트르는 신동으로 대접받고 할아버지를 황홀하게 하는 것이다.

IV. 책의 세계

할아버지와 주의의 사람들의 감탄을 자아내고 또 그럼으로써 자신의 지위를 굳히려는 이러한 신동으로서의 '사기극'이 가장 효과 있게 연출될 수 있는 공간은 책의 세계였다. 다시 말해서 할아버지의 서재였다. 책장을 가득 채운 위엄 있는 고풍스런 책들, 그 책장들을 넘길 때의 할아버지의 익숙하면서도 엄숙한 태도, 그의 곁을 떠나지 않고 말똥말똥한 눈으로 지켜보는 손자…… 이리하여 서재라는 성역을 매개로 할아버지와 손자 사이에는 말하자면 영적인 상통이 성립된 것이다. 이윽고 할아버지의 책을 만지고 쓰다듬고만 하던 어린 사르트르는 '내 책'을 사달라고 졸라서 할아버지를 즐겁게 한다. 할아버지는 물론 그 요구에 당장 응해서 동화집을 얻어다 준다. 그러나 한 글자도 모르는 어린애가 그것을 읽을 수는 없는 일이다. 그는 책을 인형처럼 가지고 놀다가 어머니에게 들고 가서 거듭거듭

읽어달라고 한다. 그러다가 마침내 다 외우게 되고 그 암송을 통해서 다시 할아버지를 황홀하게 한다.

이렇듯 책은 할아버지의 사랑의 희극을 더 짜릿하게 만들어주었는데, 이것이 사르트르가 책에 관해서 가진 최초의 체험이다. 그러나 사랑의 희극의 연출을 위해서 이용되었던 책은 어린 사르트르 자신을 사로잡고 만다. 이것이 최초의 체험과 거의 중첩된 또 하나의 체험이다. 어머니의 입을 통해서 듣게 된 이야기들, 그리고 머지않아 자신의 눈을 통해서 직접 이해할 수 있게 된 이야기는 단순한 이야기가 아니었다. 왜냐하면 그 이야기들을 통해서 현실과 대상이 태어났기 때문이다. 글자와 말은 이미지로 화하고 이미지는 곧 사물 그 자체가 되었다. 새도 나비도 책에서 나와서 훨훨 날아다녔다. 책의 세계는 곧 현실의 세계가 된 것이다. 시골 아이들이라면 새나 나비를 제 손으로 잡고 만지면서 그 존재에 대한 즉물적인 인식의 길로 들어섰으리라. 그러나 사르트르는 책밖에는 모르고 책에 갇혀 있던 도시의 어린아이다. "흙을 파본 일도 새 둥지를 쑤셔본 일도 없는"[6] 그에게는 책이 삼라만상을 비추는 거울이었다. 그는 그 거울에 비친 모습들에 홀린다. 더구나 그것은 이상적인 모습들이다. 백과사전을 펼치면 어떤 현실의 나비보다도 더 아름다운 나비가 더할 나위 없이 고운 꽃에 와 앉는다. 동물원에 가서 본 실물의 원숭이는 책에 그려진 원숭이만큼 원숭이 같지 않다. 이리하여 동물도 식물도 또 인간도 간접화되고 관념화되고 이상화되면서 책에서 태어나고, 그것들이 어린 사르트르의 의식을 가득 채우면서 움직이는 것이다. 이렇듯 "나는 지식에서 사물로 갔다. 나는 사물에서보다도 상념에서 더 많은 현실을 발견했다. 왜냐하면 내게는 상념이 먼저 주어졌고

---

6) *Mt*, p. 37.

또 상념이 사물로서 주어졌기 때문이다. 내가 세계를 만난 것은 책을 통해서였다"[7]고 그는 말하고 있다.

V. 읽기에서 쓰기로

우리는 지금까지 책과의 접촉이 어린 사르트르에게 베풀어준 두 가지 의미를 간단히 살펴보았다. 그것은 첫째로 할아버지와의 사랑의 연극을 더욱 잘 꾸미는 계기가 되었고, 둘째로는 사물과 현실에 대한 인식의 기점이 되었다. 이 두 가지 사실만 해도 벌써 사르트르의 문학을 총체적으로 파악하려고 할 때 뜻 깊은 시사를 던져주는 것이다. 책을 매개로 삼으면서까지 꾸민 할아버지와의 연극은 후일 사르트르가 이론적으로 발전시켜놓은 자기 기만 '희극'의 체험적 출발점이다. 인간의 허다한 행위가 실존적 고민에서 벗어나기 위한 자기 기만의 소산이라고 보는 그의 철학적 고찰이나 문학 작품의 테마는 바로 자신의 어린 시절의 체험에서 우러나온 것이다. 뒤집어서 말하면 그의 자서전 『말』은 그 누구도 벗어나기 어려운 자기 기만을 자신의 체험을 통해서 재확인하고 그것이 얼마나 결정적인가를 고백하고 있는 것이다. 이와 아울러 그가 처음으로 세계와 만나고 세계를 알게 된 것이 책을 통해서였다는 것도 사르트르를 이해함에 있어서 결코 무시할 수 없는 사실이다. 그것은 무엇보다도 그의 여러 작품의 특징을 이루는 어떤 관념성의 유래를 설명해주는 듯이 여겨진다. 그가 후일 창조한 인물들을 살피면 이중의 의미에서 책 냄새가 풍긴다. 대부분의 인물이 지식인들이며, 또 그들을 통해서 전개되는 삶의 현실은 정념과 영혼에 의해서 육화된 현실이 아니라, 분석과 설명의 테두리에 의해서 제한된 추상적인 것이다. 책을 통해서

---

7) *Mt*, p. 39.

인식되기 시작한 사물과 현실은 마침내 책으로 환원된 것이다.

이미 어린 시절에 숙명처럼 주어져 평생을 통해서 헤어나지 못한 책과 관념의 감옥,[8] 그리고 그 감옥 속에서의 삶의 이해는 그의 한계일까, 혹은 바로 그 점에 그의 독창성이 있는 것일까? 그것은 생각하기 나름이겠지만, 우리는 그런 질문에 대한 대답은 뒤로 미루어두고, 유년 시절을 살피는 이 단계에서 매우 중요하다고 생각되는 다른 질문을 제기하고 그것에 대한 대답부터 시도해보자. 그것은 사르트르가 무슨 이유에서 어려서부터 글 쓰는 사람이 되려고 했느냐는 질문이다. 이 문제를 생각할 때, 책을 통해서 할아버지와 자기 기만의 연극을 하고 또 세계를 인식하기 시작했다는 두 가지 체험 자체가 그를 작가의 길로 끌어들였다는 대답만으로는 불충분하다. 책에 둘러싸이고 책에 묻혀서 살던 어린이가 반드시 '글쟁이'가 된다는 법은 없다. 그러기 위해서는 무슨 다른 계기가 결정적으로 첨가되어야 할 터이다. 그렇다면 사르트르의 경우에 '글쟁이'가 되겠다는 결정적 선택을 하게 된 계기는 과연 무엇이었을까? 그것은 다름 아니라 자신의 존재를 필연적인 것으로 만들려는 욕구였다. 이제 우리는 이 욕구가 글쓰기와 결부되어나가는 과정을 좀더 자세히 살펴보자. 왜냐하면 이 과정은 작가로서의 사르트르의 탄생을 알리는 것이며, 또 나아가서는 예술을 통한 구원이라는 『구토』의 테마와 직결되고, 심지어는 정치 참여를 위한 문학의 주장과 관련되는 것이기 때문이다.

사르트르의 글쓰기는 피서지에 갔을 때 할아버지가 파리에서 보낸 편지에 운문으로 답장을 쓴 것에서부터 시작된다. 여덟 살 때의 일이었다. 그러나 이 실제적인 글쓰기에 앞서 그는 이미 머릿속에서

---

8) "나는 아마도 내 인생을 시작했듯이 내 인생을 마치리라. 다시 말해서 책들에 둘러싸여서"(*Mt*, p. 29).

글을 써왔다. 다시 말해서 자기 자신이 주인공이 되고 영웅이 되는 모험담들을 생각해보는 것이었다. 그 대부분은 물론 그가 읽은 이야기책들의 모방에 지나지 않았다. 하지만 이러한 상상의 유희는 어린 사르트르의 실존적 체험으로서 매우 중요한 뜻을 띤다.

그가 상상한 전형적인 장면은 수많은 악한들에게 둘러싸인 소녀들 앞에 '때마침 나타난 용감한 사나이'로서의 자신의 모습이다. 모든 악한들을 응징하고 소녀들을 구출하고 이 세상의 악을 소탕하는 구세주의 모습이다. 그러니까 이런 상상의 세계에 있어서만큼은 그는 없어서는 안 될 존재이다. 그의 귀에는 '그 누구보다도 사르트르가 꼭 있어야 한다'는 주위 사람들의 소리가, 그의 존재를 찬양하고 대망(待望)하는 소리가 파도처럼 요란하게 들려오는 듯하다. 그렇다면 어린 사르트르는 왜 이런 장면을 꿈꾸었던 것일까? 그것은 앞서 언급한 바 있지만, 할아버지에 의해서 강요된 가족적 연극에 적극적으로 끼어들면서도, 자신의 존재가 필수불가결하지 않으며 다른 것으로 얼마든지 대치될 수 있는 비본질적인 것이라는 소외감을 넘어서기 위한 것이었다. 사르트르 자신의 말을 빌리면 "아무도 나를 진정으로 요구하지 않았기 때문에 나는 세계에 없어서는 안 될 존재가 되겠다는 생각을 길렀다."[9] 이 생각이 바로 자신이 필수불가결한 존재가 되는 이야기를 꾸며내게 했던 것이다. 객관적으로 볼 때 이런 수작은 한낱 자기 기만이나 심리적인 보상책에 지나지 않을지도 모른다. 그러나 앞서 말한 것처럼 어린 사르트르의 의식에서 이야기나 글은 곧 현실로서의 구체적 형태로 전환된다. 따라서 그 '수작'은 단순한 상상의 유희가 아니라 새로운 자아의 창조라고조차 말할 수 있다. 그는 어떤 의미에서는 현실보다도 더 현실적으로 여겨지는 이

---

9) *Mt*, p. 90.

창조된 자아를 본래의 자아로 믿는다. 그럼으로써 할아버지의 노리개라는 정당화될 수 없고 불안한 대상의 상태에서 벗어나서 필연적인 존재 이유를 갖춘 주체로서 자기 자신을 바라보게 되는 것이다.

이제 남은 일은 상상 작용을 통해서 이렇게 정립된 존재의 의미를 머릿속에서 명멸하게 내버려두지 않고 그것을 뚜렷하고 지워질 수 없게 고정시키는 것이다. 그것이 곧 글쓰기이다. 여덟 살의 사르트르는 공책을 사달라고 해서 그 겉장에 '소설 노트'라는 표제를 붙이고 이책 저책의 내용을 그대로 따오다시피 하면서 이야기를 꾸며 쓰기 시작한다. 나날이 더욱 황당무계하게 되어가는 그런 이야기들 속에서 그는 폭정과 싸우는 영웅이 되기도 하고 또 스스로 포악한 군주가 되기도 한다. 그러나 벌써 그 영웅이나 폭군은 장 폴 사르트르라는 이름으로 등장하지도 않고 '나'라는 제1인칭으로 나타나는 것도 아니다. 이미 그는 가공의 인물을 창조해서 그 3인칭의 인물 속에 자신의 꿈과 욕망을 잔뜩 담아넣을 줄 아는 어엿한 소설가가 된 것이다. 더구나 이 소설쓰기는 이중으로 어린 사르트르에게 만족과 기쁨을 줄 수 있는 것이었다. 왜냐하면 그는 작중 인물과 자신을 동일시함으로써 불가결한 존재로서의 자화상을 그려냈을 뿐만 아니라, 그런 작중 인물을 제 손으로 만들어냈다는 쾌감을 맛볼 수 있게 되었기 때문이다. 다시 말해서 피조물로서의 존재의 필연성과 창조주로서의 위대성을 아울러 가진 자로 자신을 드높이게 된 셈이다.

VI. 문학적 자아의 탄생

그러나 이 단계까지는, 글쓰기란 요컨대 일종의 자위 행위에 불과했다. 소설을 꾸미면서 갖게 된 자신의 필연성과 위대성에 대한 생각은 제 속에서 맴도는 기분좋은 환상에 지나지 않았다. 그것은 남모를 또 하나의 자아에 매달려서, 가족적 희극 속에서의 연기를 견며나가기 위한 술책이었다. 한데 드디어 글쓰기가 이런 술책의 차원을 넘어서서 자기의 숙명이며 사명이라고 확신하게 된 날이 온다.

그것은 할아버지가 "이 녀석은 문학에 소질이 있군" 하고 말했을 때였다. 이 한 마디 말이 작가로서의 그의 운명을 결정한 것이다. 할아버지는 '하지만 이 녀석이 기껏 삼류 작가밖에 못 돼서 배를 곯으면 큰일인데' 라는 걱정을 그 말에 아울러 담은 것인데, 어린 사르트르의 귀에는 그 발언이 '너는 문학밖에는 못 하도록 숙명지어진 녀석' 이라는 뜻으로 들린 것이다. 이렇게 해석된 할아버지의 말은 모세에 의해서 내려진 새로운 율법과도 같은 절대성을 띠었고, 이 율법에 의해서 그에게는 작가로서의 본질이 부여된 것이다. 그렇다면 누구를 위해서, 무엇을 위해서 작가가 될 것인가? 이 문제의 해결에 있어서도 할아버지의 발언과 그가 풍긴 분위기가 크게 작용한다. 그의 암시하에 인류의 구원과 문학의 완성을 위해서, 이데아의 세계와 아름다움을 위해서 순교자가 되는 것이 바로 작가의 사명이라는 식으로 어린 사르트르의 생각은 굳어간다. 따라서 글쓰기는 종교를 대신해서 거룩한 것을 지상에서 실현시키는 길이다. 더구나 그 길을 걸어감으로써, 훌륭한 작품을 남김으로써, 작가는 이 세상에서 자신의 존재의 정당성을 입증할 수 있다. 그는 인류의 구원자가 되고 미의 창조자가 되어 그의 이름을 영원히 남겨놓을 수 있다.

사르트르의 문학적 자아는 이렇게 형성되어나갔다. 말을 통해서 현실을 사로잡고 존재의 필연성과 정당성을 마련하고 자신의 숙명을 받아들이고 인류의 구원자로서의 사명을 수행한다는 몇 가지의 요청을 한꺼번에 실현시켜주는 것이 바로 문학이라는 왕도였다. 우리는 여기에서 『구토』의 사르트르뿐만 아니라, 이른바 참여 작가로서의 사르트르의 포부가 이미 열 살 내외에 단단히 자리 잡혀 있는 것을 알 수 있다. 하기야 그 자신은 『말』에서 통렬한 자기 비판을 하고 있다. 문학을 통한 자신과 세계의 구원이라는 포부는 터무니없는 환상이었으며, 이 환상 속에서 30년 동안이나 자기 기만을 일삼아왔다고 고백한다. 하지만 이 자기 부정에도 불구하고 그 30여 년 간에 걸쳐 쓴 수많은 그의 작품과 그 속에 담긴 사상은 사르트르의 고백과 죽음을 넘어서서 엄연히 존재하면서 우리의 고찰과 해석을 위해서 내받쳐져 있다. 그가 자신을 부정했다고 해서 우리 역시 그의 글들을 불살라버려야 할 이유는 없다. 그가 부정하려던 과거는 우리의 현존재와 깊은 관련이 있고 인간과 문학과 세상을 보는 독특한 방법이 그 안에 담겨 있을지도 모르기 때문이다. 이제 우리는 막 탄생한 그의 문학적 자아가 성장해나간 과정을 계속 따라가보기로 하자.

2. 최초의 시도와 모색(1917~28)

I. 불행한 소년의 모색

우리가 지금까지 살펴본 유년 시절에 비하면 그후의 10년 남짓한 기간(1929년 시몬 드 보부아르를 알게 되기 전까지)은 사르트르의 생애에 있어서 덜 중요하게 보인다. 그 기간에는 그의 삶의 방향을 결정적으로 전환시킬 어떠한 일도 일어나지 않았다. 또 그의 이름이 귀재로서 혜성처럼 나타난 것도 아니다. 문학을 통한 자아 실현이라는 어린 시절의 근원적 선택은 청년기로 변함없이 연장되었지만, 그는 결코 걸작이라고는 말할 수 없는 몇 편의 습작을 남겼을 뿐이다. 한편 대학에서는 철학을 공부했지만 그때 벌써 그의 세계관이나 이론이 단단히 자리 잡혔다고 말할 수도 없다. 또한 프루스트와 초현실주의자들의 작품을 읽고, 폭력의 존재를 알고, 마르크스의 텍스트를 접했지만, 그 모든 앎을 제 나름대로 정리하려는 조급성을 보인 것도 아니다. 그러나 이러한 잡다하고 풍부한 지적 체험들을 무시하고는 후일의 사르트르를 이해할 수 없다. 그것들이 그가 바란 대로의 글쓰기를 구체적으로 실현시켜주는 씨가 되고 밑거름이 되었으며, 그런 의미에서 우리는 이 청년기를 값진 시도와 모색의 시기라고 불러도 좋을 것이다.

이 시기를 연 것은 어머니의 재혼(1917)이었다. 그는 할아버지에 의해서 형성된 내적 자아를 그대로 지니면서도 할아버지의 직접적 지배에서는 해방되어 어머니를 따라 새로운 생활로 들어선다. 의부 망시Mancy는 공과 대학을 나온 기사(技師)였는데, 그의 근무지가 지방의 소도시 라 로셀La Rochelle이었기 때문에 사르트르는 그 전해에 들어갔던 파리의 중학교에서 이곳의 중학교로 전학한다. 이리하여 3년 간의 지방에서의 생활이 계속되고 1920년에 다시 파리로 올라와 고등학교 과정을 밟게 된다. 한데 사르트르는 의부와 함께 산 그 몇 년 간을 그의 인생에서 가장 불행했던 시기라고 말하고 있다.[10] 그것은 무슨 이유에서일까? 당연한 이야기지만, 우선 의부와의 관계를 생각해볼 수 있다. 오직 그의 것이었던 어머니를 훔쳐가 버린 의부에 대한 감정이 좋을 리 없었고, 자신의 존재를 필연성 없는 '여분의 것'이라고 느껴오던 그의 소외감이 새삼 그를 괴롭혔으리라는 것은 넉넉히 상상할 수 있는 일이다. 그러나 보들레르가 그의 의부에 대해서 품었던 그런 강렬한 질투와 증오가 사르트르에게 있었던 것은 아니다. 프로이트에 따르면 4, 5세 때의 부모와의 관계가 어린이의 성장에 있어서 결정적인 중요성을 갖는다고 하는데, 이미 두 살도 못 돼서 아버지를 여의고 어머니를 독차지해온 그가 새삼스럽게 오이디푸스 콤플렉스에 지배되었다고는 생각하기 어렵다.

---

10) Simone de Beauvoir, *Cérémonie des adieux*(이하 *CA*로 약기), Gallimard, 1981, p. 193; Francis Jeanson, *Sartre dans sa vie*, Seuil, 1974, p. 43 참조.

그가 의부에 대해서 느낀 것은 그런 사랑의 질투보다 지적 차원에서의 경멸과 적대심이었다. 그것은 두 사람 사이에 가로놓인 정신적 거리에서 유래된다. 의부는 사르트르의 글쓰기에 대해서 전혀 관심이 없었을 뿐만 아니라, 어린 소년이 소설을 쓴다는 행위 자체를 비정상적인 것으로 생각했다. 사르트르는 그것이 갑갑하고 답답했다. "나는 10년 동안을 공과 대학 출신자의 지배하에서 살았다. 그는 가장 천박한 인간이었다"[11]고 그는 회상하고 있다. 또 "나는 그가 말하고 생각하는 것에 대해서 일일이 반대 입장을 취했다. 내가 후에 철학을 하기로 마음먹은 것은 그에게 반항하기 위해서였다"[12]고도 말한다. 그러니까 이미 독차지할 수 없게 된 어머니, 자기 자신과도 또 할아버지와도 전혀 다른 반문화적인 기술자가 만들어낸 따분한 집안의 분위기, 그러면서도 경제적으로 그 경멸할 만한 의부에게 의지할 수밖에 없었던 조건, 그런 환경이 사르트르의 불행 의식을 자아냈을 것이다.

이에 덧붙여 학교에서의 생활도 만족스러운 것은 아니었다. 그의 성적은 그렇게 뛰어나지 못했다. 특히 수학에 약했다. 그 점에서 문학과 사상을 모르는 의부에 대해서 느꼈던 답답한 감정은, 수학을 잘 아는 공학도로서의 의부에 대한 열등감과 중첩된다. 게다가 열한 살 때부터 스스로 못생겼다는 의식이 그를 괴롭히기 시작했고, 학우들과 어울리기는커녕 그들의 놀림과 따돌림을 당한다. 추남이라는 자각은 그의 소외감을 더욱 날카롭게 만들고, 학우들의 학대는 인간 관계에 있어서의 폭력의 중대성을 그에게 처음으로 가르쳐준다. 전자는 정당화될 수 없는 육체의 우연성의 테마로 발전하고,[13] 후자에

---

11) *Situations* IV, Gallimard, 1964, pp. 160~61.

12) *Libération*(특집판), 1980, p. 18.

13) *Un film réalisé par A. Astruc et M. Contat*(이하 *Sartre film*으로 약기), Gallimard,

관해서는 그는 노년기의 대담에서 이렇게 말하고 있다. "거기에서
(라 로셀에서) 알게 된 폭력을 나는 결코 잊어버린 일이 없는 것 같
다. 나는 그 경험을 통해서 인간들 사이의 관계를 알았다. 그후 나는
내 친구들과 다정한 관계를 맺어본 일이 없다."[14]

II. 폴 니장과의 우정

그러나 이런 불행한 소년 시절에도 불구하고, 그리고 친밀한 대인
관계를 부정한 이 고백에도 불구하고 사르트르에게는 조그마한 행
복이 있었다. 그것은 폴 니장(1905~40)과의 우정이었다. 그와의 최
초의 만남은 라 로셀로 이사 가기 이전에 파리의 중학교에 들어갔을
때이며, 글을 쓰겠다는 동일한 포부가 두 소년을 맺어주었다. 그리
고 사르트르가 다시 파리의 학교로 되돌아오자 그들의 우정은 3년
간의 공백을 넘어서서 다시 이어졌다.

언어를 통해서 '초인'이 되려 하고 다 같이 사팔뜨기인 두 청년은
그후 같은 대학(수재 양성 기관인 고등사범학교)으로 진학했으며 남
들이 서로 혼동할 만큼 떨어질 수 없는 사이가 되었다. "우리는 파리
시내를 몇 시간씩이나 며칠씩이나 거닐었다. 〔……〕 파리가 우리를
맺어주었다. 우리는 이 회색의 도시의 군중들 틈에 끼어서, 봄철의
그 경쾌한 하늘 아래서 서로 사랑했다. 우리는 걸어다니고 이야기하
고 우리의 언어를 꾸며냈다. 모든 대학생들이 꾸며내는 그런 지적인
은어(隱語)들 말이다"[15] 하고 사르트르는 당시를 회상한다. 두 청년
은 다 같이 언어를 통한 현실의 부정과 새로운 창조를 꿈꾸었다. 그
러나 구체적으로 무엇을 부정하고 무엇을 창조한단 말인가? 그 점에

1977, pp. 21~22 참조.
14) *CA*, p. 193.
15) *Situations* IV, p. 144.

있어서 그들의 생각은 근본적으로 달랐다. 사르트르가 정당화될 수 없는 주어진 대로의 존재를 필연적인 것으로 전환시켜줄 만한 훌륭한 예술 작품을 창조하겠다는 그 원초적인 선택을 그대로 지녀나간 데 반해서, 니장은 기존 질서의 파괴와 새로운 사회의 도래를 위해서 언어를 총동원하려는 방향으로 나아갔다. 그래서 니장은 부르주아지가 지배하는 현체제를 철저하게 부정하고 고발하기 위해서 작품을 쓰는 한편, 1930년부터 공산당에 가입하여 그 기관지의 논설위원으로서 중요한 역할을 했다. 한데 사르트르와 그의 사이가 소원해지기 시작한 것은 바로 니장의 이러한 정치적 태도 때문이었다. 사르트르는 공산당에 대한 어느 정도의 동감을 표시하면서도 니장과는 달리 정치적·혁명적인 정열의 진정성을 의심했다. 그것은 더 높은 가치를 지니는 문학에 대한 배반이며 일종의 유행적인 취미로 여겨졌던 것이다. "나는 정치를 할 필요가 없었기 때문에 그가 정치를 하는 것을 싫어했다. 〔……〕 그에게서 달라지지 않은 것은 극단주의였다. 아무튼 기존 질서를 파괴하자는 것이었다. 그런데 나로서는 그 기존 질서가 그대로 존속하기를 바랐다. 그래야 내 언어라는 폭탄을 거기에 던져볼 수 있었기 때문이다. 인간들을 짓누르는 돌을 함께 들어올리기 위해서 그들과 합심하겠다는 그 진정한 욕구를 나는 멋쟁이의 기행으로만 생각했다. 그가 남들의 이목을 끌려는 변변치 못한 취향에서 외눈 안경을 끼고 다녔던 것과 같은 동기에서 공산당원이 되었다고만 생각했던 것이다."[16] 사르트르는 그 당시에(특히 1930년대에) 그들의 우정에 금이 간 것이 니장의 정치적 행위의 의미를 올바로 파악하지 못한 자신의 좁은 소견 탓이라고 자탄하면서 이렇게 쓰고 있다.

---

16) 같은 책, p. 147.

과연 니장과의 우정은 그 무렵의 오해를 넘어서서 그리고 그의 죽음을 넘어서서 이어져나갔다. 1939년 독소 불가침 조약이 체결되자 니장은 공산당에 배신당했다고 분노하여 탈당하고 다음해에 전쟁에 의해 희생되고 마는데, 그의 업적을 높이 평가해오던 공산당은 그후 그에 관한 언급을 일체 하지 않았다. 사르트르는 니장의 처녀작 『아덴 아라비아 *Aden Arabie*』(1932)에 붙인 서문(1960)을 위시한 많은 글에서 죽마고우를 그리워하고 공산당의 태도에 대해서 맹렬한 비난을 퍼부었다. 그뿐 아니라 니장과의 야릇한 우정은 그의 작품의 모델로서 길이 남게 되었다. 이미 1938년에 씌어진 『지도자의 유년 시절 *L'Enfance d'un chef*』의 주인공 뤼시앵 플뢰리에는 사르트르 자신의 어린 시절과 니장의 소년기를 아울러 방불케 하는 인물이다. 그보다도 『자유의 길 *Les Chemins de la liberté*』(1945~49)에 나오는 공산당원 부뤼네와 주인공 마튜와의 관계는 바로 그들 관계의 소설적 전치(轉置)라고도 볼 수 있을 만한 것이다.[17] 심지어 사르트르가 후일 공산당에 접근한 것도, 또 그러면서도 끝끝내 입당하지 않은 것도 니장의 추억이 머릿속 깊이 박혀 있기 때문인지도 모른다. "사르트르에게는 니장과의 사라진 우정에 대한 엄청난 그리움이 깃들어 있었다"[18]고 두 사람을 다 같이 잘 알아온 한 평자는 말하고 있다.

III. 무신론 · 철학 · 창작

그러나 우리는 그들의 우정이 시작되었던 1920년대로 다시 돌아가자. 1922~23년은 적어도 세 가지 점에서 청년기의 사르트르에게 있어서 특히 뜻 깊은 기간이었다고 생각된다. 첫째로 그는 이미 열

---

17) *Obliques*지(특집호), 1979, pp. 83~84 참조.
18) O. Todd, *Un Fils rebelle*, Grasset, 1981, p. 63.

256

두 살 때부터 느껴오던 신의 부재를 니장의 영향으로 더욱 단단하게 믿게 된다. 그냥 막연하게만 신이 없다고 생각했을 뿐, 사물과 세계의 존재에 대해서는 별로 의심하지 않고 다른 어떤 정신적 원리 같은 것을 꿈꾸어오던 '관념적 무신론'이 니장과의 대화의 과정에서 차차 '물질적 무신론'으로 발전한다. 이제 비로소 그는 신의 부재를 도처에서 구체적으로 확인한다. 인간도 사물도 따로따로 외로이 있을 뿐이며 그런 외따로 떨어진 상태가 절대적인 것이라는 느낌이 굳어져간다. 벌써『구토』와『존재와 무』의 사르트르의 싹이 돋아난 것이다. 둘째로 그 무렵부터 그는 철학을 공부하려고 결심하였다. 이 결심은 그런 무신론에 대한 확신과 깊은 관련이 있다. 그가 철학에 바란 것은 다름 아니라 무신론에 입각한 위대한 이론을 마련하고 신 없는 인간의 본래의 양상을 밝히려는 것이었기 때문이다.[19] 셋째로 1923년은 그가 최초로 작품을 발표한 해이다. 그전 해에 썼던 두 단편 소설「병자의 천사L'ange du morbide」와「시골 선생, 멋쟁이 예수Jesus la chouette, professeur de province」를 니장과 함께 참여한 동인지『제목 없는 잡지 La Revue sans titre』의 제1집과 제2집에 연이어 실은 것이다.[20] 우리는 작가 사르트르의 탄생을 공식적으로 알린 이 작품들을 잠시 살펴볼 필요가 있다.

IV. 최초의 단편 소설「병자의 천사」

「병자의 천사」에는 괴벽한 행위를 일삼는 25세의 중학교 교사가 등장한다. 대담한 사상을 들먹이고 기태(奇態)를 부리고 야릇한 시

---

19) *CA*, pp. 547~48 참조.

20) 일반 독자에게 널리 알려지지 않았던 이 두 단편은 M. Contat와 M. Rybalka가 편집한 *Les Ecrits de Sartre*(이하 *ES*로 약기), Gallimard, 1970에 재수록되어 있다(pp. 501~16).

를 쓰고 전위 잡지에서 벌써 이름이 알려진 그는 친구들 사이에서 천재로 또 심지어 초인으로 대접받는다. 그러나 이 인물은 사실 범용하고 비겁한 자이며, 그런 괴벽스런 행위는 자기 자신과 남들을 속이려는 얕은꾀에 지나지 않는다. 이러한 지적 분장으로 자기의 진실한 존재를 감추어오던 그가 여름 방학을 보내기 위해 한 고원 지대로 온다. 그곳에는 요양소가 있다. 한데 그는 거기에서 요양 중인 결핵 환자와의 사랑을 공상해본다. 그런 연애가 그의 병적인 취미에 어울리고 자신의 비범함을 증명하는 모험이 될 것이라고 생각한다. 과연 그는 폐병에 걸린 한 여성을 사귀고 감언이설로 유혹한 끝에 드디어 그 육체를 정복하려고 땅바닥에 쓰러뜨린다. 그러자 "그녀는 숨이 막히고 무슨 말을 하려다가 기침을 했다. 그는 여인을 떼어놓고 자기의 난폭한 짓을 후회했다. 그녀는 그의 곁에서 계속 기침을 했다. 목구멍을 긁는 것 같은 소리가 나더니, 이윽고 눅진눅진하게 가르랑거리는 소리로 변하는 그런 지방질성의 기침이었다. 찐득찐득한 바셀린이 흐르는 듯한 소리, 해파리가 대리석에 와 부딪치는 듯한 소리였다. 〔……〕 그녀는 손수건에 피를 쏟았다." 이 장면을 보자 그는 겁에 질려서 달아나버린다. 겉멋의 가면 밑에 가려져 있던 그의 변변치 못하고 비겁한 진짜 모습이 드러나고 만 것이다. "이 악몽과 같은 애인이 불러일으킨 공포 앞에서 그의 거짓된 병적 취미는 얇디얇은 갑옷에 지나지 않았다." 그는 집으로 황급히 돌아가서 의사의 진단을 받는다. 폐병에 감염되지 않은 것만을 다행으로 생각한 그는 "모든 옛 친구들과의 인연을 끊고 혈색 좋고 멍청하고 건전한 금발 머리의 알사스 여자와 결혼했다. 그후 그는 글 한 줄 쓴 일이 없고 나이 쉰다섯이 되어서는 부르주아지의 확실한 증명서인 레지옹 도뇌르 훈장을 받았다."

우리의 200자 원고지로 40매 내외밖에 안 될 이 단편은 새로운 천재의 출현을 알리는 걸작이라고 말하기에는 미흡한 것이 사실이다. 먼저 배경 묘사를 하고 주인공을 등장시키고 그의 성격을 소개하고 마지막으로 사건을 전개시키는 그 수법은 모파상의 많은 단편들을 닮은 낯익은 것이다. 또한 잘 조형되고 현실감이 짙은 이야기라기보다는 차라리 이야기의 요약과 같은 추상적이며 관념적인 언어가 두드러지게 눈에 띄기도 한다. 그러나 여기에는 분명히 어려서부터의 사르트르의 포부가 이어져 있는 동시에 후일의 소설가 사르트르가 예고되어 있기도 하다. 우선 우리는 어린 사르트르에게 있어서 글쓰기의 의미가 자신의 존재를 정당화하고 초월적·절대적인 것으로 정립하는 데 있었다는 것을 다시 한번 상기하자. 이 단편은 바로 이러한 지향과 밀접한 관계가 있어 보인다. 사르트르는 얄팍한 괴벽으로 치장한 한 속물을 주인공으로 등장시킴으로써, 당시의 청년들이 쏠려든 반항적인 작태가 한낱 객기에 지나지 않는다는 것을 꿰뚫어보고 흐뭇한 심정으로 자기 자신에게 이렇게 말하려는 듯하다. '나는 이 인물이 우스꽝스러울 뿐 아니라 비겁하다는 것을 안다. 그리고 그의 오죽지 않은 본질과 희극을 간파하는 반성적·비판적 능력을 가진 나는 말하자면 초월자이다.' 이렇게 볼 때 「병자의 천사」는 초월자로서의 자기 만족 이외에 또 하나의 특색을 지니고 있는데, 그것은 단순한 상상의 유희를 넘어서서 현실 비판을 그 내용으로 삼고 있다는 점이다.

다만 여기에서 말한 '현실 비판'이라는 표현에 대해서 몇 마디 주석을 달아두자. 그것은 일정한 역사적·사회적 상황에 대한 비판인 동시에 더욱 넓고 깊은 현실, 즉 인간과 사물의 존재에 대한 비판을 의미한다. 「병자의 천사」는 치기로 가득 찬 다다이스트적인 행동에 끼어든 당시의 청년의 풍조를 비판하고 있지만, 거기에는 동시에 세 가지의 보다 중요한 비판적 모티프가 곁들여져 있으며, 이것들이 후일 사르트르의 문학과 철학의 핵심적인 테마로 발전하는 것이다. 첫째로 주인공의 지적 분장은 거의 그대로 『지도자의 유년 시절』에 나오는 여러 인물로 연장되고 더 넓게는 존재의 실상을 스스로 은폐하려는 '자기 기만mauvaise foi'의 테마로 결실된다. 둘째로 폐병의 여인이 기침을 하고 피를 토하는 장면을 그리는 데 동원된 점액적(粘液的)인 감각의 언어는, 갑자기 발견된 사물 그 자체의 모습 앞에서의 혐오감을 나타내며, 이것은 조약돌을 만지고 나무 뿌리를 보았을 때의 『구토』의 주인공의 불안과 공포로 그대로 이어진다. 마지막으로 여기에서 벌써 비판의 대상으로 사용된 부르주아지라는 단어에 대해서 주목해두자. 그 말은 『구토』의 단계에서는 관례적인 인생관에 안주하는 속한(俗漢)들을 의미하고, 후기에는 억압적인 사회 계급을 의미하면서 사르트르의 전 작품에 걸쳐서 가장 중요한 키 워드의 하나를 이루게 되는 것이다.

V. 「시골 선생, 멋쟁이 예수」

그러나 거기까지 이르는 길은 아직도 멀다. 우선은 자꾸만 씨를 뿌리는 작업이 계속된다. 「병자의 천사」와 거의 같은 시기에 씌어진 「시골 선생, 멋쟁이 예수」도 그러한 귀중한 씨들 중의 하나이다. 원래 장편 소설의 서두로서 구상되었다가 도중에서 포기한 글이기 때문인지, 여기에는 이야기다운 이야기가 없다. 화자이며 주인공이 될 15세의 '나'는 부모의 곁을 떠나 라 로셀의 고등학교로 전학하게 된다. '내'가 기거할 곳은 바로 그 학교의 선생의 집인데, '나'의 관심은 그의 과년한 딸에게 쏠린다. 그러나 일단 그녀의 매력 없는 모습을 보게 되자 '내'가 그려놓았던 목가적인 사랑의 꿈은 산산이 부서진다. 이 단편에 이야기 줄거리가 있다면 기껏해야 이 정도이다.

물론 우리는 이런 싱거운 이야기에 숨겨져 있는 깊은 의미를, 어린 시절부터 사르트르를 지배해온 상상의 유희와의 관련 속에서 고찰할 수 있을지도 모른다. 책에서 읽은 사랑의 이야기들을 여러 가지로 번안하면서, 자기에게 끌려들고 자기에 의해서 구원될 아름다운 여성들을 그려보는 것이 그의 어린 시절의 즐거움이었다. 그런 이미지들은 유년기와 사춘기의 성적 욕망과, 자신의 존재의 위대성 내지는 필연성을 확인하려는 욕망이 동시에 투영된 환각이라고 할 수 있다. 그런데 「시골 선생, 멋쟁이 예수」에 이르면 확산적이었던 이런 상상의 유희가 한 점으로 응집된다. 주마등같이 그의 머릿속을 스쳐 지나가던 유동적이며 다양한 여자들의 모습과 그들과의 관계가 선생의 딸 마르그리트로 집약되어 나타나는 것이다. "나는 때로는 나의 미모에 반한 러시아의 공주들을 상상하기도 하고 또 때로는 나의 지성의 소문에 홀린 젊은 프랑스 여자들을 그려보기도 했다. [……] 그러자 그들의 모습 대신에 마르그리트 로트렉의 모습이 들어앉았다. [……] 마르그리트는 처음에는 놀란 얼굴로 나를 쳐다보다가 나의 웅변에 끌려서 내 품 안으로 몸을 던지는 것이었다." 그러나 마르그리트를 실지로 보기 전에 품었던 이 달콤하고 자랑스런 이미지는 그녀와의 현실적인 만남과 더불어 이중의 의미에서 무너진다. 첫째로 그녀는 소심한 '나'를 어린애처럼 다루고 '나'의 기를 죽인다. 둘째로 그녀의 얼굴은 말상이며 너무나 튀어나온 뼈마디가 그 아름다운 눈매와 두툼한 입술의 매력을 크게 해치고 있다. 이 여자 역시 머지않아 생기 없는 속물이 되리라는 것은 뻔한 일이다.

이렇듯 마르그리트와의 관계는 상상의 영역에서 현실의 영역으로 이행됨에 따라 무너져버린다. 그렇다면 이 환멸을 체험한 '나'는 어떻게 처신할 것인가? 앞서 말한 바와 같이 이 글은 미완의 장편의 서두에 불과하기 때문에 그런 전개 과정에 대한 아무런 시사도 내포하고 있지 않다. 그 대신 우리가 알 수 있는 것은, 이 텍스트에서는 다른 점에서도 상상의 매혹이 깨지고 환멸적인 현실에 대한 인식이 자리 잡혀 있다는 사실이다. 선생의 집의 외형적 묘사와 그 집안 분위기의 묘사가 바로 그것이다. 가을철 저녁의 활기 없는 도시의 거리를 거쳐 찾아간 그 집은 '내'가 상상한 듯이 "이타카나 미케네의 테라스처럼 새하얀 그리스식의 흰 집"이 아니라, "유태인의 카스바와 같이 무겁고 스위스의 산장과 같이 조잡한" 집이었다. 그리고 그 내부는 더욱 불쾌한 것으로 묘사되어 있다. 집주인인 선생은 "보잘 것없는 세간들이 놓인 여러 방으로 나를 끌고 다녔다. 거기에서 나는 정원에서 본 야릇한 잡동사니들을 다시 보았다. 그가 자랑스럽게 안내한 식당은 골동품상의 창고와 같았고, 갖가지 양식의 물건들이 끔찍한 꼴로 널려 있었다." 그러나 '나'에게 가장 끔찍하게 비친 것은 그 부부의 거동과 말이었다. 자신을 본보기로 삼으라고 충고하는 선생의 자기 만족, 자기의 과거에는 티끌 하나 묻지 않았다고 자랑하는 그의 뻔뻔한 위선, 식모의 악덕을 투덜대고 인사성 없는 이웃을 욕하는 그의 아내의 교만스런 노여움, 그 모두가 부르주아 가정의 속물 근성이 드러나도록 묘사되어 있다. 따라서 「병자의 천사」와는 달리 다분히 사실적인 내용을 담은 이 텍스트는 여러 가지 점에서 사르트르가 꿈이 실현될 수 없는 추악한 현실과 직면하게 된 것을 알리는 최초의 신호의 하나이다. 여기에 나오는 집안의 안팎과 선생 부부의 모습은 벌써 『구토』의 사물 묘사나 인물 묘사의 원형질을 이루는 것이라고 말할 수 있을지도 모른다. 그러나 이 단계에서는 다만 꿈이 부정되고 현실이 비로소 인식의 대상으로 올랐다는 사실만을 주목하면 족하다. 현실에 대해서 반성하고 또 그것을 극복하는 길을 모색하려는 작업이 이제부터 막 시작되려는 것이다.

이 작업에 결정적인 방향이 잡힌 것은 철학과의 만남을 통해서이다. 작가가 되려는 원초적인 지향을 끝끝내 지니면서 철학을 공부했다는 데서 사르트르의 독특성이 비롯되었다는 것은 누구나 알고 있는 사실이다. 그의 후일의 문학 작품은 그의 철학적 명제들의 구상화처럼 보이며, 또 그의 철학 논문은 소설이나 희곡이 다루는 일상적 체험과 현실에 대한 반성에서 유래된다. 우리는 그것을 가히 문학과 철학의 결혼이라고 말할 수 있을 것이다.

사르트르는 1924년 고등사범학교에 들어갔을 때 철학을 전공 과목으로 택했다. 철학을 전공하게 된 이유로서, 그는 앞서 언급한 것처럼 무신론에 입각한 세계의 이해라는 포괄적인 지적 욕망을 들고 있지만, 보다 직접적인 자극은 베르그송에게서 온 것이었다. 그 전년에 입시 준비반 학생이었을 무렵 철학 선생이 '지속의 개념'이라는 제목으로 논문을 쓰게 했는데, 그때 처음으로 읽은 베르그송의 『의식의 직접적 여건에 관한 시론』이 그를 철학에 눈뜨게 했던 것이다. 사르트르는 그 당시의 일을 다음과 같이 회상하고 있다.

그러자 나는 감동했어요. "철학이란 정말 대단한 거군. 진리를 가르쳐준단 말이야" 하고 생각했죠. 그 책은 아무튼 간에 구체적인 경향을 띠고 있는 책이죠. 의식에서 일어나는 일을 구체적으로 기술하려는 것이니까요. 그리고 내가 오늘날 가지고 있는 의식의 개념으로 나를 지향시켜준 것이 바로 그 책이라고 생각합니다.[21]

---

21) *Sartre film*, p. 40.

이 대담 내용은 베르그송과의 만남이 사르트르에게 있어서 결정적인 의미를 지닌다는 것을 단적으로 말해주고 있다. 그때부터 그는 철학에 대해 깊은 관심을 갖기 시작했고 철학자 사르트르가 탄생한 것인데, 우리는 이 인용문을 통해서 적어도 다음과 같은 두 가지 중요한 점을 지적해둘 수 있을 것이다. 첫째로는 철학이 관념적·사변적 언어가 아니라 우리가 보고 듣고 느끼는 일상적이며 구체적인 사실들을 설명하는 원리로서 그를 사로잡았다는 것이다. 둘째로는 인식에 있어서 대상과 의식이 불가분의 관계에 있다는 점에 주목하고 세계를 우리 앞에 현존시키는 것이 우리의 의식임을 알았다는 것이다. 따라서 우리는 이 시점에서 사르트르가 후일 후설의 현상학에 쏠릴 수밖에 없었고 드디어는 『존재와 무』에서 그의 독특한 존재론을 펼치게 될 씨가 뿌려졌다고 말해도 지나치지 않을 것이다.

철학을 공부하기로 결심한 1923년은 사르트르의 사상의 형성에 있어서 또 한 가지의 점에서 중요한 해이다. 그가 은연중에 품어오던 우연성 contingence이라는 개념을 명확히 의식하고 그 말을 최초로 사용한 것이 바로 그해였기 때문이다. 이 '우연성'의 개념의 의식화 자체가 그야말로 우연적이었다는 것을 알려주는 그때의 그의 체험을 잠시 소개해두자.

내가 우연성에 대해서 처음으로 언급한 것은 지하철 찻간에서 주운 수첩에서였습니다. 그것은 새 수첩이었는데, 겉장에는 '미디 좌약(坐藥)'이라고 씌어 있었죠. 분명히 의사들에게 선전용으로 배부된 수첩일 겁니다. 그것은 A-B-C-D순으로 되어 있는 일종의 비망록과 같은 것이었죠. [……] 한데 나는 거기에 알파벳순으로 내 생각을 적어넣기 시작했습니다. 그 수첩에 알파벳순으로 된 종잇장들이 있다는 단순한 이유 때문이었죠. 그래서 사랑amour에 관해서 무슨 생각이 떠오르면 A란에 적어넣고, 전쟁guerre에 대한 생각이 떠오르면 G란에 적어넣곤 했죠. 그렇게 해서 나는 여러 상념을 갖게 된 것입니다.[22]

이렇듯 제약 회사가 선전용으로 의사에게 뿌린 수첩을 우연히 습득하고, 그 C란에는 '우연성'이라는 항복을 적어넣게 된 사르트르는 그후 이 개념을 그의 성찰의 가장 중요한 대상의 하나로 삼게 된다. 그것은 어떤 특정한 현상들에 대한 실감이라는 차원을 넘어서서 모든 사물과 현상의 기본적 양상으로 받아들여지고 여기에서 그의 존재론의 바탕이 형성된다. 다른 한편으로는 이 세상 한복판에 우연히 내던져진 존재로서의 자아를 그렇다면 어떻게 처리해나가느냐는 문제를 중심으로 그의 윤리학적 시도가 전개될 것이다.

VII. 철학과 문학

우리는 지금까지 18세 안팎의 사르트르를 철학 공부로 지향케 한 지적 동기에 대해서 간단히 살펴보았다. 무신론으로의 경사(傾斜), 구체적인 것의 설명으로서의 철학에 대한 관심, 의식의 중요성의 발견, 존재의 우연성에 대한 날카로운 감각—그 모든 내적 체험은 철학이야말로 세계의 본질적 모습을 인식하고 설명하고 이해하는 길임을 그에게 일러주기에 충분한 것이었다. 남은 문제는 그런 체험과 발견을 서로 분리된 단편적인 상태로 남겨두지 않고, 그 모두를 정서화(整序化)하고 전체화하여 그 자신의 사상 체계를 구축하는 과업인데, 우리는 그것이 『존재와 무』에서 성취되었음을 알고 있다. 그러나 그것은 20년 후의 일이며 지금으로서는 이 획기적인 철학적 업적에 관해서 이야기할 단계가 아니다. 이 시점에서는 그보다도 문학

---

22) 같은 책, p. 31.

에 대한 그의 태도가 다시금 우리의 관심의 대상이 될 만하다. 왜냐하면 사르트르는 철학을 공부하겠다고 결심한 그 무렵에도 문학을 포기하려는 의향을 가지고 있었던 것은 아니기 때문이다. 그렇다면 그는 문학과 철학의 관계를 어떻게 생각한 것일까? 우리는 앞서 사르트르에게 있어서는 '문학과 철학의 결혼'이 성립되었다고 말했지만, 그 자신이 애초부터 그런 유기적 결합을 지향한 것일까? 혹은 반대로 당시로서는 그 양자를 별개의 것으로 생각했던 것일까? 그렇지 않으면 아예 그런 문제를 생각해본 일이 없었던 것일까?

이 점에 대해서 우리는 아무런 확실한 대답을 할 수 없다. 왜냐하면 사르트르는 그 무렵에는 그런 반성을 명확한 언어로 남겨놓지 않았기 때문이다. 다만 그는 1970년대에 이르러서야 아득한 그 당시에 가졌던 생각을 회상하고 있을 따름이다. 일반적으로 회고담이라는 것은 의심스러운 것이지만, 우리가 그것을 곧이곧대로 믿는다 하더라도, 이 문제에 관한 노후의 사르트르의 증언은 일정하지가 않다. 그는 한 곳에서는 "철학과 문학의 사이에 어떤 관계가 있는지 잘 모르면서"[23] 철학을 공부하기 시작했다고 말하고 있다. 그러나 다른 곳에서는 처음부터 그 관계를 또렷하게 설정했다고 단언하기도 한다. '당신은 그토록 문학을 좋아하면서 왜 철학을 최종적으로 택했느냐?'는 보부아르의 질문에 대해서 그는 이렇게 대답하였다. "철학을 전공하면 세계를 전체적으로 알게 될 것이며, 그것을 문학에서 이야기하겠다고 생각했다. 말하자면 철학은 내게 소재를 줄 수 있는 것이었다."[24] 그렇다면 어느 쪽이 사실일까? 첫째의 발언은 1972년의 대담에서 나온 것이며, 둘째의 발언은 1974년의 것이다. 더구나 전자의 대담에서는 철학을 문학적 언어로 표현할 수 없다는 점을 강

---

23) 같은 책, p. 41.
24) *CA*, p. 177.

조하고 자기의 여러 종류의 글에 통일성이 있다면, 그것은 철학적 통일성이라고 주장하고 있다. 그러나 문학에 대한 철학의 우위를 역설한 이 대담과는 반대로 1974년의 대담에서는 도리어 철학적 인식에 의해서 밝혀진 세계를 문학 작품을 통해서 조형하는 중요성을 역설한다. 그리고 문학 작품은 절대적 존재이며 철학은 이 절대적 존재를 실현하기 위한 한가지 상대적 수단에 지나지 않으므로 자기가 철학자로서보다 작가로서 길이 기억되기를 바란다는 발언조차 서슴지 않고 있다.[25] 따라서 우리는 1972년과 1974년 사이에 사르트르가 자신을 보는 눈을 달리했다는 말을 최소한 할 수 있을 것이다. 다시 말하면 1972년만 해도 통일되고 전체화된 철학에 따라서 세계의 개조를 향해 자신을 투기해갈 가능성을 의심치 않았던 반면, 1974년에 이르러서는 나날이 더욱 가까워지는 죽음을 의식하고, 철학자로서의 통시적 가치가 아니라 작가로서의 공시적 가치에 의거해서 자신을 초월적 존재로 생각해보았음이 틀림없다. 이렇게 보면 앞서 언급한 50년 전의 자신에 관한 증언에는 어느 쪽에도 객관성이 없고 발언 당시의 입장의 투영이라고 생각하는 것이 온당할 것이다.

그러니까 당시의 사르트르의 지향에 관해서 우리가 할 수 있는 가장 안전한 발언은, 그가 어려서부터 끌려온 문학과 새롭게 그를 사로잡은 철학 사이에 어떤 주종 관계나 가치 단계를 설정함이 없이 양자의 매력에 동시에 끌렸으리라는 것이다. 그러나 이 과정에서 양자는 별개의 독립적인 관심의 대상으로 추구된 것이 아니라, 그 사이의 상호 자극과 상호 침투가 그 무렵부터 시작되었다는 것은 쉽사리 짐작될 수 있는 일이다. 일찍부터 체험한 고독감, 그것을 넘어서기 위한 상상의 유희로서의 글짓기, 그리고 앞서 살펴본 습작들에서

---

25) *CA*, pp. 200~01 참조.

표명된 바와 같은 상상 세계와 현실과의 충돌이 선경험(先經驗)과 선지(先知)로서 깔려 있지 않았다면, 구체적인 것의 설명으로서의 철학에 대한 희구도 베르그송이 밝힌 의식의 개념을 알았을 때의 충격도 또 우연성에 대한 성찰도 그에게 절실한 것이 못 되었을 것이다. 그가 1926년 고등 학위증diplôme d'études supérieures을 따기 위한 논문으로서 상상력에 관한 연구를 한 것은 이런 연맥에서 이해할 수 있다. 1936년 『상상력 L'Imagination』이라는 제목으로 개고되어 출간된 이 논문에서 사르트르는 상상 작용이 단순한 심리적 반응이나 연상에서 연유하는 것이 아니라, 현실 밖에서 대상을 설정하고 출현시키려는 의식의 한 형태임을 처음으로 밝힌 바 있는데, 이런 주장은 허구의 세계의 창조를 통해 현실을 초월하려던 자신의 어려서부터의 기도에 대한 성찰에서 비롯된 것임에 틀림없다. 다른 한편 철학에 대한 그의 깊은 공부는 그의 창작 활동과 문학관에 결정적인 영향을 미친다. 그의 철학에 대한 이해 없이는 그의 문학 작품을 이해하기란 불가능해 보이며, 어떤 사람들은 그의 소설이나 희곡이 철학적 주제의 속화된 설명에 지나지 않는다고 생각하기조차 한다. 그러한 견해가 과연 합당한 것인지 아닌지는 따로 따져보아야 할 문제이지만, 사르트르가 무엇보다도 인간과 세계의 존재에 대한 인식과 해명을 문학 창조에서 가장 중요한 것으로 삼았다는 것은 『구토』에서부터 『알토나의 유폐자들』에 이르기까지 한결같이 확인할 수 있는 일이다.

이렇듯 '구체적인 것'을 매개로 해서 생긴 철학과 문학과의 연관은 연년세세 깊어져가고 1931년에는 마침내 철학적 주제를 문학적 표현 속에 담아보려는 의식적 기도하에 「진리의 전설 Légende de la vérité」이라는 글을 쓴다. 진리라는 것이 초월적·절대적으로 우리에게 주어져 있는 것이 아니라 인류의 사회 생활의 어느 시점에서, 즉

교역이라는 행위가 시작된 시점에서 만들어진 개념임을 증명하려는 이 글은 그 나름대로 후일의 사르트르를 암시해줄 만한 것이다. 그 밑에는 이미 '존재가 본질에 앞선다'는 명제가 깔려 있고 또한 대타 관계 및 생산 관계와 이데올로기의 연관성에 대한 주목이 처음으로 나타난다. 그러나 철학과 문학을 맺어보겠다는 이 글은 그 훌륭한 융합이라기보다도 추상적 용어와 시적 이미지가 서투르게 섞여 있는 생기 없는 것이다. 아무리 구체적인 것을 다룰망정 철학은 문학적 표현과는 다른 전문적 언어를 가지고 있다는 1972년의 사르트르의 발언은[26] 바로 이 글의 문체상의 실패에 대한 반성에서 비롯된 것이며, 1938년에 발표된 『구토』는 철학적 소재를 문학적 언어로 완전히 동화시키려는 수년 간의 각고의 결과로 나타난 것이다.

그러나 그가 고등사범학교를 졸업하는 1928년경까지는 철학 공부 쪽에 관심의 중점이 놓여 있었던 것 같다. 물론 문학에 대한 지향이 중단되거나 잠적한 것은 아니다. 대학 재학 중에 그는 여러 차례 연극을 하고 시나리오를 쓰기도 하고 또 1927년에는 니체와 코지마 바그너의 사랑을 테마로 한 소설 『패배 *Une Défaite*』를 쓰기도 한다. 그 시기의 또 한 가지 중요한 사실은 뒤에서 언급하는 바와 같이 처음으로 마르크스주의를 알았다는 것이다. 그러나 문학적 관심도 또 마르크스에 의해서 촉발된 사회적 관심도 그 당시의 사르트르에게는 부차적인 것이었고 주된 노력은 두 가지 방향에서 철학을 위해 바쳐졌다. 첫째로는 가장 중요한 발견으로 여겨지는 우연성과 의식의 문제를 더욱 깊이 파고들면서,[27] 그리고 둘째로는 고등학교 교수

---

26) *Sartre film*, p. 42 참조.

27) 그는 1925년 그가 사랑한 카미유(실명은 시몬 졸리베 Simone Jollivet)라는 여성에게 긴 편지를 보내 우연성과 의식에 관한 생각을 피력해놓았다. 특히 의식을 '존재에 있어서의 공허'라고 규정한 점은 주목할 만하다.

자격agrégation을 획득하기 위한 일반적인 철학 공부를 계속하면서.

3. 『구토』를 향한 다양한 체험(1929~37)

I. 관례적인 것에 대한 도전

사르트르가 고등학교 교수 자격 시험에 일등으로 합격한 1929년과 『구토』가 나오기 전해인 1937년에 걸친 8년 간은 다양한 체험들이 전개된 기간이다. 그렇다면 이 기간은 그의 전 생애를 통해서 볼 때 어떤 의미를 갖는 것일까? 사람에 따라서는 그것은 그렇게 큰 중요성을 띤 시기가 아니라고 말할지도 모른다. 그런 견해에는 분명히 일리가 있다. 사르트르 자신이 밝히고 있듯이 그에게 결정적인 전신(轉身)의 계기가 된 것은 제2차 대전의 체험이며, 그후에 펼쳐진 역사적 상황 속에서의 그의 행동이 더 중요하다고 생각할 수도 있다. 그러나 우리는 적어도 세 가지 점에서 이 시기를 결코 소홀히 다룰 수 없다고 생각한다. 첫째로 그의 철학 사상의 결정적인 형태가 자리 잡힌 것이 그 무렵부터이며, 『존재와 무』는 그 연장선상에 있다. 둘째로 문학적 측면에서 볼 때 그 무렵의 다양하고 잡다하기조차 한 개인적 체험은 그후의 많은 작품들에게 테마와 모티프를 제공하고 또 무엇보다도 그의 최대의 걸작이라고 할 수 있는 『구토』로 집약되어나갔다. 그리고 셋째로는 다음과 같은 사실을 미리 지적해두어야 할 것이다. 그것은 이 무렵의 비역사적이며 개인적인 체험에서 얻어진 인간관과 세계관이 한결같이 지속되어, 후기의 사회적·역사적 성찰과 행동을 독특한 것으로 만들고, 때로는 제한하기도 한다는 것이다.

그렇다면 10년 가까운 세월에 걸친 이토록 뜻 깊고 다양한 체험들에는 어떤 공통점도 없었던 것일까? 우리는 그것을 한마디로 묶어서 관례적인 모든 것에 대한 의식적 도전이라고 말할 수 있을지도 모른다. 그러나 이 도전이 전개된 광장은 매우 넓다. 이 무렵 사르트르의 정신은, 앙드레 지드식으로 말하면 새로운 모든 것을 대하고 자기 변혁을 꾀하기 위해서 세계라는 십자로를 향해 활짝 열려 있는 여관방과 같은 것이었다. 이제 우리는 사방으로 트인 정신의 여관방에 맞아들인 손님들——때로는 악착같이 붙들고 때로는 혐오하고 또 때로는 버리기도 한 그 수많은 손님들 중에서 특히 중요하다고 여겨지는 몇몇을 살펴보자.

Ⅱ. 보부아르와의 만남

사르트르의 생애에서 가장 중요한 일의 하나는 분명히 1929년 보부아르와 알게 된 일이다. 이 두 사람의 야릇한 관계는 우리나라에서도 널리 알려져 있기 때문에 자세한 이야기는 불필요할 것이다. 다만 우리가 여기에서 강조해두어야 할 것이 한 가지 있다. 그것은 이 파격적인 남녀 관계의 성립이 단순한 기행이 아니라, 두 사람의 어떤 근본적이며 어려운 정신적 지향과 깊이 관련된 실험이었다는 것이다.

이 실험이 최초로 구체적 형태를 띠고 이루어진 것이 바로 2년 간에 걸친 공동 생활의 계약이다. 그것은 결코 갑작스런 회심이나 작심이 아니라 두 사람이 이미 품고 있었던 생각들의 필연적 귀결이었다. 구체적으로 말하면 결혼이라는 제도가 세계의 인식과 자기 실현을 가로막을 것이라는 그 이전부터의 공통된 확신이 그들을 그런 독특한 공동 생활의 길로 들어서게 한 것이었다. "작가란 어느 곳에도 결정적으로 정착하지 않는 싱J. M. Synge의 플레이보이와 같아야 한다고 생각해온 사르트르는 처음부터 일부일처제를 받아들이지 않았다."[28] 그는 한편으로는 삶이 베풀어줄 수 있는 놀라움과 만남의 가능성을 저버리고 싶지 않았으며, 이 욕구는 여성과의 관계에 있어서도 마찬가지였다. 다른 한편으로 그에게 중요한 것은 최대한의 다양한 경험에 입각한 그의 사상의 확립과 승리였고 다른 모든 것은 그 목표에 비하면 종속적인 것이었다. 사르트르는 보부아르와의 사랑의 계약이 그런 이중성의 여지를 확보해주리라고 기대한 것이다. 사정은 보부아르의 경우에도 비슷하다. 중산층 가정의 관습과 위선과 구속에 대해서 10대 후반부터 강렬하게 느끼기 시작한 증오, 세계를 알고 표현하고 싶다는 끈질긴 욕구의 지속, 결혼에 의해서 한 가정의 주부로 매몰될 자신의 미래에 대한 공포는 그녀를 비관례적인 여성으로 만들어놓기에 충분한 것이었다. 따라서 다 같이 고등사범학교를 졸업하고 고등학교 교수 자격 시험에 합격한 이 두 철학도를 이어준 것은 낭만적인 사랑이 아니라 지적 친화력이라고 말할 수 있을 것이다.

그들의 교제의 초기에 보부아르는 자기의 성장 과정, 결혼에 대한 불안, 자유의 희구, 삶에 대한 사랑, 글쓰기의 욕망 등 내심의 모든 것을 털어놓는다. 그때 사르트르는 그녀의 지향에 전적으로 동의하고 그녀의 자기 실현을 돕겠다고 제안한다.[29] 이 도움의 제안은 심리적으로 볼 때, '가엾은 소녀를 구하기 위해서 때마침 나타난 소년'으로서의 자화상을 그려보면서 자신의 존재에 필연성과 정당성을 부여하려던 어린 시절의 사르트르의 지속이라고 생각할 수 있다. 사실 이렇듯 구원자로서의 자기의 존재를 성적 욕구의 충족과 동시에

---

28) Simone de Beauvoir, *La Force de l'âge*(이하 *FA*로 약기), Livre de poche, 1960, p. 26. 여기에서 언급되고 있는 'Synge의 플레이보이'란 물론 그의 최대 걸작으로 알려져 있는 희극 *The Playboy of the Western World*(1907)의 주인공을 가리키는 것이다.

29) Simone de Beauvoir, *Mémoires d'une jeune fille rangée*(이하 *MFR*로 약기), Livre de poche, 1958, pp. 483~84 참조.

실현시켜보려던 최초의 현실적 시도는 보부아르를 알기 전에 사귄 카미유와의 관계에서도 이미 드러나 보인다. 재기발랄하면서도 제 길을 못 찾고 방랑과 방탕에 빠진 그녀에게 사르트르가 제안한 것은 "오직 자기만이 촌티 나는 시시한 생활에서 그녀를 구원할 수 있다"[30] 는 것이었다. 그러나 동시에 우리가 주목해야 할 것은 방황하고 괴로워하는 여성을 구하겠다는 이 주제넘은 포부가 이미 주종 관계나 소유욕이 아니라 순전히 지적인 관계에 근거하고 있다는 점이다. 카미유에게는 자신의 지성을 믿고 글쓰기를 시도하기를 권유했으며, 존재의 우연성에 관한 장문의 편지를 그녀에게 써보낸 것도 그녀를 오직 지적인 개인으로서 생각했다는 증거가 될 것이다. 보부아르에 대한 그의 태도도 마찬가지다. 도와준다는 것, 그것은 보부아르가 그녀 자신의 독특한 세계를 갖는 것을 이해하고 거기에 힘을 보태겠다는 뜻이었다. 그녀는 당시를 회고하면서 이렇게 술회하고 있다.

우리는 많은 것을 두고 이야기했다. 그러나 특히 나에게 가장 관심이 깊은 주제, 즉 나 자신에 관해서 이야기했다. 다른 친구들이 내게 무엇을 설명하려고 할 때는, 그들이 그들 자신의 세계에 나를 편입시키는 것이 짜증스러웠다. 반대로 사르트르는 나를 나 자신의 시스템 속에 위치시키고 나의 가치와 나의 기도에 준해서 나를 이해하려는 것이었다.[31]

이런 이야기는 보부아르에게 있어서도 홀림이 지적 차원에서 비롯되었다는 것을 의미한다. 사르트르의 철저한 개인주의와 비관례적인 사고 방식을 통해서, 특히 기존의 모든 것을 거부하고 세계를

---

30) *FA*, p. 79.
31) *MFR*, p. 483.

새롭게 이해하고 글쓰기를 통해서 자신을 확립시킨다는 지성의 삼위일체를 통해서, 그녀는 자기 자신이 어렴풋하게 느껴오던 것이 명확히 결정되는 것을 의식한다. 그리고 이 의식화의 길을 열어준 사르트르를 대할 때마다 그녀는 난생처음 자신이 지적으로 지배되고 있다는 느낌에 휩싸인다. 이리하여 존경의 감정이 섞인 지적 동질성의 느낌은 보부아르로 하여금, 결혼의 함정에 빠지지 않으면서도 가장 친밀한 관계를 우선 2년 간 가져보자는 사르트르의 제안에 주저 없이 동의하게 한다. 그리고 그 2년 간의 계약 기간이 지난 1931년 이후로 그들의 관계는 새로운 기간의 설정이 불필요할 만큼 자연스러운 것이 되고 사르트르가 세상을 떠나는 날까지 계속된다.

그렇다면 그 기나긴 공동 생활은 행복했을까? 하지만 이런 질문은 행복이란 무엇이냐는 어려운 문제가 사전에 정의되지 않는 이상 무의미하고 잘못된 대답을 유도할 만한 것이다. 이 야릇한 한 쌍에 관해서 굳이 행복을 들먹인다면, 우리가 할 수 있는 말은 아마도 다음과 같은 것이리라. 그것은, 자아와 인간과 세상을 새로운 각도에서 이해하고 밝힌다는 공동의 목표의 실현에 그들의 행복이 있었다면, 그 생활은 행복하고도 유익했다는 것이다.

이와 관련해서 세 가지 사실을 지적해두자. 첫째로 그들은 그 과정에서 고된 자기 실험을 거듭해나갔다. 일례로 그들은 신상의 모든 것을 서로에게 샅샅이 알린다는 성실성의 실천을 위해서 각자의 이성 관계 역시 노출시키기로 약속했는데, 이 노출은 때로는 상대방에게 질투라는 감정을 유발했다. 그럴 때면 이 질투심 자체가 인간의 취약성과 언어의 무력에 대한 고찰의 계기가 되고, 그것이 소유욕의 표현이며 상대방에 가하는 압력이며 자유의 부정이라는 반성을 통해서 자기 자신을 지성적으로 극복해나갔다. 둘째로 그들의 관계는 돕는 자와 도움을 받는 자라는 당초의 수수(授受) 관계를 이미 넘어서서 서로 절차탁마하는 두 창조자가 되었다. 글쓰기의 과정에서 끊임없고 솔직한 토론과 비판과 충고가 교환된 것이다. 가령 『구토』가 최종적인 형태를 갖춘 것은 추상적 진술을 소설적 언어로 전환시키라는 보부아르의 권고 덕분이다. 셋째로 우리는 그들의 지적 궤적이 '통일성 속의 다양성'을 보여왔다고 할 수 있다. 그들은 인간과 세계를 이해하는 원리에 있어서 날이 갈수록 동질적이 되어갔다. 존재의 무근거성의 인식에서 출발해서 인간의 전적인 자유와 해방을 지상의 목표로 삼게 되기까지 그들은 같은 보조를 취해왔다. 그러나 그들이 함께 쌓아나간 이 통일성은 생각과 글쓰기의 양식에 있어서까지 동일했다는 의미는 아니다. 사르트르가 삶의 체험을 무엇보다도 삶에 대한 반성으로 추상화·이론화시켜나간 반면에, 보부아르는 반대로 사고의 결과를 삶의 구체적 현장에서 육화시켜나갔다고 말할 수 있다. 사르트르가 창조한 인물들이 우리에게 인간에 대한 지적 이해를 촉진시키는 한편, 보부아르의 인물들은 더욱 강한 현실성과 개체성을 띠고 우리를 감동시키는 이유가 바로 여기에 있다.

그러나 내가 여기에서 이런 말을 하는 것은 어느 쪽이 더욱 문학적인가 하는 성급한 가치 판단을 내리기 위해서가 아니다. 내가 희한하게 생각하는 것은 비단 실생활에서뿐만 아니라 지적 활동에서도 "공동 생활의 모든 이점을 누리고 그 불리한 점은 전혀 겪지 않았던"[32] 그들의 독특한 동반 관계이다. 죽기 직전에 보부아르의 손목을 잡으면서 "당신을 무척 사랑하오"라고 속삭인 사르트르의 한마디도[33] 또 다음과 같은 보부아르 자신의 발언도, 깊은 지적 동의를 밑에 깔고 있었기 때문에 가능했던 두 사람의 사랑을 말해주는 것이다.

---

32) *FA*, p. 363.
33) *CA*, p. 155.

그의 죽음은 우리를 갈라놓았다. 나의 죽음은 결코 우리를 다시 합쳐주지 않을 것이다. 그것이 사실이다. 그러나 우리의 삶이 그토록 오랫동안 화합할 수 있었다는 것만 해도 아름다운 일이다.[34]

Ⅲ. 자의적인 실향민

우리는 지금까지 삶의 다양성을 향한 자기 개방이 젊은 사르트르의 가장 큰 소망이었고 그것이 보부아르와의 이례적인 관계로 접어들게 한 것이었음을 간단히 살펴보았다. 그런데 이 자기 개방의 욕구의 표현은 공간적인 차원에서도 나타난다. 1929년 고등학교 교수자격을 획득했을 때 그는 자기의 미래가 프랑스 어느 지방 도시의 교사라는 답답한 직업에 갇히리라는 어두운 전망에 혐오를 느낀다. 그가 1931년 일본에 파견될 프랑스어 교수직에 응모한 것도 바로 이 마땅치 않은 정착의 공포 때문이다. 그러나 그 자리는 다른 응모자에게 주어졌고 사르트르는 군복무를 마친 뒤 별 수 없이 르 아브르 Le Havre 고등학교에서 철학을 가르치게 된다. 이 무렵부터 그는 여가가 생길 때마다 보부아르와 같이 여행을 나선다. 『구토』가 나오기 전까지 그들은 프랑스의 지방은 물론 스페인, 이탈리아, 영국, 모로코, 그리스, 오스트리아 등 프랑스 주변의 수많은 지역을 때로는 두 차례씩이나 섭렵했다.

이러한 여행의 체험은 후일 그의 작품에 재현되었다. 그러나 그것은 말하자면 부산물이며 여행의 본래의 목적이 소설을 쓰기 위한 소재의 획득에 있었던 것은 아니다. 그의 경우에 여행이란 관습과 구속으로부터의 해방과 새로운 세계와의 만남이라는 이중의 실존적

---

34) *CA*, p. 159.

욕구의 실현이었다. 일정한 전통과 편견을 지닌 문화권 속에서 굳어
져갈지도 모르는 자아를 세계의 다양성을 향해서 내던지는 원심적
운동이며 자의적(自意的)인 실향(失鄕)이었다. 이 움직임에서 특기
할 만한 것은 그의 관심이 주로 지금 이 세상에 살고 있는 사람들에
게 쏠려 있었다는 것이다. 그가 즐겨 찾아본 것은 색다른 자연 경관
도 아니며 유명한 박물관도 아니었다. 거리에 넘치는 군중들의 틈에
서, 그리고 춤추고 노래하고 먹고 마시고 떠드는 무리들의 행동과
체취 속에서, 가는 곳마다 그곳의 생생한 넋을 찾아내고 되도록 자
신을 그 분위기에 동화시켜보려는 것이 그의 여행의 과정이었다.[35]

그러나 자아와 다른 사람들의 현존성의 실감을 통한 더욱 폭넓은
인간의 이해는 즐거움만을 안겨준 것은 아니었다. 사르트르가 동시
에 발견한 것은 프랑스 국내에서는 의식하지 못한 괴로워하는 인간
들의 모습이었다. 폭동에 뛰어든 탓으로 수갑을 찬 채 경찰에 끌려
가는 스페인의 노동자, 음침한 변두리의 거리에 모여 사는 영국 공
업 도시의 수천 명의 실업자들, 아테네와 카사블랑카에서 찾아본 끔
찍한 판잣집들은 또 하나의 다른 세계의 존재를 알려주었다. 그러나
그런 비참한 조건하의 인간들과의 만남이 당장에 크나큰 분노를 자
아내고 그로 하여금 사회적 억압으로부터의 해방이라는 방향으로
생각을 급전하게 하지는 않았다. 그것은 차라리 그의 의식의 밑바닥
으로 은근히 흘러들어, 후일의 사르트르를 형성시킨 저류가 되었다.
그 당시로서는 결정적인 세계관이나 사회관을 마련하는 것이 문제
가 아니라, 되도록 다양하고 넓은 인식과 체험을 향해서 자신을 내
던져가는 것이 중요했기 때문이다.

그러면서도 이런 여행의 궤적을 통해서 우리는 벌써 사르트르의

---

35) *FA*, p. 96.

지향에 큰 테두리가 더욱 확실하게 잡혀갔음을 알게 된다. 긍정적 모습이건 부정적 모습이건 간에 그의 지각과 사고의 지평선에 떠오르는 것은 어디까지나 현존하는 구체적 인간이다. 여행의 어느 순간에도 그는 자연과 인간의 관계를 초인간적 입장에서 자문해본다거나 혹은 역사나 문명에 대한 성찰에 잠겨본 일이 없다. 이렇듯 오직 현존하는 인간의 양태와 행위에만 관심이 집약되어 있다는 것은 이 여행에서뿐만 아니라 그후의 사르트르의 변함없는 특성이다.

미지의 인간들과의 만남을 위한 자의적인 실향으로서의 여행과 관련해서 한 가지 덧붙여두어야 할 것은 독서와 영화 관람이 갖게 된 의미이다. 그것은 말하자면 여행의 대용물이다. 책을 읽고 영화를 봄으로써 직접 가볼 수 없는 미지의 땅을 향해서 정신적 공간을 확대해나간 것이다. 어려서부터 모험담을 즐겨 읽었던 사르트르는 1920년대 프랑스 문학의 한 특징적 장르가 된 여행 소설과 르포르타주를 탐독한다. 생텍쥐페리의 『야간 비행』을 위시하여 폴 모랑, 발레리, 라르보 등의 소설이 그를 사로잡는다. 또한 혁명 후의 소련 소설과 영화가 그의 호기심의 대상이 되고 미국의 소설과 영화도 프랑스의 전통과는 판이한 문명의 존재를 알려준다. 이렇게 해서 알게 된 새로운 공간은 이질적 현실의 존재를 인식시키고 그런 낯선 현실 앞에서 자신의 존재를 상대화시켜준 것이다.

IV. 자연에 대한 알레르기

사르트르의 작품의 어느 곳을 찾아보아도 자연과 인간의 관계가 긍정적으로 묘사되거나 설명되어 있는 글은 발견할 수 없다. 그토록 많은 시인과 작가가 자연의 품 안에서 구원을 찾고 그 신비와 합체하기를 바라는 것을 생각할 때, 사르트르는 매우 예외적인 반자연의 작가처럼 보인다. 그리고 사람에 따라서는 바로 이 점에 그의 문학의 한계가 있다는 판단을 내리기도 한다. 사실, 자연에 대한 이러한 거부 반응 때문에 그의 글은 가령 카뮈의 글에 비할 때 감동이 한결 약하다. 그러나 우리는 그의 반자연적인 태도를 탓하기에 앞서 그 연유를 생각해볼 필요가 있다.

우선 우리의 머리에 떠오르는 것은 그의 성장 환경이다. 도시에서 자라나고 도시밖에는 모르면서 책과 말의 감옥에 갇혀 있던 그에게 자연의 체험이 원초적으로 없었다는 것을 우리는 앞서 지적한 바 있다. 그러니까 자연이란 그후에도 그의 관심의 대상이 될 수 없었을 뿐 아니라 낯설고 서먹서먹한 존재이기조차 했다는 것은 쉽게 이해할 수 있는 일이다. 1929년 보부아르를 처음 알게 되었을 무렵 그녀의 고향인 리무쟁Limousin 지방을 찾아갔을 때의 그의 태도를 그녀는 이렇게 회상하고 있다. "그는 산책을 하려던 나의 계획을 완전히 꺾어놓고 말았다. 그는 엽록소에 대해서 알레르기가 있어서 초원의 녹색에 진저리를 냈다. 그것을 잊어버린다는 조건하에서만 간신히 참아 넘기는 것이었다."[36] 그후 보부아르와 함께 여러 곳을 다니면서도 그는 자연의 풍경이나 경관에 대해서는 전혀 관심을 보이지 않는다. 더구나 그의 거부 반응은 식물적인 것에 한한 것만이 아니다. 길을 걷다가 개가 따라오면 겁이 나서 돌을 던져 쫓아버렸다.

이와 관련해서 재미있는 일화의 하나는 그가 1935년 메스칼린이라는 환각제 주사를 자청해서 맞았을 때의 일이다. 지각의 한 현상인 꿈이나 환각이 무엇이냐는 것을 스스로 알아보고 싶었던 것이다. 한데 주사를 맞자 그의 눈앞에 나타난 것은 아름다운 정경이 아니라 기괴한 동물들이었다. 오랑우탄 · 독수리 · 딱정벌레 · 문어 따위가 그를 줄기차게 따라다니며 괴롭혔다. 특히 게나 큰 새우와 같은 갑

---

36) *FA*, p. 16.

각류에 대한 그의 공포는 환각제의 작용이 풀린 후에도 오랫동안 떠나지 않았고, 육체적 피로나 정신적 괴로움이 있을 때마다 그 환각이 다시 살아나곤 했다. 그후 몇 년이 지나서도 이러한 공포는 사라지지 않았다. 가령 1939년 프랑스의 남쪽 해안에서 수영을 할 때 멀리 헤엄쳐나가기를 주저한 것도 갑자기 낙지가 나타나서 자기를 바다 밑으로 끌어들이지 않을까 하는 두려움 때문이었다. 그리고 우리는 이러한 환각이 『구토』나 『알토나의 유폐자들』에서 작중 인물들이 게를 무서워하는 장면으로 재현되어 나타난 것을 알고 있다.

이렇듯 현실이건 환각이건 간에 또 식물이건 동물이건 광물이건 간에 그가 자연을 수용하지 못한 까닭을 유년 시절의 생활에서 찾아보는 것은 옳은 일일 것이다. 그러나 우리가 여기에서 고려해야 할 다른 문제가 하나 있다. 그것은 장년기에 접어든 사르트르에게 있어서 그런 반자연적인 태도가 어떤 의미를 갖느냐는 것이다. 이때 우리의 주목을 끄는 것은 자연에 대한 본능적인 거부 반응이 의식적인 거부로 옮아갔다는 사실이다. 다시 말해서 그는 이제 자연 거부를 주체적인 선택으로 전환한 것이다. 그렇다면 어떤 이유에서인가? 우리는 그것을 두 가지로 정리해볼 수 있다.

첫째로 들 수 있는 것은 정서에 대한 경계심이다. 사르트르는 강렬한 느낌을 통해서 앎에 이른다는 낭만적·직관적인 인식의 길을 취하지 않는다. 그는 어떤 사물 앞에서 정서·감격·흥분에 빠져드는 대신에 그런 감정 자체를 성찰의 대상으로 삼으려 한다. 자연에 대한 그의 거부적 태도도 바로 이러한 지적 성찰로의 편향의 결과 때문이다. 자연 경관을 바라보면서 흥분하고 탄성을 지른다는 것은 육체에 끌려가는 것이며 언어를 상실하는 것이라고 그는 생각한다. 그 역시 때로는 자연이 아름답다고 느끼지 않는 것은 아니다. 그러나 사르트르는 이 느낌 자체에 머무르는 것이 아니라, 느끼는 자신

을 의식하고 그것을 살피는 언어의 기능에 더 많은 가치를 부여한
다. 이렇게 볼 때 자연과의 상통이나 자연 앞에서의 주체의 소멸이
란 분명히 있을 수 없는 것이리라. 사르트르의 경우에 자연은 다른
모든 사물과 마찬가지로 어떤 느낌을 유발하는 계기에 지나지 않으
며, 그는 연구자로서 자신을 감정에서 초탈시켜 그런 느낌을 갖는
인간 자신을 성찰의 대상으로 삼는 것이다. 좀 지나친 비유일지 모
르지만, 자연에 홀리는 인간은 말하자면 그 나름대로 야릇한 편향을
보이는 정신병 환자이며, 사르트르는 그 환자의 태도를 관찰·기
술·설명하려는 정신분석학자와도 같다. 그의 이러한 지적 경향에
대해서 보부아르는 얼마만큼의 불만을 표시하면서 다음과 같이 말
하고 있다.

어느 날 오후 우리는 생클루의 언덕에서 나무와 물이 어울린 장한
경치를 내려다보고 있었다. 나는 그 경치에 홀려들었고 사르트르의
무관심을 나무랐다. 그는 강이나 수풀에 대해서 나보다도 한결 잘 이
야기했지만 아무 감흥도 보이지 않았다. 그는 자신을 억제하고 있는
것이었다. 그의 말은 이러했다. "도대체 느낀다는 것이 무엇이오? 나
는 가슴이 뛴다거나 전율한다거나 현기증이 난다는 따위의 반응에는
쏠려들지 못하오. 그것은 모두 언어를 마비시키는 육체의 무질서한
움직임이지. 그런 움직임은 그냥 사라져버리고 통 남질 않는 거요."
그는 형상화되지 않은 어떤 표정의 의미라든가 정경의 의미에 대해
서, 그가 말하는 이른바 '정서적 추상체'에 대해서 더 큰 중요성을 부
여했다. 그리고 그 대상에서 자신을 격리시켜 그 의미를 언어로 고정
시키려는 것이었다. 그는 작가란 그 이외의 다른 태도를 가질 수 없는
것이라고 내게 여러 번 설명했다. 느끼지 못하는 사람은 쓸 수 없지
만, 만일 기쁨이나 공포에 사로잡혀서 우리가 그런 감정을 통제할 수

없게 된다면 우리는 표현을 할 수 없으리라는 말이었다. 나는 때로는 그의 말이 옳다고 생각했다. 그러나 또 때로는 이렇게도 생각했다. 언어란 현실을 죽이고 나서야 그것을 포착할 따름이며, 현실의 가장 중요한 측면, 즉 그 현존성(現存性)을 놓치고 마는 것이라고.[37]

인용문이 길어졌지만, 이 글을 통해서 우리는 사르트르가 느낌과 육체와 사물을 성찰과 설명의 언어로 환원시키고, 이 환원을 위한 지성의 활동에서 글쓰기의 본질을 구하고 있다는 것을 분명히 알게 된다. 그리고 이런 글쓰기를 실현하기 위해서 감정 속으로의 매몰을 항상 경계하고, 그것이 그를 자연에서 멀어지게 했다는 것도 이 회고담은 말해주고 있다. 이런 태도는 『구토』의 주인공의 태도로 재현된다. 이 인물에게 중요한 것은 조약돌이나 나무가 준 느낌 그 자체가 아니라 그런 느낌을 스스로 분석하고 그 의미를 추상화해나가는 지적 작업인 것이다.

사르트르가 자연에 대해서 저항감을 느낀 또 하나의 이유는, 그가 벌써 몇 년 전부터 품어온 '존재의 우연성'에 대한 생각과 관련되는 것이다. 기하학적인 형태가 잡혀 있지 않고 단단한 틀 속에 고정되어 있지 않은 자연의 모습은 그의 눈에는 아무렇게나 내던져져 있는 존재들의 상징처럼 여겨진다. 특히 그는 나무의 모습이 이런 존재의 우연성을 알려주는 대표적인 경우라고 생각한다. 나무는 "그 헛된 이상 발육으로 말미암아 우연성을 나타낸다."[38] 그것은 "아주 빠른 회전 운동을 주면 바람에 빙빙 도는 장난감과 같았다. 그것은 도처에 푸르고 작은 줄기들이 있고 그 위에 대여섯 개의 이파리가 돋아나 있어 우스꽝스러웠다."[39] 또한 우리의 주변에는 이유 없이 자연

---

37) *FA*, p. 46.
38) *FA*, p. 51.

발생적으로 일어나는 움직임이 많은데, 그런 움직임은 마치 "나무
꼭대기의 잔가지가 느닷없이 흔들리는 것처럼"[40] 근거 없는 것이다.
나무에 대한 이런 부정적 시각은 후일 『구토』에서 그 유명한 마로니
에의 묘사로 발전하는데, 사르트르는 나무뿐만 아니라, 일정한 형태
가 잡혀 있지 않고 꿈틀거리고 찐득찐득하고 유동적인 것들을——바
꿔 말해서 생명의 원형질을 이루는 모든 것을 싫어한다. 그런 것이
이를테면 존재의 반죽이며 이 반죽에서 벗어날 때 우리는 창조의 세
계로 들어서는 것이라고 생각하는 것이다. 그러기에 그는 같은 자연
의 산물 중에서도 나무보다는 돌을 좋아한다. 또한 형체 없는 물을
우연성의 이미지로 보고 그 물의 힘을 뚫고 나가려는 단단하게 건조
된 배를 좋아한다. 이렇듯 자연적으로 주어진 것, 특히 생명체에 대
한 그의 혐오는 식성에서도 나타난다. 그는 날것보다도 구운 것을
좋아하며 과일을 거의 먹지 않는다.

> 단것을 먹고 싶을 때는 나는 과자나 파이와 같이 사람이 만든 것을
> 더 즐겨 먹죠. 그 모양이나 배합이나 맛까지도 인간이 의식적으로 만
> 들고 다시 생각해낸 것이니까요. 반대로 과일에서는 우연의 맛이 납
> 니다. 그것은 나무 위에 있거나 풀에 싸여 땅에 떨어져 있습니다. 그
> 것은 나를 위해서 있는 것이 아니며 나에게서 나온 것이 아니죠.
> [……] 그 반면에 과자는 일정한 형태를 가지고 있습니다. 그것은 과
> 자 제조인이 예컨대 가마솥에서 만든 것입니다. 그것은 따라서 완전
> 히 인간적인 물건입니다.[41]

---

39) *FA*, p. 122.
40) *ES*, p. 548.
41) *CA*, p. 423.

노년이 되어서 보부아르에게 밝힌 이 식성에 관한 이야기는 1930년대부터의 그의 자연관의 연장선상에 있으며, 그 훌륭한 보충 설명이 될 만한 것이다. 요컨대 그는 자연적인 것(=우연성)과 인간적 · 인위적인 것(=필연성)을 대립시키고, 후자를 선택한 데카르트의 후손이다. 그리고 이 대립은 동시에 그의 예술관으로 이어진다. 자연이 상징하는 우연의 세계에서 강철같이 단단한 필연을 창조하기 위한 의식적 · 인위적인 작업이 그가 생각하는 예술이다. 이런 생각 역시 『구토』의 가장 중요한 테마의 하나가 되는 것이지만, 그것에 이르기까지 사르트르는 어떤 예술적 체험을 쌓아나갔던 것인지를 좀 더 구체적으로 살펴보자.

V. 문학과 영화의 인력

우리는 앞서 영화나 외국 작품과의 접촉이 사르트르에게 있어서 여행과 맞먹는 공간적 체험을 가능케 했다는 말을 했다. 그것은 미지의 세계를 향한 자아의 확산이었다. 그러나 영화를 보고 소설을 읽는 행위가 그런 원심 운동을 위한 것만은 물론 아니다. 그것은 동시에 구심적인 운동이다. 다시 말하면 존재의 우연성에 맞서는 필연의 세계를 언어로 구성하고 이 구성을 통해서 자신의 존재의 정당성과 구원을 찾으려는 근원적 기도와의 관련하에서 그는 남의 손으로 만들어진 작품들을 수용해나간 것이다. 그 과정은 예술 작품이 지니는 새로운 의미와 수법의 발견인 동시에 또한 자기 확인의 과정이었다고 말할 수 있다.

새로운 의미와 수법의 발견이라는 측면에서 볼 때 우선 1930년 내외의 프랑스의 전위 문학이 그에게 준 영향은 결코 무시할 수 없는 것이다. 특히 초현실주의와 셀린이 보여준 일상적 의미와 전통적 언어의 파괴는 그에게 깊은 인상을 남겨주었다. 초현실주의자들을 통해서 그는 사물들이 그 낯익은 용도적 성격에서 벗어나 기괴하고 새로운 모습으로 나타난다는 것을 알았다. 보부아르에 따르면 "그들은 비단 사회적 관계와 조직화된 사고와 언어만이 아니라 사물의 의미 그 자체를 미친 듯이 때려부수었다. 그럼으로써 사물을 다시 태어나게 하는 것이다. 그들이 사기 그릇을 어적어적 씹어 먹으면서 우리에게 가르쳐준 것은 접시가 결코 용기로 환원될 수 없다는 것이었다. 이러한 거부의 태도가 사르트르를 매혹시켰다."[42] 한편 『밤의 끝으로의 여행 *Voyage au bout de la nuit*』(1931)의 작가 셀린은 전쟁, 식민주의, 상투적 사고 방식과 같은 당시 프랑스의 모든 관행을 근본적으로 파괴했을 뿐 아니라, 그 거칠고 적나라하고 상스러운 말을 통해서 발레리나 지드가 다듬어놓은 문학적 언어에 도전했다.

우리는 이들이 끼친 영향이 컸음을 그후의 사르트르의 작품에서 확인할 수 있다. 셀린의 언어는 그로 하여금 「진리의 전설」이 보여준 바와 같은 철학적 콩트 스타일을 포기케 하고, 추상적·논리적 언어로 짜인 철학적 글쓰기와 구체적이면서도 참신한 이미지를 구사하는 문학적 글쓰기를 분화하는 데 이바지했다. 그리고 초현실주의자가 보여준 사물들의 반란과 변신은 『구토』의 여러 이미지로 이어진다. 조약돌, 문의 손잡이, 멜빵, 또는 전차의 의자와 같은 사물들이 주는 야릇한 이질감뿐 아니라, 그 유명한 마로니에의 모습도 초현실주의의 유산을 빼놓고는 생각할 수 없는 것이다.

그러나 사르트르는 결코 초현실주의자나 셀린의 후예가 아니다. 그는 초현실주의자들처럼 새로운 비전 속으로 녹아들고 그럼으로써 자아의 변신을 꾀하려는 사람이 아니다. 또 셀린이 보여준 바와 같이 광적인 절망 속으로 몸을 내던진다는 행위도 사르트르에게서는

---

42) *FA*, p. 127.

찾아볼 수 없는 것이다. 그들을 통해서 사르트르가 전통적인 의미와 관점의 테두리에서 풀려난 현실의 존재를 날카롭게 의식한 것은 사실이다. 그러나 이렇게 새로운 모습으로 출현한 존재들은 어디까지나 주체에 의해서 관찰되고 반성되고 새롭게 의미화되는 대상으로 남는다. 그것은 앞서 본 바와 같은 자연 앞에서의 그의 태도와 마찬가지이다. 자아를 포함해서 모든 현실을 다르게 인식하는 것, 그러면서도 다르게 보이는 존재들 속에 흡수되지 않는 방관자로서의 위치를 끝끝내 지키고, 나아가서는 그 달라짐의 다양성을 기술하고 언어의 그물 속에 다시 포착하는 것——일찍이 발레리가 시에 있어서 보여준 이 이성적 작업을 사르트르는 이어가려는 것이다. 그리고 그가 미국 작가들에게 큰 관심을 쏟은 것도 이런 지향과의 관련에서 생각해볼 만한 일이다.

사르트르는 1932년에 도스 패소스 Dos Passos와 헤밍웨이를, 1934년에는 포크너를 처음으로 알게 되고 그들의 소설에 끌려 들어간다. 도스 패소스와 포크너에 대해서는 1938년에 쓴 두 평론이 있고, 『상황 I』에 수록된 그 글들은 사르트르의 문학을 이해하는 데 중요한 문헌이 되고 있지만, 그 두 작가뿐 아니라 헤밍웨이까지를 포함해서 그가 한결같이 감탄하고 있는 것은 보는 자와 보이는 대상과의 관계를 기술하는 독특한 수법이다. 그는 이 세 작가의 차이보다도 그들을 잇는 어떤 근본적인 공통점에 주목한다. 그것은 프랑스 소설에서는 찾아볼 수 없었던 '사물과 의식의 결합'이다. 다시 말하면 모든 사물은 그 본질을 규정할 수 없는 불투명하고 야릇한 모습으로 존재하지만, 이 존재가 드러나는 것은 오직 보는 자의 어떤 특정된 눈을 통해서이다. 그러니까 작가는 작중 인물의 일정한 시각이나 혹은 그의 달라지는 시각에 따라서, 또 혹은 여러 인물들의 시각을 쫓아가면서 사물의 나타남을 구체적으로 기술하게 되는데, 이 기술은 결국 보이는 사물을 계시하는 동시에 보는 자의 의식 상태를 밝힌다는 불가분의 이중 기능을 하는 것이다. 그것은 마치 어둠을 뚫고 비치는 빛과 그 빛이 밝혀내는 대상의 관계와도 같다. 빛의 강도와 종류에 따라 대상은 각각 다른 모습을 보이는 한편, 그 모습은 빛의 성질을 가르쳐준다. 가령 방사선이 투사된 대상은 우리가 일상적으로 보아오던 것과는 다른 야릇한 모습을 나타내는데, 그 야릇한 모습은 거꾸로 그것에 투사된 빛이 방사선임을 말해주는 따위이다. 이렇듯 미국의 세 작가가 사르트르에게 가르쳐준 것은 보는 자의 의식과 보이는 사물의 상호 조응이다. 헤밍웨이는 "그의 인물들의 행동과 사물을 갈라놓지 않았기 때문에 사물에 대해서 엄청난 현존성을 부여할 수 있었다."[43] 도스 패소스는 작중 인물들에 대해서 거리를 유지하고 그 인물들이 보는 대상과 하는 행동을 외부적으로 기술해나감으로써 그들이 갑갑한 사회 속에 갇혀 있는 존재임을 보여준다.[44] 한편 포크너의 경우에 "사물들과 행위들이 독자의 눈에 기괴한 양상으로 나타나는 것은 비참한 생활과 욕구가 인간과 사물의 관계를 바꿈으로써 사물의 모습을 바꾸어놓기 때문이다."[45] 한데 미국 작가들을 통해서 발견한 이러한 비전과 수법은 인식을 주체의 표상 작용으로 환원하려는 관념론과 대상의 객관적 존재만을 강조하는 실재론 사이의 모순을 해결하려던 당시의 사르트르의 철학적 노력에 귀중한 힌트를 준다. 그뿐 아니라 문학적 차원에서 볼 때 외부적 사물의 기술을 통해서 내적 자아의 양상과 문제를 드러내려는 이 수법은 『구토』를 위시하여 사르트르의 모든 소설의 한 중요한 특징을 이루게 되는 것이다.

---

43) *FA*, p. 160.
44) *Situations* I, pp. 21, 23.
45) *FA*, p. 213.

그러나 후설을 공부하기 전에 이미 미국 작가들을 통해서 알게 된 이러한 현상학적 기술 방법이 그가 소설을 읽음으로써 얻은 유일한 수확은 아니다. 그에게는 또한 카프카와의 만남이 있었고(그가 카프카를 처음 알게 된 것은 1932년경이었지만 그 작품의 깊은 뜻을 파악하고 충격을 느낀 것은 1934년의 일이다), 이 만남은 이미 '멜랑콜리아 Mélancolia'(『구토 La Nausée』의 원제목)의 초고를 완성할 단계에 있던 사르트르로 하여금 자신의 지향과 문제를 재확인하게 했다. 모든 것이 뒤집히고 인간이 지녀온 의미와 기능과 관계가 송두리째 의문시되는 카프카의 세계가(사르트르가 읽은 것은 『변신』과 『심판』으로 알려져 있다) 당시의 사르트르와 맺게 된 관련을 보부아르는 다음과 같이 회상한다.

K의 모험은 앙투안 로캉탱(『구토』의 주인공)의 모험과는 아주 다르고 그것에 비해 한결 극단적이며 절망적이었다. 그러나 두 경우에 있어서 모두 주인공은 낯익은 주위의 것들에 대해서 거리를 둔다. 이 거리의 의식 때문에 인간의 질서는 무너지고 주인공은 야릇한 어둠 속으로 홀로 빠져든다. 카프카에 대한 우리의 감탄은 즉각적이며 무조건적인 것이었다. 왜 그런지 꼭 집어 말할 수는 없지만 그의 작품은 우리 자신에 관한 일로 여겨졌다. 포크너는 우리와는 멀리 떨어진 이야기를 해주었지만, 카프카는 우리 자신의 이야기를 해준 것이다. 그는 신 없는 세계, 그러면서도 우리의 구원을 좌우하는 세계와 마주친 우리의 문제를 제시해주는 것이었다.[46]

---

46) *FA*, pp. 214~15.

다시 말해서 카프카는 소설상의 새로운 수법의 계시라는 차원을 넘어서서 부조리한 세계에 내던져진 사르트르의 실존적 자아와 바로 부딪친 것이다. 그리고 구원의 길은 어디 있느냐는 반성을 더욱 절실히 촉구한 것이다. 한데 카프카와 당시의 사르트르를 갈라놓은 것은 바로 이 구원에 대한 생각이다. 카프카는 형이상적인 절대, 결코 도달할 수 없는 절대를 향한 절망적 탐구를 향해서 그 자신과 그의 작중 인물들을 내던진다. 이에 반해서 사르트르는 작품의 창조 그 자체에서 구원을 찾는다. 무질서하고 부조리한 세계에서 강철과 같이 단단하고 이름다운 작품을 남기고 그런 작품을 쓴 자기 자신을 필연성의 창조자로서 스스로 받아들이려는 것이다.

어릴 때부터 품어온 이런 생각을 더욱 굳혀준 것은 영화이다. 우리는 앞서 사르트르가 세계 인식의 한 방편으로서 영화를 즐겨 보았다는 말을 했지만, 그에게 영화가 중요했던 것은 무엇보다도 그것이 구원으로서의 예술 창조의 한 패턴을 보여주었기 때문이다. 이 점에서 간과할 수 없는 문헌의 하나는 그가 르 아브르 고등학교의 수석 철학 교사로 있었던 1931년에 졸업식에서 행한 영화 예술에 관한 강연이다.

그 강연에서 그는 모든 예술을 일상적 세계와 대립시키면서 이야기를 시작한다. 일상적 세계는 우연과 돌발적인 일들의 근거 없고 무질서한 퇴적이다. 이에 반해서 예술은 시간이 미래를 향해서 어김없이 이어져나가는 세계이다. 아무리 작은 디테일도 의미를 지니면서 서로 연결되고 통합되면서 필연적인 전체를 구성해나간다. 음악도 그렇고 연극도 그렇다. "멜로디에는 어떤 숙명적인 것이 있다. 그것을 구성하는 음표들이 서로 엉켜 붙고 긴밀하게 상통한다. 이와 마찬가지로 우리의 비극도(여기에서 사르트르가 언급하고 있는 것은 시구〔詩句〕로 되어 있는 17세기 프랑스의 고전 비극이다) 파국을 향한 필연적인 움직임으로서 나타난다. 아무도 되돌아갈 수 없다. 시구마다 심연으로의 항로를 향해서 우리를 더 멀리 끌고 들어간다."[47] 그러나 연극에 있어서는 그 주제가 단선적이며 또 단속적이다. 연극은 시초에 설정된 주제 이외의 다른 주제를 용납지 않는 엄밀한 행동의 통일성을 지키면서 진전하고 또 동시에 각 막에 의해서 구분되어 있다. 이에 비하면 음악이 한결 복잡한 구조를 지닌다. 그것은 각각 다른 주제들을 전개시키면서 그 주제들을 통합시켜나가고 동시에 이 통합의 과정은 계속적이다. 그러나 그것은 동시에 매우 추상적이다. 음악에는 서로 얽히는 형식과 움직임이 있을 뿐이다. 한데 영화는 연극의 단일성과 단속성을 넘어서는 점에서 음악과 같지만, 또한 음악과 같이 추상성과 형식성에 머무르지 않는다는 이중의 장점을 가진 예술 장르다. 그것은 구체적 현실들을 폴리포니처럼 복합적으로 제시하고 그 다양한 양상과 의미를 드러내면서도, 일정한 결말을 향해서 그것들을 필연적으로 이어나간다. 아무 상관 없어 보이던 장면과 행동과 말들이 통합되어 하나의 유기적 전체를 형성하는 세계, "사물마다 다른 사물들과 맺는 깊고도 내밀한 상관 관계"[48]의 세계가 바로 영화의 세계이다. 그러니까 영화는 얼른 생각하기에 조화되기 어렵다고 여겨지는 두 가지 기능을 동시에 수행할 수 있다는 이야기가 된다. 그것은 사물과 인간의 현실을 다원적으로 제시한다. 그러면서도 이 제시의 과정에서 그 현실들이 우연적 존재로서 산재하는 것이 아니라, 그것들이 필연적으로 이어지는 예술 작품이 형성된다. 한데 사르트르가 시도하려는 것은 이렇듯 현실들을 짙게 깔고 있으면서도 현실을 넘어서는 예술을 이미지 아닌 언어로써 실현해 보려는 것이었다. 『구토』를 읽을 때는 이런 점에도 유의할 필요가 있을 것이다.

---

47) *ES*, p. 549.
48) 같은 책, p. 551.

그러나 『구토』가 출간되기까지의 1930년대의 사르트르는 무엇보다도 철학도였다. 그는 이 시기에 걸쳐서 자신의 철학적 방법을 모색하는 데 온 힘을 바친다. 그러나 그 모색은 결코 무에서의 출발은 아니었다. 그 전제가 되는 몇 가지 데이터와 요청은 이미 주어져 있었다. 존재의 우연성에 대한 강렬한 의식, 관념론과 실재론의 융합, 그리고 특히 삶의 체험에서 출발하고 그것을 설명할 수 있는 철학에 대한 요청 등이 그것이다. 추상적인 보편성의 설정이 아니라 구체적인 것을 전체적으로 포괄하는 그러한 이론의 형성이 그의 목표였다. 그것이 1930년경의 그의 지적 지향이었다.

그는 이미 1931년 말부터 『구토』의 모체가 된 「우연성에 관한 변박 *Factum sur la contingence*」를 쓰기 시작하는 한편 그의 동창생 레이몽 아롱과 자주 만나 철학의 여러 문제를 두고 토론한다. 이미 이때부터 그의 방향은 대체적으로 잡혀 있었다. 주체의 정신적 기능을 강조하는 아롱에 대해서 사르트르는 의식의 독립성을 인정하면서도 의식 밖에 존재하는 현실을 동시에 중요시하는 것이었다. 그러나 우리가 앞서 미국 소설과의 관련에서 언급했듯이, 그의 생각은 한편으로는 인식하고 생각하는 주체가 있고 따른 한편으로는 실재하는 객관적 현실이 있다는 식의 절충론으로 만족하지 않았다. 이렇게 볼 때 그의 지향은 그 나름대로의 '비판적 관념론'에서 출발했다고 말할 수 있을지도 모른다. 인식 주체인 의식의 중요성을 인정하는 점에서 그는 관념론에 가깝다. 그러나 인식의 행위를 인식된 대상과 분리하지 않고 그 대상의 현실성을 경시하지 않는다는 점에서 그 관념론은 '비판적'이다.

이렇듯 의식과 사물을 분리하지 않고 그것을 한 전체로서 이해하려는 노력은 환원주의와 분석적 견지를 거부하는 것이다. 그 무렵 널리 유행하기 시작한 정신분석학에 대해서 사르트르가 어떤 저항감을 느낀 것은 바로 그 때문이다. 사물을 보고 사물을 드러내는 자유로운 의식체로서의 인간을 생각하고 이 의식의 움직임에서 또한 각 개인의 특이성이 전체적으로 드러난다고 생각해온 사르트르에게는, 프로이트의 무의식이나 리비도는 결정론적이며 기계론적 설명방법으로밖에 보이지 않았다. 프로이트뿐만 아니라 아들러Adler에 대해서도 그는 큰 매력을 느끼지 못했는데, 보부아르는 그 이유를 다음과 같이 설명한다.

신경질적 기질에 관한 아들러의 책은 우리에게 프로이트의 책보다 더 호감을 주었다. 성욕을 덜 중요시하고 있었기 때문이다. 그러나 우리는 '열등감'이라는 개념을 아무에게나 무턱대고 적용할 수는 없을 것이라고 생각했다. 우리는 정신분석가들이 인간을 이해하기보다 인간을 분해하는 것이 못마땅했다. 그들의 이른바 '열쇠'를 거의 자동적으로 적용할 때는, 체험의 특이성을 포착하지 못하고 그것에 잘못된 합리적 설명을 가할 뿐이라고 생각한 것이다.[49]

보부아르가 이 글에 뒤이어 적고 있는 바와 같이 이러한 비난은 전적으로 합당한 것이 아닐지도 모른다. 그들의 분석이 결국은 인간을 개인적·사회적 억압에서 해방시키는 것을 그 종국적 목표로 삼고 있다는 측면을 그들은 주목하지 못했기 때문이다. 다만 그 당시 그들의 눈에 띈 것은 이 설명 방법이 사물에 의미를 부여하는 의식체로서의 각 개인의 근원적 자유를 부정하고 있다는 점이었다. 그러

---

49) *FA*, pp. 146~47.

292

나 사람은 모두 그 자유를 충분히 행사하는 것일까? 삶과 사물 앞에서 느끼는 불안과 공포의 감정은 우리로 하여금 인식과 행위의 자유로운 주체자로서의 자신의 지위를 스스로 거부하게 하고, 타인이나 인습이나 어떤 고정 관념에 매달리게 하는 것이 아닐까? 이러한 질문 앞에서 사르트르가 1932년경에 만들어낸 개념이 '자기 기만'이다. 프로이트의 무의식에 대치되고 후일 사르트르의 실존적 심리 분석에서 중핵을 이루게 될 이 개념의 설명은 다음 자리로 미루고, 의식과 사물의 관계를 중심으로 한 그의 모색의 과정으로 다시 이야기를 돌리자.

관념론·실재론·정신분석학이 가지고 있는 단점들을 느끼고는 있었을망정, 그것을 넘어서기 위한 자신의 이론을 아직도 형성하고 있지 못했던 사르트르에게 드디어 결정적인 계시가 베풀어졌다. 그것은 1933년 독일에서 후설의 현상학을 공부하고 돌아온 아롱을 통해서였다. 별다른 관심 없이 하이데거의 『형이상학이란 무엇인가?』를 읽어본 일이 있긴 하지만, 후설에 관해서는 전혀 들어본 일이 없었던 사르트르에게 아롱의 몇 마디 말은 그야말로 계시였다. 그때의 사정을 알기 위해서 또 한 번 보부아르의 증언을 들어보자.

아롱은 파리로 돌아오자 사르트르에게 후설에 관해서 이야기했다. 우리는 몽파르나스 거리에 있는 베크 드 가스('가스등') 다방에서 저녁 나절을 함께 보냈는데, 그 집의 특제품인 살구 칵테일을 시켰다. 그러자 아롱이 자기의 잔을 가리키며 말했다. "네가 만일 현상학자라면 너는 이 칵테일에 대해서 이야기를 할 수 있을 것이고 그것이 바로 철학이야!" 사르트르는 흥분한 나머지 얼굴이 창백해질 지경이었다. 그가 직접 만지고 있는 대로의 사물에 대해서 이야기하면 그것이 곧 철학이 된다니, 그것이야말로 그가 수년 전부터 바라던 바였기 때문

이다. 아롱은 사르트르에게 설득했다. 관념론과 실재론의 대립을 넘
어서고, 의식의 우월성과 우리에게 주어진 세계의 현존성을 동시에
긍정하려는 그의 관심에 부합하는 것이 바로 현상학이라고.[50]

아롱의 말을 듣자 사르트르는 레비나스의 『후설의 현상학에 있어
서의 직관의 이론 *La Théorie de l'intuition dans la phénoménologie
de Husserl*』(1930)을 읽는다. 그러자 두 가지의 사실이 그의 주목을
끌었다. 첫째는 그가 개인적으로 품어오던 존재의 우연성에 대한 생
각이 벌써 후설에게도 나타나 있다는 것이다. 그는 마치 고이 간직
했던 보물을 도둑맞은 것처럼 느꼈으나, 이 개념이 후설의 사상에서
는 크게 중요한 자리를 차지하지 않는다는 것을 알고 어느 정도 마
음을 가라앉힌다. 둘째로는 물론 의식의 지향성에 관한 후설의 이론
이다. 그야말로 의식과 사물의 융합이라는 사르트르의 연래의 숙제
를 풀어준 것이다. 모든 '의식은 무엇에 대한 의식이다' 라는 명제는
자아와 세계가 서로 떼어놓을 수 없는 의존 관계에 있다는 것을 의
미한다. 의식은 관념론자가 주장하듯이 사물을 자아 속으로 빨아들
이고 소화하는 것이 아니라, 반대로 사물을 향해서 밖으로 뻗어나가
는 것이다. 마찬가지로 사물은 그 본질에 있어서 의식의 밖에 있지
만 의식에 대해서 상대적이다. 이렇듯 의식에 의해서 비추어지면서
도 의식의 포로가 되지 않고 그 구체적 현존성을 지니는 사물을 복
권시킴으로써, 철학은 문학과 마찬가지로 새롭고 매력 있고 또 때로
는 무서운 세계를 생생하게 열어보이는 것이다.
　이윽고 사르트르는 독일로 가서(1933. 10~1934. 6) 후설을 본격
적으로 공부하고 그동안에 『자아의 초월에 관한 시론 *Essai sur la*

---

50) 같은 책, p. 156.

transcendance de l'égo』을 쓴다. 그후 2년이 지난 1936년에 출판된 이 초기의 철학적 업적에 관하여 이 자리에서 자세히 살필 수는 없지만, 그의 문학과의 관련하에서 두 가지 중요한 점을 잠깐 지적해 두고자 한다. 첫째는 자아와 의식의 관계이다. 자아란 우리 속에 원초적으로 깃들어서 우리의 의식을 가능케 하는 실체가 아니다. 그것은 도리어 의식의 산물이다. 지향성을 본질로 삼고 있는 의식이 그 자체로 지향할 때, 다시 말하면 의식이 의식을 의식할 때 출현하는 것이 자아이다. 가령 우리의 손이 부지중에 불에 닿았을 때 우리는 뜨거움 속에 휩싸일 따름이다. 마치 뜨거움이 불의 속성인 양 말이다. 그리고 그 다음에 뜨겁다는 느낌을 반성의 대상으로 삼을 때, 즉 원초적이며 비반성적인 의식을 의식할 때 비로소 우리는 '내가' 손을 불 속에 넣었다고 생각하게 된다. 한데 사르트르가 벌써 후설에 대해서 비판을 가하는 것은 바로 이러한 자아에 대한 생각 때문이다. 후설은 이른바 현상학적 환원 뒤에 남는 순수 자아라는 것을 설정하는데, 사르트르가 보기에 의식의 반성적 대상이 아닌 이 초월적 순수 자아는 데카르트의 코기토로 되돌아가는 허구이다. 그런 설정은 의식의 지향성으로 말미암아 맺어지는 구체적인 존재 관계 자체를 부정하고 다시금 유아론(唯我論)의 함정에 빠지는 것이다.[51] 이와 같이 사물은 물론 자아조차도 추상적·관념적 차원에서 생각하지 않고 의식의 구체적 대상으로서 파악하려는 그의 줄기찬 경향은 『구토』에 있어서 존재의 양상을 이미지와 체험을 통해서 밝히는 그 독특한 언어로 나타나는 것이다.

　『자아의 초월에 관한 시론』과 관련해서 우리가 또 한 가지 주목해야 할 것은 그 결론 부분이다. 의식은 그 자체의 본질을 지니거나 어

---

51) 사르트르의 후설 비판에 관한 더 자세한 내용은, 신오현, 『자유와 비극』, 문학과지성사, pp. 51~67 참조.

디 한 군데에 묶여 있지 않고 항상 밖으로 뻗어나가기 때문에, 다시 말해서 "초월은 의식을 구성하는 구조"[52]이기 때문에, 그 의식을 의식하는 의식, 즉 자아는 세계 앞에서 늘 외롭고 불안하다. "이 절대적 의식이 자아와 세계 사이에 성립시키는 상호 의존의 관계로 말미암아, 자아는 세계 앞에서 위험한 처지에 있는 것으로 나타나며, 세계로부터 그 모든 내용을 추출한다. 이 사실에 대한 인식만으로도 적극적인 윤리와 정치의 기반을 철학적으로 마련하는 데 충분한 것이다."[53] 이 구절은 아직도 막연하게나마 사르트르가 현상학적 근거 하에서 그의 윤리관과 정치관을 설정하려는 움직임을 드러낸 뜻 깊은 발언이며, 그것은 그후의 세 가지 활동으로 접속된다. 첫째는 『존재와 무』에 있어서의 존재론적 자유의 개념의 형성으로, 둘째로는 참여 문학의 이론화와 실천으로, 그리고 셋째로는 그의 직접적인 정치 활동으로.

철학적 이론을 형성해나간 이 과정에서 마지막으로 지적해두어야 할 또 한 가지 사실은 『상상력』의 서론에서 비로소 사물들 그 자체의 즉자적 존재성과 의식의 존재 양식으로서의 대자의 구별에 주목했다는 것이다. 이렇게 볼 때 사르트르는 『존재와 무』에서 체계화될 거의 모든 개념과 관점의 원형을 1930년대에 마련해놓았다고 말할 수 있으리라. 다만 아직도 세 가지 점에서 연구가 미비했다. 첫째는 대타 관계에 관한 것인데, 이것은 『존재와 무』에 이르러서 그 전모를 드러내고, 그후 특히 『자유의 길』과 『닫힌 방 Huis clos』에서 문학적으로 형상화된다. 한편 시간에 관한 고찰과 예술 작품의 의미에 관한 고찰은 그 반대이다. 이 두 주제는 『구토』에서 가장 중요한 체험의 일부로 먼저 나타나고 그후에 역시 『존재와 무』에서 철학적 이

---

52) *L'Etre et le néant*, p. 28.
53) *La Transcendance de l'égo*, Vrin, 1966, p. 87.

론의 형태를 취하게 된다.

VII. 시대적 상황에 대한 소극적 태도

어떤 사상가나 작가의 내적 형성이 반드시 자율적으로 이루어지는 것이 아니라, 그가 처해 있는 시대의 움직임과 관련되어 있다는 것은 두말할 필요도 없다. 사르트르의 경우에도 그가 존재의 우연성을 강렬히 느끼고 인간의 수중에서 벗어난 사물의 반란을 의식하고 자아의 실체성을 의심한 것도, 20세기에 들어서면서 유난히 눈에 띠게 된 합리주의적 세계관의 붕괴라는 일반적인 지적 분위기와 무관하지 않을 것이다. 세계를 인간의 이성에 따라 설명하고 발전시키고 지배할 수 있다는 전통적인 낙관주의가 모든 분야에서 매우 의심스러워진 시대에 있어서 사르트르도 그 나름대로 문제를 재검토한 것이라고 보고 그의 초기의 관심을 문화사적 컨텍스트 안에서 살피는 것은 틀린 일이 아닐 것이다.

그러나 격변하는 시대의 움직임 앞에서 지성이 대처하는 길은 크게 두 가지로 나뉠 수 있다. 첫째는 그 격변을 내면화하는 것이다. 이 경우 반성은 주로 사고의 재조정 내지는 변혁이라는 방향으로 지향된다. 기존 사상에 대한 비판, 새로운 삶의 원리의 창조, 세계를 설명하는 근본적으로 다른 이론의 설정 등이 그것이다. 이것이 철학자·예술가 그리고 과학자가 취하는 길이다. 둘째로는 격변의 본질을 사회적·정치적인 현실로 환원시키고 자신의 지향을 그 방면으로 외면화하는 길이 있다. 이 경우에는 혁명가나 사회 운동가가 태어나서 행동에 큰 가치가 부여된다. 물론 이 두 가지 길 사이에는 긴밀한 관계가 있다. 충격을 간접화시키는 첫째의 길은 충격에 직접적으로 대처하려는 둘째의 길에 이론적 근거를 베풀어줄 수 있다. 또이 두 가지의 길은 한 개인에게 있어서 중첩되기도 한다. 제2차 대전

이후의 사르트르 자신의 경우가 그러하다. 그러나 일반적으로는, 특히 활동의 초기에 있어서는, 그 중의 하나에 중점이 주어진다. 사르트르가 첫째의 길로 나간 반면에 그의 친구 폴 니장은 둘째의 길을 택한 것이 그 좋은 예가 될 것이다.

다시 말해서 당시의 사르트르는 시대적 현실에 대해서 민감하게 반응하지는 않았다. 그의 관심은 자신의 사상을 정립하는 데 제한되어 있었고 이 사상이 가질 수 있는 정치적 · 사회적 의미에 대해서 깊은 배려를 한 것은 아니었다. 이 점에서 그의 변함없는 특징으로 알려진 '거부의 정신'을 그 당시의 사르트르에 관해서 전폭적으로 확대 해석하는 것은 온당치 않은 일이다. 그의 거부의 대상은 셀린의 경우처럼 현존하는 모든 것도 아니고 또 좁은 의미의 사회 체제도 아니다. 그가 거부의 대상으로 삼은 것은 세계의 새로운 이해를 가로막는 정신적 편견일 따름이다. 합리주의 · 관념론 · 인습적 사고 방식 등이 더 고차원적이며 참신한 인식에 의해서 지양되어야 한다고 생각한 것이다. 일례로 그 무렵의 사르트르가 부르주아에 대해서 큰 반감을 가지고 있었다 하더라도, 이 부르주아지라는 말에 경제적 · 사회적 의미가 짙게 부여되어 있었던 것은 아니다. 그 말은 차라리 "나는 천하게 생각하는 모든 자들을 부르주아라고 부른다"는 플로베르의 발언과 유사한 뜻을 지니고 있었을 따름이다. 그런 '천하게 생각하는' 부르주아지라는 속물들이 지배층을 형성하고 그 관례적인 윤리로써 사회에 군림하고 있는 것이 못마땅했던 것이다.[54] 이렇듯 부르주아지를 사회 계급으로 보기보다는 윤리적 · 정신적으로 답답하고 천한 존재로 보기 때문에, 그 반대항은 플로베르의 경우와 똑같이 프롤레타리아가 아니라, 그들을 경멸하고 초월하려는

---

54) *CA*, p. 487.

지성적 개인일 수밖에 없었다. 말하자면 일종의 지적 귀족주의가 바탕이 된 거부가 당시의 사르트르의 거부의 주된 양상이었으며, 그는 "정치적 · 역사적 차원에서의 일체의 참여를 무시한 채로 엄격히 개인적인 모험을 추구하고 자신의 적성과 지식과 현실에 대한 구체적 경험을 펼쳐나가기로 작정했던 것 같다."[55]

그러나 사르트르가 시대적 상황에 대해서 전적으로 무심했다고 말한다면 그것은 지나친 발언이 될 것이다. 그는 이미 1926년에 마르크스를 알았고 그것이 불러일으킨 지적 반응을 다음과 같이 표명하였다.

> 내가 『자본론』과 『도이체 이데올로기』를 읽은 것은 그 무렵이었다. 나는 모든 것을 순식간에 이해했다고 생각했지만 사실은 아무것도 전혀 이해하지 못했다. 이해한다는 것은 자신을 변신시키는 것이며 자신을 초월하는 것인데, 그 독서는 나를 바꾸어놓지 않았다. 그러나 나를 바꾸어놓기 시작한 것이 있었다. 그것은 마르크스주의의 '현실' 이었다. 내 지평선에 떠오른 노동자 대중의 무거운 존재였다. 마르크스주의는 '살고 실천하며,' 프티 부르주아의 지식인에게 뿌리칠 수 없는 인력을 멀리서 행사하는 거대한 검은 덩어리였다.[56]

이 인용문은 사회적 현실에 대한 당시의 사르트르의 태도를 아는 데 적합하다. 마르크스주의에 끌리게 된 시발점을 알려주기 때문이라기보다도 그것에 대한 그의 입장의 모호성을 보여주기 때문이다. 이 글에는 마르크스주의와 대중의 중요성에 대한 자각과 그것이 당장에는 자신과는 거리가 있다는 느낌이 겹쳐 나타나 있다. 자기를

---

55) Francis Jeanson, 앞의 책, p. 69.
56) *Questions de méthode*, Coll. Idées, 1960, p. 27.

바꾸어놓지는 않았지만 바꾸기 '시작했다'는 표현이나, 대중의 존재가 강하게 의식되지만 아직도 '지평선 저 멀리에서' 그 인력이 느껴질 따름이라는 표현이나 또는 마르크스주의가 그 자신이 아닌 노동자의 '현실'이라는 표현이 그것이다. 이러한 인력과 거리감의 공존은 초기의 사르트르의 변함없는 태도이다. 소련에서의 혁명이 굳혀지고 유럽이 경제 공황에 휩쓸린 1929년 당시에 그는 사회주의가 자본주의의 모순을 해결해주리라는 밝은 미래관에 의지한다. 그러나 그 승리가 계급 투쟁으로 이루어지고 이 계급 투쟁의 현실에 비추어 자기 자신의 위치를 규정해나가야 한다는 생각은 그의 머리에 떠오르지 않는다. 이러한 국외적 동조자로서의 태도는 1933년에도 마찬가지이다. 그는 한때 공산당에 가입할 것을 생각했지만 그가 보부아르와 함께 내린 결론은 다음과 같은 것이었다. "어떤 사람이 프롤레타리아에 속한다면 공산당원이 되어야 할 것이다. 그러나 그의 투쟁은 우리와 무관하지는 않겠지만 결국 우리의 투쟁은 아니다. [……] 우리는 공산당 가입과는 양립할 수 없는 우리 자신의 기도를 추구해야 한다." 그렇다면 그들이 추구할 기도란 무엇인가? 보부아르는 이렇게 말을 잇는다. "우리는 우리의 대화와 교육과 책을 통해서 개인적 행동을 하기를 바랐다. 그것은 건설적이라기보다도 비판적인 행위이리라. 그러나 우리가 처해 있던 프랑스의 상황으로 볼 때 우리는 비판이 대단히 효과적인 것이라고 생각했다."[57]

후일 사르트르는 마르크스주의에 적극적으로 동조하면서 참여 문학과 정치적 행동으로 뛰어들었을 때에도 역시 동일한 행동의 유형을 보여준다. 마르크스주의를 따르면서도 공산당과의 거리를 유지한다는 사르트르의 입장은 그의 사상과 행동을 독특하면서도 난처

---

57) *FA*, p. 155.

하게 만들어놓은 것이다. 그러나 이 단계에서 사르트르가 공산당에 합류하지 않은 것은 그의 확실한 철학적 입장 때문이라기보다도 사상적으로 자신을 형성하고 글을 써나갈 개인적 자유를 확보하기 위해서였다. 앞의 인용문에서 보부아르가 말한 비판적 기능도 바로 세상을 새롭게 보고 표현하는 이 개인적 자유에서 비롯될 터였다. 이러한 초월적 개인주의는 다른 두 가지 측면에서도 반영되어 나타난다. 하나는 소련 및 미국에 대한 견해이며, 또 하나는 정치적 현실 전반에 대한 소극적 태도이다.

　앞서 언급한 것처럼 사르트르는 마르크스주의를 철저하게 이해한 것은 아니지만, 자본주의 사회에서의 지배 계급의 억압이라는 현실에 대해서는 연년세세 그 실감이 짙어간다. 그러니까 그의 눈길이 새로운 사회 체제를 갖추어가는 소련으로 향한 것은 자연스러운 일이다. 그러나 이미 10월 혁명의 봉화가 꺼진 그 나라에서 볼 수 있는 것은 '기사(技師)들의 문명'이었다. "사회주의 세계에서 우리가 편하리라고는 생각할 수 없었다. 모든 사회에서 예술가는 이방인이다. 그리고 예술가를 강제로 통합시키려는 사회는 가장 불리한 사회라고 여겨졌다"[58]고 보부아르는 쓰고 있다. 다만 사르트르는 소련 사회의 새로운 양상을 알기 위해서 소설과 영화를 대했을 뿐이다. 그 과정에서 숄로호프의 『개척된 처녀지』와 같이 인물들이 다채롭고 생생하게 묘사되어 있는 걸작을 발견하기도 했지만, 많은 경우에 있어서, 특히 영화에 있어서는 선전과 교훈에 치중된 타작(駄作)들이 눈에 띄었을 따름이다. 따라서 소련은 자본주의적 체제를 타파했다는 점에서는 어느 정도 주목할 만한 나라이지만, 억압에서의 개인의 해방과 창조의 자유를 보장하는 이상적인 사회주의 국가가 되지는 못

---

58) 같은 책, p. 38.

했다는 것이 사르트르의 애초부터의 판단이었고 이 판단은 후일 참여 문학을 주창하게 되었을 때도 그대로 지속된다.

한편 미국에 대한 평가는 소련관과는 정반대였다고 할 수 있다. "미국은 자본주의의 억압이 가장 끔찍하게 자행되고 있는 나라이며, 우리는 미국의 착취, 실업 사태, 인종 차별, 린치를 증오했다."[59] 그러나 그 나라는 동시에 새로운 생명력이 넘쳐 흐르며, 그것을 표현하는 예술이 활발하게 전개되는 곳이다. 그뿐 아니라 미국에서는 바로 그 사회적 모순을 대담하게 파헤치는 참신한 작가들이 반(反)순응주의자로서의 개성을 발휘할 수도 있다. 그렇기 때문에

우리는 미국의 체제를 단죄하면서도 그 나라에 매력을 느꼈고, 감탄할 만한 새로운 실험을 하고 있는 소련에 대해서는 냉랭했다는 역설적 입장에 서게 되었다. 우리는 결국 완전히 어느 편에도 가담할 수 없는 처지였다. 이런 사태는 우리가 보기에는 당연한 일이었다. 왜냐하면 세계와 인간은 아직도 새로 창조되어야 할 것이기 때문이다.[60]

그러니까 정치적·사회적으로 결정적인 입장을 취할 수 없었던 것은 단순한 무관심이나 판단의 보류에서 연유하는 것이 아니었다. 그것은 이 시점에서의 어떤 선택의 결과였다. 다시 말해서 '세계와 인간의 창조,' 즉 새로운 철학 이론의 형성과 예술적 자아의 실현을 위한 개인적 기도가 주된 것이며, 다른 모든 것은 이에 대해서 종속적이라는 입장이 사르트르의 근본적 선택이었다. 사르트르가 공산주의자와의 관계에서뿐만 아니라 일체의 정치적 현실의 위협에 대해서 소극적이었던 것도 같은 이유에서이다. 파시즘과 나치즘의 세

---

59) 같은 책, p. 161.
60) 같은 책, p. 162.

력 확장, 프랑스 국내에서의 좌우 세력의 충돌, 스페인 전쟁, 프랑코의 정권 장악, 히틀러에 의한 오스트리아와 체코의 병합, 독소 불가침 조약 등, 1933년에서부터 제2차 세계 대전을 행해 줄달음쳐가던 유럽의 위기 앞에서, 사르트르의 불안은 고조되어갔지만, 그것이 자신의 존재와 직결되어 있다는 실감에 시달리지는 않았다. 그는 1936년의 인민 전선 내각에 대해서 동의하면서도 투표에 참가하지 않았고, 1938년 뮌헨 회담의 결과를 알고는 다른 많은 사람들과 마찬가지로 전쟁의 위기가 물러갔다고 생각했다. 『자유의 길』의 제3권을 보면 주인공 마튜는 독일군에게 무작정 총을 쏘면서도 그 총질이 동시에 안이하게 살아온 자신을 상징적으로 겨냥하는 것이라고 스스로 생각하는데,[61] 강력한 필치로 그린 이 장면을 통해서 사르트르는 시대적 상황에 무심했던 자기의 과거를 자책하고 있는 것이 아니겠는가? 그러나 그 당시로서는 말을 통해서 자기의 사상이 승리하는 것이, 더욱 거슬러 올라가 보자면 어린 시절부터 근원적 선택으로 설정된 글쓰기의 사명을 수행하는 것이, 그가 자신에게 부과한 지상 명령이었다. 비록 세계에 작용하고 세계를 바꾼다 하더라도 그 작업이 책에서 시작된다는 신념은 앞서 인용한 『자아의 초월에 관한 시론』의 결론을 보아도 분명히 드러난다. 그뿐 아니라 이 신념은 그가 문학의 효용을 의심하고 문학을 포기하겠다고 선언한 1960년대 중반까지도 계속된다. 그리고 『구토』라는 한 권의 책은 우리가 지금까지 살펴본 그의 전체상이 집약된 최초의 '사상의 승리'였으며, 인식과 행동의 의미를 근본적으로 재검토하게 하는 기폭제로서 제시된 것이다. 그 이야기와 그후의 이야기는 다른 기회에 해보려 한다.

(『세계의 문학』, 1983년 봄호)

---

61) *La Mort dans l'âme*, Gallimard, 1949, p. 193.

사르트르의 사회관

1

장 폴 사르트르는 거의 반세기에 걸쳐서 전개해온 지적 업적을 통해서 전 세계의 주목의 대상이 되어왔다. 그의 철학적 저서와 문학 작품이 나올 때마다 사람들은 비상한 관심을 표명했고, 그의 활동이 끝났다고 볼 수 있는 오늘날에는 그것을 총체적으로 파악하려는 연구서가 속출하고 있다.

이러한 관심과 연구는 물론 사람에 따라서 동의와 비판이라는 두 갈래의 양상을 보인다. 어느 쪽이냐 하면 사르트르를 스승이나 선각자로 받들려는 경향보다는 도리어 그의 사상의 모순이나 비현실성을 지적하는 논자들이 한결 더 많은 것이 사실이다. 대개의 경우 일본의 지식인들이 그의 모든 언행에서 현대적 양심과 지성의 참모습을 찾아보려는 반면에, 프랑스를 포함한 서구의 여러 나라와 동구권의 지식인들은 저마다 다른 입장에서 날카로운 비판을 가해왔다. 가령 레이몽 아롱은 서구적 민주주의의 입장에서, 게오르그 루카치는 정통적 마르크스주의자의 입장에서 사르트르의 야릇한 편향을 비난했다.[1]

그러나 1940년대부터 오늘날에 이르기까지 그칠 새 없이 이어져온 이 모든 찬반 의견들은 사르트르가 결코 간과할 수 없는 중요한 인물이라는 것을 말해주기에 충분하다. 그것은 그가 어떤 일관된 체계나 뿌리 깊은 신념으로 세간의 주목을 끌었기 때문이 아니다. 세계가 간단없이 변화해온 만큼 그 자신도 달라져왔다. 누가 사르트르에 대해서 이야기하려고 하면 우선 "당신은 어느 시기의 어느 저작에 대해서 어떤 측면에서 말하려는 것입니까?" 하고 물어도 좋을 정도로 그의 변모는 다양하다. 가령 『구토 *La Nausée*』(1938)가 보여주는 매우 신경질적인 젊은 지식인의 존재론적 성찰과 『변증법적 이성 비판 *La Critique de la raison dialectique*』(1960)의 객관적인 사회 분석 사이에는 별로 공통점이 없어 보인다. 『문학이란 무엇인가 *Qu'est-ce que la littérature?*』(1948)에만 의거해서 사르트르를 참여 문학의 이론가라고 못박은 사람은 1959년의 대담[2]이 보여주는 이른바 순수 문학 옹호론을 이해하지 못할 것이다. 또한 1952년에 「공산주의자와 평화 Les Communistes et la paix」를 통하여 소련의 정책을 적극적으로 지지한 사르트르와, 그보다 4년 후인 1956년에 헝가리 사태와 관련해서 소련의 식민주의를 맹렬히 공격하기 위하여 「스탈린의 망령 Le Fantôme de Staline」을 쓴 사르트르는 다른 사람인 것처럼 느껴진다.

이런 변모의 첫인상은 사르트르를 이해함에 있어서 귀중한 것이다. 특히 우리나라에서처럼 유럽의 지적 풍토와 사르트르가 지녀온 문제를 고려하지 않고 그를 마치 모범적인 정치적 작가처럼 생각해

---

1) 아롱의 비판은 이미 『지식인의 아편 *L'Opium des intellectuels*』(1955)에서부터 줄곧 계속되어왔고, 우리가 이 글의 뒷부분에서 다루게 될 『변증법적 이성 비판』에 대한 그의 짧으면서도 단호한 반박은 'Sartre's Marxism'이라는 제목으로 *Encounter*지의 1965년 6월호에 영역(英譯)되어 있으니 독자의 참고를 바란다. 한편 루카치의 대표적인 비판으로는 *Existentialisme ou marxisme?* (Nagel, 1948) 참조.

2) Madeleine Chapsal, *Les Ecrivains en personne*, Union générale d'éditions, 1973, pp. 253~81.

온 경우에는 더욱 그렇다. 그가 비록 정치적 작가라는 양상을 띠었다 해도 무엇이 그를 그렇게 만들었으며 또 왜 그런 양상이 한결같이 지속되지 않았느냐는 근본적 이유를 보다 객관적으로 살필 필요가 있는 것이다. 그리고 이런 종합적 견지에서의 이해 노력은 비단 사르트르 자신에 대한 이해를 도울 뿐만 아니라, 그를 통해서 20세기의 문제에 대한 고찰을 더욱 촉진시키는 효과를 가져올 것이다.

그러나 무릇 사상의 변화가 다 그렇듯이 사르트르의 변모도 결코 돌연변이는 아니다. 겉으로 나타나는 변화의 밑바닥에는 변하지 않는 어떤 요소들이 깔려 있고, 그 요소들의 발전·결합 또는 충돌이 변화의 곡선을 그려왔을지 모른다고 의심해보는 것은 언제나 정당한 것이다. 그렇다면 사르트르에게서는 무엇이 그의 독특한 변화를 가져왔을까? 내 생각으로는 그에게 있어서 변하지 않는 요소로서는 개인주의, 생성의 논리, 합리주의가 있고, 그의 변화란 그 세 가지가 개인적·사회적 상황에 따라 달리 만들어나간 변주곡이었다고 보아도 좋을 것이다. 다른 어떤 것으로도 환원될 수 없는 개인이 그의 여건과 가능성을 지니면서 자신을 부단히 생성해나간다는 것, 그리고 이 과정을 합리적으로 설명할 수 있다는 것이 사르트르의 변함없는 사고 방식이었고, 그의 궤적 역시 겉으로 아무리 달라 보여도 이런 사고 방식의 테두리 안에 있는 것이다.[3]

그 점은 그의 사회 사상에 관해서도 마찬가지이다. 사르트르의 경우에는, 사회를 개인과는 다른 차원의 유기체로 본다거나, 각 사회 조직의 특질이나 발전 단계를 객관적으로 기술한다는 따위의, 고유한 의미에 있어서의 사회학적 고찰이 주안(主眼)이 되어 있는 것도 아니고 또 그런 고찰이 그의 사회 사상의 밑받침을 이루고 있는 것

---

3) 그의 변화의 한계와 의미에 관해서는 졸고, 「사르트르의 사상과 행동」(『세계의 문학』, 1979년 봄호)에 더 자세히 언급되어 있다.

도 아니다. 그의 유일한 관심은 흔히 말하듯이 '사회 속의 개인'이라는 테마에 한정되어 있다. 다시 말해서 불가피하게 타인의 세계 속에서 타인과 함께 살아야 하는 개인은 어떻게 자신의 기도를 성취시켜나가며, 그 기도의 바람 직한 실현을 위한 가장 합당한 사회는 어떤 것인가 하는 문제를 제기하고 이 문제에 합리적으로 대답하려는 것이 사회 사상가로서의 사르트르의 발상이다. 그리고 이 발상이 그 자신의 개인적 상황과 시대의 일반적 상황 속에서 구체적으로 전개되어나간 곡절을 간략하게 살펴보려는 것이 이 글의 목적이다.

2

　사르트르 사상의 출발점은 그의 독특한 존재론에 있다. 그는 한 인간의 존재를 절대적 실체로서, 말을 바꾸면 일체의 사회적 관련에서 떠난 개체로서 다루고 그 특별한 양상을 기술하는 것으로부터 그의 고찰을 시작한다.

　그에 따르면 인간은 아무런 필연성 없이 이 세상에 태어났다는 점에서는 사물과 같지만, 그런 정당화될 수 없는 존재성을 의식한다는 점에서는 사물과 다르다. 따라서 인간은 이유 없이 존재한다는 이 전적(全的)인 자유(차라리 전적인 유기 상태)를 의식하면서 스스로 무엇이 되어나가야 할 존재이다. 삶이란 바로 이러한 변화와 생성의 궤적이다. 그러나 이 가능성은 결코 쉽게 성취되지 않는데, 그 이유는 두 가지로 대별될 수 있다.

　첫째는 자유의 본질 그 자체에서 유래한다. 아무런 가치도 행동 방침도 선험적으로 설정되어 있지 않은 상태에서 자신의 존재를 꾸며나간다는 것은 그것 자체로서 괴로운 일이다. 그렇기 때문에 "인간이 그의 자유를 의식하는 것은 불안을 통해서이다. 말을 바꾸면 불안은 존재 의식으로서의 자유의 존재 양식이다."[4] 그렇다면 자유롭지 않을 수 없는 저주된 여건을 지니고 미래를 향해서 자신을 이루어나갈 때, 각 개인은 무엇을 행위의 표점으로 삼을 수 있는 것일까? 이런 질문 앞에서 사르트르는 어떠한 구체적인 대답도 제시하지 않는다. 왜냐하면 만일 그런 대답을 시도한다면, 그것은 존재론적으로 정당화될 수 없는 어떤 '변함없는 인간의 본질'을 상정한다는 모순이 생기기 때문이다. 그는 도리어 그 고뇌를 철저히 지니면서 자신을 선택해나간다는 고독하고 극기적인 태도를 강조하고 여기에 실존주의의 도덕적 의미를 부여한다.

물론 현실적으로 이 '자유＝불안'은 끝이 없고 절대적으로 무규정적(無規定的)일 수는 없다. 우리가 자유롭다고 해도 그것은 일정한 상황 속에서의 자유이기 때문이다. 우리는 상황 속에 있다는 사실성에서 벗어날 수 없다. 가령 한국인 각자의 구체적 존재는 20세기 말엽의 한국의 역사적·사회적 여건에 따라서 제약되어 있다. 또 우리는 누구나 그 성장 과정을 통해서 이미 어떤 성격이나 습관을 갖추게 되었다는 것도 사실이다. 그러나 이러한 여건의 존재는 우리가 자유로운 주체라는 사실을 가로막지는 못한다. 우리는 우리의 그런 개인적·사회적 상황을 절대적이며 숙명적인 것으로 받아들이지 않을 수 있다. 상황이 의미를 띠게 되는 것은 도리어 그것을 문제로서 제기하는 자유로운 의식이 발동할 때, 그리고 미래를 향한 선택의 가능성을 고려할 때이다. 그렇기 때문에 '미래를 향한 기도가 상황을 인식시킨다'고 뒤집어서 말할 수 있는 것인데, 사르트르는 '내가 현재 있는 장소'를 예로 들면서 그 점을 다음과 같이 이야기한다.

---

4) *L'Etre et le néant*(이하 *EN*으로 약기), Gallimard, 1943, p. 66.

　　내 장소의 사실성은 오직 내 목적과 관련하여 내가 하는 자유로운 선택을 통해서, 그리고 그 선택에 의해서만 밝혀지는 것이다. 자유는 나의 사실성의 발견에 있어서 필수적인 것이다. 나는 내가 투기(投企)하는 미래의 모든 자리에 서서 이 사실성을 파악한다. 그것이 내 눈에 무력하거나 우연적이거나 취약하거나 혹은 부조리한 성격을 띠고 나타나는 것은 바로 이렇게 선택된 미래의 입장에서이다. 가령 내가 지금 몽드마르상〔프랑스의 지방명〕에 살고 있는 것이 부조리하고 고통스럽다고 느끼는 것은 뉴욕을 보고 싶다는 꿈을 가지고 있기 때문이다. [5]

　　역으로 말하면 어떠한 극한적 상황도 우리들에게 우리가 미래를 향한 투기자(投企者)로서 자유롭다는 것을 재확인시켜줄 따름이다. 몽드마르상에 살고 있다는 것이 뉴욕을 보고 싶다는 꿈의 실현의 가능성을 무화시키지는 못한다. 어떤 때는 자유로운 선택의 가능성은, 죽느냐 죽이느냐 또는 굴종하느냐 반항하느냐는 매우 절박한 이자택일의 좁은 범위로 축소되고 말 것이다. 그러나 어떤 상황이 견딜 수 없게 느껴지는 것은 아무리 선택의 폭이 좁더라도 선택의 가능성이 상존하기 때문이다. 더 일반적으로 말해서 자유는 선택을 위한 자유라는 명제는 상황의 개념의 도입으로 말미암아 결코 약화되거나 부정되는 것은 아니다. 다만 문제는 특정된 상황을 스스로 받아들이고 그 인식에서 출발해서 행동을 선택하는 괴로움과 어려움에 있다. 많은 경우에 우리는 그런 고민에서 도피하려고 한다. 존재가 본질에 앞선다는 것, 즉 인간은 그 무엇으로서 있는 것이 아니라 부

---

5) *EN*, pp. 574~75.

단히 그 무엇이 되어나가야 하는 존재라는 것을 의식적으로 망각하고, 마치 사물처럼 단단한 본질과 실체성을 지닌 것처럼 그 속에 안주하려는 것이 우리가 겪는 유혹이다. 이 유혹, 다시 말해서 대자적(對自的) 입장을 버리고 스스로 즉자화(卽者化)하려는 불성실한 술책을 사르트르는 '자기 기만 mauvaise foi' 이라고 부른다. 그리고 그는 『존재와 무』의 많은 부분에서 이 자기 기만의 여러 가지 양태를 분석하고 있다.

이리하여 이 방대한 저서는 그 부제가 말하는 바와 같은 '현상학적 존재론에 관한 시론' 에 그치지 않고 매우 간접적으로나마 우리의 도덕적 고찰을 유발할 만한 것이다. '자기 기만' 은 다만 하나의 사실로서 기술되는 것이 아니라 대자적 존재성의 포기, 즉 인간으로서의 길의 포기로서 고발되고, 그 대신 늘 괴롭게 자기 자신을 선택하고 변혁해나가는 태도가 진정한 것으로 강조된다. 그렇다면 그 진정성이란 그 자체가 도덕적인 것인가, 혹은 어떤 궁극적 도덕성에 이르기 위한 절차인가? 만일 개인마다 진정한 것으로서 선택한 행위가 서로 상충하고 가치의 아나키즘이나 아토미즘으로 낙착된다면 어떻게 될까? 가령, 각각 홀어머니를 모시는 두 청년이 소집장을 받았을 때, 저마다 '진정한 선택' 에 따라 한 사람은 어머니를 위해서 징집을 거부하고 다른 한 사람은 어머니를 버린 채 나라의 위기를 구하러 출정한다면, 그들의 행위의 도덕적 정당성은 무슨 규준으로 판별될 수 있는 것인가? 사실, 사르트르의 존재론이나 윤리적 견해에만 의존한다면 그 판단의 근거는 마련될 수가 없다. 그렇다면 우리는 이런 혼란을 어떻게 방지할 수 있는 것일까? 매우 영웅적으로 보이는 사르트르의 '자유의 길' 은 이런 어려운 질문을 유발할 만한 성질의 것이다.[6] 그러나 더 큰 난점은 『존재와 무』에서 철학적 언어로서 제시되고 문학 작품의 도처에서 구상화되어 있는 대타 관계(對他關

係)에 관한 그의 견해에 있다. 이것이 우리가 살펴보고 넘어가야 할 두번째 과제이다.

타인과의 관계는 인간의 기본적인 사회적 양상이다. 그러나 사르트르는 남과 내가 어떻게 공동체를 형성해가고 그 안에서의 문제들을 해결해가느냐 하는 사회적 동물로서의 측면을 다루는 것을 우선 과제로 삼는 것이 아니다. 그의 주된 관심은 '나에게 있어서 타인이란 무엇이냐?' 는 개인적 존재론의 측면에 쏠려 있다.

이 대타 관계의 고찰에 있어서 사르트르는 우선 유아론(唯我論)이 불가능하다는 것을 명백히한다. "유아론이 부정되어야 하는 것은 그것이 불가능하기 때문이다. 말을 바꾸면 아무도 진실로 유아론자가 될 수 없기 때문이다."[7] 또 다르게 말하자면 우리들 각자는 필연적으로 타인이 이미 있는 세상에서 태어난다는 숙명을 지니고 있기 때문이다. 비록 유아론이라는 잘못된 견해나 입장이 성립되는 것처럼 보인다 해도, 그것은 이미 타인의 존재를 인정하고 타인에 대해서 취하는 하나의 태도에 불과하다. 그렇다면 앞서 말한 것처럼 어떤 초월적인 공동 목표나 윤리가 설정될 수도 없고, 또 다른 한편으로는 남들과의 관계를 삶의 여건으로서 필연적으로 갖게 될 때 '나' 의 존재 양식은 어떤 것일까? 여기에서 이른바 '시선(視線)의 테마' 가 전개된다. 그것은 다음과 같이 요약될 수 있다.

'나' 는 나 자신의 기도에 따라 행동을 선택해나가는 과정에서 내 앞에 나타나서 나를 바라보는 남의 시선을 느끼게 된다. 그러나 이 남의 눈초리는 나를 결코 자유로운 주체로서 파악하지 않고(나의 주체성은 본래 나 아닌 남으로서는 포착될 수 없는 것이다), 반대로 그

---

6) 이 윤리적 난점에 관한 요령 있는 지적으로는 Anthony Manser, *Sartre, A Philosophical Study*, Oxford University Press, 1966, pp. 137~61 참조.

7) *EN*, p. 307.

자신의 자유로운 의식의 대상으로만 삼을 따름이다. 이 점에서 남의 눈에 비친 나는 하나의 사물처럼 즉자적 존재로서 존재한다. 가령 포주에게 예속된 여성은 그 포주의 눈에는 그가 이용할 매춘부로서만 존재하고, 회사의 사장은 그와 함께 근무하는 사람을 오직 자신의 이익을 증대시켜줄 사원으로만 취급한다. 그러나 이 관계는 사회적 주종 관계에 의해서 일방적으로 고정되어 있는 것은 아니다. 포주에 의해서 매춘부로서 즉자화된 여성은 그 포주를 오직 비인간적인 포주로서만 간주하고 그 손아귀에서 벗어나기 위한 투쟁을 전개할 수 있다. 또한 사장에 의해서 착취당하는 사원은 도리어 그 사장을 자신의 생활을 위한 수단으로 생각하고 임금의 상승을 강력히 요구할 수 있다. 이렇듯 타자를 서로 자신의 기도에 따라서 규정하고 타자의 손아귀에서 벗어나려는 긴장 관계가 이른바 '타자의 지옥' 을 이룬다.[8] 사르트르가 보는 대타 관계는 속되게 말하자면 '잡아먹느냐 혹은 잡아먹히느냐' 는 괴로운 드라마이며, 그런 점에서 "의식 상호간의 관계의 본질은 공생(共生) Mitsein이 아니라 투쟁이다."[9]

『존재와 무』의 많은 부분은 이 불가피한 대타 투쟁의 양상을 기술하는 데 바쳐져 있다. 또한 사르트르가 이 저서와 그의 많은 문학 작품에서 성적인 모티프를 빈번히 다루는 것도 대타 관계가 가장 적나라하게 나타나는 것이 바로 성의 차원에서이기 때문이다. 가령 사디즘은 상대방에게 소유당하지 않으면서 상대방을 소유하려는 시도이다. 마조히즘은 반대로 타자에게 사물처럼 소유당함으로써 존재의 괴로움에서 벗어나려는 자기 기만의 술책이다. 사르트르는 심지어 가장 순수하게 보이는 사랑조차도 소유를 위한 투쟁으로 본다. 사랑

---

8) 이 테마는 사르트르의 문학 작품의 도처에서 발견된다. 특히 그것만을 다룬 작품으로서 희곡 『닫힌 방 *Huis clos*』(1944)이 널리 알려져 있다.
9) *EN*, p. 502.

312

은 상대방의 의식 그 자체를 완전히 사로잡을 때에만 성립되는 것이기 때문이다.

그러나 이 모든 기도는 결국 실패로 돌아가고 만다. 사디스트는 상대방을 괴롭히면서 그 절대적 소유를 시도하지만, 외견상 육체를 정복했다 해도 그의 의식이 자유롭게 남는 것을 가로막을 수는 없다. 더구나 정복당한 육체의 주인공이 노려보는 시선은 사디스트가 소유할 수 없는 의식의 존재를 분명하게 드러낸다. 사디스트는 그 날카로운 시선을 통해서 자기가 잔인하고 수치스런 가해자로서 규정되어 있다는 것을 알게 된다. 이와 마찬가지로 마조히즘에 의한 자기 기만 역시 성공할 수 없다. 마조히스트의 이상은 스스로 즉자화되는 데 있지만, 즉자화를 확인하려는 의식 자체는 그 본질에 있어서 대자적인 것이기 때문이다. 다시 말해서 마조히스트의 '나'는 바라보이는 나와 바라보는 나의 두 가지로 분열되고, 의식 절멸(絶滅)을 통한 사물의 편안한 상태에는 이르지 못하는 것이다. 또한 사랑도 결국 실패로 돌아간다. 상대방의 의식의 완전한 소유는 어떠한 맹세나 공통적 체험을 통해서도 보증될 수 없기 때문이다. 애인들끼리 자주 주고받는 '당신은 지금 무슨 생각을 하고 있지?' 라는 질문은 타자 소유의 불가능성에 대한 안타까움을 나타내는 것이다.

이렇듯 사르트르는 소유를 위한 투쟁, 그러나 결코 성취될 수 없는 투쟁이 대타 관계의 기본적 양상임을 밝힌다. 그렇다면 우리는 저마다 이 타인의 지옥 속에서 제 나름대로의 자유로운 기도를, 즉 앞서 본 바와 같이 표점도 규범도 없는 기도를 이어나갈 수밖에 없는 것인가? 이런 사태는 결국 "인간이란 쓸데없는 수난(受難)"[10]이라는 극단적인 비관주의에 다다르는 것이 아니겠는가? 그러나 사르

---

10) *EN*, p. 708.

트르는 『존재와 무』에 관한 한 거의 필연적으로 보이는 이런 결론에
도 불구하고 어떤 출구가 있음을 암시한다.

이러한 고찰은 해방과 구원의 윤리의 가능성을 배제하는 것이 아니
다. 그러나 이 윤리는 근본적인 전환의 결말로서만 이루어질 성질의
것이며 여기서는 이 문제에 대해 언급할 수 없다.[11]

이 '근본적 전환'은 과연 무엇일까? 그것은 어떤 계기에 어떤 형
태를 띠고 나타나는 것일까? 그가 제2차 대전 직후부터 급작스럽게
접근한 마르크스주의는 이것에 어떤 조명을 던져줄 만한 것일까? 혹
은 그는 『존재와 무』에서의 대타 관계론을 스스로 부정하거나 혹은
그것을 변증법적으로 지양할 수 있을 만한 전혀 다른 윤리관을 은연
중에 지니고 있었던 것일까? 아무튼 간에 사르트르는 지금까지 살펴
본 바와 같은 난처한 인간관을 그대로 남겨두고는 매우 다른 각도에
서 개인과 사회의 문제를 다루게 된다.

3

사르트르 자신의 회고담을 통해서 보거나[12] 또 그가 남긴 사상의
궤적을 객관적으로 살펴보거나, 제2차 대전의 체험이 그의 지적 태
도의 분수령이었음은 틀림없는 사실처럼 보이다. 이때부터 오늘날

---

11) *EN*, p. 484.

12) "내 인생에서 내가 가장 분명히 볼 수 있는 것, 그것은 거의 완전히 분리된 두 시기
를 만들어놓은 단절이 있었다는 것이다. 지금 둘째 시기에 처해 있는 나로서는 첫
째 시기에 처해 있던 나 자신이 딴사람 같은데, 그 두 시기란 전쟁의 전과 후이다"
(*Situations* X, Gallimard, 1976, p. 175).

까지 그는 인간의 집단적·사회적 차원을 고찰의 대상으로 삼고 개인의 문제도 그 차원과의 관련에서 살피게 된다.

그러나 이러한 고찰은 엄격히 이론적 입장에서만 이루어져나간 것은 아니다. 그는 사회의 모순을 어떻게 합리적으로 해결하며 그 노력에 있어서 자기 자신과 같은 지식인이 수행할 수 있는 역할은 무엇인가를 매우 정열적으로 따지게 되었기 때문이다. 그래서 그의 이른바 참여의 시기가 전개되기 시작한다. 우리는 이 시기를 약술함에 있어서 그것을 다시 두 단계로 나눌 수 있을 것이다. 첫째 단계는 1956년 헝가리 사건까지의 정치적 참여이며, 둘째 단계는『변증법적 이성 비판』으로 대표되는 사회 이론의 체계화와 이에 따른 행동의 조정이 두드러진 단계이다.

제1단계의 참여의 전개 과정에 있어서 사르트르가 보여준 변신은, 개인 그 자체에 대한 성찰에 한정되어 있었던 그 이전의 시기와 결코 무관하지 않다. 그 두 시기 사이에는 사르트르 자신의 고백에도 불구하고 그리고 분명한 중점의 이동에도 불구하고, 변이와 함께 연속성이 있다. 그것은 다음과 같이 요약될 수 있을 것이다. 즉 인간이 저마다 자신을 만들어나가야 할 자유로운 주체라는 그의 기본적 견해는 끝끝내 지속된다. 다만 그가 전쟁과 저항 운동을 통해서 그리고 전후(戰後)의 체험을 통해서 통감하게 된 것은 이 자유로운 기도와 자기 실현을 가로막는 억압적인 집단의 힘이 존재한다는 것이다. 그렇기 때문에 우선 요청되는 것은 이 집단을 무력화하거나 제거하기 위한 작업이다. 더 구체적으로 말하면 그 자신의 소속 계층인 동시에, 과거에는 단지 도덕적인 차원에서 이른바 속한(俗漢)의 집단으로만 비판되어왔던 부르주아지를,[13] 이제는 지배적인 사회 계급으로 보고 그것의 타파를 통해서 억압된 프롤레타리아를 해방하자는 것이 사르트르의 당면 목표가 된다. 그렇다면 이 작업은 어떻게 추진되어야 하는 것인가? 이렇게 물을 때, 오랜 전통과 투쟁 경력을 지녔을 뿐 아니라 독일에 대한 저항 운동을 통해서 그 위신이 더욱 커진 프랑스 공산당의 존재를 무시할 수 없는 것은 당연하다. 그러나 공산당의 존재는 사르트르에게 문제를 해결해주기는커녕 도리어 문제를 안겨주는 결과를 초래한다. 왜냐하면 공산당이 떠받드는 유물 변증법은 그의 주체적 자유의 철학과 예각적으로 대립하는 것이기 때문이다. 여기에서 사르트르의 사상과 행동의 드라마가 시작되며, 이때부터 그의 모든 문제는 마르크스주의 및 프랑스 공산당에 대해서 어떤 태도를 취하느냐 하는 것으로 요약된다.

공산당과 관련해서 볼 때 1956년까지의 사르트르의 행동은 1951년을 경계로 해서 다시 두 시기로 나누어서 살펴볼 수 있다. 전기의 특징은 프롤레타리아 혁명의 당위성과 그것을 위한 적극적 투쟁을 역설하면서도 공산당에 대한 날카로운 비판을 동시에 계속해왔다는 점이다. 『문학이란 무엇인가』의 마지막 부분에서 사르트르는 문학이 사회주의적 리얼리즘을 배격하고 그 자율성을 지키면서도 사회주의 혁명에 직접적으로 공헌할 수 있는 길을 모색하기 위한 괴로운 시도를 보여주고 있다. 희곡 『더러운 손』(1948)은 공산당 안에서의 지식인의 위치, 그리고 목적과 수단의 관련성에 관한 비판적 분석이다. 『실존주의는 휴머니즘이다』(1946)에서는 매우 박약한 근거에서 그의 철학이 새로운 공동체의 형성을 위한 윤리적·정치적 원리가 될 수 있다는 것을 애써 설명하고 있다. 수많은 이러한 독자적이며 괴로운 시도 중에서 특히 주목할 만한 것으로서 우리는 두 가지를 들 수 있을 것이다.

---

13) 부르주아지에 대한 언급은 그의 습작 시절부터 나온다. 그러나 『구토』까지만 하더라도, 이 명사는 사회적 계급을 의미한다기보다 '천하게 생각하고 따라서 경멸을 받아 마땅한 속중(俗衆)'을 가리키는 말로서 사용되어왔다.

첫째는 『유물론과 혁명』(1946)의 발표이다. 그는 여기에서 유물론은 혁명을 위한 철학이 될 수 없으며 실존주의야말로 그 철학적 기초를 이루는 것임을 역설한다. 그는 인간의 주체성을 거부하고 인간을 물질적 대상으로 환원하는 형이상학적 선택이 바로 유물론의 본질이라고 말하고 나서, 자기의 자유의 철학이 갖는 혁명적 의미를 이렇게 선양한다.

우선 혁명적 행위가 무엇보다도 자유로운 행위라는 것은 분명하다. 혁명가는 억압된 계급 안에, 그리고 모든 억압된 계급을 위하여 더 합리적인 사회적 상태를 요구하기 때문에, 그의 자유는 그가 속하는 계급 전체와 나아가서는 모든 사람의 해방을 요구하는 행동 속에 있다. 그의 자유는 그 근본에 있어서 다른 사람들의 자유의 인식이며 또한 다른 사람들의 자유에 의해서 인정되기를 요청한다. 따라서 그것은 시초부터 연대성의 차원에 위치하는 것이다.[14]

혁명의 동기와 과정과 목적을 자유에 두고 자유의 이름으로 유물론을 공격하는 사르트르의 이러한 지적 입장은 많은 공산주의 지식인의 즉각적인 반박을 초래했는데,[15] 그의 유물론 비판은 뒤에서 보는 바와 같이 『변증법적 이성 비판』에 이르러 더욱 융통성 있게 이어진다.

이와 아울러 사르트르는 몇몇 동지들과 함께 자기의 이념에 부응하는 정당을 창건한다. 그것이 1948년의 '민주혁명연합Rassemblement démocratique révolutionnaire' 이다. 반전, 반국가 권력, 반자본주의의 강령을 내세운 이 단체[16]는 그러나 하나의 정당이라기보다 모든

---

14) *Situations* III, pp. 216~17.
15) 그 한 예가 앞서 언급한 루카치의 책이다.

좌익 세력의 규합과 공동 행동을 목표로 한 과거의 인민 전선과 같은 것이었다. "우리는 몇몇 기존 정당으로부터 성원을 얻을 수밖에 없다. 따라서 우리는 그들에게 이렇게 말하려 한다. '우리에게 와서 보시오. 당신의 정당의 당원으로 남으면서 재편성이 과연 가능한지를 자유롭게 보시오'."[17] 그러나 이러한 창설 목적과 호소에도 불구하고, 아니 차라리 그것 때문에, 공산당과의 관계는 더욱더 악화된다. '우리와 함께 있지 않는 자는 우리의 적이다'라고 생각하는 공산당은 '민주혁명연합'을 자기들 속으로 침투하여 파괴 작업을 하려는 우익적 책동으로 판정한다. 이리하여 사르트르의 꿈은 깨지고 만다. 공산당으로부터 소외당하고, 훈련된 정치인과 대중의 조직을 갖지 못한 이 단체는 일 년도 못 가서 해체된다.

결국 이 기간에 뚜렷이 나타난 것은 공산당의 권외에 서서 정치적·사회적 혁명을 수행할 수 있는 가능성을 위한 지식인 사르트르의 고독하고 실효 없는 몸짓이었다고 말할 수 있다. 혁명의 이념과 목적을 오직 개인적 자유의 실현에 맞추기만 할 뿐, 경제적·사회적 측면에 대한 분석을 도외시한 사르트르, 그리고 정치적 세력으로서의, 그리고 혁명의 실천자로서의 대중을 고려하지 않은 사르트르로서는(그에게는 대중을 다룬 어떠한 문학 작품도 없다), 그 기도가 처음부터 낭만적이었으며 좌절의 운명에 처해 있었다고 말할 수 있다. 그렇다면 그는 결코 동조할 수 없으면서도, 프롤레타리아 혁명의 실질적 주체 세력으로 볼 수밖에 없는 공산당과의 관계를 어떻게 재조정해나갔던 것인가? 정치 활동에 대한 그의 환멸은 공산당과의 결정적인 결별을 가져온 것인가? 아마도 그것이 더 논리적이라고 생각될

---

16) 그 발기문과 강령은 Contat & Rybalka, *Les Ecrits de Sartre*, Gallimard, 1970, pp. 194~99에 수록되어 있다.

17) *Entretiens sur la politique*, Gallimard, 1949, p. 15.

지도 모른다. 그러나 현실로 나타난 것은 그 정반대였다. 사르트르는 한국 전쟁이 발발한 1950년경부터 갑작스럽게 공산당에 접근하고 그후 5년 남짓 적극적 동반자로서 밀월 관계를 유지한다.

그것은 미소간의 가열된 냉전에 대한 그 나름대로의 판단의 결과였다. 우선 그는 한국 전쟁의 발발에 관한 공산당 진영의 왜곡된 보도를 믿었다. 메를로 퐁티Merleau-Ponty가 그 전쟁을 계기로 공산주의의 침략성을 인식하고 그들과 손을 끊은 반면에, 사르트르는 전쟁이 오직 '미 제국주의자들'의 침략에서 비롯된 것이라고 단정했다. 이에 더하여 1952년 나토 총사령관으로 부임한 리지웨이 Ridgway 장군에 대한 대대적인 반대 시위가 있었다. 이 시위에서 공산당 서기장 뒤클로Jacques Duclos가 체포되었고, 그 시위의 좌절은 곧 '우익 반동 세력'의 승리로 간주되었다. 이 두 사건은 결국 사르트르에게 다음과 같은 결론에 이르게 했다. '공산당과 소련이 노동 계급의 이익을 대표하는 실질적 세력임은 부인할 수 없는 사실이다. 따라서 오늘날 그 당과 그 나라를 미국과 우익 세력의 침략으로부터 지키는 것은, 프롤레타리아 해방 운동 그 자체를 말살의 위기에서 구하는 소이(所以)가 된다.'

특히 그의 장문의 논문 「공산주의자와 평화」에서 피력하고 있는 이러한 견해는 그후 5년 간 사르트르를 가장 과격한 좌익 지식인으로 만들어놓았다. 알베르 카뮈의 『반항적 인간』(1952)의 출간이 가져온 그와의 격렬한 논쟁과 절교, 희곡 『네크라소프』(1955)가 보여주는 반공산주의에 대한 극단적이며 유치하기까지 한 풍자, 그리고 소련 기행에서의 흥분("이 나라는 내가 생각할 수 있었던 모든 것보다 더 감동적이고 비장하다") 등은 사르트르의 새로운 접근과 희망을 말해주는 대표적인 실례가 될 것이다. 공산당과의 밀착은 그의 특징을 형성해온 자유로운 비판의 힘마저 상실케 했다고 할 수 있다.

　그는 스페인과 포르투갈에서의 정치범 석방을 위해서 데모를 했지만 동구의 정치범 석방을 위한 호소를 지지하는 것은 거절했다. 그는 미국의 로젠버그Rosenberg 처형이 미국 파시즘의 뚜렷한 증거라고 생각했다. 〔……〕 그러나 임레 나기Imre Nagy의 유괴와 약식 처형을 소련 파시즘의 증거라고 보지는 않았다. 도리어 올가 이반스카야 Olga Ivanskaya와 같은 정치범의 석방을 요구하는 사람들을 '반공주의자'라고 부르고, 반공주의자를 파시스트와 비슷한 사람이라고 생각했다.[18]

　그러나 이러한 몇 년 간의 현혹 상태는 드디어 1956년의 헝가리 사건을 계기로 끝난다. 사르트르는 「스탈린의 망령」을 통해서 헝가리를 침략한 소련 정부의 경직된 정책과 관료주의를 맹렬히 공격하고 프랑스 공산당 자체의 비(非)스탈린화를 촉구한다.

　소련 정치가 사회주의를 위태롭게 하고 그 원칙과 목적을 배반할 때, 그것이 사용하는 수단이 목적 자체를 파괴할 위험이 있을 때, 우리는 모두 분노를 느끼게 된다. 〔……〕 소련의 탱크가 부다페스트에서 건물을 포격하고 사회주의를 악몽으로 변질시킬 때 〔……〕 위기에 몰린 것은 인간의 희망 그 자체이다.[19]

　이 사건을 계기로 하여 사르트르는 공산당 및 소련과의 거리를 유지하기 시작하고 그의 실존주의를 더욱 견고하고 현실적인 지반 위

---

18) Maurice Cranston의 말(*Encounter*, 1964년 8월호).
19) *Les Temps modernes*, nos 129-130-131(1956년 11·12월, 1957년 1월 합병호), pp. 677~78.

에 올려놓기 위한 이론화 작업에 착수한다. 그 성과가 바로 1960년에 나온 『변증법적 이성 비판』인데, 이 방대한 저서야말로 사르트르가 고유의 의미의 사회 사상가로서 그 전체상을 체계적으로 부각시켜놓은 책이라고 말할 수 있다.

4

『존재와 무』에서 『변증법적 이성 비판』으로 들어서는 독자는 누구나 사르트르의 중심 개념이 달라진 점에 주목하게 될 것이다. 전자에서는 거의 고찰의 대상이 되지 않았던 물질적 세계가 이제 인간의 가장 중요한 문제로 등장하는 것이다. 어떤 의미에서 보면 『변증법적 이성 비판』은 인간을 경제적 측면에서 다루려는 시도라고도 말할 수 있다. 존재론적 자유, 개인적 기도, 정치적 혁명 등에 중점을 두어왔던 사르트르는 이제 물질적 조건을 상황의 전체로 보고, 그 상황의 의미와 그 속에서의 행위의 문제를 살피려는 것이다.

그러자 사르트르는 물질의 존재 및 생산과의 관련에서 사회와 인간의 양상 전체를 파악하려는 마르크스주의에 대한 자기의 입장을 재차 새로운 각도에서 천명해야 할 필연성에 직면하게 되었다. 그것이 이 저서의 서론을 이루는 「방법의 문제」의 내용이다. 여기에서 그는 자기가 마르크스주의자라고 공언한다. 그렇다면 사르트르는 『자본론』을 정당화하고 그것에 현대적인 해석을 가하려는 수많은 좌익 사상가들의 관례를 답습한 데 지나지 않은 것일까? 혹은 헝가리 사건 이후 마르크스주의를 새로운 토대 위에 재구성해야겠다는 그의 생각은 그를 독특하고 비정통적인 마르크스주의자로 만들어놓는 것일까? 「방법의 문제」는 사르트르가 이 후자의 방향으로 생각을 밀고 나가서 그 생각을 구체적으로 제시하고 있음을 보여준다. 한마디로 말해서, 공산당에 의해서 응고된 오늘날의 마르크스주의를 활성화하고 그것을 진실한 혁명의 이론으로 정립하기 위해서는 실존주의에 의한 지탱이 필요하다는 것이 그의 결론이다. 이런 논법은 결국 사르트르가 그의 기본적 철학인 실존주의를 버리지 않고 그것이 마르크스주의와 연결될 수 있는 방법을 강구하려는 것인데, 그 요지는 대개 다음과 같다.

사르트르는 마르크스가 『정치경제학 비판』의 서언에서 하고 있는 말, 즉 "일반적으로 물질적 생활의 생산 양식이 사회적 · 정치적 · 지적 생활을 지배한다"[20]는 명제를 인정하고 들어간다. 이 인정을 통해서 그는 『존재와 무』에서 그렇게도 강조된 주체적 자유에 대한 생각과는 결별하고 갑작스럽게 결정론적 견해로 전환한 듯한 인상을 준다. 그러나 이 첫인상은 다행히도 곧 무너지고 만다. 왜냐하면 사르트르가 부각하려는 것은 물질적 생산 양식의 절대적 · 규제적 성격 그 자체가 아니라, 그 필연적인 테두리 속에서의 개인의 가능성이기 때문이다. 가령, 폴 발레리의 시가 후기 자본주의 시대에서의 이른바 부르주아 관념론의 소산임은 확실하다. 그러나 문제는 이 시인의 작품을 다른 많은 서구 사회의 문학적 표현과 함께 관념론이라는 추상적 개념 속으로 환원시켜버리는 데 있다. 그렇게 되면 오직 유형화 · 일반화만이 남을 뿐, 발레리라는 시인이 드러내는 독창성은 간과되고 말 것이다. 따라서 그의 작품을 정당하게 평가하기 위해서는 자본주의의 제국주의적 단계라는 전체적 상황 안에서 그가 처한 독특한 환경과 이 환경 속에서의 그의 개별적 처신을 고찰하지 않을 수 없다. 만일 그런 절차를 밟지 않으면, "발레리는 프티 부르

---

20) *La Critique de la raison dialectique*(이하 *CRD*로 약기), Gallimard, 1960, p. 31에서 재인용.

주아 지식인이지만 모든 프티 부르주아가 발레리가 될 수는 없는"[21]
소이를 밝혀내지 못할 것이다.

사르트르의 이런 지적은 공통적인 사회적 제약과 여건을 중시하면서도 그 안에서의 개인적 특수성을 인정하고 역사 창조에 있어서의 개인의 매개적 역할을 강조하는 것이 된다. 사실 사르트르가 오늘날의 공산당과 소련의 정책과 마르크스주의자들을 비판하는 것도 이러한 입장에서이다. 1956년의 헝가리 사태는 소련의 특수한 관료주의를 마치 선험적인 것인 양 절대화한 데에 그 원인이 있으며, 루카치를 위시한 현대의 마르크스주의 이론가들의 과오는 역사와 함께 살아가는 것이 아니라 역사로 하여금 억지로 자신들의 이론을 따르도록 강요하는 데 있다. 다시 말하면 '타자'의 특수성을 이해하기 위한 노력을 기울이는 대신에 선입관적인 이론을 타자에게 억지로 적용하는 것이, 따라서 기성의 이론에 의해서 역사적·구체적 상황을 왜곡하고 배반하는 것이 현대 마르크스주의의 근본적 약점이다. 이런 마르크스주의를 경직된 마르크스주의라고 부르는 사르트르는 이에 반해서 변증법적 이성을 통해서 역사적 현실을 이해하려고 한다. 그에 따르면 바로 이 이해 방법이야말로 마르크스의 본뜻이다. 그것은 과거의 분석적 합리주의와 대조된다. 분석적 합리주의는 정신적 존재로서의 인간과 물질을 별개의 것으로 보고, 물질에 대한 정신의 우월성을 주장해왔는데(이것이 데카르트의 합리주의 이후 19세기의 과학주의에 이르기까지 서양을 지탱해온 사고 방식이다), 이에 반하여 변증법적 이성에 의한 합리주의는 정신과 물질 사이의 상호 침투를 통한 생성의 과정에 주목하는 것이다. 그것은 세계의 구성자로서의 인간의 역할을 인정하는 한편, 이미 구성된 세계가 정신에

---

21) *CRD*, p. 44.

작용하는 측면을 또한 중시하고 이 두 측면 사이의 복잡한 얽힘을 판독함으로써 전체적 이해로의 길을 트려는 것이다. 「방법의 문제」에 뒤이어 나오는 본론은 이러한 원칙에 입각해서 사회 현상을 구체적으로 서술하려는 기도이다.

이 서술에 있어서 중요한 개념은 희소성rareté이라는 개념이다. 그것은 결코 어려운 이야기가 아니다. 우리를 지배하는 물질적 조건은 물질 자체에 있다기보다 우리의 욕구를 충분히 만족시켜줄 수 없는 희소성에 있다는 것이다. 그리고 인간은 이 희소성을 해결하기 위해서, 또 그것을 해결하려는 실천의 과정에서 소외, 투쟁, 집단화 등의 현상을 불가피하게 빚어내고 그것 때문에 새로운 문제들에 봉착하게 된다. 희소성이야말로 우리의 역사의 바탕에 깔려 있으며 역사를 오늘날과 같은 것으로 만들어놓은 것이다.

여기에서 우선 주목해두어야 할 것이 있다. 그것은 『존재와 무』에서 존재론적 필연성으로 규정되었던 대타 투쟁이 사회적 의미로 재해석되어 있다는 점이다. 남과 나의 투쟁이 가장 근본적인 인간 관계인 것은 여전하지만, 그것이 이제 희소성을 둘러싼 투쟁이라는 사회 경제적 동기와의 관련에서 설명된다. 사르트르 자신의 말을 빌리자면 "희소성에 대한 악착같은 투쟁"[22]으로 말미암아 이제 '너와 나 사이의 투쟁'은 '너희들과 우리들 사이의 투쟁'으로 복수화되어 나타나고 인간의 존재도 집단 속의 개인이라는 차원에서 파악된다. 사람들은 일정한 공간 안에서 물질의 희소성의 인식과 그것을 극복하기 위한 기도에 있어서 각각 일정한 공통성을 지닌 여러 집단들을 형성한다. 그리고 한 집단과 다른 집단이 희소성을 넘어서려는 기도에서 상충할 때 전쟁과 계급 투쟁이 일어난다.

---

22) *CRD*, p. 201.

사르트르의 이러한 설명은 매우 상식적인 것이라고 생각될지도 모른다. 그러나 사르트르가 강조하려는 것은 이 희소성의 극복의 기도가 가져오는 갈등의 필연성이 아니라, 그 갈등에 있어서의 인간의 주체적 행위의 가능성이다. 그러기에 그는 가령 엥겔스처럼 "원시 사회가 산업 사회로 전환하는 속도는 그 자연적 생산물이 산업 생산물(상품)로 전환하는 속도에 비례한다"[23]는 따위의 정식화(定式化)에 머무르는 마르크스주의의 단점을 지적한다. 그런 과정에 포함된 인간의 주체적 동기와 행위에 대해서, 다시 말해서 물질적 측면과 아울러 작용하는 인간적 측면에 대해서 응분의 고려를 하지 않기 때문이다. 그렇다면 희소성의 극복을 위한 투쟁의 과정에서 우리가 찾아볼 수 있는 인간적 측면이란 어떤 것인가? 말을 바꾸면 그 투쟁에서 인간은 집단의 일원으로서 어떻게 그의 행위를 주체적으로 선택해나가는 것인가?

그러나 이 질문에 대답하기 전에 그 전제로서 반드시 먼저 고찰해야 할 현실이 있다. 그것은 인간이 희소성의 해결을 위해서 만든 생산물이 지니게 되는 뜻하지 않은 반목적성(反目的性)이다. 인간이 일정한 목적을 위해서 이용하려고 만든 산물이 객관적·독립적 존재가 되어 도리어 그 생산자인 인간에게 작용을 가하게 되는 일이 우리의 일상 생활에는 비일비재하고 바로 그런 일이 일상 생활을 형성하는데, 사르트르는 사물의 그 양상을 실천적 타성태(實踐的 惰性態) pratico-inerte라고 부른다. 그것은 인간이 희소성의 해결을 위한 실천으로서 생산한 사물이 타성에 의해서 마치 생명을 지닌 것처럼 인간을 지배하게 되는 주객전도의 현상을 가져오는 것이다.

실천적 타성태가 가져오는 이런 중요한 반목적성의 현상으로서

---

23) *CRD*, p. 217에서 재인용.

우리는 두 가지 경우를 들 수 있다. 하나는 인간 이하의 인간의 출현이다. 희소성의 해결을 위해서 만든 산업화라는 산물은 농민의 도시 집중과 공장 노동자의 도구화를 가져온다. 프롤레타리아로 전락한 농민은 기계와 일정한 생산 조직이라는 주인에 봉사하는 하인이 되었고, 이것이 이른바 인간의 소외 또는 물화(物化) reification의 현상이다. 한데 앞서 언급한 것처럼 사르트르는 자본주의 사회에서의 이런 현상의 필연성을 지적하는 데 멈추는 것이 아니라, 생산 방법의 변화를 위한 주체적 투쟁을 통해서 그 전락의 상태로부터의 해방을 강조하는 것이다.

실천적 타성태가 가져오는 또 하나의 현상은 집렬체(集列體) sérialité 의 현상이다. 그것은 생산물이나 제도 때문에 생겨난 병렬적인 인간 관계이다. 가령 버스를 타려고 기다리는 사람들은 서로 연줄이 있는 공동체의 구성원이 아니다. 그들은 버스를 더 빨리 오게도 또 더 늦게 오게도 할 수 없는 수동적인 상태에 머물러 있다. 그리고 그들은 모두 대치 가능하고(승객은 누구라도 좋다), 또 등가적인(그들의 신분이나 성은 무의미하다) 요소로서 버스라는 지배체를 통하여 비유기적으로(즉 버스를 기다리는 각각 다른 사람으로서) 통일되어 있을 따름이다. 다만 버스만이 아니라 우리가 만든 모든 제도와 관습은 인간을 이렇게 지배하고 소외시킨다. 이리하여 인간은 자유로운 주체가 아니라 리스만이 말하는 이른바 '고독한 군중'에 지나지 않게 된다. 그렇다면 집렬체의 차원으로 전락한 인간은 이 수동적이며 소외된 상태를 하나의 숙명처럼 받아들여야 할 것인가? 사르트르는 타인과의 단결이라는 주체적 선택을 통해서 그 상태를 극복할 수 있는 가능성을 배제하지 않는다. 이것이 "자유로운 행동체로서의 개인적 인간을 유일한 행위자로 삼는 인간적 구성"[24]의 체험이다. 우리는 이 점에서도 사르트르가 많은 마르크스주의자들과는 달리, 역사적 생성에 있어서의 개인의 매개의 중요성을 부각시키고 있음을 알게 된다.

이렇듯 개인적 인간들의 주체적 합의와 행동으로 이루어진 구성체를 사르트르는 집단groupe이라고 지칭하는데, 이 말은 앞서 언급한 집렬체와 대조된다. 그 점을 이해하기 위해서 다시 버스의 예를 들어보자. 버스를 수동적으로 기다리면서 집렬성을 띠고 있던 단자적 개인들은 어느 단계에서 그 상황을 넘어서는 단체적 행동으로 나설 수 있다. 가령 버스의 운행이 고르지 않거나 승객에 대한 대우가 나쁘거나 운전 기사가 횡포를 부린다는 따위의 상황을 더 이상 참을 수 없다는 것이 공통적 감정으로 발전되면, 그것을 개선하기 위한 공동 투쟁을 전개할 수 있다. 다시 말하면 집렬체로 머물러 있던 인간들이 어떤 절박한 위험이나 위협을 겪을 때, 그들은 수동적인 무능성에서 의식적인 공동 행동의 단계로 옮아갈 수 있다. 이리하여 집단이 탄생하는 것이다. 다시 말해서 집단은 물질적 지배에 의해서 또는 어떤 역사적 필연성에 의해서 자동적으로 구성되는 것이 아니라, 개개인의 의식적이며 적극적 간여, 즉 주체의 자유로운 결정의 소산이다. 그리하여 너와 내가 '우리'라는 차원에서 인간적으로 통일되는 것이다. 그리고 이 단계에서 개개인은 그의 행동을 오직 집단의 요청에 따라 조정하게 되는데, 이렇게 형성되는 최초의 집단을 사르트르는 '융합 상태의 집단groupe en fusion'이라고 부른다.

그러나 융합 상태의 집단은 그 목표가 달성되면 자칫 결집력을 상실하는 위기에 봉착한다. 그리고 이와 아울러 집렬성으로의 회귀가 일어나 개인은 다시 단자화되는 현상이 생기기 쉽다. 프랑스 혁명을 예로 들자면, 바스티유 감옥이 점령될 때까지 융합 상태로 있던 집

---

24) *CRD*, p. 377.

단은 일단 그것이 점령되자 융합을 가져왔던 직접적 계기에 대한 날
카로운 의식을 잃고 흩어질 위험에 처하게 된다. 이때 필요한 것은
이 집단의 응집력을 확보하기 위한 개개인의 자기 통제이며, 이 자
기 통제를 내면화해나가는 것이다. 예컨대 목전의 적과 싸운다는 다
급하고도 분명한 요청에서 풀려난 '나'는 이미 점령된 바스티유에서
철야로 초소 근무를 한다는 고역을 '나'의 의무로서 스스로 걸머져
야 하는 것이다. 그리고 집단의 존속을 위한 개인의 이러한 윤리적
결단을 집단에 대해서 적극적·공식적으로 표명할 때, 이른바 서약
serment이 성립된다. 다시 말하면 단자화의 위험에 대처하기 위한
것이 서약이며, 이것을 통해서 개인의 자유는 집단에 이양되고 집단
에 의해서 동결되는 것이다. 이때부터 집단은 개인에 대해서 권위를
갖추게 된다. 집단은 개인이 바친 서약을 근거로 삼아 "융합 상태의
집단의 확대된 구조로서의 폭력을 확인"[25]한다. 그리고 집단의 진화
가 계속되어 조직이라는 새로운 국면으로 향해가고, 개인의 능력과
재능에 따라 과업의 분할이 시도된다. 그러나 이런 상태로의 진전이
반드시 개인의 소외를 가져오는 것은 아니다. 최상의 경우, 그것은
가령 훌륭한 축구팀의 내부에서 일어나는 바와 같은 조직과 개인의
조화를 형성할 수 있다. 축구팀에서 가장 중요한 것은 팀 자체이긴
하지만, 예컨대 골키퍼는 골문의 수비 범위라는 한정된 영역 안에
서 자유로운 주권을 행사할 수 있는 것이다. 이렇게 보면 조직은 직
분을 할당하는 동시에 개인적 창의의 가능성을 열어놓는 것이기도
하다.

　그러나 집단의 존속을 보장하기 위한 폭력이 용인되고 더 치밀하
게 조직화되고, 그 조직 안에서의 개인의 자의적 참여와 상대적 자

---

25) *CRD*, p. 449.

유가 이루어지는 이 서약 사회는 항상 그것 자체가 하나의 타성태가 되는 경향이 있다. 제도의 탄생이 바로 그것이다. 더 확실한 안정성과 응집력의 확보를 위한 이 제도는 마침내 집단의 존속과 그 존속을 위한 직분의 수행 자체를 본질적인 것으로 보고, 행위의 주체인 개인을 비본질화한다. 이러한 제도 중에서 가장 크고 가장 강한 것이 사르트르가 보기에는 국가이다. 국가라는 제도는 여러 집단으로 구성된 사회가 자기 방위를 위해서 만든 불가피한 결과이다. "나는 달리 방도가 없어서 복종한다. 그리고 이것이 주권자에게 준합법성을 부여한다"[26] 이 경우 주권자란 민주주의의 옹호자가 말하듯 국민 개개인이 아니라, 지배 계급으로 구성된 일단의 사람들이며, 그 밑에서 개인과 집단은 집렬체로서 조작된다. 따라서 여기에서 볼 수 있는 것은 집렬체에서 집단으로, 집단에서 제도로, 제도에서 다시 집렬체로 이어지는 순환 운동이며, 모든 역사는 "재집단화와 집단의 응고화의 부단한 이중 운동"[27]으로 파악된다. 그렇다면 이 영원한 순환 운동에서 벗어날 수 있는 길은 없는 것인가?

　여기에서 사르트르는 이상에서 요약해본 서술적 차원을 넘어서서 당위론을 내세운다. 오늘날의 현실로 볼 때, 이 순환 운동을 지양하는 길은, 부르주아지가 운영하고 그 이익을 독점하려는 국가를 거부하는 것이라고 사르트르는 말한다. 그것이 바로 노동자 계급의 사명이며 계급 투쟁의 본령이다. 계급 투쟁은 "집렬체를 해소하는 항구적인 가능성"이 없으면 절대로 불가능하며,[28] 노동 계급의 존재는 현재의 상태일 뿐 아니라, 현재의 조건을 넘어서서 소외를 극복하기 위한 잠재력, 즉 인간에 의한 자신의 운명의 부정을 의미한다. 이러

---

26) *CRD*, p. 609.
27) *CRD*, p. 643.
28) *CRD*, p. 644.

한 사르트르의 방향 제시에는 비관적 현실을 극복하려는 영웅적 의지가 보인다. 그러나 만일 이렇게 해서 이른바 프롤레타리아의 승리가 온다고 해도, 그것은 바로 사르트르 자신이 서술한 순환 운동 때문에 다시 제도화와 집렬화의 길로 접어들게 될 것이다. 프롤레타리아의 승리만이 그런 순환 운동에서 벗어날 수 있다는 보증은 아무데도 없는 것이다. 그보다 더욱 희소성의 문제가 해결되지 않고 그것이 우리의 슬픈 조건으로 남는 이상, 대타 투쟁은 영원히 계속될 수밖에 없지 않겠는가? 또한 희소성의 문제가 해결된다는 환상적인 가정을 세워본다 하더라도, 『존재와 무』에서 존재론적 근본 여건으로 설정된 타자와의 갈등이 어떻게 해소될 수 있을 것인가? 집렬체, 융합 상태의 집단, 서약적 집단 및 제도는 공시적(共時的)인 사회 형태로서 항상 존재하고,[29] 갈등 없는 사회에서의 완전한 자유라는 종극적 목표는 결코 실현될 수 없는 것이 아니겠는가? 마르크스주의를 실존주의에 의해서 보강하겠다는 『변증법적 이성 비판』은 이러한 문제들을 남겨놓는 것이다.

5

이상으로 우리는 사르트르의 사상이 그려온 궤적을 그 사회적 측면에서 간단히 살펴보았다. 그런데 『변증법적 이성 비판』 이후의 그의 사상의 발전은 크게 달라진 것이 없고 그 책의 연장선상에 있다

---

29) 이 네 가지의 사회 형태 및 그 사이의 순환 운동에 관한 서술은 역사적 현실로서 제시되어 있는 것이 아니라 다만 어떤 사회에서도 일어날 수 있는 패러다임으로서 이론적으로 제시되어 있는 것이다. 그렇기 때문에 프롤레타리아의 승리가 가져올 사회 형태만은 그 예외라고 하는 사르트르의 역사적 전망은 사르트르의 유토피아주의의 소산일 뿐 아니라, 그의 이론과도 부합하지 않는 것이다.

고 해도 과언이 아니다. 그는 공산주의와의 결별을 계속하면서도, 국가 권력과 부르주아지를 절대적으로 부정하는 운동을 통해서 만인의 개인적 자유가 완전히 실현될 날을 꿈꾸고 있다. 그리고 1968년 5월의 학생 혁명은 그가 바랐던 가능성을 입증해주는 듯이 보였다. 보수화된 공산당의 권외에서 일어난 이 반체제 운동이야말로 인간의 주체적 결단으로 완전한 자유를 쟁취할 수 있는 도화선으로 여겨졌다. 그후 그는 거리와 공장 앞뜰에서 영속적 혁명을 외치고 다니며, 자신을 아나키스트라고 지칭하기를 서슴지 않는다.[30] 그는 체제를 부정하는 작업을 쌓아나감으로써 마침내는 인간의 순전한 행복이 실현될 수 있다는 신념에 줄곧 매달려왔다.

그의 그러한 과정에 대해서 우리는 얼마든지 비판을 가할 수 있고, 이미 이 글의 첫머리에서도 비판의 실례를 간단히 들어놓은 바 있다. 특히 사회 사상의 측면에서 볼 때, 대타 관계를 특히 갈등의 관계로 보고, 경험적 사실을 무시한 극단적인 합리주의에 빠지고(가령 구체적 시계에서는 존재할 수 없는 절대적 자유의 명제), 마르크스주의와 실존주의의 융합이라는 불가능한 욕망에 의해서 지배되어 있고, 또 사회 이론의 형성을 위한 데이터를 오직 근대 프랑스라는 특정된 지역에서만 취하고 있다는 점 등을 큰 난점으로 지적할 수 있다. "그렇기 때문에 그의 분석의 대부분은 허공에 떠 있으며, 사실과는 별 관계 없는 그림을 그려놓고 있다"[31]는 비판에는 분명히 일리가 있는 것이다.

그러나 허공에 뜬 그의 분석과 행동은 적어도 세 가지 점에서 중요한 뜻을 띨 수 있을 것이다. 첫째로 그것은 부분적으로나마 우리

---

30) "나는 나 자신에 대한 어떠한 권력도 승인하지 않았다. 그리고 아나키, 즉 권력 없는 사회가 실현되어야 한다고 항상 생각해왔다"(*Situations* X, p. 156).

31) Anthony Manser, 앞의 책, p. 219.

가 간과하거나 은폐하려는 문제에 대한 성찰을 강요한다는 것이다. 가령 대타 투쟁을 넘어서는 상호 융합의 윤리학이 사르트르 자신의 지대한 관심에도 불구하고 결국 성립되지 못했지만, 부정적 대타 관계의 양상에 대한 그의 부단한 언급과 풍부한 실례는 허울 좋은 이상주의적 입장에서 윤리학을 구상하는 사람들에게 뜻 깊은 반성의 계기가 될 것이다.

둘째로 우리는 사르트르를 제외하고는 20세기를 논할 수 없다고 해도 과언이 아니다. 그가 1930년대에서 오늘날까지 반세기에 걸쳐서 이어온 다채로운 활동은 모두가 20세기의 두드러진 문제들과의 대결이다. 그는 자유, 소외, 전쟁, 반식민주의, 혁명, 그리고 무엇보다도 마르크스주의가 우리에게 무엇을 의미하며 우리가 그것들에 대해서 어떠한 태도를 취할 수 있느냐 하는 긴박한 과제를 개별적으로, 그리고 특히 상호 관련하에서 정열적으로 따져왔다. 비록 그의 대답이 틀렸다 해도, 그 틀린 대답에 대해서 우리 자신의 대답을 시도해나가야 한다는 것이 숙제로 남아 있고, 오늘날에도 계속 쏟아져 나오는 연구서들은 사르트르를 수용하건 거부하건 간에 이런 시도들의 증거이다.[32]

마지막으로 우리는 그의 사상이 서양의 한 중요한 전통적 사상의 일환을 이룬다는 말을 해두어야겠다. 이미 앞에서 언급한 바와 같이 그는 서양의 대부분의 사상가들과 마찬가지로 철저한 개인주의자이다. 집단의 문제를 다룰 때조차도 그의 관심의 초점은 집단 그 자체의 생리와 구조에 있는 것이 아니라, 집단 속의 개인의 문제에 있다.

---

32) 사르트르의 사회 사상에 관하여 최근에 나온 뜻 깊은 연구서의 하나로 Ian Craib, *Existentialism and Sociology*(Cambridge University Press, 1976)를 들 수 있다. 저자는 사르트르의 생각을 긍정적으로 수용하고, 그 토대 위에서 사회학의 새로운 이론을 형성하려고 시도하고 있다.

이와 아울러 그는 인간이 달라지고 달라져야 한다는 생성의 논리와 윤리에 끌려 있고 이 생성은 물론 상향적인 것으로 조정(措定)되어 있다. 그뿐 아니라 생성의 과정에 대하여 합리적인 목적성과 설명이 부여되어 있다. 이것은 각각 다른 입장에서일망정, 인간은 역사적으로 그의 완성 가능성perfectibility을 실현할 수 있다고 보아온 아리스토텔레스, 데카르트, 헤겔, 콩트, 마르크스를 잇는 선상에 사르트르를 위치시킬 수 있다는 말이 된다. 이런 점에서 사르트르의 사상은 적어도 동양의 전통 사상에 비추어볼 때 타자의 사상일 것이다. 그러니까 우리에게는 그의 궤적이 하나의 도전으로서, 아니면 우리의 주체적 이론의 새로운 형성을 위한 불가결한 참고점 내지는 대조점으로서의 중요성을 지닌다. 이런 의미에서라도 사르트르는 계속 읽혀야 할 사상가이다.

(한국사회과학연구소 편, 『현대의 사회 사상가』, 민음사, 1979)

오늘날 사르트르는 누구인가

금년 들어 프랑스의 몇몇 미디어는 사르트르를 특집 기사로 삼았다. 그동안 쓸모 없는 유물처럼 내던져두거나 혹은 시효 상실의 선고를 확인하기 위해서 간혹 몇 마디 들먹였던 사르트르를, 여러 신문 잡지가 갑자기 다시 부각시키려고 하다니 또 무슨 호들갑을 떨려는 것인가 하는 생각마저 들었다. 가장 이해할 만한 이유는 두 가지일 것이다. 첫째로 새 천년기를 맞아 지난 세기를 총체적으로 되돌아보려고 할 때 사르트르라는 존재를 무시할 수는 없다는 이유가 있을 것이다. 둘째로 올해는 공교롭게도 그의 서거 20주년이 되는 해이기 때문에 아무래도 특집 기사를 엮지 않고 넘어갈 수는 없었을 것이고, 또 때마침 몇 권의 두툼한 사르트르론이 출간되었다는 사정이 여기에 곁들여졌을 것이다. 그렇다면 이런 행사들은 이후에도 사르트르에 대한 새로운 관심을 계속적으로 환기시키는 계기가 될 수 있는 것일까? 혹은 대부분의 행사가 그렇듯이 일과성에 지나지 않을 것인가? 그것은 아무도 알 수 없는 일이다. 역사란 결코 예측할 수 없는 우연적 사건들이 그려가는 변덕스런 곡선이며, 그 과정에서 모든 다른 사상가들의 경우와 마찬가지로 사르트르의 사상 역시 그 의미와 가치의 부침을 겪어나갈 것이다.

그러나 이런 말은 너무나 분명해서 하나마나한 이야기이다. 이렇게 먼 미래를 내다보고 싱거운 이야기를 하는 것보다는, 지금 바로 이 시점에서 사르트르라는 존재가 우리에게 과연 무엇을 의미하는 지를 생각해보는 것이 더욱 뜻있는 일일 것이다. 그러나 이런 고찰을 시도하려고 할 때 사르트르를 다소라도 아는 사람이라면 우선 당혹감부터 느낄 것이다. 왜냐하면 그는 숱한 얼굴을 가진 괴물이 어서 그 정체를 파악하기 어렵기 때문이다. 변덕이 죽 끓듯 하다는 말은 그에게 매우 합당한 말이다. 또한 모순 덩어리라는 표현도 그 의 사상과 행동 전체를 살피려고 할 때 누구나 머리에 떠올릴 수 있 는 것이다. 인간은 자기 자신을 만들어나가는 존재임을 강조하다가 는 인간이란 쓸데없는 수난이라는 비관적인 결론을 낸 철학자, 인 간과 인간의 상호 관계는 상극적이라는 자신의 기본적인 존재론 때 문에 스스로 멍에를 짊어진 실패한 윤리학자, 문학은 그것 자체로 서 숭고한 목적인 동시에 혁명을 위한 수단이 되어야 한다는 이율 배반적인 요청을 내건 문학 이론가, 시와 산문을 빙탄불상용(氷炭不 相容)이라고 주장하다가는 산문 문학의 시적 성격을 강조하고 참여 라는 말을 이뜻 저뜻으로 남용한 변덕쟁이, 실존주의와 마르크스주 의의 융합을 시도하고 개인적 가치와 집단적 행동의 변증법적 통합 을 꿈꾼 환상가, 소련의 동구 제국에 대한 침략을 규탄하다가는 그 나라가 가장 자유로운 나라라고 찬양하고, 그러다가는 그 미온적 태도를 비난하면서 모택동주의자maoists들의 극좌파 운동에 합류 한 철부지 과격파, 문학을 포기한다고 선언했지만, 낮에는 드럼통 에 올라가 혁명을 외치다가도 밤에는 그 방대한 플로베르론을 써내 려갔던 문학 중독자.

만일 누가 사르트르의 전체상을 그린다는 기도로 나선다면, 바로 이 모순과 변덕 전체를 대상으로 삼고 그 하나하나를 세밀히 검토하 고 그 비통일성 밑에 깔려 있는 어떤 통일성이나 원리를 드러내야 할 것이다. 그러나 나는 지금껏 그런 기도를 성공적으로 수행한 경우를 모른다. 지금까지 나온 모든 사르트르론은 그의 추종자에 의한 찬사이거나 혹은 그의 수많은 적들에 의한 비판과 비난이거나, 또는 대학의 철학과·문학과·정치학과·사회학과 등에 적을 둔 전공자들에 의한 부분적인 연구물에 지나지 않는다. 하기야 모든 견해는 결국 군맹무상(群盲撫象)일 따름이며, 더구나 사르트르처럼 얼른 겉잡을 수 없는 존재에 대한 견해는 더욱 그럴 것이다. 그러나 한 가지 분명한 것이 있다. 그것은 사르트르의 결말 없고 비체계적이며 자가당착적인 언행이 바로 20세기의 상징이며, 어떤 점에서는 생각하며 살아가는 인간의 한 상징이라는 것이다. 당신은 이 시대를 살면서 개인과 집단의 모순을 자신의 문제로서 느끼지 않았는가? 그리고 그 모순을 결정적으로 해결하였는가? 자본주의의 폐단을 절실히 의식하고는 한때라도 사회주의의 유혹을 겪지 않은 지성인이 있었는가? 당신은 과연 1990년경에 소련과 공산주의가 붕괴한다는 것을 내다볼 수 있었던 형안의 소유자였던가? 만일 당신이 문학에 종사해왔다면, 더구나 한국적 상황에서 문학에 종사해왔다면, 문학의 예술성과 그 정치적·사회적 효용성 사이에서 고민하지 않았겠는가? 당신은 대타 관계가 상부상조의 관계이기를 바라면서도, 욕망의 충족을 위해서 어떤 형식이든 간에 상대방을 소유하고 억압하고 파괴하려는 충동이나 기도로 불가피하게 쓸려 들지는 않았는가? 이런 질문들을 스스로 던져보면 사르트르는 오늘날 역시 우리들 속에서 살아 숨쉬고 있다는 것을 알 수 있을 것이다. 그는 문제들을 해결하지 못했고 또 그가 한때 제시한 해답이나 명제들은 많은 경우에 그 자신에 의해서 재검토되고 부정되기 일쑤였지만, 바로 이러한 무능력과 과오 자체가 안이한 이상주의나 당위론을 경계해야 한다는 것을 알려주는 것이다. 위대한 사상가에는 두 종류가 있는데, 하나는 우리에게 새로운 길을 보여주는 사상가이며, 또 하나는 우리로 하여금 도리어 문제 자체로 되돌아오게 하는 사상가이다. 다소 엉뚱하게 들릴지도 모르지만, 사르트르는 시대와 존재의 문제를 총체적으로 해결하려던 그의 야심과는 정반대로, 몽테뉴, 니체, 카프카와 함께 후자에 속하는 사상가이다.

더 구체적으로 말해서 그가 수행한 기능은 이의 제기에 있다. 그것은 세계에 대한, 타인에 대한, 그리고 자신에 대한 부단한 이의 제기였는데, 그는 이 이의 제기를 계몽의 작업과 결부시키기 위해서 글을 썼다. 그리고 바로 이 점에 사르트르의 한계가 있다고 지적하는 것은 일리 있는 일이다. 그의 글은 머리를 만족시킬 뿐, 가슴에 울리지는 않는다고 흔히들 말하지만 그것은 틀린 이야기가 아니다. 사르트르는 독자와 함께 미지의 세계로의 모험을 시도하는 것이 아니라, 그가 이미 알고 있는 것을 독자에게 전달하여, 독자가 기존의 관념에서 벗어나도록 교화하려는 것이다. 사르트르 자신은 이 작업을 '독자에 대한 호소'라고 말하고 있지만, 사실 그의 문학적 텍스트를 읽는 사람은 그 언어에서 독자의 판단과 해석에 몸을 맡긴다는 겸허함을 감지하기는 어려울 것이다. 심지어 가장 겸허하게 자기 자신을 드러낸 것처럼 보이는 그의 자서전『말』조차도 내 눈에는 철저한 자기 분석의 표본을 독자에게 보이려는 책으로 비친다. 그러나 이 한계를 지나치게 강조하면서, 사르트르는 문학을 등졌다고 비난하거나, 또 그의 철학적 관심이 문학적 창조에 대해서 역기능을 했다고 말한다면, 그것은 지나친 편견이 될 것이다. 왜냐하면 철학적 글쓰기는 물론 문학의 텍스트 역시 몽매함을 깨우친다는 기능을 가장 중요한 기능의 하나로 지녀왔고, 만일 그 기능을 아예 버린다면 존립하기 어려울 것이기 때문이다. 만일 우리가 교훈주의didacticism 라는 말을, '진실의 전달을 우선적 목표로 내거는 주장'이라는 뜻으로 사용할 수 있다면, 사르트르는 현대의 누구보다도 교훈주의자라고 말할 수 있고 그의 그런 한계를 긍정적으로 받아들일 수도 있을 것이다.

더구나 그 점은 그 자신이 젊어서부터 넌지시 밝히고 있는 것이기도 하다. 『구토』를 보면 마지막 장면에서 화자(話者)인 로캉탱은 우연성과 부조리만이 널려 있는 현존의 세계에 등을 돌리고 오직 필연성과 아름다움만으로 엮인 소설을 창조하겠다는 포부를 피력한다. 한데 강철처럼 아름답고 단단한 그런 작품(필경 플로베르의 소설을 상기한 것이리라)이 완성되면, 그것을 읽는 사람들이 곤죽 같은 자신의 존재를 부끄럽게 느끼게 되리라는 것이 그의 바람이다. 나는 이 말을 사르트르의 모든 지적 활동과 관련시켜서 확대 해석할 수 있다고 생각한다. 그가 애써온 것, 그것은 다름 아니라 기존의 관념 속에서 안주해오던 의식에 충격을 가하고, 떳떳하다고만 믿어온 우리의 존재의 실상을 폭로하여(그것이 바로 이의 제기이다), 우리가 그 앞에서 당혹감과 부끄러움을 느끼게 하려는 것이었다. 『구토』는 한편으로는 존재론적으로 모든 사물과 인간의 무근거성을 밝히고, 다른 한편으로는 사회적으로 부르주아지의 자기 만족적인 태도를 파헤쳐 독자들(사르트르가 겨냥한 것은 바로 부르주아 독자이다)의 낯을 붉히려는 데 그 목적이 있었다. 이러한 기존 관념의 파괴를 위한 수치감 야기의 작업(우리는 그것을 '부정적 계몽주의'라고 불러도 좋을 것이다)은 그의 거듭된 변신에도 불구하고 줄곧 이어진다.

아이러니컬한 일이지만, 사르트르가 곤란한 입장에 처하게 된 것은 바로 그 자신의 이러한 부정적 계몽 작업 때문이다. 우리의 존재에 이유가 없으며, 우리는 자유로운 선택의 책임을 회피하기 위해서 자기 기만에 빠지기 쉽다는 것, 우리는 또한 상극적인 대타 관계의 본질을 호도하기 위해서 사랑, 자비, 이타주의와 같은 가면을 쓰기

일쑤라는 것, 그리고 폭력을 배제하는 평화주의는 지배 계급의 간사한 이데올로기에 지나지 않는다는 것…… 이런 은폐된 현실들을 일일이 밝혀나간 그의 철학적·문학적인 이야기들은 우리로 하여금 자신의 존재에 대해서 부끄러움을 느끼게 하기에 충분했다. 그렇다면 어떤 출구가 있는 것인가? 도시 이러한 부정적인 생의 현실을 지양할 출구를 생각해볼 수 있는 것인가?

　사르트르의 비판적이며 비관적이기조차 한 분석에 홀리고 그것을 자기 분석의 원리로 삼기까지 한 독자가 고개를 갸우뚱하게 되는 것은 이런 질문에 대한 사르트르의 대답을 들을 때이다. 다시 말해서 우리는 '해결사'로서의 사르트르에 대해서 실망하게 되는 것이다. 인간은 주체로서 부단히 자신을 선택해나가는 자유로운 존재라는 그의 용감한 명제는, 인간이란 쓸데없는 수난이라는 인식을, 그리고 너와 나 사이에 영원한 갈등이 있다는 현실을 불식시킬 수는 없다 (이 점에서 철없는 주체의 철학자로서 사르트르를 맹렬히 비난한 푸코와 사르트르 자신을 갈라놓고 있는 거리는 그렇게 멀지 않다). 또한 그가 실천적으로나 이론적으로 인생의 후반기를 바친 계급 없는 사회를 위한 혁명의 프로그램으로 문제가 해결될 수도 없다. 공산주의가 전멸했으니까 그런 기도는 이미 시효 상실이라는 뜻에서 하는 말이 아니라, 그의 희망은 애초부터 그의 현실 인식과 결코 부합할 수 없었다는 뜻에서 하는 말이다. 계급 없는 사회가 존재의 무근거성이라는 형이상학적 조건을 지양할 수는 없는 일이다. 그뿐 아니라, 인간이 만든 것들이 그 생산자인 인간을 속박하고 소외하고 배반한다는 실천적 타성태의 양상이 그런 사회에서는 나타나지 않는다는 보장도 전혀 없는 것이다. 이렇게 보면 사르트르의 사상의 밑바닥에는 비관주의가 깔려 있으며, 주체·자유·혁명과 같은 그의 구호도 또 나날이 더 과격해졌던 그의 행동도 자신의 어두운 근원에 스스로 도전하고 그것을 초월해보려던 갸륵하지만 무익한 노력의 표현이었다고 생각해볼 수도 있을 것이다.

그러나 이렇게 시대적 드라마 속에서 자신의 드라마를 겹쳐 연출한 대표적인 인간으로서, 그리고 비관적 진단을 통해서 또 심지어 좌절과 모순을 통해서 어려운 삶의 여건을 가르쳐준 계몽 사상가로서 사르트르를 이해한다는 것은, 아마도 그와 동일한 역사적 현실을 살아온 사람들만의 경우일지도 모른다. 최근의 한 잡지(*Magazine littéraire*, 2000년 2월호)에 실린 25세의 젊은이의 글은 그런 느낌을 충분히 줄 만한 것이다. 그 청년에 따르면 1968년 5월의 학생 혁명 이후에 태어난 신세대가 보기에는 사르트르는 한 기괴한 기념비에 지나지 않는다. 그들은 사르트르와 아무런 시대적 공통성을 느끼지 못한다. 그들의 생각으로는 사르트르는 도리어 그 전설적인 권위를 박탈당해 마땅하며, "자신의 세기와 함께 살겠다는 유혹에 빠졌기 때문에 1980년 4월 15일에 완전히 죽어 매장된 사람이다." 그렇다면 그 방대한 텍스트 중에서 혹시 지금도 찾아볼 만한 것이 있다면 무엇이겠는가? 그들로서는 그것은 물론 존재의 철학자나 참여 지식인의 모습이 아니다. 그것은 자기 자신을 조롱함으로써 당시의 부르주아를 조롱한 사람, 여자들과 기묘한 관계를 가진 사람, 기발하고 신랄한 언어로 '행복한 소수'를 상대로 한 사람, 요컨대 자극적이지만 시대적·실존적 문제와는 연관되지 않은 사람의 모습이다.

나는 오늘날 한국의 젊은이들 중에서 사르트르를 읽는 사람이 있다고 해도 이런 이야기를 한 프랑스의 젊은이와 대동소이한 반응을 보이리라고 생각한다. 그들은 나의 세대처럼 사르트르가 보여준 '자유의 길'에 감격하거나, 혹은 반대로 그 과정에서 나타난 모순과 좌절을 자신의 문제처럼 괴로워하지는 않을 것이다. 분명히 시대가 달라진 것이다. 그러나 사르트르를 재치 있고 세련되고 기발한 생각을 가진 구시대의 수재로만 대하려는 새로운 세대가 살아가는 이 시대란 도시 어떠한 시대인가? 과연 인간과 역사의 종언이 이미 도래해서 지금과 다른 세상을 내다볼 수 없을뿐더러, 이 세상에 적응해가는 것 이외에는 선택의 여지가 없는 그런 시대인가? 또 극단적으로 생각해보자면, 과학 기술이라는 실천적 타성태로 말미암아, 인간이 사전에 마련된 설계도에 따라 문자 그대로 '제조'되는 날을 불가피한 것으로 받아들여야만 하는 시대인가? 만일 그렇다면 사르트르뿐만 아니라 인류가 자랑으로 삼아온 그 모든 사상들은 현실적 의미를 완전히 상실할 것이다. 그러나 만일 이런 경향이 '비인간적'이라고 느끼는 사람들이 아직도 남아서 그들의 힘이 최후의 저항처럼 버텨나간다면, 사르트르는 재미있는 말을 한 사인(私人)으로서가 아니라, 귀찮지만 꼭 짚고 넘어가야 할 문제들을 안겨주는 공인으로서 여전히 살아남을 것이다. 그는 따라야 할 스승이나 모델이 아니라, 가라앉으려는 불안을 다시 일깨우는 의식의 교란자이며, 그를 '휴머니스트'라고 부를 수 있다면 바로 그런 역설적인 의미에서 휴머니스트라는 것이 나의 변함 없는 생각이다. (『현대문학』, 2000년 5월호)

(비고: 내가 여기에서 말한 것이 지나치게 추상적이라고 느끼는 독자는 이 책에 실린 글 이외로 다음과 같은 몇 편의 졸고를 참조하기 바란다. 「실존주의와 문학」〔『20세기 이데올로기와 문학 사상』, 서울대학교 출판부, 1997〕; 「사르트르의 문학 참여론에 대한 비판적 고찰」〔졸저, 『문학을 찾아서』, 민음사, 1994〕; 「주체의 변모」〔『문학동네』, 1999년 봄호〕; 『사르트르와 20세기』〔한국사르트르연구회 편, 문학과지성사, 1999〕에 수록된 「머리말」과 「사르트르 또는 실천적 타성태의 감옥」).

보유

마루야마 마사오의 『일본의 사상』

후쿠자와 유키치의 세 권의 책

마루야마 마사오의 『일본의 사상』
──일본의 근대화와 사상적 구조

1

우리나라가 해방 이전과 이후를 통해서 아무리 서구 제국의 문물을 섭취하는 노력을 아끼지 않았다 하더라도, 현대사에 있어서 일본만큼 강력하고 광범하고 거의 결정적인 영향을 어느 외국에서도 받은 일이 없다는 것은 민족 감정을 넘어서서 하나의 엄연한 사실로서 시인하지 않을 수 없을 것이다.

지금도 일제 시대를 생각하면 이가 갈린다는 감정 자체가 군국 일본이 어느 정도 우리에게 깊은 자국을 남겼는지를 반증해주고, 이 자국이 오늘날 우리의 사상과 행동에서 깨끗이 가셨다는 확증을 자신있게 대기조차 어려운 일이다. 심지어 그 일부는 이미 우리의 생리처럼 되어버렸다는 도리어 괴이한 현상을 예시할 수도 있을 것이다.

그러기에 4·19의 자유를 맞이하자 막혔던 방파제가 터지듯 일본 붐이 일어나서 술집에서는 옛날 유행가가, 거리에서는 사무라이 소설이 판을 치게 되었다. 그것은 일본이 약삭빠르게 문화적 침공을 재개했기 때문이라기보다도 도리어 우리 국민의 어떤 계층이 지녀온 일본 콤플렉스가 때를 만난 듯이 표면화되었기 때문이다. 그리고 이런 현상이 또 다른 계층의 대일 증오감을 더욱 날카롭게 만들어, 한쪽에서는 은연(隱然)하면서도 끈질긴 일본에 대한 향수가 번져가고 또 한쪽에서는 소리 높으면서도 민중 속으로 파고들지 못한 우국적 배일의 감정이 그냥 맴돌기만 했던 것이 사실이다.

은연히 좋아하건 또는 노골적으로 미워하건 간에 일본에 대해서 우리는 감정적 반응만을 보여왔고 그 나라 사람들의 실체에 대한 깊은 연구에는 미처 손을 대기도 전에 한일 협정이 이루어졌다. 이제 우리는 호불호를 불문하고 식민지 아닌 독립 국가의 국민으로서 일본을 명실공히 가장 가까운 나라로, 어느 때보다도 큰 영향을 받게 될지도 모르는 나라로 대해야 하는 처지에 놓여 있다.

'일본을 어떻게 생각하느냐?' '일본적 사고 방식이란 무엇이냐?' '일본의 근대화는 그 과거와 어떤 관계가 있느냐?' 는 따위의 문제가 수년 전부터 매스컴에서 대서특필되고 일본 기행문이나 일본 학계의 소식이 큰 주목의 대상이 되고 있다는 사실은, 이미 대일 감정이라는 차원을 넘어서서 일본을 파악하는 것이 오늘날의 상황에서 긴요한 하나의 과제라는 것을 증명해주고 있는 것이다.

이런 점에서 일본의 특징을 식민지 시대의 관례에 따라 섬나라 근성, 야마토 다마시이(大和魂), 부시도(武士道), 신토(神道) 또는 사비와 같은 말로서 단적으로 규정해버리는 것은 경솔한 짓이다. 물론 그러한 전통적인 특징이 오늘날 전적으로 사라져 없어졌다는 이야기는 아니다. 그것은 의식적이건 무의식적이건 간에 일본 정신의 밑바닥에 여전히 깔려 있으리라. 그러나 그것만을 강조하고 그런 각도에서만 일본을 파악하려고 할 때, 우리는 근대화된 일본의 면모—아마도 일본으로서는 가장 중요한 의미를 갖는 그 면모를 도외시하는 결과를 초래하고 따라서 효과적으로 현대의 일본에 대처하는 길을 마련하지 못할 것이다. 따라서 가장 어려우면서도 가장 진정한

346

길은 방금 예거한 바와 같은 전근대적인 관습과 사고의 전통을 아직까지 지니면서도 한편으로는 무서우리만큼 근대화된 일본을 하나의 전체적 구조로서 파악하는 것이다.

한데 이러한 이해를 위해서 우리에게 뜻깊은 시사를 던져주고 있는 것이 마루야마 마사오(丸山眞男) 교수의 『일본의 사상』이다. 일본인 자신에 의한 가장 날카롭고 준엄한 일본의 객체시(客體視)의 소산이라고 할 만한 이 책을 소개하는 것이 우리들 자신을 위해서 전혀 무익한 일은 아니리라고 믿는다.

2

마루야마 교수는 19세기에 국제 사회에 문호를 개방하고, '서구화=근대화'의 과업을 자주적으로 수행해나간 나라가 아시아 지역에서는 일본뿐이라는 점을 우선 지적하고 있다. 이 점에서는 메이지 유신의 공적을 높이 평가한 아놀드 토인비의 의견과 일치한다.

그러나 그는 이 근대화가 진정한 의미에 있어서의 근대화, 즉 전통적인 사고 방식과 행동 유형의 역사적 지양을 수반하는 근대화는 아니었다는 점을 강조하고, 일본 문화의 근본 문제가 오늘날까지도 여기에 존재한다고 말한다. 자진해서 서구를 받아들이기는 했지만 정리되어야 할 것이 정리되기도 전에 서양의 문물이 해일처럼 밀려들어와서 사상사적 혼란을 빚어냈다는 것이다.

따라서 이와 같이 과거와의 대결 없이 새로운 것을 반입한 결과, 그 두 가지는 병렬 상태를 이루어 한 개인 속에서도 이 양자가 중첩되어 나타난다. 마루야마 교수는 고바야시 히데오(小林秀雄)의 '역사란 추억이다'라는 표현이 바로 이런 사실을 나타낸다고 지적한다.

과거가 어떤 필연적 과정을 밟아 정리·지양되지 않고 현재로 이어지니까, 이미 사라진 것으로 알아온 과거가 때와 장소에 따라 별안간 추억처럼 분출한다. 따라서 근대화와 더불어 자유주의의 의상을 걸치고 있던 지식인이 돌연 '일본 정신'의 신봉자가 되고 그러다가는 다시 또 자유주의자가 된다.

마루야마 교수는 이러한 과거의 유령이 재생한 예로서 메이지 유신 때의 폐불훼석(廢佛毀釋), 메이지 11년(1878) 전후의 유교 부활, 쇼와(昭和) 10년(1935)의 천황 기관설(天皇機關說)을 둘러싼 문제, 그리고 태평양 전쟁 당시의 고바야시 히데오, 요코미쓰 리이치(橫光利一), 다카무라 고타로(高村光太郎)와 같은 저명한 문인들의 군국주의로의 돌연변이(그러나 사상 구조 면에서 볼 때는 매우 가능하고 예측할 수 있었던 현상)를 들고 있다.

이와 같이 전근대와 근대가 병렬하고 공서(共棲)하는 첫째 결과로서, 비합리적인 사상의 계기(繼起) 현상이 일어나서 근대의 한가운데에 불쑥 전근대가 나타나는데, 그 제2의 결과는 전근대와 근대가 범벅이 되고 한 덩어리가 되어버리는 것이다. 그 점에 관한 마루야마 교수의 말을 직접 들어보자.

"유럽의 철학이나 사상이 흔히 역사적 구조성을 잃고 또 사상사적 전제에서 절단되어 부분품으로서 마구 받아들여지는 결과, 고도의 추상화(抽象化)를 겪은 이론이 의외로 우리들의 해묵은 습속에서 나온 생활 감정에 어필하기도 하고, 유럽에서는 강인한 전통에 대한 필사적 저항의 표현이었던 것이 우리나라에서는 도리어 상식적인 발상과 합치하기도 하며, 또 최신의 외래품이 재래(在來)의 사상적 스톡에 잘 어울려 들어가는 따위의 사태가 나타난다."

이렇게 해서 소위 '동서 문화 융합론'이 생기고, 또 말라르메의 상징시가 바쇼(芭蕉)의 정신과 통한다는 따위의 엉뚱한 포괄적인 견해가 성립한다. 마루야마 교수는 이러한 현상을 사상의 무한 포옹성(無限抱擁性)이라고 이름짓고 이 무한 포옹은 그 결과로서 사상의 잡거 상태를 초래한다고 말한다. 따라서 일본 사상사에 있어서 가장 긴요한 과제는 바로 이러한 무한 포옹성과 잡거성을 지양해서 모든 사고와 경험을 정비하고 가치관의 질서화·논리화를 이루는 것이었는데, 바로 이러한 역할을 시도하기 위해 등장한 것이 마르크스주의와 기독교이다. 일반적으로 세계관이나 인생관에 있어서 정반대된다고 여겨져온 이 두 가지 사상이, 일본 사상사라는 특수한 상황하에서 지녀온 기능과 의미의 공통성에 주목한 마루야마 교수의 논리 전개는 과연 탁월하다. 그리고 이 두 사상이 일본 지식인에게 준 매력도 다만 그 내용의 참신성에서만이 아니라, 이와 같은 사상 구조의 각도에서 설명되어야 하는 것이다.

그러나 이러한 가치 정립의 노력은 세 가지 점에서 뜻대로 이루어지지 않았다. 첫째로 그것은 일본의 전통 사상이 가지고 있는 무한 포옹성 및 잡거성과 정면으로 충돌했기 때문이다. 그것은 실감(實感)이니 물심일여(物心一如)니 또는 국체(國體)니 하는 무체계의 사상, 그러면서도 일본의 기저를 이루어온 사상에 의해서 늘 이질적인 것으로 백안시되고 단죄되어왔다.

둘째로는 그런 진보적·근대적 사상을 적용한 사람들 자신 속에 앞서 말한 바와 같이 전근대적 전통이 가시지 않고 있어, 그것이 기회를 만나면 표면화되어 자기가 지켜왔던 긴장된 태도가 하루아침에 풀리고, 방법론적 사고 방식 대신에 180도 전환된 미분화·무구조의 사상이 솟아오른다. 마루야마 교수는 그 한 예로서 마르크스주의에서 전향한 한 사람의 글을 인용하고 있는데, 이것은 비단 그 사람 개인이나 마르크스주의에서 전향한 사람들의 경우만이 아니다. 이와 유사한 일은 또한 서양 학문에 오래 종사해오다가 불현듯 동양을, 혹은 민족을 재발견했다는 사람들에게서도 흔히 나타나는 일이므로 감히 여기에 재인용해둔다. "일본 철학은 물심일여의 세계이다. 우리들은 마르크스주의를 청산했을 때, 그리고 일본 민족의 포용성을 파악했을 때, 세계에 있어서의 일본 민족의 새로운 사명을 자각하게 되리라. 〔……〕 그리하여 동서 문화 융합의 미래의 발전, 이것이 우리의 새로운 신념이 되지 않으면 안 된다."

가치 정립의 노력이 실패한 셋째 이유는 앞서 말한 첫째 이유와 깊은 관계가 있다. 전통적 사고 방식이 사상의 논리화·추상화·이론화를 저해하고 더구나 그 저해 세력이 전체주의적 정치 권력의 절대적 협력하에서 행사되었기 때문에, 새로운 노력은 방어 자세를 취할 수밖에 없다. 그 결과 살아 있는 이론으로서 움직이는 현실을 파악하고 진단하고 개조해나갈 수 있는 유연성과 실질성을 갖추어야 할 주의주장이 자기 방위상 응고되고 똘똘 말려서, 공식주의와 이론 신앙을 초래하고 마치 비교(秘敎)와 같은 성격을 띤다. 따라서 그것은 현실에서 동떨어져서 그것 자체로서만 존재하고, 응고되고 공식화된 이론을 앞세워 현실을 오판·왜곡한다. 마루야마 교수는 바로 이러한 현상을 일본의 마르크스주의를 예로 들어 설명하고 그의 책의 제2부 '근대 일본의 사상과 문학'에서 더욱 부연하고 있다.

지금 살펴본 바와 같이 일본의 사상은 바닥에 깔려 있는 전근대적 전통과 개국 이래 기성품으로 들어온 근대 서구의 사상 사이의 상호 침투, 상호 견제, 공서, 분열이 빚어내는 가지가지의 변주곡으로 나타난다. 말하자면 근대화를 위한 정지 작업이 이루어지지 않았으며, 근대화의 척추가 될 만한 원칙도 전통도 없었다는 점에 고민이 있고 모든 문제가 있었던 것이다. 그런데 놀라운 일은, 이러한 어려운 문제를 치열하게 의식하고 인위적으로라도 근대화를 위한 기축(機軸)을 마련하자는 움직임이 이미 메이지 시대부터 있었고, 이 움직임을 결정적인 모습으로 구체화시켜 그뒤의 일본을 운명지어놓은 사람이 다름 아닌 이토 히로부미(伊藤博文)였다는 사실이다.

메이지 21년(1888), 제국 헌법 초안심의회에서 의장 노릇을 했던 그는 대충 다음과 같은 말을 하고 있다. 1) 이제 와서는 봉건 정치를 폐지하고 서양 제국과의 관계를 연 것을 기정 사실로 인정해야 하고, 또 그 이외에는 나라의 진보를 기할 수 있는 방법이 없다. 2) 그러기 위해서는 이제 근대 국가로서의 헌법을 제정해야 할 터인데, 일본 자체에 있어서 그 기축이 될 만한 것, 즉 서양의 기독교에 상당하는 것을 찾을 수 없다. 불교는 오늘날 그 세가 너무 미약하고 신토는 종교로서의 가치를 지니기가 어렵다. 3) 따라서 우리나라에서 기축으로 삼을 만한 것은 오직 황실뿐이다. 황실은 정치의 중핵인 동시에 정신적인 중핵이다.

이리하여, 이토는 근대화를 위해서 올바르게 문제를 제기한 동시에(1과 2), 불행하게도 전근대적인 해법을 제시했다(3)는 모순을 보이게 된 것이다. 여기에 일본적 근대화의 아이러니가 있는데, 일본은 바로 이 모순에 힘입어 오늘날까지 그 명맥을 유지하고 또한 이 모순 때문에 희비 쌍곡선을 그려왔다. 천황을 신성 불가침의 존재로 삼은 국체, 그리고 그 앞에서 모든 국민이 져야 했던 무한 책임―그러한 것이 이른바 옥쇄정신(玉碎精神)을 가져왔고, 일시동인(一視同仁)이라는 미명하에 식민지에서 저지른 모든 죄악의 근거를 제공한 것은 우리들의 기억에 지금도 새롭다. 그러나 일본으로서는, 이러한 이데올로기가 가하는 제한이 있었기 때문에 질서를 유지하면서 제도와 경제에 있어서 어느 정도의 근대화 작업을 추진할 수 있지 않았겠느냐는 식으로 생각해볼 수도 있다. 또한 이러한 근대와 전근대의 결합은 19세기 말에서 20세기 초반에 걸쳐 세계를 지배한 제국주의와 전체주의의 경향에 영합하기에 안성맞춤이었던 것이다.

이에 더하여, 천황제가 일본의 근대화에 가해진 상한선이라고 하면, 그 하한선은 촌락 공동체이다. 이 하한선에 있어서는 개인의 존립이 불가능하고 인간 관계가 봉건 시대와 같은 엄격한 계층제를 띠면서 의리니 은정(恩情)이니 하는 정서적 양상으로 나타난다. 어떠한 추상적 이론도 뚫고 들어갈 여지가 없고 모든 것이 잡거하고 있는 이 촌락 공동체와 그 속에 들어앉은 가정이야말로 "전통적 인간 관계의 모형이며 국체의 최후의 세포를 형성해왔다." 이렇듯 상하 양변에서 저항과 금제(禁制)를 겪으면서 그 중간 지대에서 근대화가 이루어져온 것이다. 그리고 "전근대성의 온존과 이용을 통해서" 추진되어온 이 근대화가 내포하는 모순과 기형적 특질이 그대로 이어져 내려오다가 종전 후 사상의 해방기를 맞이하여 비로소 예민하게 자각되고, 그것을 현실로서 인식하는 데서부터 새로운 과제가 시작되었다고 마루야마 교수는 결론짓는다.

3

이상 나는 그의 『일본의 사상』의 제1부의 내용을 서투르게나마 소개하였다. 일본에 대한 아무런 전문 지식도 없는 내가 이런 책을 소개한다는 것이 주제넘은 짓이라는 것은 나 자신도 잘 알고 있다. 그러나 이 책은 내가 근래에 읽은 어느 책보다도 강력한 자극이 되었다. 변명삼아 두 가지 이유를 간단히 적어두려고 한다.

첫째로 나는 이 책을 통해서 일본의 근본이 무엇인지를 다소나마 명확히 알게 되었다. 흔히들 일본에는 극단적인 보수적 전통이 저변에 깔려 있다는 말을 하지만, 그런 말만으로는 일본 사상의 전체상이 파악되지 않는다. 가령 같은 이와나미 신서(岩波新書)의 한 권으로 나와 있는 쓰루미(鶴見)와 구노(久野) 공저의 『현대 일본의 사상』을 그 한 예로 들 수 있다. 이 책은 5장으로 구분되어 일본을 움직여온 5대 사상으로서 관념론, 유물론, 프래그머티즘, 초국가주의, 실존주의를 들고, 각 장에서 매우 구체적인 자료를 제시하면서 흥미롭게 이야기를 전개시켜나가고 있다. 그러나 이러한 서술 방법은 아무리 각론이 우수하다 하더라도 하나의 사상과 다른 사상 사이의 연줄에 주목하지 않고, 따라서 한 사회에 있어서 그런 사상들이 왜 동시에 또는 계기적으로 일어나서 어떤 구조적 관계를 갖느냐는 점을 밝히지 못하고 있는 것이다. 그것은 마치 과일 시장에는 사과와 배와 감이 있다는 식의 목록을 꾸민 것에 불과하고, 그 시장의 전체적 모습과 기능과 한계에 관한 서술을 망각하고 있는 것과도 같다. 이러한 점에 견주어볼 때, 사상의 움직임과 충돌과 결합 방식을 전체적 기능이라는 안목에서 살피고 그 깊은 의미를 탐구한 마루야마 교수의 책은 높이 평가되어야 할 것이다. 또한 우리는 이 글을 미국의 문화인류학자 루스 베네딕트Ruth Benedict의 명저 『국화와 칼』(1946)과 비교해 생각해볼 수도 있다. 이 책을 읽으면 일본의 밑바닥을 이루고 있는 계층 제도와 가족 제도와 도덕관, 그리고 이에 의거한 일본인의 대내적 · 대외적 행동 양식이 명쾌하게 파헤쳐져 있고, 더구나 그것을 서양이나 중국의 경우와 비교해서 그 본질을 규명하고 있어서 우리에게 큰 도움이 된다. 그러나 일본이 소화 불량이 될 정도로 서구의 문물을 많이 섭취했다는 사실, 그리고 이 섭취가 전통적인 사고 및 행동 양식과 충돌해서 생기는 모순과 고민이 별로 포착되어 있지 않다. 이 점에서도 나는 마루야마 교수의 책의 가치를 재확인할 수 있었다.

둘째로 나는 마루야마 교수의 사상 비평 방법과 그 방법을 통해서 지적되고 있는 근본 문제가 우리나라의 경우를 살피는 데도 시사하는 바가 크다고 생각한다. 한 시대의 사상을 가령 정치·철학·과학·문학 등의 분야별로 나누어서 살펴볼 것이 아니라, 전체상으로서 파악하고, 그 밑에 깔려 있는 공통의 신화와 발상법과 문제를 찾아내려는 노력이야말로 현실의 심층적 인식을 가져오고 보다 훌륭한 미래로 사회를 전진시키는 원동력이 될 수 있기 때문이다. 이에 더하여 마루야마 교수가 제시한 일본의 양상은 많은 면에서 한국의 양상이기도 하다. 전근대와 근대가 여기에서도 서로 섞여서 복합적인 구조를 형성하고, 이론화·추상화를 위한 미미한 노력마저 전래의 미분화적 사고 방식과 소위 실감에 의거한 비논리적 발상법에 의해서 좌절되어왔다. 더구나 전근대와 근대가 결합·분열·충돌하는 양상은 일본의 경우보다 한결 복잡하고 다기적(多岐的)이다. 근대화 자체가 일본에 비해 훨씬 타율적으로 이루어져온 데다가 끈질긴 유교적 전통이 있고 토속적인 요소가 있고, 식민지적 여건하에서 일본의 영향을 받아가면서 근대 세계를 맞았다는 점을 생각할 때, 우리가 시도해야 할 한국 사상의 구조적 규명은 일본의 경우보다도 더 어려운 과제가 될 것이다. 나는 『일본의 사상』을 읽으면서 이런 생각을 하지 않을 수 없었다. (『사상계』, 1968년 6월호)

후쿠자와 유키치의 세 권의 책

1. 머리말

후쿠자와 유키치(福澤諭吉, 1835~1901)가 근대 일본의 가장 위대한 사상가로 대접받고 있다는 것은 그 나라의 역사에 대한 다소의 지식을 가진 사람이라면 누구나 알고 있을 것이다. 그리고 현재 일본에서 통용되고 있는 최고액 지폐인 만엔권이 그의 초상화로 장식되어 있는 것은 그에 대한 국민적 존경의 공식화라고 말해도 좋을 것이다. 그러나 이 위대한 사상가에 대한 존경의 표시는 그의 큰 공적을 오늘날 비로소 인정한 데서 유래한 것은 아니다. 그는 생존 때부터 탁월한 학자로서, 그리고 국민의 교사로서 일본인의 의식 개조를 위해 으뜸가는 역할을 했고 엄청난 명성을 얻은 사람이다. 평생을 야인으로 보낸 그가 1901년 세상을 떠나자, 일본 국회는 "일찍부터 개국의 주장을 하고 교육을 위해서 진력한 후쿠자와 유키치 씨의 부음에 접하여 이에 애도의 뜻을 표한다"는 극히 예외적인 결의안을 가결한 바 있다. 그후 후쿠자와는 정치학·역사학·사회학·철학 등 인문사회과학의 거의 모든 분야에서 계속적인 연구 대상이 되어 왔으며, 그의 사상의 깊은 뜻을 현재의 시점에서 되새기고 재인식하려는 움직임은 지금도 간단없이 이어지고 있다. 그는 말하자면 일본의 볼테르이며 루소이다. 그러나 과히 행복하지 못한 선지자였던 이 서양의 계몽 사상가들과는 달리, 그는 시대를 잘 만나서 자신의 주장과 포부가 목전에서 차근차근 실현되는 것을 보았던 행복한 계몽 사상가였다.

이러한 후쿠자와의 특출한 존재는 일찍이 한국에도 알려져서 이른바 개화당의 인사들이 그의 가르침을 받으러 갔다는 것은 주지의 사실이다. 또한 이광수는 "하늘이 일본을 축복하셔서 이러한 위인을 내리셨다"고 하면서 그의 대한 찬사를 아끼지 않았다. 민족의 갱생을 자신의 사명으로 삼았던 이광수에게는 후쿠자와야말로 방법론과 지식에 있어서 절대적으로 따라야 할 모범적 인간으로 비쳤음에 틀림없다. 그러나 우리는 근대 일본의 대표적 지성인인 후쿠자와가 또한 일본의 한국 침략과 밀접히 연관되어 있다는 것을 알고 있다. 그는 1882년에 제물포 조약이 체결될 무렵, 자국의 군인들의 호위하에 서울로 되돌아간 일본 공사의 행적에 크나큰 만족을 표명하면서, "엄숙한 군용(軍容)을 갖추어 서울 한복판에 거처를 정하고 국왕과 담판하게 된 것은 가장 탄복할 만한 수완이다"라고 말한 바 있다. 그뿐 아니라 그는 갑신정변에 직접적이며 적극적으로 간여했다. 그 실패한 쿠데타의 연출자인 이노우에(井上角五郞)의 증언에 따르면, 그때 사용한 무기는 그가 은사인 후쿠자와와 연락해서 밀반입한 것이었다. 그리고 그는 일본이 한국을 결정적으로 지배하기 시작하게 된 것을 의미하는 청일 전쟁의 승리를 접하고, 평생의 소원이 이루어졌다며 감격의 눈물을 흘렸다고 한다.

그렇다면 후쿠자와가 구한말의 한국의 상황에 대해서 이렇게 큰 관심을 표명하고 한국을 일본의 영향권하에 놓으려고 했던 이유는 무엇이었던가? 한국이 진실한 독립과 근대화를 함께 실현하기 위해서는 청나라와 서양 열강의 세력을 배제하고 일본의 후견을 필요로

한다는 것이 당시 일본인 침략자들의 위장된 언어였는데, 후쿠자와 만큼은 지성인의 양심에 따라서 진실로 그렇게 생각했던 것일까? 사실 그런 해석이 불가능한 것도 아니다. 왜냐하면 그는 서양의 세력에 대해서 아시아를 지킬 책임이 일본에 있으며, 만일 이웃 나라들이 자신을 지켜나가는 것을 게을리하는 경우에는 "무력으로 이를 보호하고 글로써 이를 유도하여 마침내 우리나라와 같이 오늘날의 문명으로 들어서게 하지 않으면 안 된다"고 말하였기 때문이다. 그러나 이 원형적인 동양 맹주론이 비록 순수한 선의의 소산이라 하더라도 그것은 그 자신이 내세운 국가 자결주의의 원칙과 모순된다. 그에 따르면 각 나라는 저마다의 국풍을 가지고 있고, 그것이 쇄국이건 개국이건 간에, 또 불교국이건 기독교국이건 간에, 그 국풍의 유지나 변경은 오직 당사자의 주체적 결단에서 비롯되어야 하며, 다른 나라가 이에 간여할 때에는 국권을 침범하는 그 무례를 응징해야 한다. 따라서 일본이 동양의 맹주로서 한국의 문명화를 지도해야 한다는 그의 주장은 그가 보편적인 것으로 설정한 이 자결권과 자위권의 원칙을 스스로 짓밟은 것임을 너무나 분명하게 보여준다. 그것은 큰 문제이다. 그러나 그것보다도 더욱 큰 문제가 있다. 후쿠자와의 대한관(對韓觀)의 난점은 다만 이 자가당착에만 한정된 것이 결코 아니기 때문이다. 다시 말해서 그런 자가당착의 지적은 그가 그나마 한국의 장래를 선의적으로 생각했다는 너그러운 가정에 의거해서만 할 수 있는 것인데, 사실에 있어서는 그 역시 선의의 탈을 쓴 매우 의식적이며 적극적인 제국주의자임이 분명하기 때문이다. 그는 "소위 약육강식만이 국제 관계의 진면목"인 이상, "부귀를 국내에서 얻지 못하면 해외로 나가서 그것을 구함이 마땅하고," "중국과 한국에 접할 때라도 이웃 나라라 해서 특별히 고려할 것은 없고 바로 서양인들이 한 바에 따라서 이를 다루어야 할 따름이다"라고 말하기를 서슴지 않는다. 이런 구절을 읽으면 후쿠자와는 얄팍한 선의의 탈조차 벗어던진 가장 노골적인 국가적 에고이즘의 화신이라는 느낌을 금할 수 없다.

이런 점에서, 그를 규탄하는 것은 당연하고 또 한국인으로서는 그렇게 해야 할 당위성이 있기도 하다. 그러나 한 인간이 휴머니스트이건 제국주의자이건 간에 그를 설명하고 이해하고 비판한다는 것은 그의 사상의 구조와 궤적을 총체적으로 고찰의 대상으로 삼는다는 것을 의미한다. 후쿠자와를 보는 시각도 그 예외가 되어서는 안 될 것이다. 그가 특히 1880년 이후 제국주의자로서의 모습을 유난히 드러낸 것을 확인하기는 쉬운 일이다. 그런 증거는 앞서 인용한 몇 마디 말 이외에도 무수히 많다. 그러나 그가 왜 제국주의자가 되었는가라고 물을 때, 대답은 그렇게 간단하지 않다. "하늘은 사람 위에 사람을 만들지 않고 사람 밑에 사람을 만들지 않았다"라든가, "이(理)를 위해서는 아프리카의 흑인도 두려워하고, 도(道)를 위해서는 영국이나 미국의 군함도 두려워하지 않는다"는 따위의 유명한 말들이 보여주는 바와 같이 강렬한 정의감과 지성적인 윤리관을 바탕으로 문명 개화의 논리를 폈던 후쿠자와, 노골적인 제국주의자로서의 후기의 후쿠자와는 별개의 인간인가? 후자는 그의 슬픈 전향(轉向)이거나 일시적인 미망(迷妄)인가? 혹은 그것은 마치 과일 속의 애벌레처럼 애초부터 전자에 잠복해서 전자를 파먹고 자라다가 마침내 성충이 되어 뚫고 나온 것인가? 또 그렇지 않으면 제국주의자로서의 후쿠자와가 그의 본질이며 문명 개화론은 그것을 위장하고 정당화하기 위한 술책이었던가? 나는 이런 질문을 염두에 두면서 오늘날 일본이 최고의 지성으로 받들고 있는 이 '위대한' 인물에 접근해보려고 한다.

2. 서양과의 대면

어떤 의미에서든 간에 큰일을 한 모든 사람의 경우와 마찬가지로 후쿠자와 역시 성장기의 근원적 체험을 내면화하고, 그것에서 출발하여 세상과 대처해나가기를 시도한 사람이다. 그렇다면 그의 경우에 있어서 근원적 체험이 된 것은 무엇인가? 그것은 무엇보다도 신분 제도에 대한 강렬한 반발심이었다.

그는 생후 일 년 반 만에 아버지를 잃었다. 그러나 죽은 아버지와의 연줄은 끊기지 않았다. 세습 신분에 따라서 인간의 존재 양식이 규정되는 봉건 체제 아래서 하급 관리로서의 굴욕적 생활을 견뎌온 아버지의 원한은 바로 자식의 원한으로 이어졌기 때문이다. 그가 만년에 쓴 자서전의 격렬한 한 구절은 그 원한이 뿌리 깊고 결정적 중요성을 가지고 있다는 것을 여실히 보여준다.

봉건 제도가 마치 상자 속에 가득 넣은 물건들처럼 자리가 잡혀서 몇백 년이 지나도 미동조차 하지 않는다. 중신(重臣)의 집안에서 태어난 자는 중신이 되고 졸병의 집안에서 태어난 자는 졸병이 되어 대대손손 그 사이에 끼어 꼼짝도 못 한다. 아무리 세월이 지나도 전혀 변화가 없다. 그래서 내 아버지의 처지에서 생각해보면 무슨 짓을 하더라도 도저히 출세를 할 수가 없다. 그런데 세상에는 중이라는 것이 있다. 하찮은 어물전의 자식이 대승정(大僧正)이 된 예가 한둘이 아니라는 이야기이다. 그래서 아버지가 나를 중으로 만들겠다고 말한 것은 그런 뜻에서였으리라고 추측되는데, 그것은 틀림없는 일이리라. 이런 생각을 하면 아버지는 봉건 제도에 묶여서 아무 일도 못 한 채 45년의 생애를 보내고 헛되게 불평을 삼키며 세상을 떠났으니 자못

유감스럽다. 그리고 갓난 것의 후일을 위하여 중으로라도 출세시키겠다고 결심한 괴로움과 그 깊은 애정을 나는 번번이 되새기며 봉건의 문벌 제도에 분노하는 동시에 망부의 심증을 살펴 혼자 우는 일이 있다. 나에게 있어서 문벌 제도는 어버이의 적이다.

일찍 아버지와 사별했기 때문에 행인지 불행인지 승려로서의 계급 탈출의 기회를 놓친 어린 후쿠자와는 출생지 오사카를 떠나 선조의 고향인 규슈의 고을로 돌아가는데, 어린애들의 놀이에서조차 귀천의 구별을 짓는 문벌 제도의 굴욕은 그대로 계속된다. 더구나 그에게서 일찍부터 싹튼 수재 의식은 이 굴욕을 더욱 견딜 수 없는 것으로 만든다. 한데 이 원초적 체험은 그후 적어도 두 가지 점에서 그의 사상 형성에 결정적으로 작용한다. 첫째로 문벌 제도의 사상적 골격이 되고 일본 사회의 정체(停滯)를 가져온 것이 유교의 이념이므로, 유교의 비판이야말로 근대화 작업의 시발점이라고 그는 생각하게 된다. "유학자의 주의 속에 내포된 봉건 문벌 제도 역시 나의 적임은 물론이다. 이것을 반드시 파괴해야겠다고 마음먹고 유림 공격에 전념하여 문벌을 타파하기에 진력한" 것이다. 둘째로 그에 따르면 문벌 제도에 대한 개인적 투쟁과 서양 열강의 침략에 대한 국민적 투쟁은 비단 형식적으로 상동(相同)할 뿐 아니라, 실질적으로도 깊이 관련되어 있다. 전자는 후자의 필수 조건이다. "한 몸이 독립해야 한 나라가 독립한다. 〔……〕 안에서 독립의 지위를 얻지 못하는 사람은 밖에서 외국인을 대할 때라도 또한 독립의 권리를 신장시킬 수 없다." 이렇듯 문벌 제도에 대한 분노와 반성은 독립이라는 요청을 필연적으로 탄생시키고, 그 요청을 매개로 하여 개인으로서의 마땅한 자아와 국민으로서의 마땅한 자아가 통합된다. 그렇다면 문벌 제도의 뼈아픈 체험에서 비롯된 유교 비판과 독립의 요청은 그의 문명 개화의 논리와 어떻게 관련되는 것인가? 그 문제에 대한 대답이 바로 그의 핵심적 저서인 『문명론의 개략』인데, 이 책을 살피기에 앞서 우선은 좀더 그의 청년기의 궤적을 더듬어보기로 하자.

폐쇄된 신분 사회의 굴욕을 못 견뎌 하는 수재들은 밖의 세계를 동경하고 밖의 세계로의 탈출을 통해서 자기 실현을 시도한다. 21세의 청년 후쿠자와 역시 예외가 아니었다. 그는 당시의 일본에 있어서 서양 문화를 향해 열려 있던 유일한 문호인 나가사키로 떠난다. 그것은 구체적으로 무슨 기도를 위한 탈출이었던가? 그 전년인 1853년은 페리의 함대가 도쿄 만에 입항하여 도쿠가와 정권에게 개국을 강요한 해였지만, 향리에서 그 소식을 전해들은 청년 후쿠자와가 이미 그때부터 이 국가적 위기에 대해서 뚜렷한 정치적 견해를 가진 것은 아니다. 다만 그 사건을 계기로 포술(砲術)을 배워야 한다는 소리가 더욱 커졌고, 그것을 위해서는 나가사키에 가서 화란말을 배워야 한다는 형의 권유가 평소에 품었던 탈향의 욕구와 맞물렸던 것이다. 이리하여 후쿠자와의 서양 접촉이 시작되는데, 그의 관심은 아직도 정치적 차원의 것이 아니라 다만 화란어의 철저한 습득에 한정되어 있었던 것 같다. 나가사키에서 어느 정도 화란말을 익힌 그는 다시 오사카로 나가서 공부를 계속한다. 이때 원서로 읽은 책은 의학·생리학·물리학·화학 분야의 것이었다. 그것은 그가 자연과학에 특별히 끌려서가 아니라, 얻어볼 수 있는 몇 권의 책이 그 분야에 한정되어 있었기 때문이다. 그러나 이러한 독서는 그의 식견을 넓혀주었을 뿐 아니라, 서양 학문에서의 실험 정신의 중요성을 깨닫게 하고 그 깨달음은 그의 실학 이론의 형성으로 발전한다.

화란어의 습득으로 시작된 서양 접촉은 이윽고 서양의 실체 파악이라는 두번째 단계로 들어선다. 화란어에 능통하다는 소문으로 수도 에도(江戸 지금의 東京)로 불려간 후쿠자와는 글방을 열어 희망자에게 화란말을 가르치기 시작했다(그것이 오늘날의 게이오 대학의 기원이다). 그러나 수도로 나온 그의 눈 앞에는, 이제 화란어 선생으로만 머무를 수는 없다는 것을 알리는 새로운 상황이 전개되었다. 이미 서양 열강들과 통상 조약을 맺고 외국인 거류지가 생기기 시작한 이 시점에서 그는 다음의 세 가지 면에서 달라졌다. 첫째로는 이제 화란어의 시대는 가고 영어의 시대가 열렸다는 사실을 인식하게 되었다. 그는 화란어를 통해서 얻은 문법 지식을 이용하여 독학으로 어렵게 영어를 배우기 시작한다. 둘째로 수도의 행정 당국자와 접촉할 기회도 생기고 또한 당시의 정치적 분위기를 살필 수도 있게 되면서 막연히나마 개국의 추세가 필연적임을 깨닫게 되었다. 그렇다면 일본이 좋건 싫건 이제 상대할 수밖에 없게 된 서양이란 도대체 무엇인가? 셋째로 후쿠자와의 앞에는 바로 이 문제에 대한 대답이 숙제로 나타났다.

때마침 일본인의 손으로 최초의 태평양 횡단을 시도할 견미사절선(遣美使節船)이 떠난다는 소식이 들려왔다. 영어를 더 철저하게 배우고 개국의 모델인 서양의 실체를 파악하려고 벼른 그에게는 절호의 기회였다. 그는 백방으로 뛰어다녀 결국 그 배를 탔다. 그러나 그 여행에서 얻은 체험이 후쿠자와의 사상 형성에 어떤 결정적인 영향을 미쳤다고 말하기는 어려울 것이다. 그 자신은 후일 "보고 들은 것이 하나같이 새롭지 않은 것이 없다. 〔……〕 이번의 항해는 내가 책상 위에서 해온 학문을 실지에서 검증한 것이며 이보다 더 큰 필생의 이익은 없다"고 말하고 있지만, 그 엄청난 이익이란 후일의 의미 부여와 관련된 것일지언정, 당장에 사상적 전환을 체험했다는 뜻에서 한 말은 아닐 것이다. 그의 놀라움을 자아낸 것은 미국 사회의 구조나 그 사회에 내재하는 무형적인 힘이라기보다, 인구 6만의 소도시 샌프란시스코와 그 지역의 사물들, 가령 넓은 도로, 화려한 가옥, 밝은 조명, 풍부한 철제품과 같은 것이었는데, 그 놀라움이 즉각적으로 일본의 현실과 장래에 대한 근본적인 성찰로까지 발전했다고는 여겨지지 않는다.

후쿠자와가 그런 성찰로 깊이 접어들기 시작한 것은 그보다 2년 후인 1862년 두번째의 해외 여행으로 근 일 년에 걸쳐 유럽을 시찰했을 때였다. 이 여행을 통해서 그는 양극의 세계를 보았다. 충격은 배를 타고 가는 중에 벌써 시작되었다. 우선 그의 눈에 띈 것은 영국 식민지인 홍콩을 비롯한 아시아 지역 원주민의 굴욕과 참상, 그리고 식민자의 교만한 압제였다. 그렇다면 간신히 독립 국가의 외양만 갖추고 있을 뿐, 서양 열강의 치외법권적인 횡포를 속수무책으로 겪고 있는 일본의 장래는 어떻게 될 것인가? 이런 의구심이 그의 마음을 무겁게 짓누른 것은 당연하였다. 그런 심경으로 유럽에 상륙하여 두루 살펴보게 된 선진 사회의 모습들은 이제 단순히 놀라움이나 부러움의 대상으로만 머물 수는 없는 일이었다. 후쿠자와에게 있어서 그것들은 외형을 통해서가 아니라, 서양의 역사 · 제도 · 원리와의 관련하에서 심층적으로 연구되고 이해되어야 할 대상, 일본의 생존을 위해서 비판적으로 수용되어야 할 대상이었다.

그는 최대한의 정보를 수집하고 돌아온다. 그리고 양인(洋人)의 행패와 압박이 자심하고, 이에 따라 더욱 거세진 양이론자(攘夷論者)들이 소수 세력인 양학자(洋學者)를 매국노로 규탄하는 살벌한 분위기 속에서 그의 견문기 『서양 사정』(1866~70)을 펴내기 시작한다. 이 책은 정치 · 회교 · 학교 · 병원 · 증기 기관, 그리고 가스등에 이르기까지 저자의 눈에 띈 새로운 것들을 간명하게 소개하고, 또한 인간의 자유와 권리가 무엇인가도 알려주고 있다. 그러나 그것은 단순한 견문기에 머무르지 않고, 이질적인 선진 문명의 여러 현상을 역사적 · 제도적 · 구조적인 차원에서 이해하고 설명하려는 노력의 흔적을 담고 있다. 가령 용병술이 수학의 이치의 적용을 통해서 발달했다는 점, 그리고 자유로운 언론이 국가의 정책에 큰 영향을 미치고 그것을 좌우할 수도 있다는 점을 지적한다. 특히 정치 제도에 관한 후쿠자와의 이해는 주목할 만하다. 그에 따르면 군주·귀족·공화의 세 가지 제도가 있기는 하지만, 그 중의 어느 것이 가장 훌륭하냐는 것은 객관적으로 판별될 수 있는 것이 아니다. 영국의 정치 제도는 그 세 가지 것을 융합시킨 무류(無類)의 제도이다. 또한 같은 공화제라도 1848년의 프랑스의 것은 절대 군주 제도에 못지않은 가혹한 것인 반면, 미국의 그것은 민주주의의 원칙을 이상적으로 실천하고 있는 것이다. 따라서 그의 눈에는 군주제나 공화제는 그 자체로서 배격되거나 수용될 절대적 형식이 아니라, 그 공과(功過)는 그것이 적용되는 역사적 배경과 상황과 장소에 따라 다르다. 이러한 견해는 후쿠자와의 그후의 한결같은 두 가지 지적(知的) 지향, 즉 서양 문명에 대한 심층적 이해와 주체적이며 비판적인 상대주의를 예시해주는 것이다. 아니, 『서양 사정』은 이미 그 머리말에서 그런 지적 지향을 분명히 드러내고 있다.

다만 서양의 학문과 기예(技藝)를 공부할 뿐 각국의 정치 풍속을 소상히 밝히지 않으면, 비록 학예(學藝)를 얻는다 하여도 그 경국(經國)의 근본에 못 미쳐, 실용에 도움이 되지 않을 뿐 아니라 도리어 해독을 초래할지도 모른다. 〔……〕 나는 역사 서술로써 시세(時勢)의 연혁을 밝히고, 정치를 소개함으로써 국체(國體)의 득실을 밝히고, 육해군(陸海軍)을 소개함으로써 군비의 강약을 보여주고, 재정에 관한 기술로써 정부의 빈부(貧富)를 보여주었다. 이 네 가지 사항을 알게 되면, 이것으로 외국의 형세와 상황을 이해하고, 외국을 적대시할 것인가 우방으로 볼 것인가를 판별하여, 벗이라면 문명으로 사귀고

364

적이라면 병서(兵書)로 대하여, 문무(文武)의 적용에 착오가 없게 될 것이다. 이것이 내가 이 책을 펴내는 목적이다. 공연히 세간의 방위론 자(防衛論者)가 말하듯이 외국을 알고 외국을 치자는 취지에서만 나온 것이 아니다.

이 머리말에 관해서 할 수 있는 이야기는 무척 많다. 그러나 여기에서는 네 가지 점만을 지적해두자. 첫째는 서양을 피상적·외형적인 문화 현상의 차원에서가 아니라 국가적 실체로서 파악해야 한다는 것이다. 우리는 이 점에서 그의 서양관이 단순한 추종주의가 아님을 알 수 있다. 둘째로 그가 강조하는 것은 역사적 이해이다. 역사적 산물로서 현재의 서양의 국력을 해석하겠다는 후쿠자와는 이미 진보사관을 품고 있는 것이다. 아울러 그것은 그로 하여금 일본 사회의 정체를 역사적 견지에서 설명하게 하고, 동시에 서양을 모범으로 삼는 일본의 근대화의 가능성 여부를 피아의 역사 발전의 단계에 비추어서 고찰하게 할 것이다. 셋째로 그에게 가장 중요한 것은 개인이 아니라 국가이며, 이미 부국강병의 척도에 따라서 서양 제국을 살펴려 한다는 점이 지적되어 있다. 군비와 경제에 중점을 두고 있는 것은 그 때문이다. 마지막으로 우리는 이 머리말에서도 후쿠자와의 상대주의를 다시 한번 확인할 수 있다. 그에게 있어서 서양은 벗일 수도 적일 수도 있다. 서양을 향해서 나라를 열 때 일본은 우호적인 국제 관계를 유지하면서도 가능한 침략에 대비해야 한다. 따라서 문무(文武)를 동시에 강조하는 그는 양이론과 급진적 개국주의에 대해서 다 같이 거리를 유지하고, 냉철한 상황 판단에 따라 타자로서 서양을 대해나갈 것을 요청한다.

이렇게 볼 때, 『서양 사정』은 다만 서양의 모방을 권유하기 위해서 씌어진 책이 아니라, 일본의 국가적 자립이라는 지상 목표를 염두에 둔 주체적인 서양 이해 내지는 서양 수용의 의지의 표현이다. 그런 마땅한 의지가 메아리쳤기 때문인지 혹은 단순한 호기심에서 인지는 몰라도, 이 책의 초편(初篇)이 20만 부 이상 팔렸다는 사실은 당시 일본 민중의 마음의 창문이 서양을 향해서 얼마나 크게 열려 있었는지를 짐작할 수 있는 바로미터가 될 만하다. 그러나 만일 여론을 지배하고 있던 양이론자들이 드디어 실세로 등장하여, 그 결과 일본이 소심한 개국 정책마저 버리고 쇄국 정치로 되돌아갔다면 후쿠자와의 미래는 어떻게 되었을까? 그 역시 구한말의 많은 계몽주의자나 개화론자들처럼 고난의 평생을 보냈을 것임에 틀림없다. 이런 불행을 상정해본다는 것은 부질없는 노릇 같지만, 사실 그것은 후쿠자와에게 일시적으로나마 닥쳐올 수 있었던 일이었다. 그가 완고고루(頑固固陋)한 무리라고 매도한 자들이 존왕양이(尊王攘夷)의 구호 하에 도쿠가와 정권을 타도했기 때문이다(1867). 따라서 후쿠자와가 이렇게 해서 탄생하게 된 메이지의 신정권을 양이 정부라고 믿은 것은 당연한 일이었다. 그리하여 망국의 전조를 본 그는 새로운 정부의 부름에 응하지 않고 쓸쓸한 마음으로 두문불출하면서 자신이 앞으로 해야 할 일을 궁리해볼 수밖에 없었다.

그러나 역사의 극적인 아이러니는 후쿠자와의 걱정을 뒤엎고 그를 지적 위기에서 구했을 뿐 아니라, 어느 때보다도 넓고 유리한 활동 무대를 마련해주었다. 정권을 장악한 양이론자들이 하루아침에 과감한 개화론자로, 개국주의자로 표변한 것이다. 심지어 그들은 후쿠자와의 기대를 한결 앞지르는 놀랄 만한 신정책을 단행해나갔다. 『서양 사정』의 엄청난 인기에 스스로 놀라고 책이 큰 역할을 할 수 있다는 자신을 갖게 된 그는 바라지도 않았던 이 호기를 놓치지 않았다. 국민의 교사로 본격적으로 나서서, "더욱 세차게 서양 문명의 바람을 불어넣어 전국의 인심을 뿌리째 뒤흔들어 머나먼 동양에 새

로운 문명국을 열어, 동쪽에 일본 서쪽에 영국이라는 식으로 서로
맞서서 뒤지지 않게 할 수도 있으리라"고 다짐한 것이다. 이 다짐이
맺어놓은 괄목할 만한 영매의 하나가 『학문의 권유』(1872~76)이며,
그것은 그의 필생의 대작 『문명론의 개략』(1875)으로 이어진다.

3. 승자가 되기 위한 학문의 길

『학문의 권유』는 앞서 인용한 바 있지만, "하늘은 사람 위에 사람
을 만들지 않고 사람 밑에 사람을 만들지 않았다"는 그 유명한 말로
시작한다. 한데 이 책의 이해를 위해서는, 그리고 후쿠자와의 사상
의 근본을 알기 위해서는 그 말의 진의부터 살펴볼 필요가 있다. 얼
른 듣기에 그것은 18세기 프랑스의 계몽 사상가들을 연상시키는 천
부 인권론의 주장이다. 그리고 후쿠자와가 그 말을 이 책의 서두에
놓은 배경에는, 그가 시달려온 문벌 제도에 대한 원한이 깔려 있고
동시에 봉건 제도의 폐지라는 연전(年前)의 혁명적 단안에 대한 그
의 전폭적 지지도 함께 깔려 있다고 생각해볼 수 있다. 그렇다면 그
것은 피억압자의 편에 서서, 개인의 인권과 평등을 유린하는 모든
세력과의 투쟁을 선언한 것인가? 대답은 부정적이다. 후쿠자와는 이
말을 통해서 평등은 단지 권리상의 것임을, 다시 말해서 관념적으로
생각된 존재의 여건임을 지적한 것이며, 곧 이어서 사회적 존재로서
의 사실적 인간은 불평등하니 우선 그 현실을 인정하고 들어가자고
말한다. 그렇다면 이 사실상의 불평등은 어디에서 유래하는 것인가?
프랑스의 계몽 사상가들이 불평등의 기원을 개인의 차원을 넘어서
는 억압적 권력 체제에서 찾은 반면, 후쿠자와는 그것을 개인의 책
임으로 돌린다. 다시 말하면 인과 관계에 대한 해석이 역전하는 것

이다. 따라서 그가 보기에는 혁명에 의한 평등은 생각할 수 없을 뿐 아니라 오히려 프랑스의 대혁명처럼 혼란만을 가져오며, 오직 개인의 마땅한 자각과 능력 발휘를 통해서만 가능한 변혁이 있을 따름이다. 그러나 이 가능성의 실현 여부는 사람에 따라 다르니까 만인의 평등이란 원래는 그렇다는 말이지 실재(實在)할 수는 없고, 현실적으로 존재하는 것은 승자와 패자일 따름이다. "사람은 태어날 때부터 귀천빈부의 구별이 있는 것이 아니다. 다만 학문에 정성을 바쳐 사리를 잘 아는 자는 귀인이 되고 부자가 되며, 무학(無學)한 자는 가난뱅이가 되고 하인이 되는 것이다." 이것은 또한 집단적 차원에서도 마찬가지다. 일본 국민이 대내적으로 정부와 대등한 계약을 맺지 못해 그 압제에 시달려온 것도 또 대외적으로 서양의 굴욕을 겪는 것도 모두 무학의 소치이다.

후쿠자와의 이런 생각이 19세기 서양을 지배하던 부르주아 개인주의의 반영이며 사회 구조적 이해에 못 미치는 것이라고 지적하는 것은 쉬운 일이다. 그러나 당시의 서양에서도 드물었던 사회 구조적 이해 방법과 조직화된 혁명의 전망을 후쿠자와에게서 기대한다는 것은 비역사적인 무리한 주문이다. 아울러, 국가적 차원에서 볼 때는, 국제 사회에서의 우위를 차지하기 위한 바탕으로 학문적 실력의 축적과 발전을 강조한 그의 견해는 오늘날까지도 유효하다고 할 수 있다. 더구나 국내적 계급 혁명의 가능성이 없었던 당시에, 개인적 차원과 국가적 차원의 자기 실현을 상반된 것으로 생각하지 않고, 학문의 성취라는 동일한 원리로 양자를 매개한 것은 현실적인 타당성을 지닌 탁견이라고 할 만하다. 이런 접근 방법이 『학문의 권유』의 요체를 이루고 우리의 감탄을 자아내는 것이다. 우선 그 첫 장에 나오는 유명한 정의를 들어보자.

학문이란 다만 어려운 글자를 알고 해석하기 어려운 고문(古文)을 읽고 와카(和歌)를 즐기고 시를 짓는 것과 같은, 세상에 실익(實益)이 없는 문학을 말하는 것이 아니다. 〔……〕 고래로 한학자 중에는 살림을 잘하는 자가 적고, 와카에 능한 상인이 장사에 능한 일도 드물다. 그렇기 때문에 상인이나 농민은 그 아들이 학문에 경주하는 꼴을 보고 머지않아 집안을 망치게 되리라고 걱정하기도 했다. 그것은 무리한 이야기가 아니다. 필경 그 학문이 실익에서 멀어 일상적 용도에 맞지 않기 때문이다. 따라서 이제 이러한 실익 없는 학문은 뒤로 돌리고, 오직 정성을 바쳐야 할 것은 일상의 용도에 가까운 실학이다.

이 말만을 들으면 후쿠자와의 '학문=실학'의 주장에는 별다른 것이 없는 듯 느껴진다. 유교적 전통이 반드시 학문을 실익과 분리시켜온 것이 아니며, 특히 지행일치를 주창한 양명학이 일본에 뿌리 깊었다는 점을 상기하면 후쿠자와의 이 발언은 전통적 실용주의의 연장선상에 있는 것같이 여겨지기도 한다. 그러나 『학문의 권유』를 읽어나가면, 그의 '학문=실학'의 명제가 다만 서민에게 일상 생활에 유용한 지식을 습득하라는 권유를 위해서 있는 것이 아님을 알게 된다. 그런 실학은 오직 초보적인 단계의 것이며, 후쿠자와가 강조하는 보다 근본적·고차원적 의미에서의 실학은 '사물의 원리를 밝히는 학문,' 즉 '사이언스'이다. 다시 말해서 진실한 실학이란 기존의 지식이나 기술의 기계적 습득이라기보다는 그런 실제적 지식과 기술을 탄생시키는 원리에 대한 연구이며, 그가 일본인에게 가장 부족한 것으로서, 독립심과 아울러 수리학(數理學)을 들고 있는 것도 이런 문맥에서 이해되어야 할 것이다. 그렇다면 이렇게 사물을 원리적으로 이해하려는 학문의 시발점은 어디 있는가? 그것은 바로 의심이다. "믿음의 세계에 거짓이 많고 의심의 세계에 진리가 많다"는

이 책 제15편의 첫 구절은 후쿠자와가 실학을 그 근본 정신, 즉 과학
적 정신의 측면에서 파악하려 했다는 것을 여실히 말해준다. 다시
되풀이하지만, 후쿠자와에게 중요한 것은 단순히 후생이용의 차원
에서의 실학이 아니라, '기존 사상에 대한 회의→여러 견해에 대한
비교 검토→새로운 진리의 인식 내지는 발견→그 적용을 통한 일
상 생활의 개조'라는 방법론적 경로인 것이다.

근대의 발달된 서양 문명은 바로 이러한 회의 정신에서 비롯된 것
이다. 그는 갈릴레오, 뉴턴, 루터, 밀, 프랑스 혁명, 미국 독립 등의
예를 들어가면서, 지배적인 편견에 대한 의심이 인간 활동의 모든
분야에 걸쳐서 부단히 작용해온 것이 서양의 비밀이라고 말한다. 서
양의 문명에 접촉한 지 일천하면서도 개개의 문명적 산물에만 주목
하는 대신에 그 밑에 깔린 공통적인 궁극적 바탕으로서 회의 정신을
간파한 후쿠자와는 과연 형안의 소유자였다고 말할 수 있다. 그렇다
면 일본의 침체성이 바로 이 회의 정신의 결핍에 있다는 것은 당연
한 귀결인데, 후쿠자와가 유학을 단죄하는 것은 무엇보다도 이런 뜻
에서이다. 그가 보기에 일본을 지배해온 유학은 절대적 진리로 군림
함으로써 이설쟁론(異說爭論)이 끼어들 여지를 주지 않았다. 그는
유학자에 대해서 언급하면서, "천리에 어긋나는 것을 내세우는 자는
비록 맹자나 공자라 할지라도 이를 죄인이라고 불러 마땅하다"는 과
격한 발언을 폭탄처럼 터뜨린다. 그러나 그가 서양 문명의 근저에서
발견한 회의 정신은 그로 하여금 비단 유학의 망설(妄說)을 규탄하
게 했을 뿐만 아니라, 바로 서양 문명 그 자체의 수용에 있어서의 비
판적 태도와 결부된다. 다시 말해서 회의 정신은 이제 서양 문명의
모든 것을 그대로 일본에 이식할 수 있느냐는 의심으로 이어지고,
맹신적인 추종주의를 배격하는 원리로 작용하는 것이다. "서양의 문
명은 우리나라보다 한결 우수한 점이 많다 하더라도 결코 완전한 문

명이 아니며, 그 결점을 헤아리자면 한이 없다. 그 풍속은 모두가 아름답고 믿을 만한 것은 못 된다"고 그는 말한다.

결국 『학문의 권유』는 근대화의 문턱에서 긴밀히 연관된 세 가지 일을 동시에 수행하려는 후쿠자와의 지향을 나타낸다. 첫째로는 독립을 위한 서양 문명의 정신의 수용이며, 둘째로는 아직도 지배적 세력을 가지면서 그 작업을 방해하는 유학적 보수주의에 대한 투쟁이며, 셋째로는 개국과 더불어 불기 시작한 새로운 사대주의, 즉 맹목적 구화주의(歐化主義)와의 투쟁이다. 그렇다면 양쪽의 적을 무릅쓰고 추진되어야 할 문명의 길은 무엇이며, 그것은 일본의 상황에서 구체적으로 어떻게 실현될 수 있는가? 그 문제를 단순히 계몽적 차원에서가 아니라 이론적 차원에서 밝히려는 것이 『문명론의 개략』(이하 『문명론』으로 약칭)이다.

4. 문명과 독립
──제국주의로의 길

후쿠자와가 『문명론』을 쓰는 데 큰 자극이 되고 심지어 대본이 되기도 한 것은 그 자신이 밝히고 있듯이, 토머스 버클Thomas Buckle의 『영국 문명사 서론 Introduction to the History of Civilization in England』(1857~1861)과 프랑수아 기조Francois Guizot의 『유럽 문명사 Histoire de la Civilisation en Europe』(1828)의 영어 번역판이다. 종래의 역사 서술이 국가 발달사 또는 정치사에 편중되어온 것과는 달리, 민중의 지적 발달이라는 측면에서 역사를 파악하고 진보 사관에 입각해서 씌어진 이 두 책을 문명 개화론자인 후쿠자와가 큰 감명을 받으면서 읽고, 그 사관과 내용을 많이 참고하게 된 것은 당연한 일이다. 세론(世論)과 정치적 형세가 그의 편으로 기울고 모든 지식인이 새로운 나라의 존재 양식에 대해서 생각할 수밖에 없게 된 메이지 초기라는 시점에 있어서, 이 두 책은 후쿠자와로 하여금 서양 문명의 근본과 본질을 더욱 논증적으로 밝히고 보수 진용에게 결정적 타격을 가하는 것을 가능케 해주었다.

그러나 후쿠자와의 『문명론』은 결코 버클과 기조의 저서의 복사나 번안에 그친 것이 아니다. 그는 이 두 학자의 방법론에 의거해서 일본 문명의 역사를 새로운 비판적 각도에서 서술함과 아울러, 서양 문명의 수용에 있어서 일본이 마주친 특수한 문제를 밝히고 그것을 풀어나가려는 데 그의 노력을 집중하고 있다. 다시 말해서 서양 문명의 섭취와 일본의 국가적 독립이라는 두 가지 요청을 어떠한 논리적 근거에서 조화시켜야 하느냐는 문제에 대한 대답을 마련하는 것이 그의 최대의 과제였던 것이다. 문명이라는 가치와 독립의 요청은 어떻게 관련되며, 어느 쪽이 더 우선적·우위적인 것으로 설정되어야 하는가? 서양 침략자에 의해서 나라를 빼앗길 위기에 처하면서도, 그 침략자들의 문명을 받아들이고 그럼으로써 이에 대항해야 하는 딜레마——버클도 기조도 마주치지 않았던 그 전대미문의 딜레마를 단순히 이장보단(以長補短)이나 동도서기(東道西器)(일본 사람들의 용어로는 '和魂洋才')와 같은 절충주의로 해결할 수 있겠는가? 이제 후쿠자와의 대답을 들어보자.

이 책은 서론과 10장으로 구성되어 있다. 저자는 우선 서론에서 문명론이란 민중의 정신의 발달에 관한 논의라고 말하면서 자신이 취한 세 가지 입장을 분명히 밝혀놓는다. 그것은 반봉건주의, 진보 사관, 그리고 창조적 지성에 대한 신뢰이다. 따라서 문명론이란 말을 바꾸면, 봉건적 체제에서 해방된 민중이 보다 편리하고 인간다운 생활 조건을 획득하기 위해서 창조적 지성을 동원하는 과정에 관한 관찰이며 또 그 가능성에 대한 진단이다. 한데 후쿠자와가 보기에 지금의 격동과 소란은 이 가능성이 일본에도 있다는 것을 말해준다. 그렇다면 서양이 밟아온 그 과정은 무엇이며 일본이 지닌 그 가능성은 어떻게 실현될 수 있는가? 이 질문에 대한 대답이 10장으로 구성된 본문의 골격을 이룬다.

당시의 독자에 대해서는 새로운 현실과 문제를 강조하는 효과를 냈음에 틀림없지만, 오늘날 읽기에는 짜증스럽고 지루한 느낌을 줄 수도 있는 중복된 진술과 장광설에도 불구하고, 본문의 10장은 다음과 같은 네 가지의 매우 중요한 범주로 크게 나눌 수 있다. 첫째는 인식론과 방법론을 제시한 제1장이다. 다음으로 저자는 제2장에서 제7장에 걸쳐서 일본·중국·서양을 비교하면서 문명의 본질과 실태에 대한 자세한 설명을 전개한다. 셋째로 제8장과 제9장은 문명사적 관점에서 파악된 서양과 일본의 역사이다. 그리고 저자는 결론적으로 제10장에서 문명과 국가적 독립의 관계를 설정한다.

제1장은 후쿠자와의 기본적 입장을 밝히고 있는데, 그것은 가치 판단에 있어서의 상대주의다. "경중·장단·선악·시비의 개념은 상대적인 생각에서 나온 것이다"라는 첫 구절이 그 점을 분명히 말해준다. 가령 가볍고 무거운 것을 가늠할 수 있는 항구적이며 절대적인 척도가 있는 것이 아니며, 아무리 가벼운 것도 더욱 가벼운 것 앞에서는 무거운 것으로 간주되는 따위이다. 마찬가지로, 선과 악도, 옳고 옳지 않은 것의 기준도 모호하며, 그 판단은 상황에 따라 다를 수 있다. 따라서 후쿠자와에게 중요한 것은 칸트가 말하는 정언 명령(定言命令)도 절대적 자유도 영원불멸한 진리도 아니다. 그는 그런 것을 부정한다. 그가 소중히 여기는 것은 오직 각각의 구체적 상황에 대처하고 그것을 넘어서기에 가장 적합하다고 생각되는 방법이며, 그것이 잠정적으로 선과 진을 이루는 것이다. 이러한 상

대주의와 프래그머티즘은 이 책의 근본이 되어 도처에 나타난다. 그리고 문명을 절대적인 목적으로 보지 않고 일본의 독립을 위한 수단으로 삼기를 주장하는 그의 결론과 직결된다.

제2장에서 제7장까지에 걸쳐 있는 문명론은 서양의 문명을 어떻게 보고 일본은 어떻게 그 문명을 섭취하느냐는 문제에 대한 논구(論究)이다. 후쿠자와는 과연 상대주의자답게 현재의 서양 문명이 절대적인 진리의 구현이라든가 혹은 그 지위가 요지부동한 것이라고는 생각하지 않는다. 다만 당시로서는 그것이 문명이 도달한 최고의 단계인 것만은 분명하다. 그리고 앞으로 어떤 민족에 의해서 계승되어나갈지는 모르지만, 서양이 실현한 이 높은 문명은 더욱 높은 경지를 향해서 발전되어나갈 것이다. 이러한 후쿠자와의 생각에는 다름 아니라 바로 19세기 서양을 지배해온 '인간의 완성 가능성'에 대한 신뢰가 그대로 반영되어 있다. 그 역시 볼테르의 많은 후예들과 마찬가지로 자연을 정복하는 정신은 무한하고, 인간은 그 정신으로 "정해진 이치를 규명하여 마침내는 유형·무형의 구별 없이 천지간의 모든 것을 인간의 정신 속에 망라할 수"(제6장) 있을 것이며, 또 그렇게 해야 한다고 생각한다. 이러한 낙관주의는 그의 상대주의와 아울러 『문명론』의 또 하나의 기저를 이루고 있는 것이다.

그렇다면 서양이 세계의 다른 어느 지역보다도 앞질러 실증한 이 무한한 가능성을 지닌 문명의 길을 일본은 과연 따라갈 수 있는 것인가? 이 질문에 대한 후쿠자와의 대답은 긍정적이다. 왜냐하면 일본은 비록 후진국이지만 중국과 비할 때는 선진국이며, 근대화 작업의 바탕이 이미 도쿠가와 시대부터 어느 정도 마련되어왔기 때문이다. 다시 말해서 중국의 전제 제국에 있어서는 황제가 정신적 권위와 정치적 권력을 독점해온 반면에, 일본의 경우에는 마치 서양에서의 교권(敎權)과 속권(俗權)의 분리와 같은 권력의 분리가 지존(至

尊)의 황실과 지강(至强)의 바쿠후(幕府) 사이에서 이루어져왔기 때문이다. 후쿠자와는 이렇게 말한다.

이렇듯 지존의 관념과 지강의 관념이 서로 상대화하고 그 사이에 여지가 생겨 다소라도 사상의 움직임이 가능해지고 도리가 작용할 수 있는 단서를 열 수 있게 된 점은 일본의 요행이라고 말하지 않을 수 없다. 〔……〕 중국의 원리는 하나이며 일본의 원리는 둘이다. 이 사실에 초점을 맞추어 문명을 논한다면 중국은 일단 변모하지 않는 한 일본에 미치지 못할 것이다. 서양 문명의 섭취에서 일본은 중국보다 용이한 입장에 있다고 말할 수 있다. (제2장)

물론 그는 일본의 지난날의 역사가 장기간에 걸쳐서 정체 현상을 빚어왔으며, 그 사회 구조가 억압적인 것이었음을 부정하려는 것은 결코 아니다. 그러기는커녕 그는 이 책에서 가장 분량이 많은 제9장에서 일본의 과거의 체제를 통렬히 비판하고 있으며, 서양 문명의 역사를 예찬한 짧은 제8장은 바로 이 비판의 정당성을 대조적으로 부각시키기 위한 포석처럼 보인다. 서양의 역사가 민중의 자유 및 지덕의 확대와 다원적 가치의 수용을 향한 단계적인 전진의 역사인 반면에, 일본에는 막강한 권력을 지닌 정부가 있었을 뿐 주체적 개인은 존재하지 않았다. 더구나 유교와 불교가 체제 속으로 편입되어 사상의 전진 운동을 저해하는 인습을 형성해왔다. 따라서 일본에 역사가 있다면 그것은 일본 정부의 역사일 뿐이며 결코 국민의 역사는 아니라고까지 저자는 단언하고, 그것을 증명하기 위한 적절한 실례들을 봉건 제도 성립 이후부터 도쿠가와 말기에 이르기까지 다양하게 제시하고 있다. 그러면서도 제10장에 들어서면 그는 근대화의 가능성을 다소나마 과거의 역사 속에서 찾아볼 수 있다고 다시 강조한다. 가마쿠라 바쿠후(鎌倉幕府) 이후의 700년 간의 역사는 결코 난세였다고만은 말할 수 없고, "오늘날의 문명의 뿌리를 따져보면 그것은 대부분 그 시대에 성장해서 오늘날에 전승된 덕분"이라는 것이 후쿠자와의 생각이다. 이러한 생각은 일본의 근대화가 바쿠후 시대 이래로 지속되어온 운동의 필연적인 결과라고 주장하는 현대의 일부 일본인 학자들에 의해서 일방적으로 과장되고 있기까지 하다.

그러나 제10장의 중요성은 무엇보다도 나라의 독립과 문명과의 관계에 관한 후쿠자와의 독특한 견해에 있다. 그는 제2장에서 "유럽의 문명을 목적으로 삼아 논의의 본위(本位)를 정하고 이 본위에 따라 사물의 이해득실을 논해야 한다"고 말한 바 있었다. 만일 우리가 이 발언만을 고립적으로 취한다면, 후쿠자와는 문명 지상론자이며 유럽의 뒤를 따라 문명을 지향하는 전 인류적인 견지에서 일본의 위치를 생각한 사람으로 여길 수도 있으리라. 그러나 이 고매한 이상보다도 더 중요한 것은 일본의 국체를 보위하는 데 있다는 것을 그는 바로 그 제2장에서 동시에 강조했다. 그리고 제10장은 국체를 보위한다는 당면의 과제에 비추어볼 때 문명이란 무엇이냐는 문제에 대해서 더욱 명확한 대답을 주려는 것이다. 그의 관심의 초점은 이제 문명 그 자체가 아니라 독립으로 이동하고, "나라의 독립은 목적이며 국민의 문명은 그 목적에 도달하기 위한 수단"이라고 공언하며, 심지어는 "나라의 독립이 곧 문명"이라고까지 극언하기를 서슴지 않는다.

그렇다면 독립이란 무엇인가? 그것은 서양 열강의 지배에 의해서 식민지로 전락한 아시아·아프리카 여러 나라의 운명에서 벗어나고 스스로 열강의 대열에 끼어드는 것이다. 말을 바꾸면 약육강식의 제국주의가 지배하는 세계에서는 약자가 되느냐 강자가 되느냐는 양자택일의 길밖에 없는데, 후자를 과감히 선택하는 것이다. 그렇기 때문에 살인을 금하는 종교적 계율 따위는 고려할 필요가 없으며 전쟁은 "오늘날의 문명의 상황에서는 불가피한 대세이다. 전쟁은 독립국의 권익을 신장시키는 방법이며 무역은 나라를 빛내는 징후라고 말하지 않을 수 없는 것이다."

이 말은 후쿠자와의 문명론이 결국 국가주의 및 제국주의와 직결되고 있음을 단적으로 보여준다. 그가 문명의 길을 찬양한 것은 가령 18세기 서양의 계몽 사상가들의 경우와 같이 어떤 도덕적 가치를 실현하려는 뜻에서가 아니다. 그것은 서양이 도달한 바와 같은 문명의 현단계를 조속히 따르는 것이, 제국주의적 경쟁에서 승리자가 되기 위한 국민의 에너지의 양성과 동원에 있어서 유일무이의 방편이 될 수 있기 때문이다. 이런 점에서 볼 때 그가 앞서 서양을 이야기하면서 줄곧 높이 평가해온 것이 기독교가 아니라 부국강병책이며 개인의 존엄성이 아니라 국민의 총력이었음은 차라리 당연한 이야기이다. 오직 전쟁과 무역을 성공적으로 수행함으로써만 국제 경쟁에서 이길 수 있다는 집념에 사로잡혔던 후쿠자와는 서양 문명의 인식에 있어서 이런 한계를 지닐 수밖에 없었던 것이다.

하기야 그 자신이 자기의 생각의 시대적 한계에 대한 자각을 동시에 가졌던 것도 사실이기는 하다. 그의 『문명론』은 도처에 "지금으로서는" "현재의 상황에 비추어볼 때는" "당장에 필요한 것은"과 같은 제한적 표현을 깔아놓고 있는데, 이것은 그의 주장이 다만 현시점에서의 적합성만을 지니는 것이며, 궁극적으로는 더욱 높은 차원의 것으로 지양되어야 할 성질의 것임을 스스로 인정하고 있다는 이야기가 된다. 과연 현재의 문명(a)과 나라의 독립, 즉 제국주의(b)와 전 인류의 문명 그 자체의 진보(c) 사이에는 그 중요성에 있어서 a〈b〈c의 관계가 있음을 지적한다. a는 b를 위한 수단이지만, b는 c라는 궁극적 목표에 이바지하기 위한 것이며, 결국은 c로 통합되어

야 한다는 것이다. 그러나 지금으로서는 b〈c의 논의를 전개할 단계
가 아니라는 것을 후쿠자와는 강조한다.

인간지덕의 극치에 이르면 그것이 지향하는 바가 물론 드높고 원대
해서 한 나라의 독립과 같은 사소한 일은 염두에 둘 것이 못 되리라.
그러나 〔……〕 오늘날의 세계에서는 아직도 이러한 드높고 원대한
이야기를 할 수 있는 상황이 아니다. 〔……〕 특히 현재의 일본의 상
황을 살피면 더욱 사태가 긴급한 것을 깨닫게 되고 다른 것을 돌볼 여
지가 없다. 무엇보다도 먼저 일본이라는 나라와 일본의 국민이 존립
하고 나서야 문명에 관한 이야기도 할 수 있는 것이다.

5. 맺는 말

이렇듯 후쿠자와는 국가적 독립을 초월하는 문명의 이상을 전혀
도외시한 것은 아니지만, 실제로는 그 이상의 인력을 강력하게 겪음
없이 레알폴리틱Realpolitik의 대부가 되었다. 심지어『문명론』에서
엿볼 수 있었던 개인주의의 주장조차도 날이 갈수록 국가주의적 전
체주의의 주장에 의해서 밀려난다.『문명론』보다 4년 후에 나온『민
정일신(民情一新)』에서는 벌써, 기술과 교통의 발달로 민중이 의식
화하고 그것으로 말미암아 국가적 통합을 저해하는 역작용이 서양
에서 일어나고 있다는 점에 주목한다. 이 현상이 후쿠자와에게 커다
란 우려의 대상이 되었음은 두말할 나위도 없다. 깨어난 민중의 계
급 투쟁이 가져오는 사회적 혼란의 현장으로서의 서양은 이미 모범
이 될 수 없는 이상, 일본은 그 국체를 보존하기 위해서 다른 방향을
취해야 한다. 관에 대한 민의 권리를 주장하는 대신에 관민의 조화

를 앞세워야 하고, 이치보다는 상하의 의리와 정분을 지켜야 하고, 진충보국(盡忠報國)의 도덕 교육이 강조되어야 한다. 정부는 민간의 떠들썩한 여론들을 두려워하지 말고 도리어 국내 정치 문제의 해결책으로서 대외 침략을 시도해서 국권 확장을 기해야 한다. 일본은 아시아의 한 작은 나라의 처지에서 벗어나서, 문명화되지 않은 중국이나 한국을 먹이로 삼으려는 서양 열강의 대열에 끼어들어야 한다…… 후쿠자와의 생각은 이런 식으로 나날이 더욱 국가주의와 제국주의 쪽으로 편향되는데, 그것이 어떤 사람들이 생각하듯 『문명론』으로부터의 전향이나 전락(轉落)이 아니라, 바로 그 논리의 필연적 결과임은 의심할 여지가 없다. 왜냐하면 이미 그 책에서 문명과 독립의 관계 설정은 근본적으로 잘못되어 있기 때문이다. 우리는 결론삼아 이 점을 다시 한번 생각해보자.

서양으로부터의 실질적 독립을 위해서 서양 문명을 수용하려는 발상이나 문명이 국가의 독립을 위한 수단이 될 수밖에 없는 것이 현재의 상황이라는 명제는 그 자체로서 부당한 것은 아니다. 양이론자들이 문명 개화와 국체 보존을 이율배반적인 것으로 보던 당시의 사정을 상기하면, 후쿠자와의 그런 생각들은 시의적절하고 탁월한 것이었다고 말할 수 있다. 더구나 그는 국가의 독립이라는 요청 자체를 상대화하는 슬기까지 보인다. 그에 따르면 그것은 궁극적 가치가 될 수 없고 장구한 미래에 있어서는 인간의 지덕이 극치에 달한 이상적 문명 속으로 흡수될 사소한 일이다. 이런 생각은 얼핏 보기에는 변증법적이기까지 하다. 그러나 문제는 바로 여기에 있다. 왜냐하면 그는 국가의 독립이 문명의 극치에 의해서 어떻게 지양되고 통합되느냐는 논리를 전개시키기는커녕, 지금으로서는 그런 이야기를 할 단계가 아니라고 하면서 그 양자를 떼어놓았기 때문이다. 이리하여 독립을 위한 실천은 그것이 역사적 현 단계의 지상 목표라는 미명하에, 가령 이성·자유·사랑·인권과 같은 인류 공통의 이념의 견제나 통제에서 벗어나서 그것 자체가 도리어 절대화된다. 다시 말하면 다른 나라의 독립도 개인의 가치도 문명의 이상도 전혀 도외시하고 심지어 유린하면서 오직 일본의 독립만을 염두에 두고 그것을 위해서는 모든 수단을 정당화할 수 있게 된다. 이렇게 볼 때 "인간지덕이 극치에 이르면 [……] 한 나라의 독립과 같은 사소한 일은 염두에 둘 것이 못 된다"는 말은 그가 적극적으로 옹호하고 실천한 국가적 이기주의를 위장하려는 빈약한 알리바이에 지나지 않는다.

메이지 일본의 사상적 대부가 된 이 행복한 제국주의적 개화론자는 청일 전쟁에서의 승리가 서양을 배운 일본이 서양에 못지않은 강국이 된 증거라며 기뻐한다. 그는 전쟁에서 승리한 1895년 바로 그해에 회갑을 맞이하는데, 그가 세운 게이오 대학의 강당에서 축하 행사에 모인 학생들에게 이렇게 말한다.

특히 작년부터 벌어진 대전쟁에서 나라의 빛을 전 세계에 발휘하여 대일본 제국의 무게를 실증한 것은, 어떠한 양학자(洋學者)도 3, 40년 전에는 상상도 할 수 없었던 일이다. 때로는 무위(武威)를 해외에 떨쳐 5대 주를 풍미하겠다고 큰소리를 친 논설이 있긴 했지만, 그것은 막연한 시가(詩歌)와 같은 말로서 실제로는 아무런 기약도 없었던 것인데, 오늘날 그것이 실현되어 우리의 눈 앞에서 그 경사를 보게 되었다니 불가사의의 행복이며 전후의 일을 생각하면 황홀한 꿈과 같고 감격한 나머지 혼자 울 수밖에 없다.

그는 그보다 6년 후 여한 없이 세상을 떠났다. 그러나 일본 국민들은 그를 부단히 부활시켜왔고, 필자가 처음에 언급한 것처럼 오늘날

의 일본은 그 최고액 지폐에 그의 초상화를 그려넣음으로써 그를 민
족의 등불로 삼아놓았다. 한국인이 그것을 보면서 '하필이면 이 제
국주의자를!' 하고 못마땅해한다면 그것은 아마도 민족적 협량의 소
치일지도 모른다. 분명히 그는 근대 일본의 위기를 몸소 체험했고,
날카로운 비판 정신, 적절한 상황 판단, 그리고 주체적으로 마련된
방법론을 통해서 그 위기를 극복하는 길을 자신만이 아니라 국민을
위해서 제시했다. 그는 근대 일본이 자랑할 수 있는 최대의 사상가
임에 틀림없다. 그러나 이 최대의 사상가는, 그의 시대의 제약 때문
이라기보다도, 그가 보편적 가치의 테두리를 어기고 설정한 국가적
독립의 논리에 의해서 제국주의자가 될 수밖에 없었다. 후쿠자와 유
키치라는 이름이 일본 근대사의 상징으로 여겨지는 것도, 또 일본이
장차 그를 극복해나가는 과정을 지켜보고 싶은 것도 이 때문이다.

(『사회비평』, 1990년 8월호)